Kolb

Herrscherideologie in der Spätantike

STUDIENBÜCHER

Geschichte und Kultur
der Alten Welt

Herausgegeben von

Klaus Bringmann
Elisabeth Erdmann
Klaus M. Girardet (Verantwortlicher Herausgeber dieses Bandes)
Gustav Adolf Lehmann
Ulrich Sinn
Karl Strobel

Frank Kolb

Herrscherideologie in der Spätantike

Akademie Verlag

Die Deutsche Bibliothek – CIP-Einheitsaufnahme
Ein Titeldatensatz für diese Publikation ist bei der Deutschen Bibliothek erhältlich.

ISBN 3-05-003432-7

Das eingesetzte Papier ist alterungsbeständig nach DIN/ISO 9706.

Einbandgestaltung: Günter Schorcht, Schildow
Gesamtherstellung: Druckhaus „Thomas Müntzer“ GmbH Bad Langensalza

Printed in the Federal Republic of Germany

Für Lucas, Frederick und Leonard

Vorwort der Herausgeber

Es ist paradox, daß auf dem Wege Deutschlands in ein geeintes Europa den gemeinsamen Wurzeln dieses Europa in seinem Bildungssystem immer weniger Aufmerksamkeit geschenkt wird. Dem erklärten politischen Willen, ein geeintes Europa zu schaffen, steht ein zielstrebiger Abbau des tragenden Geschichtsbildes und des Wissens um sein kulturelles Werden gegenüber. Damit werden aber gerade jene Bereiche im allgemeinen Bewußtsein abgebaut, die auf dem Weg der Einigung Europas das notwendige mentale, identitätsstiftende Fundament über die wirtschaftlichen Komponenten und ökonomischen Interessen hinaus zu geben vermögen; denn letztere besitzen durchaus ein Konfliktpotential für das gewollte Zusammenwachsen. Es ist bei der Entwicklung der schulischen Lehrpläne in den verschiedenen Bundesländern festzustellen, daß gerade das Wissen um jene Perioden abgebaut wurde, ja noch weiter reduziert werden soll, aus denen Europa konkret als Einheit zu begreifen ist. Gegenüber der Antike, dem Werden des Abendlandes in der Schwellenphase von Spätantike und Frühmittelalter und schließlich dem Mittelalter selbst wird genau jene Epoche in den Vordergrund gestellt, in der sich Europa durch Nationalismus, Imperialismus und wirtschaftliche Konkurrenz zu einem erbitterten Gegeneinander entwickelt hat. Geschichte in der Schule vermittelt keine europäische Perspektive, sondern wird zur nationalen Nabelschau. Dagegen werden die Phänomene zurückgedrängt, in denen sich eine völker-, sprachen- und kulturübergreifende Symbiose verwirklicht hatte, wie wir dies im Hellenismus, zu dem auch das republikanische Rom und der westliche Mittelmeerraum gehörten, und im Imperium Romanum vor Augen haben. Gerade hier sind Multikulturalität und Kulturationsprozesse, Innovation und Beharren sowie wirtschaftliche, kulturelle und soziale Interferenzen beispielhaft zu verfolgen, also die Sinnhaftigkeit des Phänomens, das wir mit dem Schlagwort Europa meist nur vage ansprechen, nachzuvollziehen. Daß es für diese Vergangenheiten unserer Gegenwart eine breite Nachfrage nach Information gibt, das zeigt nicht nur die umfangreiche Produktion von Sachbüchern, sondern auch das Interesse an Medienproduktionen zu Themen von Archäologie und Antike.

Die Folgen der skizzierten Entwicklung auf dem Feld der Schulbildung werden noch dadurch verstärkt, daß sich der Zugang zu den Zeugnissen des Altertums über die Quellensprachen immer mehr verengt. Dabei darf nicht übersehen werden, daß das Griechische für die „römische Welt" als allgemein verbreitete und den Osten des Imperium Romanum prägende Sprache zu dem Gesamtphänomen gehört, ja den Zugang zu den Quellen für die aktuellsten Fragestellungen nach dem sozialen und wirtschaftlichen Alltag eröffnet, von seiner prägenden Kraft als Kirchensprache ganz abgesehen. Der nur auf die Gegenwart hin funktionalisierte schulische Unterricht kann die Bedürfnisse nach stabiler Orientierung und Identität nicht befriedigen, er macht gerade anfällig für Ideologien und ‚einfache Lösungen'. Die Verengung im schulischen Unterricht wirkt in komplexer Weise auf die akademische Ausbildung zurück, in den fehlenden Vorkenntnissen der Studierenden ebenso wie in der Strukturierung des Studiums oder einer ‚Verschlankung' der Lehrerausbildung. Fördernder schulischer Unterricht sowie qualifizierte, problemorientierte Medientätigkeit setzen aber Kompetenz voraus. Aus der fachlichen und methodischen Qualifikation erwachsen Autorität, eigenes Einsichtsvermögen und damit die Voraussetzungen für kreative Vermittlung von Inhalten. Die Fähigkeit zur Erklärung von komplexen, übergreifenden Phänomenen bedarf des eigenen vertieften Zuganges.

Die Reihe „Studienbücher Geschichte und Kultur der Alten Welt" möchte zu einer Antwort auf die angesprochenen Probleme beitragen. Die einzelnen Bände sollen in der Breite wie in der Konzentration der gebotenen Inhalte ein fundiertes Informationsmedium und ein in die Vertiefung von Fragestellungen wie Methoden führendes Arbeitsinstrument darstellen. Sie sollen nicht nur auf den akademischen Unterricht und das Studium ausgerichtet sein, auch wenn dies eine wesentliche Zielsetzung bildet, sondern ebenso auf die Bereiche von Lehrerfortbildung, Unterrichtsvorbereitung oder Projektunterricht, auf die Nachbarwissenschaften und auf den breiten Kreis interessierter Leser. Die Bände der Reihe werden zum einen in einer chronologischen Gliederung einzelne Abschnitte der geschichtlichen Entwicklung zum Gegenstand haben, zum anderen thematisch aufgebaut sein. Dabei soll besonders auf die Überwindung traditioneller Schematismen hingewiesen werden. Das inhaltliche Spektrum und die Vertiefung der Darstellung sind gegenüber bisherigen Quellensammlungen, auch solchen des angelsächsischen Raumes, entscheidend erweitert. Nicht die Vielzahl der vorgelegten Quellen, sondern deren exemplarischer Charakter und beispielhafte Erschließung stehen im Mittelpunkt. Darstellung, Kommentierung, Glossar und Bibliographie sollen die einzelnen Bände zu Arbeitsinstrumenten machen, die den Zugang zu Diskussionsstand und Verständnis der behandelten Phänomene bieten. Dabei sollen literarische wie nichtliterarische Textquellen, antike Bildmedien und archäologische Befunde gleichberechtigt nebeneinandertreten. Abbildungen dienen nicht der Illustration, sondern stellen Quellen dar, die in Aussage wie Problematik erschlossen werden.

Die Herausgeber hoffen, durch die neue Reihe eine Lücke in den Instrumenten zur Vermittlung vertieften Wissens und Verständnisses für das Altertum als Grundlage unserer europäisch geprägten Welt zu schließen und zu einem breiten, nicht auf die Zeitgeschichte verengten Geschichtsbild beizutragen. Daß die Textquellen dabei in einer auf ihre Begrifflichkeit hin geprüften Übersetzung geboten werden, soll nicht als Zugeständnis an den „Zeitgeist" mißverstanden werden; die Kenntnis der Quellensprachen bleibt unabdinglich. Es ist vielmehr das Ziel, den Zugang zu den Textquellen für die breiten Kreise zu öffnen, die in der universitären, schulischen und gesellschaftlichen Allgemeinheit nicht über Kenntnisse der klassischen europäischen oder gar der altorientalischen Sprachen verfügen, ebenso für jene Studierenden, die sich ihre Kenntnisse erst an der Universität aneignen und nicht mehr über eine breite schulische Textlektüre verfügen. Die antike Begrifflichkeit soll durch die Übersetzung nicht ausgeklammert, sondern als quellensprachlicher Schlüssel herausgestellt werden. So sind zugleich die begriffsgeschichtlichen Vorgaben der Terminologien zu erhellen, die wir in allen Bereichen benutzen und die sich auch in Neuschöpfungen aus der antiken Sprachlichkeit ableiten. Die Tatsache, daß die lateinische Begrifflichkeit den gesamten romanischen Raum prägt, ist dabei sicher eher im Bewußtsein als ihre Präsenz auch im Englischen. Daß Sprache und Begriffe unser Denken wie die mentalen Strukturen unserer Wahrnehmung formen, ist dabei ins Gedächtnis zu rufen.

Die Herausgeber hoffen, daß die Reihe „Studienbücher Geschichte und Kultur der Alten Welt" durch die Breite der Themen und die Vielfalt der vorgestellten Quellen die antike Welt in dem Reichtum ihrer Aspekte, in der Pluralität ihrer Lebenswelten und in der Modernität vieler Fragestellungen bewußt werden läßt. Die Welt der Antike ist in der Gegenwart stets präsent; sie hat aus der griechischen Welt den Gedanken einer politischen Partizipation des Bürgers, die von einem Gemeinwesen der Bürger getragene politische und soziale Ordnung eingebracht, aus dem Imperium Romanum die Ordnung auf der Grundlage des Bürgerrechts und der in den größeren politischen Verband integrierten kommunalen und regionalen Selbstverwaltungseinheiten. Ohne sie hätte der mehr als ‚schlanke Staat' des Imperium Romanum nie funktioniert, nie die tragende Akzeptanz gewonnen, ja nie in seiner Multi-Ethnizität und Multikulturalität so dauerhaft existiert. Dabei ist gerade diese Existenz des Imperium Romanum die Voraussetzung für die Ausbreitung des Christentums, für die Ausbildung des Abendlandes und der Moderne, ja für die Formung des Begriffes „Europa" gewesen.

Die Herausgeber

Vorwort

Die Anregung zur Abfassung dieses Buches kam von Klaus M. Girardet. Ich habe sie bereitwillig aufgegriffen, aus Interesse am Thema und aus der Erkenntnis heraus, daß ein Überblick über den Forschungsstand umso dringender ist als bisher keine zusammenfassende Abhandlung zu diesem Gegenstand vorliegt. Keineswegs ist das so entstandene Buch als eine die Thematik umfassend erörternde Untersuchung zu begreifen. Es versteht sich vielmehr als ein erster Überblick, der vielleicht auch einige neue Gedanken und vor allem aber Anregungen zur Vertiefung einzelner Aspekte enthalten soll.

Die Materialsammlung und Formulierung von Problemen verdanken manches der Diskussion mit den Teilnehmern von Seminaren und Übungen zur Thematik der spätantiken Herrscherideologie, die ich in den vergangenen Semestern an der Universität Tübingen gehalten habe. Den Studenten, die daran engagiert mitgewirkt haben, sei hier ausdrücklich gedankt. Klaus M. Girardet hat mit Geduld die verspätete Abgabe des Manuskripts ertragen und mir wichtige Hinweise gegeben. Markus Fuchs hat, assistiert von Nicola Zwingmann, den größten Teil der Anmerkungen überprüft. Angelika Bielefeld war mir bei der Herstellung des Registers behilflich. Patricia Stasch war eine große Hilfe bei der Herstellung der Abbildungen. Beate Guoth hat mir bei der Literaturbeschaffung wertvolle Hilfe geleistet, und Agathe Löffler hat mit gewohnter Sorgfalt die verschiedenen Fassungen des Manuskripts erstellt. Meine Frau, Ursula Kolb, hat mich beim Exzerpieren von Sekundärliteratur und bei redaktionellen Arbeiten unterstützt, und Martin Zimmermann hat in einem ‚letzten Durchgang‘ noch Korrekturen vorgenommen. Ihnen allen sei dafür herzlich gedankt.

Tübingen, Juni 1999 Frank Kolb

Inhaltsverzeichnis

II. Materialien

III. Anhang

Abkürzungsverzeichnis

AA	Archäologischer Anzeiger
ACI	Antiquité Classique
ActaArchArtHist	Acta ad archaeologiam et artium historiam pertinentia
AEA	Archivo Español de Arqueologia
AIIN	Annali dell'Istituto Italiano di Numismatica
AJA	American Journal of Archaeology
AJPh	American Journal of Philology
ANRW	Aufstieg und Niedergang der Römischen Welt
AnTard	Antiquité Tardive
ArtB	Art Bulletin
BHAC	Bonner Historia Augusta Colloquium
BJb	Bonner Jahrbücher
BullCom	Bullettino Comunale
ByzZ	Byzantinische Zeitschrift
CAH	Cambridge Ancient History
CISA	Contributi dell'Istituto di Storia antica dell'Università del Sacro Cuore
CPh	Classical Philology
DOP	Dumbarton Oaks Papers
EAA	Enciclopedia dell'Arte Antica
FR	Felix Ravenna
GNS	Gazette Numismatique Suisse
GRBS	Greek, Roman and Byzantine Studies
GWU	Geschichte in Wissenschaft und Unterricht
HZ	Historische Zeitschrift
IstMitt	Istanbuler Mitteilungen des Deutschen Archäologischen Instituts
JbAC	Jahrbuch für Antike und Christentum
JdI	Jahrbuch des Deutschen Archäologischen Instituts
JNG	Jahrbuch für Numismatik und Geldgeschichte

JÖAI	Jahreshefte des Österreichischen Archäologischen Instituts
JRS	Journal of Roman Studies
LNV	Litterae Numismaticae Vindobonenses
MAAR	Memoirs of the American Academy at Rome
MDAI (M)	Mitteilungen des Deutschen Archäologischen Instituts Madrid
MDAI (R)	Mitteilungen des Deutschen Archäologischen Instituts Rom
MEFRA	Mélanges d'Archéologie et d'Histoire de l'Ecole française de Rome, Antiquité
MH	Museum Helveticum
NC	Numismatic Chronicle
PLRE	Prosopography of the Later Roman Empire
RA	Revue Archéologique
RAC	Reallexikon für Antike und Christentum
RE	Realencyclopädie der Klassischen Altertumswissenschaft
REL	Revue des Études Latines
RendPontAcc	Rendiconti della Pontificia Accademia di Archeologia
RIN	Rivista italiana di numismatica e scienze affini
RQu	Römische Quartalsschrift für christliche Altertumskunde und für Kirchengeschichte
RSI	Rivista storica italiana
SM	Schweizer Münzblätter
TZ	Trierer Zeitschrift für Geschichte und Kunst des Trierer Landes
WJA	Würzburger Jahrbücher für die Altertumskunde
ZPE	Zeitschrift für Papyrologie und Epigraphik

I. Darstellung

1. Einleitung

Als der Aristokrat und Neuplatoniker Synesius aus der Provinz Cyrenaica in den Jahren 399–402 als Abgesandter seiner Heimatprovinz am Kaiserhof in Konstantinopel weilte, soll er vor dem Kaiser Arcadius und dessen versammeltem Hofstaat einen Fürstenspiegel vorgetragen haben, dessen Inhalt sich in bemerkenswerter Weise von den üblichen spätantiken Panegyrici, sei es des lateinischen Westens, sei es des Ostens des Reiches, abhob. Er benutzte nämlich die Topoi des Herrscherlobes nicht, indem er sie auf den regierenden Kaiser übertrug, sondern im Gegenteil sie ihm als Kontrastbild vor Augen hielt[1]:

„Wann glaubst Du" – wirft er Arcadius u. a. vor –, „ging es wohl den Römern am besten? Etwa seitdem ihr ganz in Purpur und Gold gekleidet seid und Edelsteine aus den Bergen und Meeren barbarischer Länder auf dem Haupte, an Euren Gewändern, Schuhen, Gürteln und Fibeln tragt und sogar die Sessel mit ihnen verziert, auf denen ihr thront? Fürwahr, ihr bietet einen farbenprächtigen Anblick in Eurem ‚steinernen' Kleid, wie die Pfauen, über die Homer sich lustig macht ... Geht es Euch denn jetzt besser, seitdem das Kaisertum sich in so zeremonielle Formen hüllt und ihr Euch wie Salamander, die sich nicht gern ans Sonnenlicht wagen, unsichtbar macht, damit Euch die Menschen nur ja nicht dabei ertappen, daß auch ihr Menschen seid? Oder ging es nicht in Wahrheit damals besser, als die Truppen von Männern angeführt wurden, die mitten unter ihnen lebten, die sich von der Sonne bräunen ließen, die genügsam und anspruchslos waren, in ihrer Kleidung keinen Luxus trieben?"

1 Synes. de regno 11 (Kap. 15 ed. A. Garzya, 1989, 412). Auf die Funktion der panegyrischen Literatur soll hier nicht näher eingegangen werden. Vgl. für eine zutreffende Nuancierung H.-U. Wiemer, Libanios und Julian, 1995, 372–376. Ferner: M. Whitby (Hrsg.), The Propaganda of Power. The Role of Panegyric in Late Antiquity, 1998. Nützlich ist der Kommentar zu den Panegyrici Latini, den Nixon und Rodgers kürzlich publiziert haben.

Daß Synesius tatsächlich dem Kaiser Arcadius vor versammeltem Hofstaat gewissermaßen ins Gesicht gesagt hat, er wirke in seinem prachtvoll bunten Kostüm so lächerlich wie ein Pfau, darf man wohl bezweifeln; dies kann aber hier auf sich beruhen. Auf jeden Fall zeigen seine Ausführungen, daß die Formen der Repräsentation des spätantiken Herrschers als eines der irdischen Sphäre weitgehend entrückten, von sakraler Aura umhüllten Weltenlenkers nicht von allen Reichsbewohnern ohne weiteres akzeptiert wurden. Auch die bekannte Schilderung der statuarischen Immobilität des in Rom einziehenden Constantius II. im Werk des Historikers Ammianus Marcellinus läßt – neben einer gewissen Bewunderung der physischen Selbstbeherrschung des Kaisers – unverhohlene Ironie erkennen in der Bemerkung, Constantius habe sich, obwohl von sehr kleiner Gestalt, gebückt, als er im Triumphwagen stehend unter den hohen Torbögen durchfuhr, um so die Größe der herrscherlichen Majestät zu versinnbildlichen[2].

Dennoch dürfen wir davon ausgehen, daß die spöttelnde Kritik jener beiden Intellektuellen unter deren Zeitgenossen nicht mehrheitsfähig war – wohl nicht einmal unter ihresgleichen. Daß der panegyrische Dichter Claudianus etwa gleichzeitig mit Synesius gerade die Harmonie zwischen natürlicher körperlicher Schönheit und glanzvollem kaiserlichem Ornat bei Arcadius' Bruder Honorius hervorhebt, war er dem literarischen Genre und seiner Funktion als Hofpoet schuldig. Aber als der spätantike Philosophenkaiser Iulianus Apostata, anknüpfend an das große Vorbild Marc Aurel, seine *civilitas* unter Beweis stellen wollte, indem er zu Fuß vor den Sänften zweier von ihm besonders hochgeschätzter Consuln, darunter des Rhetors Mamertinus, einherschritt, brachte ihm dies zwar ein Lob im Panegyricus jenes Mamertinus ein, aber eine recht gemischte Reaktion von den Zuschauern, wie Ammianus Marcellinus berichtet: *quod laudabant alii, quidam ut affectatum et vile carpebant* („die einen lobten dies, andere kritisierten es als geheuchelt und verachtenswert")[3].

Nicht *civilis*, sondern *vilis*, verachtenswert, präsentierte sich der wie ein *apparitor*, ein Diener, den Consuln vorausschreitende Kaiser Iulian nach Meinung von Zeitgenossen. Auch die römische Elite der Spätantike erwartete den Kaiser nicht mehr als *primus inter pares* im Bürgerkleid und in jovialem Umgang zumindest mit den Angehörigen des senatorischen *ordo*, wie dies der Fürstenspiegel des 2. Jhs., etwa in Plinius' Panegyricus auf Traian[4], noch einfordert. Und sie erwarteten den Herrscher auch nicht mehr – nach dem Muster der Soldatenkaiser des 3. Jhs. – im einfachen Militärkleid, von der

2 Ammian. XVI 10,9–11.

3 Claudian. de VI consulatu Honorii 560–564. Pan. Lat. III (11) 30,2f. Ammian. XXII 7,1.

4 Pan. Lat. I 22–24, bes. 23,1.

Sonne gebräunt, inmitten der Soldaten lebend und ihr einfaches Leben teilend, wie Synesius dies für wünschenswert hält. Der o. g. Mamertinus verbindet mit der herrscherlichen Stellung selbstverständlich Purpurgewand, Gold und Edelsteine sowie einen Thron[5].

Das spätantike Kaisertum war eben in so gut wie allen seinen Formen eine Antwort auf die Wirren jener Soldatenkaiserzeit. Ein Reich wird nicht nur durch effektive Verwaltung und militärische Stärke zusammengehalten, sondern bedarf einer weithin akzeptierten ideologischen Grundlage, welche die Berechtigung und Autorität seiner Existenz und seiner Regierung verdeutlicht. Die herrscherliche Position der Willkür des Militärs zu entziehen und somit die nicht endenwollende Kette von Usurpationen, welche das Kaisertum und das Imperium in ihren Grundfesten erschüttert hatten, zu zerreißen – diesem Ziel diente die gesteigerte Sakralisierung der herrscherlichen Stellung, die Umwandlung des Herrscherbildes in eine unantastbare, heilige Ikone, welche prägend geworden ist für die Repräsentation des Kaisers im byzantinischen Reich, aber auch im mittelalterlichen Europa.

Dieses hieratische Kaisertum ist nach Auffassung spätantiker Autoren von Diocletian geschaffen worden. Er habe das Prachtkostüm des spätantiken Herrschers und das höfische Zeremoniell im römischen Reich eingeführt, einschließlich der als *exterus ritus et regius mos*, ‚als ausländischer Brauch und königliche Sitte', gebrandmarkten, in der Form der Proskynese sich vollziehenden *adoratio*, der kniefälligen, anbetungsgleichen Verehrung des Herrschers (s. unten 38–41). Daß dies so nicht stimmt, hat Andreas Alföldi in seinen bahnbrechenden Arbeiten über die monarchische Repräsentation nachgewiesen. Er hat die lange, durch wechselseitiges ‚Zusammenspiel' von Herrscher und Untertanen bestimmte[6] Entwicklungsgeschichte und die verschiedenen griechischen, hellenistischen, römischen und orientalischen Wurzeln der spätantiken Herrscherrepräsentation im Detail aufgezeigt und dadurch als erster die Mommsen'sche, vom Staatsrecht her vorgenommene scharfe Trennung des römischen Kaisertums in eine Epoche des Principats und eine solche des Dominats untergraben. In den letzten Jahrzehnten sind die Kontinuitäten im politischen und gesellschaftlichen Bereich betont, ist die

5 Pan. Lat. III (11) 23,4.

6 Zu Unrecht wirf Herrmann-Otto 346f. Andreas Alföldi vor, „das Zeremoniell ... kaum als Interaktion zwischen Kaiser und Gesellschaft gesehen" zu haben. Hier liegt ein völliges Mißverständnis des Inhalts der Arbeiten Alföldis vor, der ganz im Gegenteil allenthalben (s. z. B. 25ff. 46ff.) die Entwicklung des Hofzeremoniells und der kaiserlichen Insignien als Resultat einer solchen ‚Interaktion' zu erklären sucht. Der Beitrag von Herrmann-Otto enthält sachlich nichts Neues, nur die Einkleidung von längst Bekanntem in einen soziologisch eingefärbten Jargon, der allenfalls zu größerer Unverständlichkeit beiträgt.

Berechtigung einer Unterscheidung zwischen einem Principat und einem Dominat grundsätzlich in Zweifel gezogen worden[7].

Richtig an diesen Beobachtungen ist m. E. die Feststellung, daß unter Diocletian kein **Bruch** mit vorherigen Traditionen erfolgte, keine völlig neuen Formen des Herrschertums und seiner ideologischen Grundlagen - noch dazu etwa von außen importierte – geschaffen wurden. Problematisch erschiene jedoch eine Auffassung, mit Diocletian sei kein **Einschnitt** in der Entwicklung des römischen Kaisertums und seiner Herrscherideologie erfolgt. Eine weitgehende Neuordnung muß keineswegs einen Bruch mit vorausgehenden Traditionen darstellen, sie kann auf dem Wege einer Bündelung und Systematisierung derselben vonstatten gehen.

Die These, daß Diocletian in der von ihm konzipierten Tetrarchie traditionelle Versatzstücke des römischen Kaisertums neu interpretiert, systematisiert und letztlich zu einer doch z. T. geradezu revolutionären Herrschaftsorganisation verschmolzen hat, habe ich in einer vor etwa zehn Jahren publizierten Arbeit zu unterstützen versucht[8]. Das dynastische Prinzip, das Adoptivkaisertum, die Mehrkaiserherrschaft, schließlich die sakrale Komponente des Kaisertums – sie alle hat er aufgegriffen, aber doch in neuartiger Weise benutzt. Er hat ein Herrscherkollegium geschaffen, das zwar auch durch dynastische Familienbande zusammengehalten wurde, aber in der Nachfolgeregelung von deren Risiken befreit und auf der Idee einer göttlichen Familie von Ioviern und Herculiern, einer *domus divina,* der nur die vier Herrscher angehörten, begründet war; die Ergänzung und Erneuerung dieses sakralen Herrscherkollegiums sollte von irdischen Mächten, wie Senat und Heer, weitestgehend losgelöst sein und in einem Zyklus von zwanzig Jahren Herrschaft mit freiwilliger Abdankung erfolgen. Das damit verbundene, als Gegenmittel gegen Usurpationen gedachte Ideal der völligen *concordia* der Herrscher führte zu einer komplexen Symbolik und symmetrischen Komposition der beiden Herrscherpaare der Augusti und der Caesares, welche zusammen mit der in ihrer Perfektion singulären theokratischen Begründung der Herrschaft zwangsläufig ihren Niederschlag in neuen Formen der kaiserlichen Ideologie finden mußte.

Die spätantike Herrscherideologie als ein System von Ideen, Wertvorstellungen, Insignien und Zeremonien, welche die Existenz und das Handeln des Kaisers als Lenkers des Imperium Romanum legitimieren und damit zugleich den Zusammenhalt des Reiches gewährleisten sollten, ist bisher noch nicht

---

7 Vgl. z. B. J. Bleicken, Principat und Dominat, 1978.

8 Vgl. Kolb 1987.

zusammenfassend dargestellt worden[9]. Verschiedene bedeutende Monographien, meist älteren Datums, haben einzelne Aspekte der spätantiken Herrscherideologie behandelt: So hat Wilhelm Ensslin u. a. die sakrale Legitimation des Kaisers erörtert; Johannes Straub hat in einer 1939 erschienenen, bis heute grundlegenden Darstellung nicht nur die göttliche Berufung des Herrschers, sondern auch die formalen Grundlagen der Herrschaftsübertragung und Elemente des antiken Fürstenspiegels untersucht. Mit der monarchischen Repräsentation in Gestalt von Insignien und Zeremoniell haben sich vor allem Andreas Alföldi und Otto Treitinger befaßt[10]. Es ist jedoch kennzeichnend, daß es Alföldi nicht etwa um eine handbuchartige Synthese der spätantiken Verhältnisse ging, sondern um die Freilegung der politischen, sozialen und religiösen Wurzeln der spätantiken monarchischen Repräsentation in Hellenismus, Republik sowie früher und hoher Kaiserzeit; hingegen ist in Treitingers Werk die Spätantike nur der Vorspann für die Interpretation des byzantinischen Herrscherbildes, wobei wenig Rücksicht auf die Entwicklung des Zeremoniells innerhalb der Spätantike genommen und so ein allzu statisches Bild gezeichnet wird. Die spätantike monarchische Repräsentation ist mithin bisher nur als End- oder Ausgangspunkt, nicht als Thema *sui generis* behandelt worden[11].

Die folgende Darstellung kann aufgrund der Zielsetzung dieses Buches und seiner räumlichen Beschränkung die Thematik der spätantiken Herrscherideologie natürlich keineswegs erschöpfend behandeln. So ist es z. B. nicht möglich, das Hofzeremoniell in seinem Wechselspiel mit einer sich etablierenden und wandelnden Hofgesellschaft zu untersuchen. Auch nicht eingegangen werden kann hier auf die staats- bzw. verfassungsrechtlichen Implikationen der spätantiken Herrscherideologie, da dies den vorgegebenen Rahmen dieser Untersuchung sprengen würde, zumal ‚Verfassungsrealität'

9 Zum Ideologiebegriff vgl. U. Dierse, in: R. Koselleck u. a. (Hrsgg.), Geschichtliche Grundbegriffe, s. v. Ideologie, 131ff. Für die frühe und hohe Prinzipatszeit vgl. J. Béranger, Recherches sur l'aspect idéologique du principat, 1953; ders., Principatus, 1973.

10 Alföldi (Xf.) hält eine „Gesamtschau" der rangbezeichnenden äußeren Merkmale und Verhaltensregeln vor allem für die römische Kaiserzeit für wünschenswert, in welche dann die monarchische Repräsentation eingebettet werden sollte. Eine solche kann hier natürlich nicht geleistet werden.

11 Einige mehr oder weniger knappe Aufsätze sind einschlägig, insbesondere Martin 1984; 1987; ders. in: Usurpationen 47–62. Vgl. auch F. Taeger, Zur Geschichte der spätkaiserzeitlichen Herrscherauffassung, in: Saeculum 7, 1956, 182–195.

und Herrscherideologie einander keineswegs entsprechen müssen; erstere wird auch durch politische und soziale Kräfte mitbestimmt, welche nicht oder nur am Rande in der Herrscherideologie berücksichtigt sind[12].

12 Vgl. Chr. Gizewski, Zur Normativität und Struktur der Verfassungsverhältnisse in der späteren römischen Kaiserzeit, 1988. H.-J. Beck, Res Publica Romana. Vom Staatsdenken der Byzantiner, 1970. Zur ambivalenten Rolle der Kaiserin, die nicht eigentlich Herrscherin war – folglich auch nicht Gegenstand einer Untersuchung zur Herrscherideologie sein kann –, aber gerade in der Spätantike durch stärkere Einbeziehung in die kaiserliche Repräsentation eine Aufwertung ihrer faktischen Machtstellung erfuhr, vgl. Gizewski a. O. 222f. 87f. Anm. 130 und A. Wieber-Scariot, Zwischen Polemik und Panegyrik. Frauen des Kaiserhauses und Herrscherinnen des Ostens in den Res gestae des Ammianus Marcellinus, 1999.

2. Göttersöhne: die Grundlegung der spätantiken Herrscherideologie unter der Tetrarchie

2.1 Usurpation und Legitimität: die Kaiserwahl[13]

Diocletian war nur einer unter zahlreichen Usurpatoren der kaiserlichen Macht im Verlauf des turbulenten 3. Jhs., und seine Erhebung zum Kaiser erfolgte in der in jener Zeit üblichen Art und Weise: Die vom Perserkrieg zurückkehrenden Truppen riefen nach dem Tod der beiden Kaiser Carus und Numerianus, unter welchen sie in den Krieg gezogen waren, einen neuen Herrscher aus, obwohl im Westen des Reiches mit Carinus noch ein Mitglied der bisher regierenden Dynastie amtierte.

Diocletian wurde am 20. November 284, wohl in der Nähe des kleinasiatischen Nicomedia, von einem Gremium der höchsten Offiziere ausgewählt, auf einem Tribunal vorgestellt und von der Heeresversammlung akklamiert – mit göttlicher Zustimmung *(divino consensu)*. Den Sonnengott soll er bei diesem Anlaß als legitimierende Instanz angerufen, sich selbst als Rächer des angeblich ermordeten Numerianus geriert und seinen Sieg über Carinus zumindest nachträglich als Beseitigung eines Tyrannen gerechtfertigt haben[14]. Zudem knüpfte er an die Dynastie der Antonine an, indem er, der bisher Caius Valerius Diocles hieß, sich nunmehr Marcus Aurelius Caius Valerius Diocletianus nannte[15]. Es gibt kein Indiz dafür, daß er Senat und Volk von Rom förmlich um eine Bestätigung seiner Erhebung zum Augustus gebeten hat; er dürfte seine Wahl durch die Soldaten nur angezeigt haben. Nicht lange nach seinem Regierungsantritt hat er, vielleicht inspiriert durch den ‚Zeus'-Bestandteil seines Cognomens *Diocles*, Iupiter als Urheber seiner Herrscherstellung auf den Münzen propagiert und in der Folgezeit – wie anscheinend bereits Aurelian - die Auffassung durchzusetzen versucht, daß die herrscherliche Gewalt göttlichen Ursprungs sei und nicht von einer weltlichen Instanz verliehen werde. Der höchste Staatsgott überreicht folgerichtig auf den Münzen Diocletian den Globus, auf welchem die Siegesgöttin Victo-

13 Vgl. hierzu zuletzt Usurpationen; darin u. a. S. 35–45: F. Kolb, Die Gestalt des spätantiken Kaisertums unter besonderer Berücksichtigung der Tetrarchie.

14 Vgl. Aur. Vict. Caes. 38,6–39,1. Eutr. IX 19,2–20,2. SHA, Car. 12,1–13,2.

15 Vgl. Kolb 1987, 16f. mit Anm. 36 (dort sind die einschlägigen Quellen zitiert).

ria steht, verleiht ihm somit die Herrschaft über das Imperium Romanum bzw. den *orbis terrarum* (**M 1**). Die Darstellung der ‚Investitur' des Kaisers mit dem Globus durch Iupiter auf Münzen war seit den 60er Jahren des 3. Jhs. gängig[16].

Die Proklamation Diocletians zum Kaiser enthält kein neues Element gegenüber den zahlreichen anderen Kaisererhebungen des 3. Jhs.: Eine Offiziersclique wählt den Kandidaten aus, wobei wir innerhalb dieses engen Kreises wohl von einer wirklichen Wahl mit Mehrheitsabstimmung ausgehen dürfen (s. **M 19**). Der Gewählte wird der Heeresversammlung vorgestellt und von den Truppen akklamiert. Er hält eine Ansprache, in welcher er u. a. den Beistand einer Gottheit anruft oder reklamiert. Unter Umständen sucht er zwecks Legitimation seiner neuen Stellung die Anknüpfung an eine ruhmreiche Dynastie. Im Falle Diocletians konnte der neue Herrscher auf eine im Vergleich zu den meisten anderen Usurpatoren des 3. Jhs. beachtliche Legalität seiner Stellung verweisen: Der große Heeresverband, der am Perserkrieg seiner Vorgänger teilgenommen hatte, war wohl zum Zeitpunkt der Proklamation noch weitgehend beisammen. Er enthielt Truppenkontingente auch aus den westlichen Heeresverbänden, konnte somit eine repräsentative Zusammensetzung beanspruchen. Seine definitive Legitimation erhielt Diocletian jedoch erst durch den Sieg über Carinus, der zugleich Bestätigung dafür war, daß die Götter tatsächlich seine Wahl billigten[17].

Die Proklamation Diocletians zum Kaiser wird in den Quellen relativ knapp geschildert; die oben aufgezählten Elemente sind verschiedenen antiken Autoren entnommen. Zwar gab es ganz offensichtlich bestimmte grundlegende Bestandteile der Kaiserwahl, aber wir haben in den Quellen bis zu Diocletian keinen Hinweis darauf, daß diese bereits in die Form eines festen Zeremoniells gegossen waren bzw. ein solches als legalitätsrelevant betrachtet wurde. Das zweifellos erfolgte Anlegen des purpurnen Paludamentums (s. unten 49) wird im Falle Diocletians in den Quellen nicht ausdrücklich erwähnt. Wenig aufschlußreich sind auch die knappen Nachrichten über die Proklamation der Mitregenten Diocletians in den Jahren 285/86 und 293. Aber für den grundlegenden Akt der Herrschaftsübertragung des Jahres 305, den Wechsel von der Ersten zur Zweiten Tetrarchie, verfügen wir mit dem Bericht des Zeitgenossen Lactantius[18] erstmals über eine recht ausführliche Darstellung eines solchen Zeremoniells, wie wir sie dann in der Überlieferung zum 4. Jh. des öfteren vorfinden (s. **M 18. 19**).

Es dürfte kein Zufall sein, daß erst zu Beginn des 4. Jhs. dem formalen Ablauf der Herrscherproklamation erhöhte Aufmerksamkeit zuteil wurde. Es

16 Aurelian: Anon. post Dion., FHG IV p. 197. Vgl. Kolb 1987, 20 mit Anm. 49.
17 Kolb 1987, 15–17.
18 Lact. mort. pers. 19,1–5. Vgl. Kolb 1987, 137f.

war wohl eine neue ideologische Wertigkeit des Vorgangs, welche ihren Niederschlag in der Überlieferung fand: Der Proklamation von Usurpatoren durch die verschiedenen Heeresteile im 3. Jh. und der damit verbundenen Instabilität kaiserlicher Herrschaft sollten klarere Kriterien für die Legalität einer Kaisererhebung entgegengesetzt werden. Zu diesem Zweck hat offensichtlich Diocletian die seit dem 3. Jh. üblichen Bestandteile der Kaisererhebung in ihrer Reihenfolge festgelegt, formalisiert und detailliert ausgestaltet, mithin ein regelrechtes Zeremoniell geschaffen, welches folgenden Ablauf hat: Der künftige Kaiser bzw. Mitregent wird vom Offiziersrat bzw. dem regierenden Herrscher vorgeschlagen und auf einem freien Feld, das in Analogie zur republikanischen Versammlungsstätte des römischen Heeres *Campus Martius* genannt wird, auf einem Tribunal den versammelten Truppen namentlich vorgestellt. Eine Götterstatue signalisiert die Zustimmung der überirdischen Mächte *(divinus consensus)*. Die Heeresversammlung ist durch Entsendung von Delegierten aller wesentlichen Truppenteile repräsentativ zusammengesetzt und akklamiert dem neuen Kaiser. Daraufhin wird diesem der kaiserliche Purpurmantel angelegt, und er wird förmlich zum Augustus oder Caesar ausgerufen *(nuncupatio)*, u. U. mit einem veränderten Namen aufgrund einer Adoption in die Familie des regierenden Herrschers.

2.2 Mehrkaiserherrschaft und Monarchie

Die bei Lactantius zum Jahr 305 geschilderte Situation ist eine andere als bei der Erhebung Diocletians im November 284. Damals fand eine wirkliche Wahl im Offiziersrat ohne Befragung des regierenden Kaisers Carinus statt. Solche Verhältnisse wollte Diocletian in Zukunft verhindern. Er etablierte deshalb ein System, welches eine kaiserliche Dauerpräsenz im gesamten Reich garantieren sollte, nämlich ein Konsortium von vier Herrschern, das von der modernen Forschung ‚Tetrarchie' genannt worden ist[19].

Wahrscheinlich am 13. Dezember 285 ernannte Diocletian den pannonischen Offizier Maximianus zum Caesar und, nachdem dieser sich militärisch bewährt hatte, im Frühjahr 286 zum Mit-Augustus. Der Mitregent wurde wohl gleichfalls mit dem Namen Marcus Aurelius Valerius (Maximianus) ausgestattet, d. h. in die Familie Diocletians adoptiert, aber nicht als Sohn,

19 Zum Begriff ‚Tetrarchie' vgl. D. Vollmer, Tetrarchie. Bemerkungen zum Gebrauch eines antiken und modernen Begriffs, Hermes 119, 1991, 435–449, bes. 441. 449.: „Solange es keine bessere begriffliche Beschreibung für die Pluralisierung des Kaisertums durch Diocletian gibt, sollte man wohl aus Gründen der Praktikabilität an *Tetrarchie* festhalten". Grundlegend zur Tetrarchie: W. Seston, Dioclétien et la tétrarchie, 1946.

sondern als Bruder *(frater)*, womit auch eine formal gleichberechtigte Herrscherposition zum Ausdruck gebracht werden sollte[20]. Zugleich taucht auf den Münzen die Kennzeichnung Diocletians als *Iovius* und Maximians als *Herculius* auf (**M 2**), womit eine ‚göttliche Familie' *(domus divina)* begründet wird, der nur die Herrscher angehören. Damit beginnt die für das diocletianische System charakteristische Verschränkung von ‚natürlicher' und ‚kaiserlicher' Familie: Die Augusti waren im Verhältnis zueinander Brüder, ebenso die im Frühjahr 293 ernannten Caesares untereinander, aber letztere waren zugleich Söhne *(filii)* der Augusti, kraft Amt, unabhängig von natürlicher Verwandtschaft oder Adoption. Daneben existierten echte Verwandtschaftsbande: Als Constantius und Galerius zu Caesares ernannt wurden, hat ersteren Maximian, letzteren Diocletian als Sohn adoptiert, und beide erhielten das Gentilnomen *Valerius*; sie waren zudem mit den Töchtern ihrer neuen Väter verheiratet, mithin auch deren Schwiegersöhne, was im römischen Recht eigentlich verboten war. Verwandtschaftlich, aufgrund der Adoptionen, waren Diocletian und Maximian Onkel des Constantius bzw. Galerius. Aber unter dem Aspekt der kaiserlichen Stellung wird Diocletian z. B. in einer Inschrift des Jahres 305 als ‚Vater' *(pater)* von Galerius **und** Constantius bezeichnet[21].

Dieses tetrarchische Prinzip der Kennzeichnung kaiserlicher Hierarchie durch Verwandtschaftsbezeichnungen, welche das Kaiserkollegium als eine Familie erscheinen lassen, formuliert Lactantius für das Jahr 305 im Rahmen seiner Spekulationen über angebliche Pläne des Galerius[22]: „Er selbst hatte einen Freund aus den Tagen gemeinsamer soldatischer Zeltgemeinschaft und Vertrauten von den Anfängen seiner militärischen Laufbahn her, nämlich Licinius, den er in allen Regierungsgeschäften als Berater hinzuzog; aber diesen wollte er nicht zum Caesar machen, um nicht jenen Sohn nennen zu müssen, den er später anstelle des Constantius zum Augustus und Bruder ernennen wollte". Das war im übrigen auch der Grund, warum Diocletian nach der vorläufigen Ernennung Maximians zum Caesar diesen auf Münzen nicht als *filius Augusti* – und damit als prädestinierten Nachfolger – präsentierte; er hatte von Anfang an vor, Maximian nach militärischer Bewährung zum Augustus und *frater* zu erheben.

Ganz anders die beiden Caesares des Jahres 293: Sie waren nicht nur als untergeordnete Mitregenten, sondern zugleich als Nachfolger der Augusti vorgesehen und erscheinen dementsprechend in offiziellen Dokumenten

20 Pan. Lat. X (2) 1,5. XI (3) 7,5. VI (7) 15,6. Lact. mort. pers. 8,1. RA, Ser. 4 Nr. 4, 1904, S. 458 Nr. 220. Kolb 1987, 16f. 44ff. Vgl. A. Rehm, Didyma II: Die Inschriften, 1958, Nr. 89.90.

21 CIL III 12049. Vgl. Kolb 1987, 68f. 94f.

22 mort. pers. 20,3. Diese Stelle berücksichtigt B. Leadbetter, Chiron 28, 1998, 213–228, bes. 225f., nicht; deshalb gelangt er zu falsch nuancierten Schlüssen.

(Inschriften, Münzen) jeweils als ‚Sohn des Augustus' *(filius Augusti)* und ‚Anführer der (römischen) Jugend' *(princeps iuventutis)*, wie seit dem frühen Prinzipat die Stellung des prädestinierten Nachfolgers titularisch gekennzeichnet wurde[23]. Die von Diocletian im Jahr 286 begründete Dyarchie von zwei Augusti bedingte, wenn man sie perpetuieren wollte, die Ernennung von zwei Nachfolgern, mithin eine Tetrarchie. Deshalb wollte später auch Galerius nicht die Ernennung eines dritten Caesars in Betracht ziehen[24].

Diocletian mag bei der Begründung der Tetrarchie jenen Herrscher als Vorbild vor Augen gehabt haben, an den er mit der Namengebung für sich selbst und Maximian angeknüpft hatte: Marcus Aurelius. Dieser hatte gleichfalls mit Lucius Verus einen Mitherrscher und *frater* erhoben und mit der Ernennung seiner beiden leiblichen Söhne zu Caesares eine ‚Tetrarchie' geschaffen; aber letzteres war eben dem Zufall zu verdanken, daß er zwei Söhne hatte – nicht mehr und nicht weniger. Außerdem hatten diese Caesares keine Regierungsgewalt inne; sie waren nur präsumtive Nachfolger. Diocletian hingegen abstrahierte vom Zufall der Natur und von leiblicher Verwandtschaft und erhob die durch eine Laune der Natur zustande gekommene antoninische Herrschersymmetrie von zwei Augusti und zwei Caesares zum System[25]. Die von ihm im Jahr 308 auf der Konferenz von Carnuntum getroffenen Regelungen, als er nach dem Zusammenbruch der Zweiten Tetrarchie die Verhältnisse noch einmal zu ordnen versuchte, zeigen mit ihrer Wiederherstellung des Systems von zwei Augusti und zwei Caesares in aller Deutlichkeit seine Konzeption[26].

Die Caesares der Tetrarchie waren nicht nur präsumtive Nachfolger, sondern ebenso aktive Mitregenten, wie anscheinend alle Caesares seit Gallienus. Dies galt für Maximian während seines kurzen Caesariats, ebenso für Constantius und Galerius. Sie führten ein eigenständiges militärisches Kommando mit *imperium*, erhielten die Auspizien und kaiserlichen Siegestitel sowie das Recht auf einen Triumph, ferner die tribunizische Gewalt, trugen die herrscherlichen *insignia* und hatten gesetzgeberische Vollmachten, das Anrecht auf gesonderte Zählung ihrer Regierungsjahre, auf Münzporträt, Bekleidung des Konsulats und die Anrede *Dominus Noster*. Auch die Caesares waren *principes*. Den beiden Augusti waren nur das Praenomen *Imperator*, die Zählung imperatorischer Akklamationen sowie die Titel *pater patriae* und

23 SHA, Ael. 2,2. Pan. Lat. IX (4), 6,1. RIC V 2, S. 300f. Nr. 658–668 usw. Vgl. Kolb 1987, 86.

24 Lact. mort. pers. 26,4.

25 Vgl. Pan. Lat. XI (3) 7,6: *Non fortuita in vobis est germanitas sed electa.* „Nicht dem Zufall ist Eure brüderliche Verbindung zu danken, sondern freiwillig gewählt". Gewiß hatte Diocletian im Jahr 293 keinen eigenen Sohn; aber er war noch jung genug, auf einen solchen hoffen zu können.

26 Kolb 1987, 177f.

proconsul sowie die Attribute *pius* und *felix* vorbehalten. Ferner wurde den Augusti ‚Ewigkeit' in Gestalt der *aeternitas*, den Caesares nur die weniger sakral angehauchte *perpetuitas* zugeschrieben[27]. Die Behauptung des Historikers Ammianus Marcellinus, die tetrarchischen Caesares seien ‚Amtsdiener' *(apparitores)* ihrer Augusti gewesen[28], ist mithin unzutreffend. Sie waren nachgeordnete Herrscher, aber sie sollten tatkräftige Mitregenten sein.

Diocletian hatte einen geradezu revolutionären Schritt vollzogen, als er erstmals in der Geschichte der römischen Kaiserzeit den legitimen leiblichen Sohn eines regierenden Augustus, nämlich Maxentius, den Sohn Maximians, bei der Ernennung der Caesares im Jahr 293 – und dann nochmals im Jahr 305 – überging. Erstmals, und zum einzigen Mal, wurde damit ein nicht von natürlichen Umständen diktiertes Adoptivkaisertum praktiziert und ernstgemacht mit dem Prinzip der ‚Auswahl des Besten', welches in der römischen Herrscherideologie stets in einem Widerstreit mit dem blutsdynastischen Prinzip lag – ein Konflikt, der theoretisch in der fiktiven Synthese aufgehoben wurde, daß der Sohn des ‚Besten' aufgrund seiner Erbanlagen auch seinerseits wieder der ‚Beste' zu sein pflege. An die Stelle des blutsdynastischen Prinzips setzte Diocletian gewissermaßen ein amtsdynastisches. Er wollte erwachsene, fähige Männer an der Lenkung des Staates beteiligen und lehnte offensichtlich die traditionelle dynastische Politik, welche in der Vergangenheit schon mehrfach problematische Herrscherpersönlichkeiten produziert und das Reich geschwächt hatte, grundsätzlich ab. Diesem Prinzip blieb er auch in den Jahren 305 und 308 treu. Die von manchen Forschern behaupteten blutsdynastischen Absichten Diocletians – wie im übrigen auch des Galerius – sind nicht nachweisbar[29]. Diocletian trennte sorgfältig die göttliche Familie der Herrscher von jener der Blutsverwandten. Nie tauchen in offiziellen Urkunden die Ehefrau, der Sohn, die Tochter oder ein anderes Mitglied der kaiserlichen Familien in kaiserlichem Kontext auf. Anders als vorher und nachher gibt es keine *Augusta*, deren Porträt auf Münzen erschiene oder die in Inschriften gepriesen würde. Die **eigentliche** kaiserliche Familie besteht nur aus den vier Herrschern!

Ein Kollegium von vier erwachsenen, militärisch erfahrenen Kaisern war ein ganz neues Experiment – aber war es ein Experiment in *monarchischer* Herrschaft? Kann eine Viererherrschaft noch als Monarchie, als ‚Alleinherrschaft', bezeichnet werden?

Mit der Einrichtung einer Mehrkaiserherrschaft, auf jeden Fall mit der Dyarchie des Jahres 286, knüpfte Diocletian durchaus an die vorherige Ent-

27 Kolb 1987, 38ff. 85 mit den einschlägigen Quellen.
28 XIV 11,10.
29 Vgl. Kolb 1987, 86f. 139–143; ders., in: Usurpationen 35–45 gegen T. D. Barnes, ebd. 99–109.

wicklung des römischen Kaisertums an, wie wir sahen, und die antiken Zeitgenossen haben die gleichzeitige Existenz mehrerer Kaiser nicht als Widerspruch zum Wesen einer Monarchie empfunden. Der griechische Historiker Cassius Dio, welcher die Zeiten eines Marc Aurel und der Severischen Dynastie vor Augen hatte, bezeichnet zu Beginn des 3. Jhs. den Principat ausdrücklich auch für den Fall als Monarchie, daß „zwei oder drei Männer zur gleichen Zeit die Herrschaft innehaben". Der Neuplatoniker Porphyrios, Zeitgenosse der Tetrarchen, bemerkt, daß „Monarch nicht derjenige (ist), der *allein* ist, sondern der *allein* herrscht". Er impliziert, daß die Regierungsform der Monarchie auch dann gewährleistet ist, wenn unter mehreren Principes *einer* die wirkliche Herrschaft ausübt. Und in den 70er Jahren des 4. Jhs. preist der Rhetor und Dichter Ausonius den Kaiser Valentinian I., der „die Herrschaft *(regnum)* unterteilt *(partitur)*, aber nicht das *Eine* (d. h. die *eine* Herrschaft) trennend aufteilt *(dividit)*, indem er *allein* alles innehat und (zugleich) alles freigebig verteilt". Ausonius beschreibt so die Beteiligung an der Herrschaft, die der Augustus Valentinian I. seinem leiblichen Bruder Valens und seinem leiblichen Sohn Gratian, die er beide ebenfalls zu Augusti ernannt hatte, gewährte. Ausonius deutet diese Herrschaftskonstruktion als irdisches Spiegelbild des dreifaltigen Gottes der christlichen Trinität. Diese Parallele hatte mit Tertullian bereits ein christlicher Zeitgenosse des oben zitierten Cassius Dio gezogen, indem er die Monarchie Gottes am Beispiel der kaiserlichen Herrschaft erläuterte: Die Machtvollkommenheit des römischen Kaisers bleibe unteilbar, auch wenn er einen Kollegen habe[30].

So sah es auch der Panegyriker, der im Jahr 291 eine Geburtstagsrede auf Maximian hielt: Ein „unteilbares Erbe" *(patrimonium indivisum)* sei das Imperium der beiden Augusti. Und sein Kollege, der im Jahr 307 vor Maximian und Constantin auftritt, erklärt indirekt, es sei gleichgültig, ob die unteilbare Herrschaft von einem oder mehreren Regenten getragen werde. Diese Vereinbarkeit von Monarchie und Kollegialität war freilich nur so lange gewährleistet, wie die überlegene Autorität *(potior auctoritas)* eines der Herrscher außer Frage stand. Dies gilt auch für die Tetrarchie, in welcher, wie der Historiker Aurelius Victor zutreffend bemerkt, die Mitherrscher zu Diocletian aufblickten wie zu einem Vater bzw. einem Obergott *(deus magnus)*. Hingegen konnte in der 308 begründeten Zweiten und Dritten Tetrarchie keiner der Herrscher eine entsprechende Autorität durchsetzen, so daß das tetrarchische Experiment scheiterte[31].

30 Dio LIII 17,1. Porphyrius, bei: Macarius Magnes VI 20, ed. Blondel p. 199. Auson. III 2, 24–31. Tert. adv. Praxean 2, CSEL 47, p. 231.

31 Pan. Lat. XI (3) 6,3. Vgl. auch Pan. Lat. X (2) 11,2. Pan. Lat. VII (6) 9,6. – Vict. Caes. 39,29. Vgl. dazu E. Kornemann, Doppelprinzipat und Reichsteilung im Imperium Romanum, 1930, 80. Straub 35ff.

2.3 Die Eintracht der Herrscher: *similitudo* und *concordia imperatorum*

Es ist hier nicht der Ort, näher auf die Umsetzung des Konzepts der ‚unteilbaren Herrschaft' in der praktischen Politik einzugehen. Es sei nur bemerkt, daß sie während der Ersten Tetrarchie offensichtlich reibungslos funktioniert hat[32]. Die Ursache dafür sahen noch in der ersten Hälfte des 5. Jhs. vom christlichen Historiker Orosius zitierte heidnische Bewunderer der Tetrarchie darin, daß diese „auf gegenseitiger Duldung beruhende Gemeinschaft vieler Herrscher gekennzeichnet (war) durch große Eintracht und gemeinsame Machtausübung, die in diesem Falle, anders als sonst, das Gemeinwohl im Auge hatte". Und der letzte heidnische Kaiser, Iulianus Apostata (361–363), vergleicht die Tetrarchen mit einer Tanzgruppe, deren Harmonie durch das Können ihres besten Künstlers gelenkt und aufrechterhalten wurde[33]. Diesen schriftlichen Äußerungen entsprechen die bildlichen Darstellungen der Tetrarchen, insbesondere die Porphyrstatuen von San Marco in Venedig und in den Vatikanischen Museen zu Rom, welche die vier Herrscher als in der Harmonie kaiserlicher Herrschaft aufgehende Wesen darstellen und so ihre unübertreffliche Eintracht *(concordia)* symbolisieren; das eine *corpus imperii* findet hier seine Entsprechung in dem einen *corpus imperatorum* (**M 3**).

Diese *concordia* war auch in der Vergangenheit schon als Grundlage der Mehrkaiserherrschaft beschworen worden[34], aber noch nie mit einer auch nur annähernd so dichten und umfassenden Symbolik wie unter der Tetrarchie[35]. Zwischen 293 und 303 wurde die Zahl der Consulate, der tribunizischen Gewalten, der imperatorischen Akklamationen sowie der Feiern der *dies imperii*, d. h. der Regierungsjahre und der mit ihnen verbundenen *vota*-Zählungen, schrittweise so aneinander angeglichen, daß sich die Augusti und die Caesares als zwei symmetrische, harmonische Herrscherpaare, wie zwei Zwillingspaare, gegenüberstanden (**M 4**). Zugleich wurden die Porträts der Tetrarchen in den jeweiligen Münzstätten auf der Grundlage des maßgebenden Porträts des regionalen Machthabers einander so ähnlich, daß sie – wie bei den oben erwähnten Statuengruppen – ihre individuellen Züge weitgehend verloren und in einem fast einheitlichen, idealisierten Porträt verschmolzen. Nicht mehr nur die Charakterzüge der Herrscher waren einander

32 Vgl. Kolb, in: Usurpationen 42–44.

33 Oros. VII 26,5–6. Vgl. auch den vielleicht etwa gleichzeitig formulierten Lobpreis der Tetrarchie in SHA Car. 18,4. – Iulian. Caes. 315.

34 Kornemann a. O. 80.

35 Vgl. zum folgenden Kolb 1987, 107–109. 115–127. 167 mit den einschlägigen Quellen.

gleich, wie es der Panegyriker von 289 formulierte[36], sondern jetzt auch ihre Gesichtszüge. Sogar die Attribute ihrer jeweiligen göttlichen Väter (s. unten 36f.), den Donnerkeil Iupiters und die Keule des Hercules, tauschten sie auf den Münzdarstellungen aus. Und der Sieg eines Herrschers war zugleich der Sieg der anderen, schmückte auch deren Siegestitulatur; auf den Siegesdenkmälern waren stets alle Tetrarchen repräsentiert (**M 5**).

Aber diese Ähnlichkeit *(similitudo)* erlaubte durchaus eine klare Hierarchie innerhalb des Herrscherkollegiums. Diese schlug sich nicht in den Beinamen *Iovius* und *Herculius* nieder, denn der Herculius Constantius erscheint in den offiziellen Dokumenten stets vor dem Iovius Galerius. Vielmehr entschieden der *dies imperii* und notfalls das Lebensalter über die Rangordnung. Zudem behielt Diocletian stets einen Vorsprung von einem Consulat gegenüber Maximian (ähnlich Constantius bis 300 n. Chr. gegenüber Galerius). Die jeweils mit den ersten vier Buchstaben des Alphabets benannten Offizinen der Münzprägestätten des Reiches berücksichtigten gleichfalls die offizielle Hierarchie und betonten andererseits die Gleichheit durch ihre chiastische Aufteilung unter die Herrscher. In der bildenden Kunst ist die *similitudo* deutlich bei den mit den gleichen Insignien nebeneinander thronenden Augusti auf Münzen (**M 7c**) und im schon erwähnten Austausch der Götterattribute sowohl auf den Münzen als auch bei den Panegyrikern[37].

Die Hierarchie hingegen wird z. B. im Tetrarchenrelief des Galerius-Bogens von Thessalonike, wo die Augusti thronen, die Caesares stehen und Diocletian durch das lange Zepter Iupiters hervorgehoben ist, deutlich angezeigt (**M 5**). Es ist die Tetrarchie gewesen, welche bei Gruppenbildern der Herrscher ein festes hierarchisches Schema entwickelt hat, wobei das Besondere die differenzierte Verbindung von *similitudo* und Hierarchisierung ist: Bei den berühmten Tetrarchengruppen (**M 3**) geben nur kaum wahrnehmbare physiognomische Unterschiede, wie Barttracht oder ältere Gesichtszüge, sowie Plazierung innerhalb der Gruppe dem Betrachter die Möglichkeit, zwischen den beiden Herrscherkategorien der Augusti und der Caesares sowie den einzelnen Herrschern zu unterscheiden; als Individuen sind letztere nicht greifbar. Es ist diese fein differenzierende *similitudo*, welche die *concordia* konstituiert und das scheinbare Paradoxon einer Monarchie in der Mehrkaiserherrschaft, der Einheit in der Vielfalt, auflöst.

In den Glückwünschen anläßlich der Regierungsjubiläen wurden die Regierungsjahre der Augusti und der Caesares in Gestalt einer dezimalen Symmetrie formuliert[38]: *vota* XX *(soluta)* für die Augusti, *vota* X *(soluta)* für die

36 Pan. Lat. X (2) 9,5. Vgl. XI (3) 7,6.
37 Kolb 1987, 79 und Abb. 20.
38 Vgl. zum folgenden Kolb 1987, 128–158, bes. 150–158 mit den einschlägigen Quellen.

Caesares; diese Zahlen erscheinen auch auf den Münzprägungen anläßlich des Herrscherwechsels von 305. Sie sind nicht nur Ausdruck der jeweiligen Concordia der Herrscherpaare, sondern auch des intendierten Rhythmus' des Herrscherwechsels. Galerius formuliert im Jahr 305 die Absicht, nach seinem 20jährigen Regierungsjubiläum *(vicennalia)* abzudanken. Diocletian und Maximian haben etwa eineinhalb Jahre nach ihren zu Beginn des 20. Regierungsjahres Diocletians Ende 303 in Rom gefeierten *vicennalia* abgedankt. Obwohl beide nicht exakt 20 Jahre regiert hatten, fassen zeitgenössische Autoren die Zeit ihrer Herrschaft dennoch als eine 20jährige auf. Diese ‚20 Jahre' waren eine symbolische Zeitspanne, bezogen auf das Regierungsjubiläum. Es sollte die Vorbereitungszeit für die Abdankung der Augusti und das Nachrücken der bisherigen Caesares einläuten.

Eine freiwillige Abdankung eines römischen Kaisers war ein unerhörter Vorgang, aber er lag in der Logik des tetrarchischen Systems. Die Ernennung von – im Vergleich zu den Augusti – nur wenig jüngeren und zudem tüchtigen Caesares im Jahr 293 (und ebenso 305), deren Stellung gerade auch diejenige präsumtiver Nachfolger war, bedeutete, daß die Eintracht des Herrscherkollegiums nur bei rechtzeitiger Befriedigung des Ehrgeizes jener dynamischen Mitregenten gewahrt werden konnte. Nur eine ungefähre zeitliche Festlegung des Herrscherwechsels konnte eine vernünftige Perspektive gewährleisten.

Diocletian und Maximian legten im übrigen mit der Abdankung keineswegs ihre Augustus-Würde ab; sie wurden *seniores Augusti*, blieben Mitglieder der göttlichen Familie, trugen sicherlich weiterhin die kaiserlichen Insignien. Diocletian bekleidete 308 das Consulat. Aber die *seniores Augusti* waren nun nicht mehr im ‚Amt'; sie waren jetzt *privati principes*[39].

Abdankungsplan und Concordia der Tetrarchie waren zwei Seiten der gleichen Medaille, wie jetzt die Standarten-Pilaster von Romuliana-Gamzigrad mit ihren drei tetrarchischen Zweiergruppen verdeutlichen, die den Brückenschlag von der Ersten zur Zweiten Tetrarchie symbolisieren (**M 6**). Und in dem zyklischen Rhythmus von Abdankung der Augusti, Nachrücken der Caesares und Ernennung neuer Caesares sollte eine göttliche Qualität der Tetrarchie ruhen: ihre *aeternitas*, ihre Ewigkeit, welche die *felicitas*, das Glück der Welt, garantierte.

39 20jährige Regierungszeit: Lact. mort. pers. 42,4; 30,6. Pan. Lat. VII (6) 10,1; 11,6. – Eine purpurne Decke auf Diocletians Grab erwähnt Ammian. XVI 8, 4. – *privati principes:* Pan. Lat. VII (6) 10,5.

2.4 *Domus divina:* die sakralen Grundlagen der tetrarchischen Herrschaft

Die Feiern der tetrarchischen Regierungsjubiläen waren begleitet von Glückwünschen *(vota)*, welche nicht nur dem Wohlergehen der Herrscher, sondern zugleich demjenigen des Reiches gewidmet waren. Seit Commodus führten die römischen Kaiser das ständige Attribut eines Glücksbringers *(felix)* in ihrer Herrschertitulatur. Mit dem Regierungsantritt eines Kaisers wurde eine neue Glücksepoche, ein Goldenes Zeitalter *(saeculum aureum)*, eingeläutet, und mit der ‚Erneuerung' seiner Regierung anläßlich des 5-, 10-, 20-jährigen usw. Regierungsjubiläums wurde dieses *aureum saeculum* gewissermaßen aufgefrischt[40]. Die tetrarchischen Münzprägungen feiern die *saeculi felicitas* und die *saeculares Augusti* zusammen mit der *Roma Aeterna*; damit wird die Verbindung zwischen der Ewigkeit Roms, dem Glück des Weltzeitalters und der tetrarchischen Herrschaft formuliert. Diocletian wird von einem heidnischen Autor des ausgehenden 4. oder beginnenden 5. Jhs. als ‚Vater eines Goldenen Zeitalters' *(aurei parens saeculi)* bezeichnet. Und die Verbindung seines Porträtkopfes mit jenem des Saturn, des Gottes des Goldenen Zeitalters, in einer Doppelherme ist eine bildliche Bestätigung zeitgenössischer Vorstellungen: „So sehr ... ist jenes Goldene Zeitalter, welches einst nicht lange unter der Herrschaft des Saturn blühte, jetzt unter den ewigen Auspizien von Iupiter und Hercules wiedergeboren", verkündet im Frühjahr 298 der gallische Rhetor Eumenius[41].

Kein Wunder also, daß die Ernennung solcher Herrscher der besonderen ‚Fürsorge der Götter' *(providentia deorum)* zu verdanken war. Schon seit langem Garant der richtigen Auswahl des Herrschers, schlug sie sich z. B. nieder in der Wahl des 1. März als Tag der Proklamation der tetrarchischen Caesares. Die Kalenden des März markierten nach römischer Vorstellung nicht nur den dem Kriegsgott Mars heiligen Beginn des alten römischen Kalenderjahres, sondern nach zeitgenössischer Überzeugung zugleich jenen des astrologischen Jahres, des Frühlings und des Erwachens der Natur sowie des Ursprungs der Welt. Die Ernennung der Caesares war folglich ein glückbringendes kosmisches Ereignis, die Erneuerung jenes Goldenen Zeitalters, das, wie wir sahen, unter dem Schutz von Iupiter und Hercules stand. Und die

40 Vgl. die Verbindung von *vicennalia* und *felicitas* bzw. *felicissimus* in Pan. Lat. VII (6) 10,1 und Lact. mort. pers. 42,3 sowie die Formulierung *decennalia* bzw. *vicennalia feliciter* auf den Sockeln des Fünf-Säulen-Denkmals in Rom: Kolb 1987, 125. Vgl. zur Thematik ferner: A. Alföldi, A Festival of Isis in Rome under the Christian Emperors of the IVth Century, 1937, 48ff. J.-P. Martin, Providentia Deorum, 1982, 228ff. 278ff. C. Zaccaria, AIIN 25, 1978, 103–138.

41 SHA, Hel. 35,4. – Doppelherme: L'Orange 21f. – Pan. Lat. IX (4) 18,5.

beiden Caesares waren – ebenso wie die Augusti – selbst Nachkommen dieser beiden Götter[42].

Die sakrale Überhöhung des römischen Princeps hat ihre Wurzeln in der späten Republik bzw. in hellenistischen Traditionen. Nicht nur hatte – nach einem positiven Urteil des Senats – die Konsekration des verstorbenen Herrschers seine Aufnahme als *divus*, Vergöttlichter, in das Reich der Götter *(dei)* zur Folge; auch die Verehrung des lebenden Kaisers bewegte sich auf einem schmalen Grat zwischen der bloßen Anerkennung von besonderem Beistand sowie Auserwähltheit seitens einer Gottheit und Angleichung an selbige[43]. Die enge Verbindung römischer Herrscher mit Iupiter und Hercules geht bis in die Anfänge des Principats zurück, und die unter der Tetrarchie gebräuchliche Stellung jener Götter als Begleiter *(comites)*, Bewahrer *(conservatores)* oder Helfer *(auxiliatores)* der Kaiser war nichts Neues. Aber wenn der Rhetor Libanius aus Antiochia feststellt, Diocletian habe es von allen Kaisern am besten verstanden, die Welt von den Göttern der Herrscher regieren zu lassen, so hat er ganz richtig gesehen, daß die Tetrarchie die perfekteste theokratische Begründung der kaiserlichen Herrschaft kreiert hat[44].

Die ‚Göttlichkeit' des tetrarchischen Kaisers beruht einerseits auf seinem ‚Amt' und der mit ihm verbundenen Machtvollkommenheit, die von den Göttern verliehen und somit göttlich sind, andererseits in der Person des Herrschers, der – um dieses Amt ausüben zu können – über göttliche Qualitäten verfügen muß. Die seit 286 für die beiden Augusti, seit 293 auch für die Caesares bezeugten Beinamen *Iovius* und *Herculius* bedeuten nicht nur Beistand der Götter oder Gottesgnadentum, sondern bescheinigen den Kaisern wirkliche Teilhabe am göttlichen Wesen, Besitz der Wirkungskräfte *(numina)* und damit auch der Fähigkeiten *(virtutes)* dieser Gottheiten von Geburt an. Daher wird ihre Ernennung zum Herrscher auch als ‚Aufgehen' *(ortus)* eines göttlichen Gestirns, entsprechend dem Sonnenaufgang, bezeichnet; an ihrem *dies imperii* vollzieht sich die Epiphanie ihrer göttlichen Qualitäten. In diesem Sinne können die Augusti als Söhne *(filii)* von Iupiter und Hercules bezeichnet werden und ihrerseits wieder mit göttlichem Wesen ausgestattete Nachfolger zeugen, nämlich die Caesares[45] (**M 7**).

Die Verbindung des Adjektivs *sacer* mit dem Herrscher und seiner Umgebung nimmt deshalb nicht zufällig mit der Tetrarchie eine neue Dimension

42 Kolb 1987, 80ff.

43 Vgl. bes. Alföldi 186ff. R. Fears, Princeps a diis electus, 1977. F. Heim, Virtus. Idéologie politique et croyances religieuses au IV siècle, 1991, 175ff. In seiner Grundthese verfehlt und ein Rückschritt ist das Buch von M. Clauss, Kaiser und Gott. Herrscherkult im römischen Reich, 1999, welches die nötige Differenzierung vermissen läßt.

44 Liban. or. 61,5, IV p. 331 Förster.

45 Pan. Lat. XI (3) 2,3–4. VII (6) 8,2–3. IX (4) 8,1.

an. Aus dem gleichen Grund wird im Falle Diocletians und Maximians erstmals in offiziellen Dokumenten das eigentlich der göttlichen Sphäre vorbehaltene Attribut *aeternus* (ewig) mit den *Namen* der Kaiser verbunden, zu einer *persönlichen* Qualität der Herrscher, während die sonst gebräuchliche Wendung *aeternitas Augustorum* usw. die Ewigkeit des Amtes und der Dynastie kennzeichnen sollte[46].

Die Tetrarchie war mithin eine *domus divina* von fleischgewordenen Göttersöhnen und somit natürlicher Rivale des christlichen Gottessohnes; die diocletianische Christenverfolgung war schon aus diesem Grunde unvermeidlich[47]. Durch ihre ‚Söhne und Enkel' regierten Iupiter und Hercules die Welt. Zwar erhält auf Münzen des Jahres 285/86 Maximian die Kaiserwürde in Gestalt der Weltkugel noch von Diocletian verliehen, aber kurz danach erscheint auch bei ihm Iupiter als eigentlicher Urheber seiner Herrschaft, und dies gilt von Beginn an für die Caesares. Die Tetrarchen sind eine von Iupiter abstammende Familie, die nur in zwei Zweige, die *Iovii* und *Herculii*, geteilt ist. Wie der Gottessohn Christus zur Rechten Gottes den Kosmos lenkt, so erscheinen die Augusti der Tetrarchie nicht nur in der spätantiken Literatur, sondern auch auf dem wahrscheinlich zwischen 303 und 305 errichteten Galeriusbogen von Thessalonike (**M 5**) als ‚Herrscher über die Welt' *(principes mundi)*, womit nicht nur die Herrschaft über das Imperium Romanum und den Erdkreis, sondern über den gesamten Kosmos gemeint ist, wie der Panegyriker des Jahres 289 betont: „Ihr aber, die Ihr Eure Herrschaft nicht durch die Erdgegenden, sondern die Himmelsregionen begrenzt"[48].

Eine Herrschaft von Gottessöhnen konnte theoretisch von niemandem in Frage gestellt werden, weder von den Soldaten noch von einem Usurpator. Usurpation war in einem solchen Fall ein Sakrileg. Diocletian hat folglich mit der Trennung der *domus divina* der Tetrarchen von den profanen Familien der Herrscher versucht, das Kaisertum den Gefahren familieninterner Rivalitäten zu entziehen. Mit dem in Eintracht verbundenen Vierer-Kollegium wollte er die Omnipräsenz kaiserlicher Gewalt im Reich sichern, Kaisernähe garantieren und so der Erhebung von Usurpatoren durch einzelne Truppenteile gegensteuern. Die originelle Transzendierung des Herrscherkollegiums in die göttliche Sphäre schließlich sollte die Unantastbarkeit des Kaisertums garantieren.

---

46 *sacer:* z. B. CIL VI 1704 (obwohl die Inschrift erst nach 323/24 aufgestellt worden sein kann). Vgl. ferner Pan. Lat. XI (3) 11,1; 13,1. – *aeternus:* Kolb 1987, 91. O. Hiltbrunner, in: K. Hauck (Hrsg.), Frühmittelalterliche Studien 2, 1968, 1–30.

47 Vgl. F. Kolb, L'ideologia tetrarchica e la politica religiosa di Diocleziano, in: G. Bonamente/A. Nestori (Hrsgg.), I Cristiani e l'Impero nel IV secolo (Atti del Convegno Macerata 17–18 Dic. 1987), 1988, 17–44.

48 SHA, Car. 18,3–4. Pan. Lat. X (2) 10,1.

2.5 Das kaiserliche Zeremoniell

Spätantike Historiker behaupten, Diocletian habe die kaiserliche Stellung auch durch neue Formen der Repräsentation von der irdischen Umgebung abgehoben, ihre sakrale Überhöhung durch Zeremoniell und Insignien erst wirklich begründet (**M 8**). Diocletian habe sich offiziell als *dominus* anreden lassen, die Göttern gegenüber übliche kniefällige Verehrungsgeste *(proskynese* bzw. *adoratio)* – eine im ‚Ausland' dem Herrscher geschuldete Huldigung – in das Hofzeremoniell eingeführt, schließlich für Kleider und Schuhe vergoldete, seidene und purpurne Stoffe sowie Edelsteine verwendet, während zuvor der Kaiser sich nur durch den purpurnen Feldherrnmantel abgehoben habe. So habe Diocletian als erster monarchische Umgangsformen *(regiae consuetudinis forma)* statt der römischen ‚Freiheit' *(libertas)* im Imperium Romanum eingeführt.

Diese Überlieferung gewinnt nicht unbedingt dadurch an Vertrauenswürdigkeit, daß Aurelius Victor sie mit psychologisierenden Betrachtungen über die Neigung von Menschen niedriger Herkunft zum Hochmut verknüpft und der Christ Lactantius seinerseits dem ihm besonders verhaßten Galerius den Import der persischen Knechtung der Untertanen in das römische Reich zuschreibt[49].

Die ältere Forschung[50] hat letzteres mit der persischen Sitte der Proskynese, der fußfälligen Verehrung des Herrschers, die im spätrömischen Adorationszeremoniell in der Tat ihre Parallele findet, in Verbindung gebracht. Da die Griechen diesen Gestus nur gegenüber den Göttern vollzogen, galt ihnen die Proskynese als Merkmal der Hybris des persischen Königs und der Knechtschaft seiner Untertanen; die Römer haben diese Bewertung übernommen, wie auch noch der Tenor unserer spätantiken Quellen zeigt, welche die *adoratio* mit der Anrede des Herrschers als *dominus* verknüpfen, welch letztere der Untertan, der Knecht, der Sklave ihrem Herrn schulden. Indem man in der älteren Forschung der antiken Überlieferung folgte und Diocletian den Import der persischen Sitte zuschrieb, wurde der Begriff des Dominats geschaffen, welcher den spätantiken Römerstaat vom Principat, der Herrschaft des ersten Bürgers über freie Mitbürger, unterschieden habe.

Andreas Alföldi[51] hat jedoch gezeigt, daß die spätantike monarchische Repräsentation nicht auf einen Schlag aus Persien eingeführt worden ist, sondern auf eine jahrhundertelange Entwicklung zurückgeht, in der orientalische, griechisch-hellenistische, etruskische und römisch-italische Elemente zusammengeflossen sind, wobei die Entwicklung der Beziehungen des Kai-

49 Vict. Caes. 39,2–7. Lact. mort. pers. 21,2.

50 Vorgestellt von Alföldi 3 ff.

51 ebd. passim.

sers zu seinen Untertanen, nicht zuletzt zur ‚Hofgesellschaft', die Selektion wesentlich bestimmt hat. Auf die Details dieser Entwicklung kann hier nicht eingegangen werden. Vielmehr ist die Frage zu stellen, ob Diocletian in der spätantiken Literatur tatsächlich ganz zu Unrecht als *primus inventor* spätantiken Herrscherzeremoniells gezeichnet wird. Im Hinblick auf die *adoratio* ist gegen Alföldi eingewendet worden, daß die von ihm zitierten vordiocletianischen Beispiele für eine solche Sitte sich auf individuelle Vorgänge beziehen, in welchen der Betreffende – meist als Bittflehender – von sich aus den kniefälligen Gestus vollzieht. Etwas anderes sei es, wenn ein solcher Gestus Bestandteil eines *offiziellen*, grundsätzlich *geforderten* Hofzeremoniells wird. Das Gleiche gilt für die Anrede *dominus*, welche man wohl spätestens für einen Zeitpunkt als obligatorisch annehmen muß, zu welchem diese Bezeichnung in der offiziellen Kaisertitulatur vom Herrscher *beansprucht* wird[52]!

Nach einem episodischen Versuch Domitians zur Einführung der *dominus*-Anrede läßt sich aus den Dokumenten kein klarer Einschnitt gewinnen, da die Bezeichnung des Herrschers als *dominus noster* in Inschriften seit Commodus (177 n. Chr.) auftaucht und während des 3. Jhs. immer gängiger wird, aber durchaus noch als freiwillige Huldigung der Untertanen aufzufassen ist. Freilich lassen sich Aurelian, Probus und Carus auf Münzen, d. h. auf offiziellen Dokumenten, mit der Legende *deo et domino* in Gelübdeform, eben im Dativ, verehren[53]. Unter der Tetrarchie tritt der *dominus noster*-Titel zwar häufiger auf, aber erst mit Licinius und der constantinischen Dynastie wird er üblich. Exakt bestimmbar ist der Zeitpunkt der Einführung der *obligatorischen dominus*-Anrede anhand der offiziellen Dokumente jedoch nicht[54].

Klarer scheint zumindest der *terminus ante quem* für die Einführung der *adoratio* ins Hofzeremoniell: Der Panegyricus von 291 schildert eindeutig ein ausgefeiltes Adorationszeremoniell im Palast zu Mailand [55], bei welchem die Würdenträger in streng geregelter hierarchischer Ordnung zur kaiserlichen Audienz vorgelassen werden. Es kann kein Zweifel bestehen, daß das bekannte Ritual der Adoration – Proskynese und Küssen des kaiserlichen Purpurs – hiermit verbunden war[56]. Aus dem Bericht des Panegyrikers geht auch hervor, daß es sich im Jahr 291 schon um einen eingespielten Ritus gehandelt

52 Zur *adoratio*: Stern. W. Ensslin, CAH XII (1939) 160ff. Avery. Löhken 48–53.

53 Alföldi 55 (zu Domitian). 211 (zu Aurelian, Probus, Carus). M. Christol –T. Drew-Bear, Epigraphica 53, 1991, 113–174.

54 Vgl. z. B. ILS 646. 675. 676. 679. 680. 690. 692. 697. 698 usw.; ferner Pan. Lat. X (2) 11,3; 5,2: die Tetrarchen als *domini generis humani.*

55 Pan. Lat. XI (3) 11,1–3.

56 Ammian XV 5,18 impliziert, daß Diocletian auch das Küssen des Purpurs eingeführt habe; s. unten 40.

haben muß, so daß Lactantius' Bemerkung, Maxentius sei als arrogant und halsstarrig angesehen worden, weil er gegenüber seinem Vater Maximian und Galerius die *adoratio* verweigert habe, eines historischen Kerns nicht zu entbehren scheint[57].

Die Frage ist: Seit wann war die Adoration verpflichtender Bestandteil des Hofzeremoniells? Daß die Adoration schon vor Diocletian ein wohlbekannter Gestus gewesen sein muß, verdeutlicht das Verhalten eines Militärtribunen, der vor dem potentiellen Usurpator Plautianus, Prätorianerpräfekt des Septimius Severus, „die Proskynese vollzog, als ob jener schon Kaiser sei“[58]. Nahm der Tribun diese Handlung vor, weil sie beim *Regierungsantritt* eines neuen Herrschers vollzogen zu werden pflegte, oder war die *adoratio* zumindest zur Zeit des Historikers Herodian, der diese Szene berichtet, d. h. um die Mitte des 3. Jhs., eine jederzeit übliche Form, vor den Kaiser zu treten[59]? Da ein inschriftliches Dokument[60] für einen nur wenig späteren Zeitpunkt, die Regierungszeit Caracallas (211--217), noch die *salutatio*, die Begrüßung des Herrschers mit Wangenkuß, als übliches Ritual zu bezeugen scheint, dürfte die *adoratio* unter Septimius Severus noch ein individueller Akt oder aber nur bei Regierungsantritt eines Herrschers üblich gewesen sein.

Eine Neuerung Diocletians in diesem Bereich kann mithin darin bestanden haben, daß er, wie A. Alföldi durchaus konzediert hat, „wichtige Vorschriften bezüglich der Proskynese traf“. Vielleicht formalisierte er den Kuß des kaiserlichen Purpurs in Verbindung mit dem Fußfall, beschränkte den zugelassenen Personenkreis *(admissio)*, und regelte das Recht auf Audienz kraft Amt und Würdenstellung, verbunden mit der Forderung der Adoration von all jenen Würdenträgern, denen jenes Recht zugestanden wurde. Jedenfalls wurde in tetrarchischer Zeit sogar von den Familienmitgliedern der Herrscher die Proskynese erwartet[61]. Diocletian hätte mithin hier, wie auch in anderen Bereichen, z. B. hinsichtlich der Herrscherproklamation (s. oben 27), vorhandene Entwicklungen zusammengefaßt und formalisiert und so erst ein wirkliches Zeremoniell geschaffen. Dessen Entwicklung ist wohl auch im Zusammenhang mit der Entstehung eines den Kaiser überall hinbegleitenden ‚Hofstaates‘ *(sacer comitatus)* zu sehen, in welchem eine zentrale Reichs-Bürokratie mit einer recht komplexen Organisationsform durch ein System

57 Lact. mort. pers. 18,9.

58 Herodian. III 11,8.

59 Stern 185.

60 P. Roussel – F. de Vischer, Syria 23, 1942/43, 173–200. Vgl. Cod. Iust. IX 51,1.

61 Alföldi 58f. – Lact. mort. pers. 18,9. Vgl. Ambros. de ob. Val. 36. Alle anderen mußten sich im Falle einer Audienz mit einer Begrüßungsform begnügen, welche keinen Berührungskontakt mit dem Herrscher beinhaltete, sicherlich auch nicht die alte Form der *salutatio* mit Wangenkuß (Löhken 70ff. 99ff.)

von Rangabstufungen und Ehren differenziert war, das sich jedenfalls später (s. unten 118f.) in einer auch schriftlich fixierten Rangliste niederschlug *(ordo dignitatum)*. Für diese Gruppe ein strikt geregeltes Adorations-Zeremoniell zu schaffen, welches eine ritualisierte Begegnung ermöglichte, bei der einerseits die Distanz zwischen der geheiligten Person des Herrschers und seiner Umgebung, andererseits aber auch die unterschiedlichen Nahverhältnisse der Höflinge zum Kaiser manifest wurden, war eine geeignete Maßnahme zur Normierung des Umgangs mit dem Kaiser und zur Hierarchisierung des Hofstaates[62].

Möglicherweise ist in tetrarchischer Zeit auch der – freilich auf Reliefs kaiserlicher Triumphmonumente schon früher anzutreffende[63] – Ritus der verhüllten Hände *(manus velatae)* ins Hofzeremoniell eingeführt worden, der den Austausch von Gegenständen mit dem Kaiser an das Ritual gegenüber den Göttern anglich. Allerdings sind die Malereien im Fahnenheiligtum von Luxor, welche deutlich dieses Ritual zeigen, nicht sicher in die Zeit der Ersten Tetrarchie datierbar (**M 9**). Die Verpflichtung zum zeremoniellen Schweigen *(silentium)* in der Umgebung des Kaisers herrschte anscheinend schon unter Hadrian, mag aber gleichfalls von Diocletian formalisiert worden sein[64].

Sicherlich aber hat die Tetrarchie die aus dem Götterkult übernommenen „Feuer-Abzeichen der Herrscher", die Fackel als Zeichen des vom Kaiser ausgehenden Lichtglanzes, und das Weihrauchgefäß verwendet. Das ‚ewige' Feuer symbolisierte die *aeternitas* kaiserlicher Herrschaft. Galerius wird in einer Szene auf dem Bogen von Thessalonike am Stadttor von Fackelträgern empfangen[65]. Die Lichtmetaphorik ist für die Tetrarchie hinreichend bezeugt durch Münzen (**M 11**) und die Panegyriker und ist als Bestandteil des Herrscherlobs schon bei Menander Rhetoricus vorgeschrieben[66].

Unklar ist, inwieweit zu zeremoniellem Zweck die Palastarchitektur umgestaltet wurde. Der Panegyriker von 291 nennt den kaiserlichen Audienzsaal das ‚Innere eines Heiligtums', und sein Kollege, der seine Lobrede im Jahr 297 hält, spricht vom ‚Allerheiligsten' *(adyta)* des Kaiserpalastes in Trier. Als *templum* wird das Domizil des Kaisers von antiken Autoren bereits seit

62 Vgl. D. Schlinkert, Vom Haus zum Hof. Aspekte höfischer Herrschaft in der Spätantike, Klio 78, 1996, 454–482. A. Winterling (Hrsg.), Zwischen „Haus" und „Staat". Antike Höfe im Vergleich (HZ Beih. 23), München 1997, bes. 160.

63 A. Dieterich, Der Ritus der verhüllten Hände, 1911. Alföldi 33f. Gabelmann 205.

64 Deckers 1979, 628. Literarisch ist die Sitte der *manus velatae* erst für die 60er Jahre des 4. Jhs. ausdrücklich bezeugt: Ammian. XVI 5,11. – Hadrian: Kaiserliche Freigelassene *(silentiarii)* waren für die Aufrechterhaltung der Stille verantwortlich: CIL VI 9041. 9042.

65 Laubscher 63f.

66 Alföldi 116f. – Lichtmetaphorik Pan. Lat. XI (3) 10,4. – Men. Rhet. p. 381.

Augustus bezeichnet, und Domitian *selbst* scheint sein Haus als eine Art Heiligtum bezeichnet zu haben. Für die tetrarchische Epoche ist letzteres nicht überliefert, aber neu ist anscheinend das Eindringen von Begriffen der Mysterien-Religionen in die Beschreibung des Herrscherpalastes. Ein *adyton* ist nur Eingeweihten, den Priestern, zugänglich, und dies spricht dafür, daß unter der Tetrarchie nur klar definierte Personengruppen am ‚Mysterium' der Kaisernähe teilhaben durften[67].

Die Frage, wie die spätantike Palastarchitektur diesem Zeremoniell angepaßt wurde, ist kaum zu beantworten, da keine einzige echte Kaiserresidenz hinreichend erhalten geblieben ist[68] – weder jene von Mailand noch jene von Thessalonike, Trier und Constantinopel, auch nicht die 1991 entdeckte, an das Ende des 3. bzw. den Beginn des 4. Jhs. datierte, Maximian zugeschriebene Anlage im spanischen Corduba[69], die aber mit ihrer Aula am Scheitelpunkt einer großen, halbrunden, von einer Kryptoportikus gestützten Platzanlage

---

67 Pan. Lat. XI (3) 11,3. VIII (5) 1,4. Vgl. auch den Lobredner des Jahres 310: Pan. Lat. VI (7) 16,1. – Sueton, Domit. 13,1. – Erst um 400 n. Chr. erscheint die Vorstellung, der Palast sei ein Heiligtum, in der Gesetzessprache: Cod. Theod. XVI 2, 35. – Im *jüdischen Midrasch* wird berichtet, diocletianische Christenverfolgungsedikte seien vom Volk ‚umarmt' und ‚geküßt' worden: S. Lieberman, Hellenism in Jewish Palestine, 1962^2, 8–10. Vgl. auch Acta S. Paphnutii, in: Acta Sanctorum, September, VI (Antwerpen 1757), 24. Sept., p. 686 D. Im Jahr 313 wird ein Brief Constantins adoriert: Augustin. epist. 88,2. Eine entsprechende Verehrung herrscherlicher Dokumente wird bereits für das Perserreich überliefert sowie für die Zeit des Commodus: Polyaen. VII 21,5. Philostr. vit. soph. 590. Vgl. S. Corcoran, The Empire of the Tetrarchs, 1996, 156.

68 Zum Problem der Kaiserpaläste vgl. bes. die Beiträge von N. Duval, z. B. in XXVI Corso di Cultura sull'Arte Ravennate e Bizantina (Ravenna, 6/18 Maggio 1979) 1979, 40–51; Urbs 4, Split 1961/62, 67–95; Bull. Soc. Nat. des Ant. de la France, 1987, 61–84. – Zu Mailand s. A. Salviani (Hrsg.), Il palazzo imperiale, in: Milano capitale dell'imperio romano 286–402 d. C. (Catalogo della mostra), 1990, bes. 99. 201. – Thessalonike: M. Cagiano de Azevedo, FR 117, 1979, 7–28. N. Duval, FR 115, 1978, 27–62, bes. 57–59. – Constantinopel: W. Müller-Wiener, Bildlexikon zur Topographie Istanbuls, 1977. Bauer 1996, 143–268. – Trier: H. Heinen, Trier und das Treverland in römischer Zeit, 1985, 266ff. bes. 275f. Zur Problematik der Identifikation eines Kaiserpalastes in Arles s. M. Hejmans, AnTard 6, 1998, 209–231.

69 Vgl. E. W. Haley, ZPE 101, 1994, 208–214. R. Hidalgo Prieto-A. Ventura Villanueva, Chiron 24, 1994, 221–240. Ein Argument für die Identifikation dieser Anlage mit einem Kaiserpalast ist die Entdeckung vergoldeter Bronzebuchstaben *(litterae aureae)*, wie sie seit der augusteischen Zeit als Reflex des ‚Goldenen Zeitalters' *(aureum saeculum)* verwendet wurden. Diocletian und seine Mitherrscher haben diese Propagierung eines Goldenen Zeitalters aufgegriffen (vgl. Kolb 1987, 80. 113f. 119; ders., Untersuchungen zur Historia Augusta, 1987, 14–18.) Allerdings vertritt J. Arce, AnTard 5, 1997, 293–302 die Meinung, die Villa bei Corduba sei eine Statthalterresidenz. Die Frage ist, ob solche Residenzen nicht zugleich dem Kaiser als *palatium* dienten.

vielleicht noch den besten Eindruck von den Dimensionen tetrarchischer Residenzen vermitteln kann. Die große Basilika in Trier kann, auch wenn sie die Audienzhalle des Trierer Palastes gewesen sein sollte, allenfalls die Erkenntnisse bestätigen, welche bereits der entsprechende Saal im Domitianspalast auf dem Palatin in Rom vermittelt, dessen Fassade mit ihrer dem Göttertempel entlehnten Giebelarchitektur prägend blieb, wie noch die Darstellung der Front des Theoderichspalastes zu Ravenna auf einem Mosaik in der dortigen Kirche San Apollinare Nuovo verdeutlicht[70]. Wahrscheinlich thronte der Kaiser einer Götterstatue ähnlich in der Apsis des Saales, dessen schiere Größe und prunkvolle Dekoration auf den Eintretenden einen überwältigenden Eindruck gemacht haben muß.

Vermutlich geben die beiden am besten konservierten spätantiken Residenzen, die als Alterssitze für Diocletian bzw. Galerius konzipierten Anlagen von Spalato (Split) an der dalmatinischen Küste und von Romuliana (Gamzigrad) im östlichen Serbien, noch am ehesten einen Eindruck auch von den Residenzen eines amtierenden spätantiken Herrschers. Denn es sollte nicht vergessen werden, daß die *seniores Augusti* weiterhin Kaiser waren (s. oben 34), denen gegenüber zweifellos das Herrscherzeremoniell praktiziert werden mußte. Darauf weist schon die Skulpturenausstattung mit Porträts und Reliefs hin, welche in diesen Residenzen die tetrarchische Ideologie propagierte. Über Maximian erfahren wir, daß er nach seiner Abdankung 305 im Suburbium Roms residiert hat, möglicherweise in der sogenannten Villa des Maxentius an der Via Appia[71]. Schon die Größe dieser Anlagen, insbesondere derjenigen in Spalato, ist einer Residenz würdig. Freilich weist der auch nach Diocletian noch weitergenutzte Palast von Spalato zu viele verschiedene Bauphasen auf, so daß es zumindest gegenwärtig kaum möglich erscheint, aus ihm ein klares Bild tetrarchischer Palastarchitektur zu gewinnen. Daher bietet Gamzigrad wohl das getreueste Beispiel einer solchen (**M 10**). Betonte Fassadenarchitektur, große Säle mit apsidalem Abschluß, Tempel, für Verwaltungszwecke usw. geeignete Gebäudekomplexe, monumentale Tordurchgänge und eine starke, turmbewehrte Festungsmauer zeigen den repräsentativen und sakralen, zugleich aber von der Umwelt abgeschotteten Charakter dieser Residenzen, die von der Grundrißgestaltung und Bautypologie her römische Städte imitieren. In letzterem unterscheiden sie sich freilich architektonisch nicht grundsätzlich von den großen Villen kai-

70 G. de Francovich, Il Palatium di Teodorico a Ravenna e la cosidetta 'architettura di potenza', 1970, 26 mit Abb.

71 Palast von Spalato: J. Wilkes, Diocletian's Palace, Split: residence of a retired Roman Emperor, 1986. Vgl. J. u. T. Marasovic sowie Sh. McNally, AnTard 2, 1994, 89–106 bzw. 107–121. – Gamzigrad: D. Srejović – C. Vasić, ebd. 123–141. – Maximian: Pan. Lat. VII (6) 11,3. Vgl. Kolb 1987, 150f; ders., AnTard 3, 1995, 30f. G. Pisani, Sartorio – R. Calza, La villa di Massenzio sulla via Appia, 1976.

serlicher Funktionäre bzw. hoher Würdenträger, wie etwa der Villa von Piazza Armerina im Inneren Siziliens. Die Differenz liegt z. T. in den Dimensionen und vor allem in der sakralen Komponente.

Ein Versailles darf man sich unter den Palästen auch der tetrarchischen Gottessöhne und ihrer Nachfolger offensichtlich nicht vorstellen. Die über das Imperium Romanum verstreuten *palatia* – ein *palatium* war jetzt jedes für einen zeitweiligen Aufenthalt des Kaisers und seines ‚heiligen Hofstaates' *(sacer comitatus)* vorgesehene Gebäude – sind wohl eher mit karolingischen Pfalzen vergleichbar als mit Barockpalästen. Dafür spricht, daß auch an Orten, die keine eigentlichen Residenzstädte waren, wie Aquileia in Italien, Augustudonum (Autun) in Gallien oder Nisibis in Mesopotamien, *palatia* existierten, in welchen das kaiserliche Hofzeremoniell vollzogen wurde. Das *palatium* im syrischen Batnae, etwa 45 km von Beroia (Aleppo) entfernt, war offensichtlich nur ein recht schlichter Fachwerkbau aus Holz und Lehmziegeln[72]. Insgesamt scheint es, daß der architektonische Rahmen des spätantiken Herrscherzeremoniells sich nicht wesentlich von jenem des domitianischen Palastes auf dem Palatin, in dessen Mittelpunkt gleichfalls bereits ein großer Audienzsaal lag, unterschieden haben dürfte. Die Verbindung der Kaiserresidenz mit einem Tempel geht gar bis auf Augustus zurück. Ob in der Spätantike mit den Palästen auch eindrucksvolle Gräber verbunden waren, wie man dies für das sogenannte Mausoleum im Palast von Spalato, die Rotunde in Thessalonike nahe dem angeblichen Palast des Galerius und den Rundbau in der Villa des Maxentius an der Via Appia vermutet, ist sehr zweifelhaft. Wie das Beispiel Gamzigrad zeigt (**M 10**), dürften die Herrschergräber wohl eher deutlich außerhalb der Palastanlage plaziert worden sein[73]. Neu ist freilich die wehrhafte Ummauerung des Kaiserpalastes und seine damit bedingte Absonderung von der Umwelt, welche der weitgehenden Abgrenzung des Herrschers durch das Hofzeremoniell zu entsprechen scheint.

Die ‚normalen' Untertanen bekamen die tetrarchischen Kaiser nur flüchtig zu sehen. Wenn die Herrscher den Palast verließen, wurden sie im Reisewagen mit anscheinend recht hoher Geschwindigkeit transportiert, wie es der Panegyriker von 291 für Diocletian und Maximian in Mailand schildert[74]. Beim *adventus* der Herrscher in Italien im Jahr 291 erschienen, wie bei einer Epiphanie vom Himmel herabgestiegener Götter, die beiden Augusti auf den Alpenpässen; ganz Italien erstrahlte in hellem Lichtschein. Vom Lande

72 Pan. Lat. VII (6) 6,2. V (8) 8,4. Ammian. XXV 8, 17. Iulian. ep. 24 (401 A). Die *palatia* durften zu Beginn des 5. Jhs. unter bestimmten Bedingungen auch von Statthaltern benutzt werden: Cod. Theod. VII 10, 2. Vgl. aber noch VII 10,1.

73 D. Srejović – C. Vasić, Imperial Mausoleia and Consecration Memorials in Felix Romuliana (Gamzigrad, East Serbia), 1994. Kolb 1995, 392ff. Kaisergräber: ebd. 327. 338. 382. H. Kammerer-Grothaus, MEFRA 91, 1979, 315–329.

74 Pan. Lat. XI (3) 11,3–5.

strömten die Menschen zusammen, brachten Tier-, Wein- und Weihrauchopfer auf den Altären dar, spendeten freudvoll lauten Beifall, stimmten Gesänge zu Ehren der unsterblichen Götter an, riefen die sichtbare, anwesende Verkörperung Iupiters (i. e. Diocletian) an und adorierten den *imperator* Hercules (i. e. Maximian). Diese *adoratio* war nicht jene des Adorationszeremoniells, denn die Kaiser fuhren im Wagen mit großer Schnelligkeit vorbei, sondern das kniefällige Gebet, das man dem göttlichen oder gottgleichen Erretter und Segensspender darbrachte[75].

Der *adventus* des Kaisers konnte sich im militärischen Kontext in einer vom Feind befreiten Stadt oder Provinz vollziehen. In diesem Zusammenhang erschien insbesondere seit dem 3. Jh. der Herrscher als Feldherr in militärischem Habitus zu Pferde; so stellen ihn die tetrarchischen Münzen dar (**M 11**). Die übliche Ankunft des Herrschers in den Städten des Imperium Romanum vollzog er hingegen nicht im Kriegskleid zu Pferde, sondern im Dienstkostüm (s. unten 54) und im Reisewagen – jedenfalls spätestens seit der tetrarchischen Zeit. Zuvor hatten die Herrscher die Stadt zu Fuß betreten[76].

Auf dem Galeriusbogen in Thessalonike[77] wird die Ankunft des Galerius in seiner neuen Residenzstadt dargestellt: Umgeben von einer Reitertruppe thront der Herrscher in einem offenen Reisewagen und wird vor den Toren der Stadt von einer Abordnung der Bevölkerung empfangen. Daß der Reisewagen nun auch in der Stadt von den Herrschern benutzt wurde, ist für Mailand im Jahr 291 eindeutig belegt, wie wir sahen. Wie die Statuen der Götter bei den Circusprozessionen, so wurden auch die Kaiser nun in erhöhter Position durch das Spalier der jubelnden und akklamierenden Volksmenge gefahren. Die Details eines solchen Empfangs waren festgelegt, wie der Rhetor Menander im 3. Jh. ausführt, und die Berichte antiker Autoren sowie die bildlichen Darstellungen zu derartigen Ereignissen entsprechen der rhetorischen Topik[78]: Der Kaiser wurde vor der Stadt durch eine festlich gekleidete, mit Kränzen geschmückte und zum Teil Fackeln und Kerzen tragende, nach der Rangordnung der gesellschaftlichen Gruppen und Altersklassen gegliederte Abordnung der Bevölkerung begrüßt und mit sakral gefärbten Sprechchören akklamiert. Der Kaiser erwiderte dies – wie Münzdarstellungen zeigen – mit der erhobenen rechten Hand, was nicht nur einen Gruß, sondern auch einen aus dem Sonnenkult herrührenden Macht- und Segensgestus darstellte. In einem festlichen Zug wurde der Kaiser sodann durch ein mit Lor-

75 Pan. Lat. XI (3) 10,4–5. Vgl. ähnlich Pan. Lat. VIII (5) 19,1 zur Ankunft des Constantius in Britannien. – Allgemein zum *adventus*: Lehnen. Mac Cormack 17ff., bes. 25–27.

76 Lehnen 175f. Dio LXXIV (75) 1,3.

77 Laubscher 61ff. mit Taf. 45,1; 46–50. Vgl. Lehnen 133. Stutzinger 292. Vgl. auch Constantins *adventus* in Rom auf dem Constantinsbogen: Lit. bei Brandt 130–132.

78 Men. Rhet. p. 381. Pan. Lat. VII (6) 8,7–8. Lehnen 105ff. 170ff.

beer geschmücktes Tor geleitet in die mit Lichtern, Blumen, Kränzen, Girlanden und Lorbeerzweigen sowie bunten Tüchern, Decken und Fahnen geschmückte Stadt, wo ihn an den Straßenrändern sowie in den Fenstern und auf den Dächern der Häuser eine dichte Menschenmenge mit rhythmischen Sprechchören bejubelte. Opfer wurden dargebracht, Feste gefeiert, Spiele veranstaltet. Der Kaiser selbst brachte der wichtigsten Gottheit der Stadt ein Opfer dar, in Rom dem Kapitolinischen Jupiter. Danach zog er sich in das *palatium* zurück und ließ die Honoratioren zur Audienz vor[79].

Weniger aufwendig scheint die Abreise *(profectio)* des Kaisers gestaltet worden zu sein, aber im Prinzip lief das gleiche Zeremoniell in umgekehrter Reihenfolge ab. Dabei wurden öffentliche Gelübde *(vota)* für eine glückliche Reise und Rückkehr des Kaisers dargebracht[80].

Ebenso wie das Zeremoniell von *adventus* und *profectio* stand das Auftreten des spätantiken Kaisers bei den drei anderen Anlässen seines öffentlichen Erscheinens in der Tradition des 1.–3. Jhs.: beim Consulatsantritt, dem Triumphzug und den Spielen. Da bezüglich dieser Themen jedoch für die Tetrarchie detaillierte Zeugnisse fehlen, sollen sie erst in Kapitel 4 behandelt werden.

2.6 Die Präsentation des Kaisers im Herrscherbildnis

Ein ähnliches *adventus*-Zeremoniell wie dem Kaiser selbst wurde seinem Bildnis zuteil. Spätestens in der Mitte des 3. Jhs. – und nicht erst seit der Tetrarchie, wie bisweilen behauptet – wurde nach Regierungsantritt eines Herrschers sein lorbeergeschmücktes Bildnis in die Provinzen und Städte des Reiches verschickt. Daß dies auch in tetrarchischer Zeit und danach geschehen ist, belegen unsere Quellen ausdrücklich[81].

Das Kaiserbild galt als Stellvertreter der Herrschers. Der Bischof Athanasius von Alexandria vergleicht die Beziehung zwischen Gott Vater und Gottes Sohn mit jener zwischen dem Kaiser und seinem Bildnis: Den Vater kann man im Sohn erblicken, und die Göttlichkeit des Vaters erkennt man im

79 Pan. Lat. V (8) 8,4. X (2) 6,4. Lehnen 121 ff. 149 ff. Vgl. auch die Darstellung des Haupttempels der Stadt in der *adventus*-Szene des Galeriusbogens: Laubscher 64.

80 Auf dem Galeriusbogen sind *adventus* und *profectio* in *einer* Szene dargestellt: Laubscher Taf. 46–50.

81 Herodian. VIII 6,2. IGR III 481 = ILS 8870. Zos. II 9,2; 12,1. Lehnen 307 ff. Falsch: Kruse 23 ff. P Oxy 3791 von 317/8 regelt die Bezahlung eines Malers für seine Herstellung von kaiserlichen Porträts auf Anordnung der Prätorianerpräfekten; die Kosten trugen offensichtlich die lokalen Behörden, die Vorlage für die Porträts wurde von der kaiserlichen Verwaltung gestellt.

Sohn. Entsprechend besteht eine vollkommene *similitudo* zwischen dem Kaiser und seinem Bildnis. Kaiser und Bildnis sind eines. Wie man sich die heidnischen Götter in ihrem Bildnis präsent dachte, so konnte auch der tetrarchische Kaiser in seinem Bildnis ein *praesens deus* sein[82]. Daher mußte auch vor den Kaiserbildern die *adoratio* vollzogen und geopfert werden, und ihre Versendung in die Provinzen und Städte war selbstverständlich zugleich eine Aufforderung zur Anerkennung des Herrschers und zur Loyalität ihm gegenüber. Gegenseitige Anerkennung lag der Zusendung des Herrscherbildes an den oder die Mitregenten zugrunde, wie sie für die Tetrarchie bezeugt ist. Die *concordia* der Herrscher wurde noch in byzantinischer Zeit durch das Zusammenstellen der Kaiserbilder angezeigt. Entsprechend bedeutet der Bildersturz den Loyalitätsbruch gegenüber dem Herrscher[83].

Das Kaiserporträt spielte mithin eine nicht zu unterschätzende Rolle in der Repräsentation des Herrschers. Zwar ist die Zahl statuarischer Herrscherbilder aus Stein oder Metall seit dem 3. Jh. n. Chr. stark zurückgegangen, aber an ihre Stelle traten wohl vermehrt solche aus vergänglichem Material und in Gemäldeform[84]. Die von den Panegyrikern gepriesene Allgegenwärtigkeit der Kaiser reflektierte die reale Ubiquität ihres Porträts. Dessen Gestaltung prägte folglich wesentlich das Bild, welches sich die Untertanen von ihren Herrschern machten.

Diocletian und seine Mitregenten standen nicht nur in der politischen Praxis grundsätzlich noch in der Tradition der sogenannten Soldatenkaiser des 3. Jhs. Im Militärdienst aufgestiegene, abgehärtete Männer vom Balkan, mit – nach Meinung von Aurelius Victor – zu geringer Bildung, mußten sie ihre Herrschaft und das Reich gegen Usurpatoren im Inneren und gegen äußere Feinde behaupten und haben dies – das unterschied sie von ihren Vorgängern des vorausgehenden halben Jahrhunderts – zumindest zwischen 284 und 305 in jeder Hinsicht erfolgreich getan. Die Mühen und Gefahren des Lebens der Soldatenkaiser sollte ein im 3. Jh. geschaffener Bildnistypus widerspiegeln, der den Kaiser mit militärisch kurzem Haar und ‚Drei-Tage-Bart' als Indiz für fehlende Zeit zum Rasieren sowie einer angespannten, ‚realistischen' Physiognomie präsentierte. Seit den 60er Jahren des 3. Jhs. kommt die Tendenz zu einem abstrakten Bildnisschema hinzu, welches rechteckige Kopfumrisse und geradlinige Konturen in der Gesichtszeichnung bevorzugt[85].

82 Athan. or. adv. Arian. III 5. Engemann 1038f. Bauer 317ff. T. Pekáry, Das römische Kaiserbildnis in Staat, Kult und Gesellschaft, 1985.

83 Lact. mort. pers. 25,1; 42,1; 43,3–4. Pan. Lat. IV (10) 12,2ff. Euseb. h. e. IX 11,2. CIL XII 5504a; 5525. Vgl. Kruse 23ff.

84 Engemann 970.

85 M. Bergmann. Dies., in: Stutzinger 41–59. L'Orange 3–6. Meischner 1986, 225–250; 1995, 375–387. – Das Porphyrporträt des Galerius aus Romuliana, seinem geplanten Ruhesitz, ist bemerkenswerter Weise bartlos (**M 12**).

Die Porträts der Tetrarchie resümieren gewissermaßen diese Tendenzen durch einen massigen, kubischen Bau des Kopfes und einen Stiernacken sowie einen bewußt disharmonischen und grobschlächtig wirkenden Gesichtsausdruck, der in der Forschung oft als *frons trux* (trotzig wilde Stirn) bezeichnet wird. Dieses Kaiserporträt versucht, dem von den gleichzeitigen Panegyrikern gepriesenen Ideal des unermüdlich für das Reich sorgenden und kämpfenden, tatkräftigen und für seine Feinde furchterregenden Herrschers gerecht zu werden. Der „Verzicht auf organische Stimmigkeit“[86] führt zu einer expressiven Ausdrucksform, welche bisweilen durch weit aufgerissene, die Wachsamkeit und die alles durchdringende ‚Weitsicht‘ der Herrscher verkündende Augen verstärkt wird und ein politisch-moralisches Konzept, die *virtus* (Leistung), des Herrschers versinnbildlicht (**M 12**). Hinzu kommt beim tetrarchischen Porträt die durch die tetrarchische Ideologie bedingte weitgehende Entindividualisierung (s. oben 32f.), welche ihre prägnanteste Formulierung in den Tetrarchengruppen von San Marco in Venedig und im Vatikan sowie in den Standarten-Pilastern von Romuliana-Gamzigrad findet (**M 3.6**)[87]. Insbesondere seit dem Übergang von der Ersten zur Zweiten Tetrarchie kehrt sich diese Entindividualisierung zunehmend ab von rauhen militärischen Formen und entwickelt sich zu einer idealisierenden Stilisierung, welche das Charisma des Herrschers betont. Da diese Tendenz mit Constantin obsiegt, soll sie dort näher diskutiert werden (s. unten 85).

Gewiß bestand die Individualität des Kaiserporträts auch in der vortetrarchischen Zeit nicht in der photographischen Wiedergabe der tatsächlichen Gesichtszüge, sondern zeigte den Herrscher, wie er gesehen werden wollte bzw. sollte. Die Neuartigkeit im tetrarchischen Porträt besteht darin, daß es mit fortschreitender Regierungsdauer der Ersten Tetrarchie nurmehr eine ‚Gruppenindividualität‘ gibt. Ebenso wie die verschiedenen Münzprägestätten des Reiches das Porträt des jeweiligen regionalen Herrschers für alle Tetrarchen zugrundelegen, so scheint auch in der Porträtskulptur das tetrarchische Bildnis in den regionalen Werkstätten jeweils unterschiedlich, aber innerhalb der einzelnen Werkstätten einheitlich gestaltet worden zu sein.

Wie in den Jahrhunderten zuvor, so gab es auch unter der Tetrarchie verschiedene Bildnistypen. Der Kaiser konnte in voller Gestalt zu Pferd, zu Fuß und auf dem Triumphwagen oder nur als Büste, gemalt auf Holztafeln und Schilden, skulptiert an Consulzeptern, an Heeresstandarten oder Thronsesseln, sogar aus Brot oder Kuchen geformt, dargestellt werden. Dabei wurden die Herrscher in verschiedenen Kostümen gezeigt (s. unten 49–54) und gelegent-

86 Bergmann, in: Stutzinger 56.

87 Die Beobachtung von Smith 181, daß die tetrarchischen Porträts noch individuelle Züge aufweisen, wie etwa die Stupsnase Maximians und die gebogene Nase des Constantius, ist richtig, betrifft aber vor allem die Anfänge der Tetrarchie.

lich mit Attributen von Gottheiten. Die Statuen waren ganz unterschiedlich groß, bis hin zu Kolossalstatuen. Auch das Material der Herrscherskulpturen variierte: Holz, Stein, verschiedene Metalle, Elfenbein usw.[88]

Ein besonderes Kennzeichen tetrarchischer Herrscherskulptur ist die jetzt häufige Verwendung von Porphyr aus den kaiserlichen Bergwerken des Mons Porphyrites in Ägypten. Porphyrne Tetrarchengruppen waren nicht auf die beiden o. g. berühmten Exemplare beschränkt, sondern, wie an anderen Orten gefundene Fragmente zeigen, wohl reichsweit verbreitet[89]. Auch in der häufigen Verwendung von Porphyr dürfte sich die Systematisierung kaiserlicher Repräsentation durch Diocletian niederschlagen. Die Rolle dieses Purpursteins als kaiserliche Farbe wird mit der Tetrarchie auf eine neue Ebene gehoben.

2.7 Kaiserliche Tracht und Insignien

Es dürfte kein Zufall sein, daß die Bezeichnung eines römischen Kaisers als *purpuratus*, ‚mit dem Purpur angetan', in den antiken Quellen erstmals auf den Caesar Galerius angewendet wird. Es war wohl Diocletian, der die Allgegenwärtigkeit der Purpurfarbe in der kaiserlichen Tracht einführte, so daß *purpuratus* schließlich in metonymischer Verwendung ein mit *princeps* gleichwertiger Begriff für den römischen Kaiser werden konnte[90]. Unter den purpurnen Kleidungsstücken des *princeps* war der den militärischen Oberbefehl anzeigende Feldherrnmantel *(paludamentum)* zweifellos das wichtigste. Seit dem 1. Jh. ist dieser ursprünglich nur außerhalb Roms und Italiens, des geschlossenen Siedlungsgebiets der römischen Bürger, d. h. im Amtsbereich *militiae*, getragene Mantel von den Kaisern in zunehmendem Maße auch in Rom und Italien verwendet worden. Mit der fast ständigen Abwesenheit der Herrscher von Rom seit den letzten Jahrzehnten des 2. Jhs. wird das *paludamentum* zum Kaiserinsigne schlechthin[91]. Diocletian hat ihm, wie wir sahen (s. oben 27), eine zentrale Rolle bei der Kaiserinvestitur zugewiesen.

Die Verwendung von Purpur an den *Schuhen* werfen die spätantiken Autoren Diocletian als Zeichen seines Hochmuts vor, außerdem jene von Seiden- und Goldstoffen sowie Edelsteinen – auch letztere am Schuhwerk. An den Kaiserbildnissen läßt sich dies nur begrenzt ablesen. Die Tetrarchen-

88 Engemann 967 ff. 1019 ff.

89 Delbrueck 1932, 24 ff. Vgl. jetzt z. B. die Fragmente von Romuliana-Gamzigrad: AnTard 2, 1994, 146 ff. mit Abb. 6. 7.10–13. Bergmann 163–179 hält die Porphyrarbeiten von ihrem Ursprung her generell für ägyptische Arbeiten, kannte aber z.B. den Porphyrkopf aus Gamzigrad (**M 12**) noch nicht.

90 Eutrop. 9, 24. Vgl. A. Rösger, BHAC 1977/78 (1980), 186–199.

91 Vgl. z. B. Herodian. II 8,6. Alföldi 161 ff.

gruppen von Venedig und im Vatikan (**M 3**) zeigen die Herrscher in Militärtracht mit Panzer, langärmeliger Tunika, Feldherrnmantel, Militärgürtel *(cingulum)*, Soldatenschuhen, Lorbeerkranz bzw. Soldatenkappe sowie mit Schwert und Globus. Inwieweit diese Kleidung Gold und Seide aufwies, ist von den Statuengruppen her nicht zu beurteilen. Die Schuhe jedoch sind offensichtlich mit Edelsteinbesatz geschmückt, wie die antiken Quellen dies überliefern. Auch das Schwert und der Militärgürtel der Gruppe von San Marco waren anscheinend mit Edelsteinen verziert, und den Lorbeerkranz der vatikanischen Gruppe schmückt ein Stirnjuwel. Die Löcher an den Vorder- und Rückseiten der Kappen der San Marco-Gruppe dürften wohl zur Befestigung eines edelsteingeschmückten Kranzes gedient haben. Einen solchen Kranz mit drei Juwelen zeigt der Porphyrkopf des Galerius von Romuliana (**M 6**). Den Eichenlaubkranz, den Diocletian auf einigen Porträtbüsten trägt, muß man sich vergoldet vorstellen, denn er ist gleichfalls mit Juwelen verziert. Im übrigen stellt er wohl nicht den ‚Bürgerkranz' dar, den seit Augustus der Princeps als ‚Retter der Bürger' trug, sondern wahrscheinlich den Kranz Jupiters[92]. Es scheint fraglich, daß er ein tatsächlich getragenes Insigne war; vermutlich schmückte er den Kaiser nur auf Abbildungen, hatte ausschließlich Symbolkraft. Der goldene Helm, den laut Auskunft des Panegyrikers von 307 auf einem Gemälde im Palast von Aquileia die Tochter Maximians ihrem – noch als Knaben dargestellten – künftigen Bräutigam Constantin überreicht, war mit Juwelen sowie einem Helmbusch aus kostbaren Vogelfedern geschmückt und wird vom Redner als Vorzeichen des künftigen Kaisertums Constantins, mithin als kaiserliche Kopfbedeckung, gedeutet[93].

Prunkvoll erscheint auf tetrarchischen Abbildungen insbesondere die Consultracht, welche seit dem 3. Jh. identisch war mit dem Triumphalgewand, der *trabea triumphalis*, einer goldbestickten Purpurtoga. In diesem Gewand werden Constantius und sein Caesar Severus bei der Gründung der Zweiten Tetrarchie 305 dargestellt, ebenso Diocletian und Maximian als *seniores Augusti*. Diese Tracht unterscheidet sich mit ihren Stickereien, bei denen schwer zu entscheiden ist, ob sie auch Juwelenbesatz aufweisen, nicht von jenem Kostüm, das schon der Kaiser Probus auf Münzen trägt[94].

In der Tat geht aus keiner schriftlichen oder bildlichen zeitgenössischen Quelle hervor, daß erst Diocletian jene Veränderungen in der Tracht eingeführt hätte. Andreas Alföldi hat gezeigt, daß die Kaisertracht schon längst

92 Diocletianporträt mit Eichenkranz: Meischner 1995, 375–387 mit Abb. 1.2.4.
93 Pan. Lat. VII (6) 6,2.
94 RIC VI S. 448.472 Nr. 148. Gnecchi 1, S. 13 Taf. 5 Nr. 9. Pan. Lat. X (2) 3,2. Alföldi 152 Abb. 5. 230f.

Gold, Seide, Edelsteine, erst recht Purpur, aufwies[95]. Er selbst konzediert, daß Diocletian vielleicht „eine endgültige Regelung“ traf. Ein juwelenbestücktes Triumphalgewand ist jedoch anscheinend erst unter Constantius II. eindeutig nachweisbar[96]. Für ein eher traditionsverhaftetes Verhalten der Tetrarchie in manchen Bereichen spricht, daß Diocletian und Maximian noch auf der – sicherlich kostbar verzierten – alten magistratischen *sella curulis* sitzend dargestellt werden, noch nicht auf einem ‚Götterthron‘[97]. Auch das Zepter *(sceptrum, scipio)* haben die Tetrarchen von ihren Vorgängern übernommen, wobei man unterscheiden muß zwischen dem ein bloßes bildliches Attribut des Herrschers darstellenden langen Zepter Iupiters, welches z. B. Diocletian im Tetrarchenrelief des Galeriusbogens hält (**M 5**), und dem mit dem Adler Iupiters gekrönten, elfenbeinernen Kurzzepter *(scipio eburneus)*[98], das der Herrscher tatsächlich verwendete. Die Tetrarchen tragen, wie ihre Vorgänger, dieses Zepter in der Regel in Verbindung mit der consularen, für den Kaiser freilich besonders prunkvoll verzierten Triumphaltracht *(regia vestis)*; hier stellt es folglich kein spezifisches Herrschaftssymbol dar. Auf Münzen hält der Kaiser es jedoch auch bei Szenen der Herrschaftsübergabe in Verbindung mit dem kaiserlichen Kriegskostüm in der Hand. Hier dürfte es folglich in der Tat die Rolle eines Herrschaftszeichens haben, obwohl es als Bestandteil der Herrscher-Investitur in den literarischen Quellen keine Rolle spielt (**M 18**).

Das Triumphalkostüm präsentiert den Herrscher als Sieger *(victor)* und Befrieder des Erdkreises *(pacator orbis)*. Der ihm ständig zustehende Lorbeerkranz auf seinem Kopf unterstreicht seine Qualität als alleiniger Imperator. Der Porphyrkopf des Galerius aus Romuliana (**M 12**) zeigt, daß dieser Kranz mit Juwelen bestückt war, die Lorbeerblätter folglich nicht mehr aus grünem Laub bestanden, sondern aus Gold. Deshalb kann er einen nimbus-

95 Auch daß die Inschriften der tetrarchischen Säulenstatuen in Luxor (**M 9**) die Herrschernamen in gelber Farbe, die für Gold steht, geben, während die anderen Worte in rot gehalten sind (Deckers 1979, 604 Anm. 16), läßt sich nicht als Neuerung nachweisen. Es sei daran erinnert, daß Augustus Bauinschriften in vergoldeten Bronzebuchstaben anbringen ließ (G. Alföldy, Gymnasium 98, 1991, 289–324. Kolb 1995, 369).

96 *toga praetexta:* Pan. Lat. X (2) 6,4. – Alföldi 154. – Constantius II.: Stern 188; ders., Le calendrier de 354, 1953, 166 ff.

97 Letzteres behauptet fälschlich Deckers, in: Stutzinger 282 Anm. 7, unter Verweis auf Kent/Overbeck/Stylow Nr. 583 Taf. 129. Aber dort sitzen Diocletian und Maximian eindeutig auf kurulischen Stühlen. Nur im Iupiter-Habitus und als *divi* werden die Herrscher vor dem 4. Jh. auf einem regelrechten Thron dargestellt (Alföldi 243 f.).

98 *sella curulis:* Th. Schäfer, Imperii insignia. Sella curulis und fasces. Zur Repräsentation römischer Magistrate, 1989. Die Zuweisung einer Porphyrstatue in Alexandrien an Diocletian ist ungewiß (Alföldi 244); sie sitzt auf einem edelsteinverzierten Thron. – Zepter: Alföldi 228 ff. Pan. Lat. X (2) 6,4.

artigen Glanz ausstrahlen. Auch dies war keine Neuerung, da schon Pompeius und Caesar, erst recht die Kaiser des 3. Jhs. goldene und edelsteingeschmückte Kränze trugen[99].

Auf Münzen der Tetrarchie erscheint – wie schon bei den Vorgängern – außer dem Lorbeerkranz die als Symbol des Sonnengottes verstandene Strahlenkrone als Kopfschmuck des Herrschers; aber sie war offensichtlich nur ein Attribut, kein echtes Herrschafts-Insigne. Die Strahlenkrone war auf die Bildnisse beschränkt und wurde nicht tatsächlich vom Herrscher getragen[100]. Das gleiche gilt für die zweite Variante des göttlichen Lichtglanzes, den Nimbus, der unter Antoninus Pius in Form eines Strahlennimbus vereinzelt auf kaiserlichen Münzen erscheint, dann jedoch erstmals als Lichtscheibe auf den Rückseiten von Prägungen der Tetrarchie, und zwar auf solchen Constantins I. als Caesar Anfang des Jahres 305. Dies mag auf seine zunehmende Hinwendung zum Sonnengott verweisen[101].

Umstritten ist, ob der Globus, den der tetrarchische Herrscher häufig in der Hand hält, ein tatsächlich getragenes oder nur ein symbolisches Herrschaftsabzeichen war. Schon während der Römischen Republik in der Kunst als Attribut der Roma und anderer Personifikationen Symbol der Weltherrschaft, wurde er seit Caesar dem Herrscherbild zugestanden. Meist wurde er ihm in die Hand gegeben, oft mit einer auf ihm stehenden Victoria, und symbolisierte in diesem Fall die Weltkugel, den Kaiser als stets siegreichen ‚Lenker des Erdkreises' *(rector orbis)*. Seit dem 3. Jh. erscheint der Kaiser auch auf dem Globus sitzend; in diesem Fall soll letzterer anscheinend das Himmelsgewölbe bezeichnen, der Kaiser mithin als Kosmokrator dargestellt werden, als welcher er etwa zur gleichen Zeit auch in den Inschriften erscheint. Diese Konzeption, welche den Herrscher als ‚Stellvertreter' des höchsten Gottes

---

99 Alföldi 139f. glaubt noch an Lorbeerkränze aus grünem Laub und will den Goldkranz vom Lorbeerkranz unterscheiden. Der Tondo der severischen Familie, auf den er sich für den Laubkranz beruft, zeigt m. E. klar einen goldenen Lorbeerkranz mit Juwelen (Die Antikensammlung im Pergamon-Museum und in Charlottenburg (Mainz 1992) 305f. Nr. 168) – Pan. Lat. X (2) 3,2. – Caesar, Pompeius etc.: Alföldi 157f.

100 Vgl. Alföldi 257ff., bes. 258. Es ist Deér 67, der Alföldi hier mißverstanden hat, nicht P. E. Schramm, Sphaira, Globus, Reichsapfel, 1958, dem er dies vorwirft. Zum Strahlenkranz s. jetzt auch M. Bergmann, Die Strahlen der Herrscher: theomorphales Herrscherbild und politische Symbolik im Hellenismus und in der römischen Kaiserzeit, 1998, bes. 282–290.

101 Alföldi 262. P. Bastien – C. Metzger, Le trésor de Beaurains (dit d'Arras), 1977, 137f. Nr. 393–394. A. Evans, NC ser. 5, vol. 10, 1930, 236f. Vgl. P. Bruun, in: Bonamente/Fusco 219–229. In Pan. Lat. X (2) 3,2 kann eigentlich nur der Glanz des goldenen Lorbeerkranzes gemeint sein, obwohl die Formulierung auf den Nimbus hinzuweisen scheint; aber es ist hier von tatsächlichen Triumphalinsignien die Rede! Ganz entsprechend schreibt Herodian. I 7,5 dem blonden Haar des Commodus den Lichtglanz eines Nimbus' zu.

präsentiert, setzt sich im Tetrarchenrelief des Galeriusbogens (**M 5**) fort, aber auch in der von den Panegyrikern gepriesenen Fähigkeit der Tetrarchen, ‚von oben' auf die gesamte Erde zu blicken[102].

Das Überreichen des Globus' als Zeichen der Herrschaft durch eine Gottheit oder einen Kaiser wird seit dem Ende des 1. Jhs. auf den Münzen die übliche Darstellung der Herrschereinsetzung, und das gemeinsame Halten des Globus' durch Kaiser und Senat oder zwei Kaiser wird Symbol für die gemeinsame Ausübung der Herrschaft; auch dies setzt sich unter der Tetrarchie fort.

Eine tetrarchische Neuerung ist hingegen die Vervielfachung des Globus': In kaiserlichen Gruppenbildern hält jeder einen Globus in der Hand, so etwa Diocletian und Maximian, welche mit je einer Weltkugel in der Hand nebeneinandersitzend von den stehenden Gottheiten Hercules und Victoria bekränzt werden[103]. Auch die Tetrarchen der vatikanischen Gruppe halten jeweils einen Globus (**M 3**). Vorbereitet war dies durch die Ausstattung nicht nur des regierenden Augustus, sondern auch des Caesars mit der Weltkugel im Verlauf des 3. Jhs. Die Vervielfältigung des Globus' sollte man jedoch m. E. nicht als Indiz dafür nehmen, „daß der Globus in der Hand des Machthabers seinen ursprünglichen Bedeutungsinhalt allmählich zu verlieren anfängt und aus dem Sinnbild des Weltalls zu einem technisch gebrauchten Abzeichen wird". Vielmehr war eine solche Darstellung treffender bildlicher Ausdruck der tetrarchischen Konzeption, daß jeder der Herrscher, auch die Caesares, unmittelbar von Iupiter die Weltherrschaft erhalten hatte. Es ist richtig, daß der Globus damit „zu einem Ausdrucksmittel der Souveränität" des einzelnen Herrschers wurde, aber die Vorstellung von der Weltkugel als Symbol der Weltherrschaft war damit noch nicht beseitigt[104].

Nach Alföldi wurde der Globus „noch im Laufe des 4. Jhs. aus einem Attribut der Kaiserbilder das Insigne des lebenden Kaisers selbst". Wir wollen dieses Problem erst in Kapitel 4.3 (S. 115 f.) grundsätzlich diskutieren und uns hier zunächst mit der Frage begnügen, ob dies bereits unter der Tetrarchie der Fall war. Man hat sogar schon auf Münzen von Claudius und Nero den Globus als tatsächlich getragenes Herrschaftszeichen identifizieren wollen; auf jeden Fall aber glaubt man dies für die tetrarchische Zeit durch ein Zeugnis Ammians belegt, der von einem Vorzeichen berichtet (**M 26**): Von einer im Vestibül des Kaiserpalastes von Antiochia aufgestellten Statue des Galerius fiel der bronzene Globus, den sie in der Hand trug, herunter. Dies wurde als *omen* für den Verlust der Herrschaft gedeutet. Man hat daraus

102 A. Schlachter, Der Globus. Seine Entstehung und Verwendung in der Antike, 1927, bes. 69. Vgl. Alföldi 235 ff. Pan. Lat. X (2) 3,3.

103 Gnecchi 1, S. 13 Taf. 5 Nr. 7. Vgl. RIC V 2 S. 251 Nr. 292 usw.

104 Zitate aus Alföldi 237 f. Im Tetrarchenrelief des Galeriusbogens (**M 5**) dürfte wohl neben Diocletian auch Maximian den Globus gehalten haben, die Caesares hingegen haben ihn nicht.

gefolgert, daß die Funktion der Kaiserstatue als ‚Vertreter' des Herrschers (s. oben 46f.) in ihrer Ausstattung mit Insignien eine realistische Spiegelung des lebenden Herrschers bedinge. Diese Auffassung scheitert schon an der Ausstattung von Kaiserstatuen z. B. mit dem Schiffsruder als Symbol des Weltenlenkers usw. Ihr widerspricht aber auch die Tatsache, daß zwar in bildlichen Darstellungen die Herrschaftsübergabe vornehmlich in Gestalt der Überreichung des Globus' präsentiert, letztere aber in der schriftlichen Überlieferung zur Herrscherinvestitur unter der Tetrarchie nie erwähnt wird. Wir dürfen folglich davon ausgehen, daß die Tetrarchen in der Realität den Globus nicht als Herrschaftsinsigne getragen haben. Ob eine Entwicklung des Globus zum tatsächlichen Insigne des Kaisers im Verlauf des 4. Jhs. erfolgte, wird noch zu überprüfen sein[105].

Unter der Tetrarchie war er, wie wir sahen, nicht das einzige ausschließlich ikonographische Herrschaftsabzeichen. Strahlenkranz, Eichenkranz, Nimbus und das lange Zepter gehören in die gleiche Kategorie. Von den tatsächlichen Insignien mag der Kaiser das eine oder andere nur bei ganz besonderen Anlässen verwendet haben; für die consularische Triumphtracht gilt dies mit Sicherheit. Ansonsten aber umfaßte die spätantike kaiserliche Tracht eben verschiedene Kostüme für unterschiedliche Anlässe, darunter mit dem Dienstkostüm, welches mit langärmeliger Tunika, Hosen, Gürtel und der mit einer Fibel zusammengehaltenen Chlamys im Prinzip der üblichen Tracht der Amtsträger im kaiserlichen Dienst entsprach[106], die gewissermaßen alltägliche kaiserliche Kleidung. Dies unterscheidet die spätantike Herrschertracht von der mittelalterlichen, welche eine wesentlich geringere Variationsbreite aufweist und in der die Insignien wohl überhaupt nur bei besonderen Anlässen verwendet wurden[107].

2.8 Das Herrscherideal der Tetrarchie

„Sie alle hatten Ilyricum als Vaterland; obwohl sie über zu wenig Bildung verfügten, waren sie, durch die Strapazen des Landlebens und des Militärlebens hinreichend geprägt, für die Staatslenkung sehr geeignet". Dieses ca. 50 Jahre nach dem Ende der Tetrarchie gefällte Urteil des Historikers Aurelius Victor[108] über die Qualitäten der Tetrarchen beruht auf einer historischen Würdigung ihrer tatsächlichen Leistungen. Obwohl der Historiker gute

105 Zitat aus Alföldi 238. H. Küthmann, JNG 10, 1959/60, 59. Deér 53ff., bes. 64ff. Vgl. unten 115f. 249–252.

106 Vgl. unten 116 und Delbrueck, Kaiserornat 3ff. Alföldi 175ff.

107 Vgl. J. Petersohn, HZ 266, 1998, 66–71. 95f.

108 Caes. 39, 26; vgl. 40,13.

Bildung normalerweise als wichtige Vorbedingung für einen *guten* Kaiser betrachtete, wogen seiner Meinung nach die militärischen Leistungen der Tetrarchen in einer besonderen Situation des Reiches jenes Manko ausnahmsweise auf!

Eine historische Bewertung war nur in begrenztem Umfang die Aufgabe der zeitgenössischen Panegyriker, die bei besonderen Anlässen eine Rede auf den oder die anwesenden Herrscher hielten und sich dabei an festgelegte Grundsätze zu halten pflegten (und zu halten hatten, wie die von dem Rhetor Menander im 3. Jh. formulierte Topik des Herrscherlobes zeigt). Diese Regeln besagten zunächst und vor allem, daß eine Rede vor dem Kaiser ein Lobpreis desselben sein und alles vermeiden müsse, was zweideutig oder strittig sein könnte. Ziel der Rede sei es, jene positiven Aspekte hervorzuheben, hinsichtlich derer man übereinstimme. Lebenslauf, Taten und Qualitäten *(virtutes)* des Kaisers sind Gegenstand einer Präsentation in erhabenem Stil *(stilo maiore)*[109].

Insofern die ‚Entwürfe' der Panegyriker nicht eine realitätsnahe Analyse, sondern eine idealisierende Konstruktion sind, welche den Herrscher so schildert, wie er sein soll oder sein möchte, bieten die Panegyriker eine – durch Selbstzeugnisse der Kaiser gelegentlich bestätigte – zuverlässige Quelle für das Herrscherideal der Zeit, mit Komponenten eines Fürstenspiegels. In diesem Zusammenhang ist nicht nur bedeutsam, was sie sagen, sondern auch, was sie nicht sagen. Indem die auf tetrarchische Herrscher bezogenen Lobreden[110] die von Menander vorgesehenen Topoi zu Geburt und Herkunft, Kindheit und Jugend sowie Erziehung und Bildung, nicht oder fast nicht berücksichtigen – wenn man von der harten militärischen Ausbildung an den Reichsgrenzen absieht –, tragen sie der offensichtlich relativ niedrigen Herkunft der Herrscher und ihrem Mangel an Bildung Rechnung. Insofern stellt das Schweigen der Panegyriker eine Bestätigung entsprechender Aussagen der Historiographie dar[111]. Die Rhetoren gehen daher nur auf die göttlichen Familien der Tetrarchen ein, für welche menschliche Bildung natürlich keine Rolle spielt. Freilich sind die Herrscher zumindest Förderer der Bildung, insbesondere der Rhetorik, und insofern billigen ihnen die Panegyriker *humanitas* zu[112].

Qualitäten, welche die Befähigung des Kaisers zur Herrschaft anzeigen, sind *pietas* und *felicitas,* der pflichtgemäße Respekt und die glückbringende

109 Men. Rhet. 368–377,30. Vgl. Eutr. X 18,3. Ammian. XXXI 16,9. Straub 153. Mause 1–29.

110 Nur solche auf Maximian und Constantius sind erhalten, entsprechende griechische Panegyrici auf Diocletian und Galerius leider nicht.

111 Pan. Lat. XI (3) 3,9–4,1; X (2) 2,2. Eine Ausnahme ist die Anspielung auf die gute Erziehung des Maxentius (Pan. Lat. X (2) 2,4; 14,1 f.).

112 Pan. Lat. IX (4) 19,4. X (2) 2,3.

Kraft. Erstere kann sich gegenüber den Göttern äußern in der Errichtung von Altären, Standbildern, Tempeln und Weihgeschenken. Dadurch gewinnt der Kaiser die Götter für sich, welche ihm folgerichtig ihre Gunst schenken. Sodann erweist der Herrscher seine *pietas* gegenüber den Untertanen, zu denen er gewissermaßen in einem Vater-Kind-Verhältnis steht; und schließlich schlägt sich die *pietas* in den Beziehungen zwischen Maximian und Diocletian nieder, so etwa in dem loyalen und bescheidenen Verhalten des Caears Maximian nach seinem Kampf gegen die Bagauden, als er diesen Sieg gegen irregeleitete Bauern nicht als besonderes Verdienst gegenüber seinem Augustus angerechnet haben wollte[113].

Pietas belohnen die Götter mit *felicitas*, welche Glück und Fähigkeit des Glückbringens zugleich bedeutet und Grundlage für die Sieghaftigkeit des Herrschers ist. Selbst die Naturgewalten sind einem solchen Herrscher günstig, und die Schicksalsgöttin Fortuna ist auf seiner Seite. Die *felicitas* des Kaisers führt außenpolitisch dazu, daß die Feinde Roms sich selbst zerfleischen, innenpolitisch bringt sie Gesundheit der Menschen und Fruchtbarkeit der Erde. Die vom Princeps herbeigeführte *felicitas saeculi* ist gleichbedeutend mit der Wiederkehr des Goldenen Zeitalters[114]. Die *felicitas* beruht jedoch nicht nur auf der Gunst der Götter, sondern ist auch Resultat harter Leistung: der rastlosen Ubiquität der Herrscher, ihrer „immerwährenden Bewegung", welche Quintessenz der *aeternitas* des Göttlichen ist und vergleichbar der göttlichen (d. h. Iupiters und Hercules') Allgegenwärtigkeit im Kosmos[115]. Mit göttlicher Schnelligkeit sind die Herrscher gewissermaßen an allen Fronten zugleich. Die unermüdliche Sorge um den Staat, die Aufopferung für die *res publica* führt sogar dazu, daß der Herrscher im Krieg selbst in vorderster Front kämpft[116]. Seine militärische Leistung, *virtus*, seine Tapferkeit, *fortitudo*, garantieren den Sieg über die Feinde; sein Verdienst als ‚Erweiterer des Reiches', *propagator imperii*, und Befreier verlorengegangener Provinzen läßt ihn als Friedensbringer, *pacator*, erscheinen. Die unbesiegbaren Herrscher *(invictus, invictissimus)* sind die Garanten der *saeculi tranquillitas*, des ruhigen, friedlichen Lebens des von ihnen beglückten Zeitalters; sie sind die Wiederhersteller, Bewahrer und gar Neugründer Roms und des Imperiums[117].

113 Pan. Lat. XI (3) 6–18. X (2) 4,4. IX (4) 5,3; 17,5; 20,2. VIII (5) 19,3.

114 Pan. Lat. XI (3) 4,2–3; 6,7; 8,2–5. X (2) 11,7. 12,3–8. IX (4) 18,1.5; 19,1. VIII (5) 15–18. Vgl. oben 35.

115 Pan. Lat. XI (3) 3,1 ff., bes. 8; 14,2–4.

116 Schnelligkeit: Pan. Lat. X (2) 6,4. XI (3) 4,2–3; 8,2–5. VIII (5) 6,1; 13,3. – Sorge um den Staat: Pan. Lat. X (2) 3,3. – Kampf an vorderster Front: Pan. Lat. X (2) 5,3. VIII (5) 14,2–3.

117 *Virtus* und *fortitudo*: Pan. Lat. X (2) 2,6; 7,6; 9,3. VII (6) 3,4. VIII (5) 1,4. IX (4) 20,2. XI (3) 19,2. – *propagator imperii:* X (2) 7,2. – Befreier: VIII (5) 19,1. *pacator:* XI (3) 18,2; vgl. 3,6. – Wiederhersteller etc.: X (2) 1,4 f.; 13,2. IX (4) 21,2. – *invictus:* VIII (5) 1,1; 3,2; 20,5. IX (4) 20,2.

Militärische Qualitäten stehen beim Herrscherlob auf die Tetrarchen eindeutig im Vordergrund, aber grundsätzlich sind sie im Besitz aller *virtutes*, auch jener, die für die zivilen Bereiche der Regierung wichtig sind: Gerechtigkeit *(iustitia)*, Vernunft *(sapientia)* und eine göttliche Fähigkeit der Voraussicht *(providentia)*. Disziplin und ernste Würde *(gravitas)* sind ebenso unentbehrlich für einen Herrscher wie die Milde gegenüber den Untertanen und den befreiten Provinzen *(clementia)*, welche die Tetrarchen in Rechtserlassen aller Art als Selbstbezeichnung *(nostra clementia)* propagieren. Mit ihr verbunden ist die göttliche Güte ebenso wie die wohltätige Großzügigkeit *(liberalitas, indulgentia)*, welche vor allem an Constantius wegen seiner Hilfe beim Wiederaufbau des zerstörten Augustodunum und als Förderer der dortigen Rhetorikschule gepriesen wird[118]. Die herausragende, ständig betonte kaiserliche Qualität der Tetrarchen ist jedoch ihre *concordia*, welche sie als dioskurenhafte Zwillingspaare erscheinen läßt; sie bildet die Grundlage ihrer Regierung. Nie zuvor und niemals nachher hat diese Qualität eine so dominierende Rolle im Kanon des Herrscherideals gespielt wie in den Panegyrici der tetrarchischen Zeit[119].

Dies zeigt, daß bei aller Konventionalität und Traditionalität des Herrscherlobs – keine der oben aufgeführten Herrschertugenden ist ‚neu' – die Beachtung der Nuancen, dessen, was betont oder in den Hintergrund gerückt bzw. ganz weggelassen wird, für eine *historische* Analyse des spätantiken Herrscherideals bedeutsam ist[120]. So spielt die ansonsten im römischen Herrscherideal so wichtige *liberalitas* nur im Panegyricus auf Constantius aus dem Frühjahr 298 eine nennenswerte Rolle, und auch dies nur begrenzt. Es fehlt in den Panegyrici der tetrarchischen Zeit jeder Hinweis auf die großzügige Veranstaltung von Spielen, Verteilung von Geldgeschenken an das Volk usw. Auch die meisten übrigen ‚zivilen' *virtutes* werden nur im Zusammenhang mit Constantius (und seinem Sohn Constantin) erwähnt. Die Tugend der *civilitas*, des ‚leutseligen Umgangs' mit den Untertanen, wird nirgendwo ausdrücklich erwähnt und nur im Hinblick auf Constantius einmal angedeutet: Dieser sitzt nicht, sondern er steht respektvoll, während der Rhetor seine Lobrede auf ihn hält[121]. *Humanitas* im Sinne von ‚Menschlichkeit' fehlt ebenso wie Mäßigung *(moderatio)* und Bescheidenheit *(modestia)* oder auch sexu-

118 *Omnes virtutes:* Pan. Lat. X (2) 9,2. IX (4)20,1. – *iustitia* etc. XI (3) 19,2. VII (6) 5,1.3; 3,4. X (2) 3,3. IX (4) 4,1. VIII (5) 7,2; 19,3. VII (6) 4,1; 5,3. – *clementia, benignitas:* X (2) 4,3. XI (3) 5,3. IX (4) 14,5; 15,5; 21,2. VIII (5) 7,3; 19,3. – *liberalitas, indulgentia:* X (2) 9,3. IX (4) 3,2.4; 4,1; 6,1; 9,2; 19,1. VII (6) 5,1. – Vgl. auch die Selbsttitulierung Diocletians Cod. Iust. VII 64,9.

119 *Concordia:* z. B. Pan. Lat. XI (3), bes. 7,3–7; 11–12.

120 Die ansonsten nützliche Arbeit von Mause hat ihre Schwäche in der Vernachlässigung der historischen Entwicklung und Differenzierung.

121 Pan. Lat. VIII (5) 4,4.

elle Integrität *(castitas)*. Letztere wird erst im Panegyricus von 307 an Constantin hervorgehoben unter der Bezeichnung *continentia*, Enthaltsamkeit, und in derselben Rede wird auch erstmals auf das Äußere eines Kaisers näher eingegangen, seine Schönheit gepriesen[122]. Dieser Panegyricus liegt bereits weitgehend außerhalb des tetrarchischen Horizonts, wie wir noch sehen werden.

Die tetrarchischen Panegyrici bieten keinerlei nähere Einblicke in Persönlichkeit, Privatleben, Gefühlswelt, Vergnügungen (wie die für Kaiser adäquate sportliche Betätigung und Jagd). Nichts erfahren wir über die ‚natürlichen' Familienangehörigen und familiäre Qualitäten der Herrscher, denn nur die göttliche Familie der *Iovii und Herculii* ist relevant. Letztere haben gewissermaßen keine menschlichen Eigenschaften, sondern nur göttliche bzw. im engeren Sinne kaiserliche. Dies ist der originelle Beitrag der Tetrarchie zum römischen Herrscherideal, und er hat seine Nachwirkungen, wie wir sehen werden, im Kaiserporträt und im Herrscherzeremoniell des 4. Jhs. hinterlassen. Wie ein Schutzfirnis legt sich die theokratische Verkleidung der Tetrarchie um die Personen der Herrscher, entrückt sie der menschlichen Sphäre. Für die von Geburt an mit göttlichen Wirkungskräften ausgestatteten, für das Kaisertum prädestinierten Herrscher kommt auch die *recusatio* bzw. *refutatio imperii*, die formale ‚bescheidene' Zurückweisung der Herrschaft, nicht in Frage und wird daher nie erwähnt[123]. Niemand sollte auf den Gedanken kommen, an der göttlichen Sendung der Tetrarchen zu zweifeln – eine Hoffnung, die sich als vergebens erwies.

122 Pan. Lat. VII (6) 3,4–4,1; 6,4–5.

123 Vgl. zur *refutatio imperii* unten 99.

3. Christianisierung des Kaisertums? Constantins Beitrag zur spätantiken Herrscherideologie

3.1 Die Rückkehr des blutsdynastischen Prinzips

Constantin war ein Usurpator. Es gibt kein zuverlässiges Indiz dafür, daß sein Vater Constantius ihn auf dem Sterbebett im britannischen Eburacum (York) zu seinem Nachfolger ernannt hätte. Constantius hatte offensichtlich ohne weiteres die tetrarchische Nachfolgeordnung vom 1. Mai 305, welche Constantin überging, mitgetragen und selbst Severus zu seinem Caesar ernannt.

In jedem Fall war die Ausrufung Constantins zum Augustus durch das im Legionslager von Eburacum anwesende Truppenkontingent am 25. Juli 306 ohne Abstimmung mit den regierenden Tetrarchen und ohne die Anwesenheit von Repräsentanten anderer Truppenteile des Reichsheeres erfolgt und somit eine klassische Usurpation im Stil der Soldatenkaiserzeit des 3. Jhs. Constantin hat denn auch seine Legitimation nicht etwa nur auf seine Proklamation durch jene Heeresversammlung gestützt, sondern den Panegyriker von 310 ausdrücklich betonen lassen, daß er als Sohn eines Kaisers in die Kaiserwürde hineingeboren sei und diese somit nicht der Kandidatenkür eines Offiziersgremiums sowie einem Abstimmungsverfahren verdanke. Zwar ist bemerkenswert, wie der Panegyriker die wesentlichen Elemente einer regulären Kaiserproklamation betont: Konsens des gesamten Heeres, Einholung der Zustimmung der *seniores principes*, Annahme des Purpurs erst nach anfänglicher Weigerung *(recusatio imperii)*! Aber als erstes wird Constantins Erbrechts gedacht. Auch der Panegyriker von 307, der seine Rede anläßlich der Hochzeit Constantins mit Fausta, der Tochter Maximians, hält, und ebenso jener des Jahres 313 verkünden es unverblümt: Auf der blutsdynastischen Sicherung der Herrschaft soll nun die Ewigkeit des Kaiserhauses und des Reiches beruhen. Die Qualitäten Constantins ergeben sich nicht mehr aus seiner Zugehörigkeit zur Familie der Herculier, sondern aus dem Charakter seines Vaters. Als Maximian im Jahr 307 die Augustus-Würde an Constantin verleiht, sucht er seine Legitimation noch bei den tetrarchischen Göttern. Seine Abdankung war – so der Panegyriker – gegen deren Willen erfolgt. Auch Constantin beruft sich auf den göttlichen Willen: Aber statt Iupiter und Hercules tritt nun Sol, der Sonnengott, in den Vordergrund, der in den folgenden Jahren zum wichtigsten Schutzgott Constantins werden sollte[124].

Legalisiert wurde Constantins Kaisertum erst, als Galerius ihn zwar nicht als Augustus, wohl aber als Caesar des Westens unter dem neuen Augustus Severus – letzterer als Nachfolger des Constantius – anerkannte, d. h. als rangvierten Herrscher in die Zweite Tetrarchie integrierte. Der Vorgang zeigt erneut, daß es nach geltendem Rechtsverständnis dem einzigen amtierenden Augustus oblag, seine Mitregenten zu ernennen. Den Truppen stand nur der formale Akklamationsakt zu.

Constantin hatte jedoch mit seiner Usurpation das Signal für den Untergang der tetrarchischen Ordnung gegeben, denn seinem Vorbild folgte der Sohn Maximians, Maxentius, der sich am 28. Oktober 306 von den Prätorianern und Stadtkohorten in Rom zum *imperator* ausrufen ließ. Die Wiederaufnahme der aktiven Augustus-Stellung durch den ‚Kaiser im Ruhestand' Maximian und die Ernennung Constantins zum Augustus durch letzteren im Jahr 307 hielten sich insofern im Rahmen tetrarchischer Herrschaftsordnung, als der ‚Urheber' Maximian damit zum ‚Vater' Constantins in der tetrarchischen *domus divina* wurde, während Constantin von seiner kaiserlichen Stellung her ‚Sohn', nach genuin verwandtschaftlichen Kriterien zugleich Neffe und Schwiegersohn Maximians war. Nach der Regelung von Carnuntum im Jahr 308 nannte Constantin sich ‚Sohn der Augusti', wie Galerius dies verlangte. Aber Constantin betrachtete sich nicht mehr wirklich als Mitglied einer tetrarchischen Ordnung. Trotz des Versuchs einer Wiederherstellung derselben bei der Konferenz von Carnuntum waren jetzt alle Dämme gebrochen; die Ereignisse mündeten schließlich in die Rückkehr des blutsdynastischen Prinzips ein. Der Panegyriker des Jahres 310 ‚enthüllt' die ‚Abstammung' Constantins und seines Vaters Constantius von Claudius II. Gothicus, der von 268–270 regiert hatte. Damit ist eine Legitimation der constantinischen Herrschaft in alter Tradition hergestellt. Constantin ist, als Nachkomme von zwei Kaisern, ein „geborener *imperator*". In ähnlicher Weise hatten z. B. die Severer an die Antonine angeknüpft, und, wie wir sahen, ganz zu Beginn seiner Herrschaft ist auch Diocletian diesen Weg gegangen. Claudius Gothicus dient noch im Panegyricus von 312 als dynastisches Feigenblatt, dann hat er seine Schuldigkeit getan und taucht nicht mehr auf. Am 1. März 317 schließlich ernennen sowohl Constantin als auch Licinius ihre jeweiligen Söhne zu Caesares. Der Panegyriker von 321, der u. a. die Quinquennalien der Caesares feiert, preist das blutsdyna-

124 Pan. Lat. VI (7) 2,5; 3,1; 8,2–4. VII (6) 2,2–5; 3,3–4; 7,6; 9,1–2; 14,3; 12,3. XII (9) 26,5.

stische Prinzip und läßt die personifizierte Roma voller Hoffnung auf die höchst edlen Caesares und deren Brüder sowie bereits auf die Enkel Constantins blicken[125].

3.2 *Similitudo* und Hierarchie: der Augustus Constantin und seine Mitherrscher

Die ‚Ähnlichkeit' bzw. ‚Gleichheit' der Kaiser bezieht sich jetzt folgerichtig nicht mehr auf gleichberechtigte Mitregenten, sondern auf die des Sohnes mit dem Vater, z. B. Constantins mit Constantius. Daher wird jetzt die äußere Gestalt, die *forma* als körperliche Schönheit des einzelnen Herrschers, in den Vordergrund gerückt, die bei den Panegyrikern der Tetrarchie keine Rolle gespielt hatte. Dementsprechend zeigen die frühen Constantin-Porträts auf Münzen eine Tendenz zur Darstellung eines idealisierten Jünglings im Stil des augusteischen Klassizismus. Constantin knüpft an Augustus an; hingegen gibt es keinerlei Bestreben, sein Porträt an jenes der Mitherrscher zu assimilieren; dasjenige des Licinius ist eher ein Kontrastprogramm zu jenem Constantins (s. unten 84f.). Zwar beschwört der Panegyriker von 310 noch die „einträchtige und miteinander verbündete Majestät" aller regierenden Herrscher – aber nurmehr flüchtig; und das Lob Diocletians als Urheber der Teilhaberschaft mehrerer Herrscher an der *einen* kaiserlichen Majestät dient nur der Kontrastierung mit dem undankbaren, egoistischen Maximian. Deutlich hebt der Panegyriker Constantin wegen seiner kaiserlichen Abstammung aus der Gemeinschaft der Mitglieder der Tetrarchie heraus.

Der Constantins-Bogen in Rom präsentiert in seinen Vota-Inschriften und in seinen Medaillonreliefs noch eine Dyarchie von Constantin und Licinius, unterstreicht die *concordia* und Gleichstellung der beiden Herrscher als Grundlage ihrer gemeinsamen kosmischen Herrschaft. *Similitudo* wird jedoch nur insofern dargestellt, als Münzen mit dem Porträt des Licinius im Osten des Reiches die Umschrift *Constantinus* tragen und umgekehrt solche mit dem Porträt Constantins im Westen des Reiches den Namen des Licinius. Ganz entsprechend haben Maximinus Daia und Maxentius – aufgrund ihres gegen Constantin und Licinius geschlossenen Bündnisses – durch gemeinsames Aufstellen ihrer Kaiserbilder ihre *concordia* betont. Die Concordia-Prägungen für Constantin und Licinius währen bis etwa zum Jahr 322. Nicht lange nach dem Sieg über Maxentius erkannte andererseits der römische Senat Constantin den Titel *Maximus Augustus* zu und erhob ihn damit gegenüber seinen Mitregenten Licinius und Maximinus Daia zum „die Richtlinien be-

125 Pan. Lat. VI (7) 14,1.6; 3,3–4; 2; 14,7. Pan. Lat. V (8) 2,5; 4,2–3. IV (10) 1,1; 2,3; 36–38. Vict. Caes. 41,10.

stimmenden ‚Chef' des Kaiserkollegiums". Angesichts spätestens 315/16 aufkommender Unstimmigkeiten zwischen Constantin und Licinius spielt die Concordia in der Herrschaftslegitimation eigentlich so gut wie keine Rolle mehr. Sie dient Constantin nur im Jahr 320/22, als die Spannungen mit Licinius anwachsen, einer rechtfertigenden Propaganda: Zu jener Zeit werden die einzigen Concordia-Prägungen für ihn und Licinius ausgegeben, und der Panegyriker des Jahres 321 verweist auf die verzweifelten, aber aussichtslosen Bemühungen Constantins um eine *concordia* mit Maxentius[126].

Innerhalb der constantinischen Dynastie, in der Beziehung zwischen Constantin und seinen Söhnen, bedurfte es dann keiner expliziten Betonung der *concordia* mehr, weil sie für die Beziehungen zwischen Vater und Söhnen selbstverständlich und angesichts des klaren Autoritätsunterschiedes kein Problem war. Es gibt daher für Constantin und seine Söhne keine Concordia-Prägungen. Nazarius, der Panegyriker von 321, bietet die übliche erbdynastische Legitimation des Kaisertums mit ihrer Fiktion, daß die Söhne des ‚Besten', der gerade regiert, aufgrund ihrer Erbanlagen und der ihnen zuteil werdenden vorzüglichen Erziehung sowie des väterlichen Vorbildes zwangsläufig auch ‚die Besten' und ihrem Vater ähnlich sein werden. Auch die *similitudo* ist folglich selbstverständlich. Wenn Constantin seine Söhne anschaut, erkennt er in ihnen sein Ebenbild[127]; die *similitudo* bezieht sich jetzt in erster Linie auf die natürliche Ähnlichkeit zwischen Vater und Söhnen.

Seit der Ernennung des dritten Sohnes zum Caesar im Jahr 324 gab es – von der Zahl der Herrscher her – jedoch eine constantinische Tetrarchie, welche mit der Ernennung von Constantins Neffen Dalmatius zum Caesar im Jahr 335 sogar eine Pentarchie wird. Die literarische Überlieferung bezeugt statuarische Vierergruppen Constantins mit seinen Söhnen, und in Fragmenten ist eine solche Gruppe offenbar in Rom erhalten: Sie stellt nur die Umarbeitung einer tetrarchischen Gruppe dar und überträgt somit das Konzept der *similitudo* und *concordia* der Tetrarchie auf die constantinische Dynastie. Das tetrarchische Vier-Kaiser-Schema wurde mithin zeitweilig und nur in wiederverwendeten Statuengruppen auch „der repräsentative Ausdruck des koordinierten Kaisertums Constantins und seiner drei Söhne" (H. P. L'Orange). Wie letzterer hervorgehoben hat, begegnet sich bei der

126 Pan. Lat. VII (6) 14,4–7; 3,3; 6,4–5. VI (7) 4,3–6; 1,4; 15,4. A. Alföldi, JRS 22, 1932, Nr. 2. – Concordia-Prägungen der Münzstätten Trier, Ticinum, Aquileia, Nicomedia, Antiochia und Sirmium 320–22: RIC VII S. 52. 354. 388. 592. 663. 463ff. Letztere, auf 324/25 datierte Prägung der Münzstätte Aquileia wird als ‚irrtümlich' betrachtet. – Vgl. auch L'Orange 40ff. 46ff. – Bildnisaustausch: Lact. mort. pers. 43,3. – Zu Constantin als *Maximus Augustus*: ILS 694. Lact. mort. pers. 44,11. Vgl. Grünewald 86ff. 92ff. Das Zitat stammt aus Girardet 58. – Constantin-Maxentius: Pan. Lat. IV (10) 9,3; 10,2; 13,4–5.

127 Pan. Lat. IV (10) 3,4–4,5.

constantinischen Familie die ideale *similitudo* mit der realen Familienähnlichkeit; kein Wunder also, daß die Kaiserbilder der constantinischen Dynastie bisweilen kaum voneinander zu unterscheiden sind und wohl auch Substitutionen vorgenommen wurden, so besonders deutlich bei Constantin I und II. Freilich konnte die *similitudo* zwischen Constantin und seinen Söhnen nur eine begrenzte sein. Die Repräsentation des Herrscherkollegiums auf Festprägungen verdeutlicht durch unterschiedliche Größendarstellungen die Hierarchie, welche der Bischof Eusebius von Caesarea darin zum Ausdruck bringt, daß er den Kaiser und seine – zuletzt vier – Caesares mit dem Sonnengott und seinem Viergespann vergleicht, das Constantin mit sicherem Halten der Zügel lenkt. Nach Eusebius entsendet Constantin seine Caesares in die verschiedenen Reichsgebiete und kontrolliert sie mit „heiliger Harmonie und Eintracht“[128].

Für die jüngst vorgetragene Auffassung[129], Constantin habe seine Nachfolge in Imitation der diocletianischen Tetrarchie gestalten wollen, indem er seine beiden älteren Söhne, Constantin II. und Constantius II., als Augusti, den jüngsten Sohn Constans und den Neffen Dalmatius als Caesares vorgesehen habe, gibt es jedoch m. E. keine zuverlässigen Anhaltspunkte. Die Medaillons, auf denen Constantin mit seinen vier Caesares dargestellt ist, zeigen keinerlei tetrarchische Symmetrie, sondern eine konventionelle Rangabstufung entsprechend der Anciennität. Und die 335 erfolgte Zuweisung territorialer Aufgabenbereiche benachteiligt Dalmatius mit dem kleinen Gebiet Thrakien, Makedonien, Achaia derart deutlich gegenüber den Constantin-Söhnen – und zwar auch gegenüber Constans, der Italien, Africa und den westlichen Balkan erhält –, daß sie eher auf eine Nachfolgeregelung mit drei Augusti und einem Caesar hinzudeuten scheint.

3.3 Die sakrale Legitimation Constantins: vom jungen Apollon zum christusgleichen Kosmokrator

Im Jahr 307 sind nach Bekundung des an Maximian und Constantin gerichteten Panegyrikers sowohl der reaktivierte Augustus Maximian als auch der von ihm ‚geschaffene‘ Augustus Constantin *Herculii*. Und noch der Panegyriker von 310 schließt Constantin mit ein, wenn er den ‚Stammbaum‘ der regierenden Herrscher von Diocletian herleitet. Constantin benötigte damals noch offiziell den Rückhalt der tetrarchischen Ordnung. Jedoch zeigt sich

128 L’Orange 58 ff., bes. 64. – Euseb. Triak. III 4.
129 Chantraine.

seine wahre Einstellung zu dieser Ordnung bereits darin, daß er Hercules nie auf seinen Münzprägungen erscheinen läßt, sich selbst mithin nicht als *Herculius* präsentiert. Im Panegyricus des Jahres 310 verleiht ihm zwar Iupiter als höchster Staatsgott mit Zustimmung aller anderen Götter die Majestät der kaiserlichen Stellung – ähnlich wie ein regierender Kaiser mit Akklamation der Heeresversammlung seinen Mitregenten bestimmt; damit ist aber nur ein durchaus schon vortetrarchisches Konzept angesprochen (s. oben 36)[130].
Der Panegyriker von 310 verkündet es mit aller Deutlichkeit, daß der Weltenlenker und Bringer des neuen Goldenen Zeitalters, Apollon, der mit dem unbesiegbaren Sonnengott, *Sol Invictus*, gleichgesetzt wurde, der neue Schutzgott Constantins ist und letzteren von Victorien mit dem Lorbeerkranz des Siegers schmücken läßt. Apollon, der Constantin in einer Vision erschienen sein soll, ist der Gott, „in dem Constantin sich selbst wiedererkennt". Letzterer ist mithin die Inkarnation Apollons, dessen Wirkungskraft, *numen*, er selbst als „höchst gegenwärtiger Gott" in sich trägt (**M 13**). Constantin greift mit seinem Selbstverständnis als Epiphanie des jugendlich schönen Apollon auf das Vorbild Augustus' zurück, dessen Porträt er in jenen Jahren imitierte. Sol Invictus war im übrigen auch der Schutzgott seines fiktiven Vorfahren Claudius II. Gothicus. Sol-Apollon erscheint nun zunehmend in der Münzprägung Constantins und auf einem Medaillon des Constantinsbogens in Rom[131].

Wenn der Panegyriker verkündet, daß die Götter Constantin als neuen Imperator und als göttliches *numen* vom Himmel auf die Erde herabgeschickt haben, so steht Constantin durchaus noch in der Tradition der tetrarchischen sakralen Konzeption. Dementsprechend können irgendwann zwischen 312 und 324 die Ratsherren der Stadt Saepinum in Umbrien ihn als „von den Göttern Gezeugten" bezeichnen. Constantin ist mithin Gottessohn wie sein Vater Constantius und die übrigen Herrscher der Tetrarchie. Gewiß ist diese Quelle kein Selbstzeugnis Constantins und auch keine Verlautbarung eines Amtsträgers der kaiserlichen Verwaltung, aber doch eine geduldete Sicht einer lokalen heidnischen Korporation mit öffentlichen Funktionen[132].

Neutraler formuliert der Panegyriker von 313 das Verhältnis des Kaisers zur Gottheit. Anders als der Lobredner von 310 erwähnt er nicht einmal mehr den Gang Constantins zum Capitol als Abschluß des Triumphzuges – sei es daß der Kaiser diesen vermieden hatte, sei es daß seine Erwähnung die christlichen Zuhörer vor den Kopf gestoßen hätte. Schon vom Panegyriker

130 Pan. Lat. VII (6) 2,5. VI (7) 15,4–5; 8,5. Vgl. 7,3–5: Iupiter setzt den vergöttlichten Constantius im Himmel an seine Seite und verkündet ihm die legitime Nachfolge seines Sohnes.

131 Vgl. Müller-Rettig 334 f. Brandt 132.

132 Pan. Lat. VI (7) 9,4–5. AE 1984 Nr. 367. Vgl. AE 1940 Nr. 182 u. oben 35–37.

des Jahres 311, und dann eben von jenem des Jahres 313, wird die höchste Gottheit, der Constantin ähnlich ist und mit der er im geheimen Einverständnis steht, während alle anderen Menschen der Fürsorge niedrigerer Gottheiten anvertraut sind, nicht mehr namentlich benannt, sondern nur noch vage als „göttliche(r) Geist(eskraft)“, *mens divina*, als „höchster Erzeuger der Dinge, dessen Namen so zahlreich sind wie die Sprachen der Völker“, von dem der Redner nicht weiß, wie Constantin selbst ihn bezeichnen will[133]. Dieser Gottheit vertraut der Kaiser bezeichnenderweise mehr als den Warnungen der Eingeweidebeschauer, d. h. den heidnischen Riten[134]. Die Worte des Panegyrikers, zweifellos in Abstimmung mit dem Kaiserhof formuliert, zeigen deutlich, daß Constantin im Jahr 313 zwar nicht unbedingt dem Polytheismus abgeschworen haben muß – der Rhetor kann den „Gott, der Schöpfer und Herr der Welt ist“, noch mit dem Blitzbündel ausstatten –, aber er hielt die oberste Gottheit für Christen wie Heiden ‚offen‘[135]. Wir erfahren nicht explizit, wie die Statue aussah, welche der Senat von Rom im Jahr 313 der *divinitas* (Göttlichkeit) Constantins in Gestalt einer Gottheit weihte[136], aber es kann sich eigentlich nur um seine Darstellung als apollinischer Sonnengott gehandelt haben.

Die auf dem 315 eingeweihten Constantinsbogen erscheinende Formulierung, der Kaiser habe seinen Sieg an der Milvischen Brücke *instinctu divinitatis* errungen[137], taucht in fast identischem Wortlaut bereits im Panegyricus von 313 im Kontext eben jenes Feldzugs auf[138]. Die übliche Übersetzung „durch Eingebung einer Gottheit“ ist m. E. nicht zutreffend. Man hätte in diesem Fall wohl *dei* geschrieben[139]. Der *divinus instinctus* bzw. *instinctus divinitatis* kommt nicht von außen, sondern ist ein Constantin innewohnender Antrieb, über den er dank seiner göttlichen Wirkungskraft *(divinum numen)* verfügt[140]. Der Panegyriker von 313 läßt keinen Zweifel daran zu, daß Constantin selbst eine *divinitas* – wenn auch kein *deus(!)* – [141] ist, welche, wie die Tetrarchen (s. oben 56), „in ewiger Bewegung agiert“[142]; diese auch

133 Pan. Lat. VI (7) 10,6. Vgl. J. Straub, Regeneratio Imperii, 1972, 100–118. – Pan. Lat. XII (9) 2,5; 16,2. Vgl. 3,3; 26,1. V (8) 10,2.

134 Vorzeichen vertraut hingegen das „törichte und nichtsnutzige Tier“ Maxentius: Pan. Lat. XII (9) 14,3.

135 Pan. Lat. XII (9) 26,1 bietet die Alternative eines Gottesbildes im neuplatonischen und im eher traditionellen Sinne. – Blitzbündel: 13,2. – Der Rhetor von 311 nennt noch Iupiter: Pan. Lat. V (8) 13,6.

136 Pan. Lat. XII (9) 25,4. Vgl. Straub 99.

137 Vgl. Brandt 133 ff.

138 Pan. Lat. XII (9) 11,4: *divino monitus instinctu.*

139 Vgl. z. B. Pan. Lat. XII (9) 2,4; 13,2.

140 Vgl. ebenda 4,1; 4,5: *divino consilio.*

141 ebenda 25,4.

142 ebenda 22,1.

durch den spätestens seit 315 sein Porträt auf Münzen umgebenden solaren Nimbus (s. unten 73f.) klar angezeigte Göttlichkeit Constantins ist eine Voraussetzung für seine *aeternitas*, Ewigkeit, welche dem Herrscher allerdings nur über die Fortsetzung seines Kaisertums durch seine göttliche Nachkommenschaft zuteil werden kann[143]. Beruhte die *aeternitas* der Tetrarchie auf dem göttlichen Wesen der *Iovii* und *Herculii* in ihrer permanenten ‚künstlichen' Reproduktion durch Adoption, so jene der neuen dynastischen Monarchie auf der natürlichen Reproduktion. Wichtig ist die Feststellung, daß das Selbstverständnis Constantins, wie es in den offiziellen Dokumenten und der offiziösen Panegyrik zum Ausdruck kommt, im Bereich der sakralen Legitimation durchaus in tetrarchischer Tradition steht, wonach der Kaiser ein göttliches *numen* in sich trägt und somit selbst ein göttliches Wesen ist – wenn auch kein unsterblicher Gott.

Hingegen bezeichnet der möglicherweise christliche Panegyriker Nazarius im Jahr 321 Constantin nicht mehr als *divinitas* oder *divinum numen*. Diese Qualität ist nurmehr Gott *(deus)* eigen, welcher Constantin beschützt und ihm hilft[144]. Zwar ist der Kaiser noch *divinus princeps* und verfügt über Qualitäten, welche das Attribut *divinus* oder *caelestis* verdienen[145], aber hier handelt es sich wohl nurmehr um traditionelle Floskeln, wie die Wendung *divinae expeditiones* für die Feldzüge Constantins beweist[146]. Der *divinus instinctus*, mit dem Constantin nach Nazarius' Auffassung „alles lenkt"[147], scheint hier in seiner sakralen Komponente dadurch entscheidend abgemildert, daß der Rhetor ansonsten keinen Zweifel an der völligen Abhängigkeit des Kaisers von der Hilfe Gottes läßt[148]. Gott hat aus Constantins Heer „himmlische Heerscharen" gemacht[149]. Wahrscheinlich spielt Nazarius mit den das Heer Constantins beim Feldzug gegen Maxentius beschreibenden Worten „Es funkelten die aus welchem Grund auch immer verehrungswürdigen, schimmernden Schildbuckel, und es brannte das schreckliche Licht der himmlischen Waffen" auf die Schildzeichen an, die Constantin nach seiner Vision auf die Schilde seiner Soldaten hatte aufmalen lassen[150], aber er tut dies in so dezenter Weise, daß er religionspolitisch keine Stellung bezieht. Ihm war wohl bedeutet worden, die religionspolitische ‚Neutralität' Constantins auch und gerade bei der Beschreibung des Verhältnisses zwischen Kaiser und Gott zu respektieren. Nazarius fällt in diesem Punkt jedenfalls deutlich hinter

143 ebenda 26,4–5. Vgl. Pan. Lat. IV (10) 2,5f.
144 Pan. Lat. IV (10) 7,3–4; 13,5; 16,1–2; 27,5.
145 ebenda 3,3; 9,3; 12,2; 29,5; 32,2.
146 ebenda 14,6.
147 ebenda 17,1.
148 ebenda 7,4; 12,1; 13,5; 14,1; 15,3; 16,2; 18,4; 19,3; 26,1; 28,1.
149 ebenda 14,3; 19,2; 29,1.
150 ebenda 14,3.

die Panegyriker der Tetrarchie und der ersten Regierungsjahre Constantins zurück.

Nach seinem Sieg über Licinius im Jahr 324 hat Constantin kein Hehl mehr aus seiner Hinwendung zum Christentum gemacht. Seine Maßnahmen zugunsten der christlichen Kirche sind nicht Gegenstand dieses Buches. Vielmehr ist hier die Frage zu stellen, wie er sich selbst und wie ihn die christlichen Zeitgnossen in die vom Christengott geschaffene Weltordnung einpaßten und wie sie seine Stellung gegenüber den Christen und der Kirche sahen. Eusebius, Bischof von Caesarea in Palästina und dem Kaiserhof zumindest zeitweise nahestehend, hat in seiner Biographie Constantins und zuvor in seiner 336 gehaltenen Rede zum 30jährigen Regierungsjubiläum des Kaisers[151] eine wohl zumindest für den Episkopat im östlichen Reichsgebiet, vor dem er letztere auf der Synode von Tyrus in Anwesenheit Constantins vortrug, nicht untypische Sicht des christlichen Kaisertums formuliert. Sie dürfte jedenfalls in der erwähnten Lobrede auch mit dem Hof abgestimmt und mit ihrem der Terminologie des Neuplatonismus angepaßten Vokabular – unter Vermeidung der Nennung des Namens Christi – auch für die einer monotheistischen Gottesvorstellung anhängenden heidnischen Zuhörer akzeptabel gewesen sein[152].

Hatten christliche Autoren, wie Tertullian oder Lactantius, ihren Lesern die Vorstellung von der Monarchie Gottes und vom ‚Doppelkönigtum' Gottes und Christi am Beispiel des römischen Prinzipats nahezubringen versucht[153], so kehrt Eusebius jetzt die Argumentation um. Für Eusebius ist die irdische Monarchie ein Abbild der himmlischen. Die Kraft der heidnischen Vorstellungswelt schlägt sich in dem Vergleich Constantins und seiner Söhne mit dem Sonnengott und seinem Viergespann nieder. Der Kaiser beleuchtet

151 Vgl. zu letzterer: H. A. Drake, In Praise of Constantine. A historical study and new translation of Eusebius' Tricennal Oration, 1976. Grünewald 153–159. T. D. Barnes, Constantine and Eusebius, 1981, 253 ff.

152 Vgl. dazu Farina. J.-M. Sansterre, Eusèbe de Césarée et la naissance de la théorie césaropapiste, in: Byzantion 42, 1972, 133–195. 532–594. S.Calderone, Il pensiero politico di Eusebio, in: G. Bonamente – A. Nestori (Hrsgg.), I Cristiani e l'impero nel IV secolo, 1988, 45–54; ders., Teologia, politica, successione dinastica e *consecratio* in età costantiniana, in: Entretiens sur l'Antiquité classique, XIX, 1973, 220 ff. (wichtig für die jüdischen, christlichen und hermetischen ‚Vorläufer' des eusebianischen Gedankengutes). Es wäre m. E. verfehlt, die Sicht des Bischofs von Caesarea als eine auf den griechischen Osten des Reiches beschränkte anzusehen. Der anonyme Autor der Quaestiones Veteris et Novi Testamenti sowie Vegetius lassen z. B. entsprechende Vorstellungen erkennen: Ps.-Augustinus, Quaest.Vet.et Novi Test. 71,1, CSEL 50, p. 123 u. a. Vegetius, epit. rei milit. II 5. Vgl. Dvornik 637 ff. K. Setton, Christian Attitude towards the Emperor in the Fourth Century, 1941.

153 Vgl. dazu Dvornik 558 ff., bes. 611 ff., der die hellenistischen Wurzeln der eusebianischen politischen Theologie darlegt.

mit den Strahlen seines Glanzes und seiner Güte seine Untertanen selbst in den verborgensten Winkeln des Reiches; er ist allgegenwärtig. Er, der das Abbild des himmlischen Reiches in sich trägt, regiert, den Blick nach oben gerichtet (!) (s. unten 77), nach dem Beispiel der Monarchie Gottes[154]. Das irdische Imperium Romanum ist ein Abbild des himmlischen Reiches, die Monarchie Constantins eine Replik der himmlischen Monarchie Gottes. Der Universalherrschaft Gottes entsprechen die Universalmonarchie und der universale Herrschaftsanspruch Roms. Ein Gott, ein Reich, ein Kaiser! Dies ist die – schon bei Origenes zu findende – politische Theologie des Eusebius[155].

In diesem Gebäude ist der Kaiser ein Herrscher von Gottes Gnaden, allein von Gott erwählt; kein Mensch kann sich rühmen, ihn in diese Position erhoben zu haben[156] – ein Anspruch, den bereits Aurelian und Diocletian formuliert hatten (s. oben 25). Der Kaiser steht unter dem Schutz Gottes, der ihm gegen seine Feinde hilft und ihm den Sieg schenkt, wie das berühmte Goldmedaillon, auf dem eine aus einer Wolke herausreichende Hand den Kaiser bekränzt, und das Christogramm, welches Constantin auf dem Silbermedaillon von Ticinum auf seinem Helm trägt[157], es verdeutlichen. Der Kaiser ist nicht nur der Diener Gottes, sondern auch sein Stellvertreter auf Erden, der Lehrmeister des Menschengeschlechtes, ebenso wie Christus ein neuer Moses, Befreier des Christenvolkes[158], der seine Untertanen zum Logos, zum Wort Gottes, führt, sie zu Untertanen des himmlischen Königreiches macht, eine neue Heilszeit einleitet. Er ist der Freund Gottes und des Gottessohnes, sogar des letzteren Pendant auf Erden: Während der Logos Christus im Himmel herrscht, erfüllt Constantin die gleichen Aufgaben auf der Erde. Gott herrscht durch ihn.

Während Iupiter, Hercules, Apollon als Schutzgötter oder ‚Väter' der Herrscher nie das kaiserliche Kostüm annahmen[159], ist dies bei dem mit dem kaiserlichen Paludamentum bekleideten *Sol Invictus* schon unter den Soldatenkaisern des 3. Jhs. anders; hier wird der Gott zum Double des Herrschers. Der vom Sol-Kult her zum Christengott ‚übertretende' Constantin überträgt diese zwillingshafte Ähnlichkeit zwischen Sonnengott und Herrscher auf seine Beziehung zu Christus, der bei Eusebius fast wie der Bruder des Kaisers

154 Euseb. Triak. III 4. Vgl. Vita Const. I 43.

155 Orig. contra Celsum II 30. Euseb. h. e. X 9,6; Vita Const. II 19; Triak. III 6. Vgl. dazu Peterson. A. Schindler (Hrsg.), Monotheismus als politisches Problem? Erik Peterson und die Kritik der politischen Theologie, 1978. Dvornik 611 ff.

156 Euseb. Vita Const. I 24.

157 Vgl. unten 75 und Brandt 135 ff.

158 Euseb. h. e. IX 9, 5–8. X 8,6. 8,9 f.; Vita Const. I 4. 12. 24. Der Gedanke der Teilhabe des Herrschers an Gottes Herrscheramt findet sich noch in karolingischer Zeit. Vgl. H. Anton, Fürstenspiegel und Herrscherethos in der Karolingerzeit, 1968.

159 Zu undifferenziert hier J. G. Deckers, in: Bonamente/Fusco 359.

erscheint. Christus Pantokrator erhält nicht nur Tracht und Insignien eines Kaisers, sondern auch jene des Sonnengottes, die zugleich solche des Kaisers sind, wie der Nimbus[160].

Die Beziehung zwischen dem Kaiser und Gott ähnelt jener zwischen Gott und seinem Sohn. Constantin ist nicht nur – wie im Prinzip jeder Mensch – das Abbild *(eikon)* Gottes und der Nachahmer des Logos; sein Wesen ist vielmehr nach dem göttlichen Urbild geformt[161]. Er hat in ganz besonderer Weise Anteil am göttlichen Geist und der Kraft Gottes. Constantin ist gleichsam die dritte Person in einer göttlichen Trinität.

Die constantinische Monarchie des Eusebius ist im Grunde ebenso eine Theokratie wie jene der Tetrarchen (s. oben 35–37). Wie Diocletian und Maximian über Wirkungskräfte *(numina)* und Qualitäten *(virtutes)* von Iupiter und Hercules verfügen, so Constantin über jene des christlichen Gottes und des Gottessohnes[162]. Der über die Feinde des Christentums siegreiche Kaiser übt seine Herrschaft als Abbild eines Kosmokrators aus. Als solcher ist er mit gänzlich ‚heidnischer' Symbolik jupiterhaft auf der Rückseite eines wahrscheinlich in den letzten Jahren seiner Regierung geprägten Bronzemedaillons dargestellt[163].

So kann es auch nicht mehr verwundern, wenn Eusebius ausgesprochen billigend berichtet, daß auf Beschluß von Senat und Volk von Constantinopel ein Gemälde angefertigt wurde, auf welchem der verstorbene Kaiser auf dem Himmelsgewölbe thronend dargestellt wurde[164] – wie in der christlichen Kunst nun auch Christus und zuvor Diocletian und Maximian im Tetrarchenrelief des Galeriusbogens von Thessalonike, freilich mit dem Unterschied, daß dort lebende Herrscher so abgebildet wurden, während Constantin diese Ehre erst nach seinem Tod widerfährt. Dies ist freilich ein wichtiger Kontrast zur Tetrarchie: Bei Eusebius ist Gott der Großkönig, der auf den Höhen des Himmels thront und dessen Schemel die Erde ist; der Kaiser kann zu Lebzeiten eine solche Stellung nicht beanspruchen[165].

Constantin ließ in dem von ihm selbst errichteten, mit der Apostelkirche eng verbundenen oder gar zunächst identischen Mausoleum zu Constantinopel seinen Sarkophag in der Mitte der kreisförmig um einen Altar gruppierten

---

160 E. Peterson, Christus als Imperator, in: ders., Theologische Traktate 1951, 149–164. U. Süßenbach, Christuskult und kaiserliche Baupolitik bei Konstantin, 1977. J. G. Deckers, in: Bonamente/Fusco 357–362.

161 Euseb. Triak. IV. V 1–2.4.

162 Freilich nennt Eusebius Constantin nicht ‚lebendes bzw. fleischgewordenes Gesetz'; diese Qualität war in der christlichen Theologie Christus vorbehalten: Euseb. Triak. III 6. Vgl. Dvornik 621 f.

163 Euseb. Vita Const. III 46; Triak. VI 18. J. G. Deckers, in: Stutzinger 281 Abb. 123.

164 Vita Const. IV 69.

165 Euseb. Triak. I 1. Vgl. Isaias 66,1–2.

Memorial-Monumente der 12 Apostel plazieren. Die an letztere gerichteten Gebete galten auch ihm als dem ‚dreizehnten Apostel' bzw. ‚Apostelgleichen', wie er *postum* genannt wurde[166]. Diese Bezeichnung ist im Grunde eine Reduzierung seines zu Lebzeiten erhobenen Anspruchs, christusgleich – nicht nur apostelgleich – zu sein. Die Position seines Sarkophags inmitten der Monumente der Apostel war nämlich in Wirklichkeit nicht die eines Apostels, sondern jene Christi inmitten seiner Jünger[167]. Mit Christus hat Eusebius Constantin konsequent parallelisiert; der Kaiser hat diesen Gedanken in seinem Testament monumentalisieren lassen. Es handelte sich gewissermaßen um einen Ersatz für die heidnische Apotheose, wie sie ihm in oben genanntem Gemälde nur bildlich zuteil wurde (s. unten 131 f.).

Dieses Gemälde zeigt ihn im heidnischen Verständnis als *divus*, ein Epitheton, das die pagane Literatur auch den christlichen Herrschern zuerkennt. Die Christen konnten dieses Attribut nunmehr umso eher akzeptieren, als die mit der Bezeichnung *divus* schon immer verbundene Vorstellung eines in den Himmel aufgenommenen ‚guten' Kaisers jetzt in den Vordergrund trat. In diese Richtung ging auch die Entscheidung Constantins, zwar weiterhin die Errichtung von Tempeln zu Ehren des Kaiserhauses zu dulden, aber dort keine Kultpraktiken mehr zuzulassen[168]. Eusebius bezeichnet den verstorbenen Kaiser als „glückselig" oder „dreifach glückselig"[169] und meint damit seine Aufnahme in den Himmel durch Gott, welche auch auf den Münzen dargestellt wurde (**M 27**)[170].

Obwohl der Kaiser sterblich ist, wird die von ihm eingerichtete christliche Königsherrschaft *(basileia)* nach Eusebius „ewig" sein. Wie die heidnischen Panegyriker, so nutzt auch Eusebius das 30jährige Regierungsjubiläum Constantins zu eigenen Ausführungen über die Ewigkeit *(aeternitas)* des kaiserlichen Regiments in Verbindung mit jener Roms und das mit dieser Ewigkeit verknüpfte kosmische Glück[171]. Mit der Übernahme des Konzepts der Roma Aeterna durch die christliche Kirche konnte auch die Ewigkeit des Kaisers als Träger dieser Herrschaft christianisiert werden. Anders als bei den Tetrarchen beruht diese Ewigkeit jetzt aber auf den Dispositionen des Christengottes und auf der dynastischen Nachfolge. Constantin hat sich „in der Nachfolge seiner Söhne vervielfältigt". Insofern konnte nicht nur Eusebius den Kaiser auch nach seinem Tod noch als Herrscher sehen; dies fand im

166 Euseb. Vita Const. IV 60. 71. Vgl. Leeb. Speck, Boreas 18, 1995, 143–174.

167 Vgl. Straub 123. Leeb bes. 103 ff. Die Identifikation des mit Kreuz und Christusmonogramm verzierten Porphyrsarkophags im Hof der Irenenkirche als Sarkophag Constantins ist freilich hypothetisch (Delbrueck 1932, 223 f. Taf. 108 b).

168 Vict. Caes. 40,28: Africa. CIL XI 5265 = ILS 705: Hispellum in Umbrien.

169 Vita Const. IV 67. 69. 71–73.

170 RIC VIII s. 446 f. Nr. 1 mit Taf. 21.

171 Triak. VI 1 ff.

Übergangsstadium der ersten 3 1/2 Monate nach seinem Hinscheiden am 22. 05. 337 seinen kuriosen Niederschlag in einer kaiserlichen *constitutio* vom 02. 08. 337, welche Constantin zugeschrieben wird „als ob er wieder zum Leben erweckt regiere"[172].

Die an das erstmals bei Platon formulierte Konzept der Mimesis Gottes anknüpfenden Auffassungen Eusebs von der Stellung des Kaisers in Gottes Weltordnung und gegenüber der Kirche waren mit ihrer ‚cäsaropapistischen' Position schon zu seiner eigenen Zeit nicht unumstritten, wie die Frage des Donatus zeigt, was denn der Kaiser mit der Kirche zu tun habe. In diesem Zusammenhang ist zu fragen, wie Constantin selbst seine Stellung in der christlichen Weltordnung gesehen hat. In seinen Briefen und Erlassen[173] spricht er – wie die Panegyriker von 313 und 321 sowie Eusebius – von der ‚höchsten Gottheit' ohne nähere Präzisierung. Auf den Münzen Constantins erscheinen bis 324/25 der Sonnengott, daneben aber auch das Kreuzeszeichen und das Christus-Monogramm, letzteres spätestens im Jahr 324. Sich selbst betrachtet Constantin als Diener Gottes (nicht der Kirche!), den dieser auserwählt hat zur Erfüllung seiner Pläne, zur Beseitigung allen Unheils, zur Wiederherstellung des Rechts, zur Wiedereinsetzung des ehrwürdigsten Gesetzes und zur Mehrung und Verbreitung des Glaubens[174]. Zu diesem Zweck hat Gott ihn mit höherer Kraft begabt. Infolgedessen fühlt der Kaiser sich berufen, über die Einheitlichkeit der christlichen Lehre zu wachen[175]. Daß Eusebius und Constantin in ihren Vorstellungen vom christlichen Kaisertum übereinstimmen, zeigt die bei beiden identische Führungsrolle des Herrschers gegenüber der christlichen Kirche, die Eusebius mit dem Begriff des Bischofs (= Aufsehers) für die Gesamtheit (der Kirche) umreißt, während Constantin selbst sich als Aufseher über alle Untertanen begreift[176]. Constantin glaubte mithin selbst an seine göttliche Berufung. Sein Erlösungswerk steht neben jenem Christi[177]. Er nennt sich selbst „Mensch Gottes, der alles schon längst von Grund auf weiß"[178].

Es ist nichts Neues, wenn Constantin die Sendung des Kaisers auch auf den religiösen und ethischen Bereich erstreckt. Schon die Edikte Diocletians atmen diesen Geist, und beide berufen sich gleichermaßen auf ihre und des kaiserlichen Amtes göttliche Autorität. So ‚bescheiden' mithin die Selbstbekundungen Constantins als Kaiser im Dienste Gottes klingen mögen, seine

172 Vita Const. IV 67ff., bes. 72. Vgl. P. Piccinini, in: Bonamente/Fusco 769–790. Cod. Theod. XIII 4,2.

173 Vgl. H. Dörries, Das Selbstzeugnis Kaiser Konstantins, 1954, bes. 241ff.

174 Vita Const. II 24ff. 48ff. 64f. PLond III 878 *descr.*, col. II 21–26.

175 Vita Const. III 17.20.

176 Vita Const. I 44; vgl. IV 24. Straub 125f.

177 Vita Const. II 28f.

178 Athanasius, Werke III 1, ed. Opitz, 1934, 34, 18, p. 71,20; 34,42 p. 74,32.

Demut gilt nur gegenüber Gott selbst, nicht gegenüber der Kirche und den Bischöfen (s. unten 133–136); auch aus seinen Selbstbekundungen spricht die Gewißheit einer über die anderen Menschen hinausgehobenen Nähe zu Gott, das Konzept des Auserwähltseins. Constantin war sich bewußt, daß die Christen keinen Gottkaiser akzeptieren konnten. Andererseits war er selbst noch zu sehr in einer Vorstellungswelt verhaftet, für die das Numinöse der kaiserlichen Würde selbstverständlich war. Er hat versucht, beide Positionen miteinander zu versöhnen, wie vor allem seine noch von ihm selbst arrangierte Bestattung zwischen den Aposteln zeigt (s. oben 69f.), und Eusebius hat ihm gewissermaßen Flankenschutz geboten. Von der Ähnlichkeit mit Sol Invictus-Apollon ging Constantin nahtlos in die *similitudo* mit Christus über; letzterer wurde jetzt gewissermaßen ‚Begleiter des Kaisers' *(comes Augusti)*. Auf dem Forum in Constantinopel stand jedoch auf einer Porphyrsäule eine vergoldete Bronzestatue, welche möglicherweise ein wiederverwendetes älteres Standbild des Apollon oder eines hellenistischen Herrschers war, aber nun Constantin mit Globus, Lanze und Strahlenkrone darstellen sollte[179].

Diese Stellung des christlichen Kaisers war mit christlichem Glauben kaum vereinbar und blieb auf Constantin beschränkt. Schon zu seinen Lebzeiten erhob sich Widerspruch, und nach seinem Tod hat man ihn – auch durch Umbaumaßnahmen in Constantinopel – zu einem ‚gewöhnlichen' christlichen Kaiser herabgestuft[180].

3.4 Vom Diadem zum Kreuzsymbol: Constantins Neuerungen bei Titulatur und Insignien des Römischen Kaisers

Constantin hat auf den tetrarchischen Fundamenten der monarchischen Repräsentation aufgebaut und nur wenige, allerdings nicht unwesentliche Änderungen vorgenommen. Bedeutsam ist zunächst einmal die Feststellung, daß in der offiziellen Kaisertitulatur keinerlei christliche Formeln eingeführt wurden[181]. Der einzige Reflex christlichen Einflusses scheint der Ersatz des Epithetons *Invictus*, ‚der Unbesiegbare', welches zugleich Beiname des Son-

179 Malalas p. 320, 9–13 Bonn. Chron. Pasch. p. 528, 9–13 Bonn. Zonaras XIII 3, 24 Bonn. Vgl. jetzt Bauer 173–177. M. Bergmann, Die Strahlen der Herrscher, 1998, 284–287. Der Versuch von I. Karayannopulos, Konstantin der Große und der Kaiserkult, in: Hunger 109–132, bes. 124ff., die Strahlenkrone als Juwelendiadem zu erklären, hat sich zurecht nicht durchgesetzt.

180 Vgl. B. Speck, Boreas 18, 1995, 143ff. Bleckmann 130.

181 Vgl. G. Rösch, Onoma Basileias, 1978, 45f. 62. 159f.

nengottes war, durch das neutralere *Victor*, ‚Sieger', seit 324 zu sein; den neuen Titel setzte Constantin sogar an die Spitze des Kaisernamens[182].

Gewiß stand es den Christen nunmehr frei, diesen Titel – wohl durchaus im Sinne Constantins – als ‚Sieger über die Christenfeinde'[183] sowie das Epitheton *Pius* im Sinne christlicher Frömmigkeit zu deuten, und in eben letzterer besteht für Eusebius die wichtigste Qualität Constantins[184]. Aber auch die Heiden konnten diesen Bezeichnungen des Kaisers weiterhin ihre traditionelle Interpretation zuteil werden lassen. Desgleichen konnten Heiden wie Christen den Nimbus, der das frontale Porträt Constantins erstmals wohl auf Prägungen anläßlich der Feier seines 10jährigen Regierungsjubiläums im Jahr 315/16 umgibt (**M 14**), als Ausdruck der sakralen Aura des Kaisers akzeptieren[185]. Die Prägungen mit den Rückseitenlegenden *Gaudium Romanorum, Felicia Tempora, Semper Victor, Sol Invictus und Comes Augusti* verbinden das nimbierte Kaiserporträt – wie schon unter der Tetrarchie (s. oben 35) – mit den Vorstellungen vom Goldenen Zeitalter, der Sieghaftigkeit sowie dem Sonnengott als Beschützer des Herrschers.

Die Römer waren sich bewußt, daß der Nimbus ebenso wie der Strahlenkranz ein Sonnensymbol war[186]. Velleius Paterculus[187] berichtet zum Jahr 44 v. Chr. das Erscheinen eines Nimbus um das Haupt des jungen Octavian. Zwar ist letzterer auch als Augustus anscheinend nie mit einem Nimbus bildlich dargestellt worden, aber Constantin bzw. die Ratgeber in seiner Umgebung mögen mit jener literarischen Überlieferung vertraut gewesen sein. Ebenso wie der Rückgriff auf das Alexander-Porträt (s. unten 77f.) mag auch die *imitatio Augusti* antiquarischer Gelehrsamkeit ihre Nuancierung verdanken. Zwar fällt der Panegyriker des Jahres 313[188] beim Vergleich zwischen dem Verhalten Constantins in der Schlacht an der Milvischen Brücke und jenem Octavians in der Schlacht bei Actium über letzteren ein negatives Urteil *(ignavum exemplum)*, aber die Ehrungen Constantins durch den Senat von Rom nach seinem Sieg über Maxentius scheinen an das Vorbild Augustus

182 Hingegen hat sich der Wechsel von der Bezeichnung des Kaisers als *kyrios* zu *despotes* im griechischen Osten nicht unter christlichem Einfluß vollzogen, sondern geht offensichtlich auf eine Entscheidung der kaiserlichen Verwaltung in den Jahren 298–308 zurück: D. Hagedorn – K. A. Worp, ZPE 39, 1980, 165–177. Letztere Bezeichnung brachte die ‚Unterwürfigkeit' gegenüber dem Herrscher deutlicher zum Ausdruck, entsprach eher der Bedeutung des lateinischen *dominus*.

183 Euseb. Triak. IX 5.8; Vita Const. I 41,2. II 19,2. 55,1.

184 Vgl. unten 88.

185 Vgl. P. Bruun, in: Bonamente/Fusco 219–229.

186 Vgl. M. Colinet-Guérin, EAA 5 (1963) 495f. s. v. nimbo. H. Brandenburg, Boreas 8, 1985, 176ff.

187 II 59,6.

188 Pan. Lat. XII (9) 10,1–2.

angeknüpft zu haben[189]. Schon der gemeinsame Schutzgott Apollon legte eine Parallelisierung nahe, und zweifellos zitierte das idealisierte Porträt Constantins nach 312 dasjenige des Augustus (s. unten 85), imitierten seine späteren Prägungen mit den Legenden *Augustus* auf der Vs. und *Caesar* auf der Rs. ohne weitere Hinzufügungen Münzen des ersten Princeps[190] und evozierten dabei zugleich deren dynastische Konnotation.

Freilich trägt schon Constantins Vater Constantius I. besonders auf Trierer Prägungen mehrfach den Nimbus[191]. Auch Licinius und sein Sohn lassen sich auf der Vorderseite eines 320 in Nikomedien geprägten Goldmedaillons mit Nimbus darstellen[192]. Danach wird der Nimbus auf die Rückseiten der Münzen beschränkt, wo er bis in die iustinianische Zeit bleibt. Dies mag mit dem generellen Zurücktreten der Sonnensymbolik auf den constantinischen Prägungen seit 324 zusammenhängen. Mit jenem Jahr verschwindet jedenfalls der Strahlenkranz vom Haupt des Kaisers auf den Münzprägungen[193], der Nimbus seinerseits wird im christlichen Kontext zum Symbol der Heiligkeit, im kaiserlichen zum Zeichen göttlicher Auserwähltheit. Bei Darstellungen Constantins mit seinen Söhnen ist der Nimbus auf den Vater beschränkt, aber die Trierer Deckengemälde, auf denen auch die Frauen nimbiert sind, mögen andeuten, daß im inoffiziellen, gewissermaßen offiziösen Bereich der Nimbus alle Mitglieder der *domus divina* auszeichnete[194]. Parallelisiert wurde diese Entwicklung durch die Ausstattung von Christus und seiner *domus divina* der Heiligen mit dem Nimbus gegen Ende des 4. Jhs.[195].

Kann man die Verwendung des Nimbus unter den unechten, d. h. nicht getragenen, Insignien des Kaisers durchaus noch nicht als Tendenz zur

189 Wenn man denn das *signum dei* bzw. *deae* als Victoria auf dem Globus zu deuten hat. Ferner erhielt Constantin den *clipeus virtutis* (Tugendschild), die *corona civica* (Bürgerkranz), wie Pan. Lat. IX (12) 25,4 mit etwas anderer Terminologie berichtet, und seine Bezeichnung als *liberator urbis* (Befreier der Stadt) auf dem 315 gestifteten Constantinsbogen erinnert an ähnliche Formulierungen im Tatenbericht des Augustus: vgl. Bellen 5 f.

190 RIC VII S. 459 Nr. 259.

191 Vgl. Bastien, Buste 1, 171 f.

192 RIC VII, S. 605 Nr. 37. J. Maurice, Numismatique constantinienne III 1912, Taf. II 7.

193 Daß die langen, spitzen Gegenstände auf dem Perldiadem der Kaiserin Licinia Eudocia (439–455) und des Usurpators Anicius Olybrius (472) tatsächlich eine Wiederbelebung des Strahlenkranzes – wenn auch als reine Zierform – bedeuten, wie U. Koenen, JbAC 39, 1996, 186 f. meint, bezweifle ich. Es handelt sich m. E. um eine Form des seit Constantin I. auf dem Diadem sich entwickelnden Zierbesatzes.

194 Vgl. H. Heinen, Frühchristliches Trier, 1996, 106 Abb. 19; siehe auch Fausta mit Nimbus und Kind im Arm – wie bei Darstellungen der Maria: RIC VII S. 203 f. Nr. 443–445.

195 A. Krücke, Der Nimbus und verwandte Attribute in der frühchristlichen Kunst, 1905.

Verchristlichung derselben ansehen – im Gegensatz zum Verschwinden des Strahlenkranzes –, so ist das Erscheinen des Christusmonogramms zweifellos in diesem Sinne zu werten. Constantin läßt es auf einem Silbermedaillon des Jahres 315 an seinem Prunkhelm abbilden. Es ist unter Constantin freilich wohl ebensowenig ein dauerhaftes Herrschaftsabzeichen geworden[196] wie das auf dem gleichen Medaillon neben Constantins Kopf erkennbare Kreuzzepter mit Globus[197].

Es ist bezeichnend, daß eindeutig christliche Herrschaftssymbole unter Constantin und auch noch unter seinen Nachfolgern bis zur theodosianischen Zeit nur sporadisch in Darstellungen kaiserlicher Repräsentation erscheinen (vgl. unten 113–116). Dies müßte ihre regelmäßige Verwendung in der Praxis nicht ausschließen, doch sollte man in einem solchen Fall eine Betonung dieses Sachverhalts zumindest in den christlichen Quellen erwarten. Die Anspielung Eusebs auf eine *Statue* Constantins „mit dem Siegeszeichen des rettenden Leidens“ in der Hand[198] bestätigt zwar das Vorkommen des Kreuzzeichens in der offiziellen bildlichen Repräsentation des Herrschers, aber eben nicht das tatsächliche Tragen desselben.

Der Helm *(galea)* hingegen erscheint unter Constantin als ein häufiges Herrschaftszeichen des Kaisers. Er war zweifellos nicht mit den Nägeln vom Kreuz Christi geschmückt, deren Auffindung durch Constantins Mutter Helena erst nach dem Jahr 351 erfunden worden sein kann[199]. Natürlich war das Tragen eines Helmes nicht dem Kaiser vorbehalten; aber ebenso wie das Paludamentum auch von hohen Offizieren getragen, in einer bestimmten dekorativen Ausführung jedoch nur vom Herrscher verwendet werden durfte, so zeichnete sich auch der kaiserliche Helm vor anderen Helmen aus. Erstmals zeigen die Münzen unter Gallienus und Postumus in den 60er Jahren des 3. Jhs. die Kaiserbüste im Kriegskostüm mit Helm. Zweifellos kennzeichnet er die dem stets behelmt auftretenden Kriegsgott Mars eigentümli-

196 Es taucht nur gelegentlich in der constantinischen Münzprägung auf: Bastien, Buste 1, 222.

197 Richtig identifiziert von A. Alföldi, Das Kreuzszepter Constantins d. Gr., GNS 4, 1954, 81–86ff. Vgl. K. Kraft, Das Silbermedaillon Constantins d. Gr. mit dem Christusmonogramm auf dem Helm, JNG 5/6 1954/55, 151–178ff. R. Göbl, Litterae Numismaticae Vindobonenses 3, 1987, 77–94. Leeb 29ff. Bestritten von M. R. Alföldi 1963; dies., Historische Wirklichkeit – Historische Wahrheit: Constantin und das Kreuzszepter, in: Festschrift T. Pekáry, 1989, 318–325. RAC 14, 1988, 964 (M. Restle). P. Weiß, Die Vision Constantins, in: J. Bleicken (Hrsg.), Colloquium aus Anlaß des 80. Geburtstages von A. Heuß, 1993, 143–169. Gross-Albenhausen 1996, 175f. Vgl. Brandt 135–137. – Zum Kreuz auf Panzerstatuen Constantins s. L'Orange Taf. 42a und S. 59ff.

198 h. e. IX 9,10–11.

199 M. Sordi, Dall' elmo di Costantino alla corona ferrea, in: Bonamente/Fusco 883–892. Vgl. ferner unten 113f.

che *virtus*, die kriegerische Tapferkeit, welche in jenen Jahren, in denen das Imperium Romanum auseinanderzufallen drohte, besonders gefragt war. Es ist umstritten, ob der Helm bereits bei Gallienus und Postumus als Herrscherinsigne zu werten ist[200] oder erst mit der Tetrarchie bzw. Constantin. Schon bei Postumus und Probus scheint der Helm bisweilen verziert zu sein. Auf jeden Fall aber deutet der Panegyriker des Jahres 307 Faustas Schenkung eines gold- und edelsteinverzierten Helms an ihren Verlobten Constantin als *omen imperii*[201]. Daraus darf man mit Sicherheit schließen, daß zu jenem Zeitpunkt der solchermaßen geschmückte Helm als kaiserliches Insigne galt. Der juwelenverzierte Goldhelm war folglich spätestens seit tetrarchischer Zeit *der* kaiserliche Kopfschmuck in Verbindung mit dem Kriegskostüm, d. h. mit dem vergoldeten Panzer, Schild und dem purpurnen Paludamentum, wie dies Nazarius im Jahr 321 beschreibt[202].

Freilich wird der Kaiser in vorconstantinischer Zeit mit griechischen Helmtypen (attisch und korinthisch) dargestellt, und auch dies nur sporadisch. Das *regelmäßige* Erscheinen des gold- und edelsteingeschmückten, zunächst nur selten bekränzten, aber öfters mit einem Stern als Ewigkeitssymbol verzierten Helms als kaiserliches Insigne auf Münzen setzt erst 313 ein[203], und ab diesem Zeitpunkt taucht neben den beiden griechischen Formen der persische Helm auf. Von Constantins Söhnen wird nur der älteste, Crispus, zeitweilig im Helm dargestellt, und nach einigem Experimentieren behält sich Constantin I. die persische Helmform vor[204]. Dies zeigt das Bestreben, innerhalb des Kaiserkollegiums eine Hierarchisierung dieses Herrschaftszeichens durchzusetzen. Es fällt auf, daß Licinius in seinen Münzprägestätten den persischen Helm als Herrschaftszeichen nicht verwendet. Constantin hat mithin in eigener Initiative auf der Suche nach neuen Formen der kaiserlichen Selbstdarstellung auf Traditionen des Orients zurückgegriffen und dabei nicht einmal eine Anknüpfung an den ‚Erzfeind' vermieden.

Einer Initiative Constantins ist erst recht die Annahme jenes Herrschaftszeichens zu verdanken, welches nunmehr neben dem Purpur das eigentliche Symbol der kaiserlichen Stellung werden sollte: des Diadems. Unter Constantin schmückt dieses noch nicht den Helm, sondern ist um den bloßen Kopf gebunden. Es tritt umso stärker in den Vordergrund, je mehr andere

200 Dagegen: K. Kraft, Der Helm des römischen Kaisers, in: ders., Gesammelte Aufsätze zur antiken Geldgeschichte und Numismatik 1, 1978, 134–144, bes. 137. Dafür: Bastien, Buste 1, 201 ff. Vgl. Alföldi 185.

201 Pan. Lat. VII (6), 6,2.

202 Pan. Lat. IV (10) 29,5.

203 Zum bekränzten Helm s. RIC VII S. 369 Nr. 58.

204 Bastien, Buste 1, 209 f.

Kopfbedeckungen, wie Strahlenkrone, Lorbeerkranz[205] und ab 324/25 auch der Helm, zurücktreten. Man kann an diesen Entwicklungen deutlich den Experimentiercharakter der constantinischen Herrschaftssymbolik erkennen. Das Diadem hat gewiß keine christliche Konnotation. Es gehört dem Herrschertum des Ostens, dem persischen und hellenistischen Königtum, an[206]. Es ist bekanntlich von Caesar – trotz spektakulärer Ablehnung – als Herrschaftszeichen in Betracht, von Augustus aber aus einleuchtenden Gründen nie in Erwägung gezogen worden. Daß Caesar, der mit seinem geplanten Partherkrieg in die Fußstapfen Alexanders d. Gr. als Eroberer des Orients treten wollte, dem Makedonenkönig, der als erster Monarch die um das bloße Haupt gewundene Binde angelegt hatte, auch in der Verwendung dieses Herrschaftszeichens folgen wollte, ist eine mehr als plausible Hypothese[207]. Der Assoziation des Diadems mit Alexander widerspricht nicht, daß das Diadem in Rom natürlich als generelles Symbol der Königsherrschaft bekannt war und daher die Absicht seiner Verwendung z. B. einem Caligula zugeschrieben wurde[208]. Aber in einem offiziellen Kontext taucht das Diadem anscheinend erstmals auf einem Medaillon des Gallienus auf, und hier ist an der Kopfhaltung mit dem aufwärts gerichteten Blick deutlich die Alexander-*imitatio* erkennbar. Aurelian wird in spätantiken und frühbyzantinischen Quellen die Verwendung des Diadems – gar mit einem Stern – zugeschrieben[209], wie es dann auf einem Medaillon Numerians, des Persersiegers, abgebildet scheint[210]. Das im Nacken zusammengebundene und mit flatternden Schleifenbändern dargestellte Alexander-Diadem taucht wohl nicht zufällig in der bedrohlichsten Situation für den Zusammenhalt des Imperium Romanum auf und mag sowohl eine Kampfansage an den persischen Erzfeind im Osten als auch Ausdruck des Festhaltens an der Universalmonarchie sein. Diocletian jedoch, der Wiederhersteller der *Romanitas*, verschmäht das eindeutig nichtrömische Herrschaftssymbol wohl nicht zufällig.

205 Der Lorbeerkranz wird auf Münzen freilich noch von Constantius II., Constans und dem Usurpator Vetranio getragen: Kent/Overbeck/Stylow Taf. 142 Nr. 663 V. 664 V 669. Taf. 146 Nr. 679 V. 680 V.

206 Die mögliche Herleitung des Diadems Alexanders d. Gr. und der Diadochen aus der griechischen Siegerbinde, wie A. Alföldi, Caesar in 44 v. Chr., 1, 1985, 105ff. gegen Ritter, Diadem und Königsherrschaft, 1965; ders., Die Bedeutung des Diadems, Historia 36, 1987, 290–301, behauptet, spielt für unsere Thematik keine Rolle, da sie Constantin zweifellos nicht bewußt war. Ich meine allerdings, daß Alföldi die besseren Argumente hat.

207 So Alföldi (wie vorige Anm.) 128.

208 Sueton, Cal. 22,1. Vict. Caes. 3,13. Vgl. Sueton, Titus 5,3. ‚Private' Darstellungen der römischen Principes mit Diadem im griechischen Osten waren ohnehin nicht zu verhindern: Alföldi 265f.

209 Epit.de Caes. 35,5. Malalas p. 299, 20 Bonn.

210 Alföldi 266f. mit Taf. 10,10.

Umso opportuner mochte es Constantin erscheinen, dem griechischen Osten des Reiches mit dem Anlegen des dort vertrauten traditionellen monarchischen Herrschaftszeichens entgegenzukommen. Nicht zufällig nahm er das Diadem nach seinem Sieg über Licinius und dem Erringen der Alleinherrschaft, wohl erstmals anläßlich der Feier seines 20jährigen Regierungsjubiläums am 25. 07. 325, an. Noch deutlicher als bei Gallienus stellt das diademgeschmückte, mit nach oben gewandtem Blick gestaltete Porträt eine Alexander-*imitatio* dar (**M 15**)[211]; Alexander-Münzen müssen als direkte Vorlage gedient haben, auch wenn Eusebius die Kopfhaltung Constantins als ‚Gebetshaltung' und Ausdruck christlicher Frömmigkeit interpretiert[212]. Korrekter ist die in der anonymen griechischen Constantinsbiographie gebotene Deutung, der Kaiser habe das Diadem als Zeichen „der Alleinherrschaft und des Sieges über die Widersacher" angenommen[213]. Seine Funktion als Bestandteil der Kaisertracht wird im übrigen von den antiken Quellen klar bezeugt[214], und noch die byzantinische Überlieferung weiß, daß Constantin als erster das Diadem (regelmäßig) trug[215].

Das um das bloße Haupt geschlungene, einfache und schmucklose Banddiadem, welches Constantin zunächst anlegte, paßte jedoch nicht recht in die generelle Tendenz der spätantiken Kaisertracht, in welcher selbst die Schuhe mit Juwelen geschmückt waren. Eusebius[216] berichtet, Gesandtschaften barbarischer Völker hätten Constantin mit kostbaren Steinen besetzte Diademe als Geschenke überreicht. Man sollte dies m. E. nicht so auffassen, daß der Kaiser Anregungen von außerhalb des Reiches aufgegriffen habe; vielmehr dürften die Gesandten einen ihnen bekannten Wunsch Constantins erfüllt haben. Spätere Quellen üben Kritik an Constantins Neigung zu Edelsteinen[217]. Jedenfalls treten sehr bald auf den Münzprägungen der spätantiken Kaisertracht angemessenere, luxuriösere Diadem-Formen auf: das Perlendiadem und das Juwelendiadem (**M 15**)[218].

Es scheint nun, daß diese Varianten des Diadems nicht willkürlich benutzt wurden, auch hier vielmehr sehr bald ein Experimentieren mit ihrer Verwendbarkeit als rangbezeichnender Insignien einsetzte. Während der Purpurmantel offensichtlich unterschiedslos dem Augustus wie den Caesares

211 Bastien, Buste 3, Taf. 164,1.

212 Vita Const. IV 15.

213 Anonyme Vita Constantini (BGH[3] 365), bei H. G. Opitz, Byzantion 9, 1934, 557. Vgl. Bleckmann 88.

214 Euseb. Vita Const. IV 66,2; Triak. V 6. Epit. de Caes. 41,14.

215 Cedrenus I p. 517, 7 Bonn. Chron. Pasch. I 529,18f. Vgl. Malalas, 321, 17f. Bonn.

216 Vita Const. IV 7.

217 Epit. de Caes. 41,14. Sidon. Apoll. ep. V 8,2. Cedrenus 1, p. 516f. Bonn. Leon Gramm. p. 85f. Bonn. Vgl. auch Praxagoras ap. Phot. cod. 63 (Scholion). B. Bleckmann, JbAC 38, 1995, 62–66.

218 Bastien, Buste 3, Taf. 164,7; 166,1; 171,1.2 – 163,2; 165,10; 167; 171,3.4.

zustand, gab es beim Diadem Abstufungen: Eusebius[219] behauptet, es habe ein Diadem der Caesares gegeben, und die Constantin-Söhne tragen es tatsächlich auf Münzen, aber bis zum Tod ihres Vaters im Jahr 337 ist es fast ausschließlich das einfache Banddiadem. Die wenigen Emissionen, auf denen sie ein Perlendiadem tragen, werden der Zeit zwischen 335 und 337 zugeordnet. Constantin I. selbst hingegen trägt alle drei Diademformen, am häufigsten jedoch das den Caesares offensichtlich versagte Juwelendiadem, welches zwei verschiedene Formen annimmt: Neben einem Diadem mit rosettenförmigen Juwelen erscheint ein weiteres mit langrechteckigen Edelsteinen, welche dem Kopfschmuck ein kettenartiges Aussehen verleihen. Das Juwelendiadem erhält ferner in zunehmendem Maße Aufsätze, insbesondere stiftartige Gebilde mit kugelförmigem Abschluß, die es allmählich zur Krone machen[220]. Der Kaiser hat mithin zu Lebzeiten die Hierarchie innerhalb des Herrscherkollegiums durch die so gut wie ausschließliche Reservierung der kostbarsten Diademsorten für sich selbst kennzeichnen wollen[221].

Seit der constantinischen Zeit ist wohl auch die *mappa,* das Tuch, mit welchem die Consuln das Zeichen zur Eröffnung der Spiele zu geben pflegten, zum kaiserlichen Insigne geworden. Zur Zeit der Zweiten Tetrarchie war sie anscheinend bereits ein Rangabzeichen der *seniores Augusti*, welche sie zwar in Verbindung mit der consularischen *trabea* trugen, aber nicht mehr gebunden an die tatsächliche Bekleidung des Consulats. Ihre Qualität als kaiserliches Herrschaftszeichen ist freilich erst unzweifelhaft, als sie auf Münzen des Licinius des öfteren die mit Panzer und Paludamentum bekleidete Kaiserbüste begleitet, mithin von der consularischen Tracht gelöst ist. Für Constantin ist dies allerdings nicht nachweisbar, wie Bastien[222] gezeigt hat.

Erst seit Constantin existiert m. E. ein Thronsessel des römischen Kaisers. Bis dahin hatten die römischen Herrscher mit einer – wenn auch reich verzierten – *sella curulis*, dem ‚Klappstuhl' der republikanischen kurulischen

219 Vita Const. I 18.

220 Auf Goldmünzen, die in unmittelbarer Nähe des Kaisers geprägt wurden und somit das offizielle Kaiserbild wohl besonders präzise wiedergeben sollten, bevorzugt Constantin offensichtlich das Juwelendiadem und das einfache Diadem.

221 Bastien, Buste 1, 143ff. 3, Taf. 163, 2.4; 164, 1.3.5.7.9.12; 165, 2.4.5.7–10; 167; 184,9. Das Perlendiadem trägt Constantin nur auf Kupfermünzen; es scheint mithin eine ähnliche Differenzierung der Münzsorten entsprechend der kaiserlichen Kopftracht versucht worden zu sein, wie zuvor mit dem Lorbeer- und Strahlenkranz bekrönte Kaiserporträts den Münzsorten der *laureati* und *radiati* ihren Namen gaben. – Zu den Verzierungen des Stirnjuwels vgl. U. Koenen, JbAC 39, 1996, 178ff.

222 Buste 2, 535ff.

Magistrate, vorlieb genommen[223]. Auf einem Thronsessel erscheint zunächst die Gattin des Kaisers. Dies erklärt sich aus dem Umstand, daß sie selbstverständlich keinen Anspruch auf die *sella curulis* hat. Die Herrscher selbst werden auf privaten Schmuckstücken (Kameen) seit der augusteischen Zeit als Iupiter thronend dargestellt, und nach ihrem Tod steht ihnen als *divi*, mithin erst nachdem sie Mitglieder des Götterhimmels geworden waren, der Götterthron zu[224]. Erst Constantin hat anscheinend den heidnischen Göttern das Privileg des Götterthrons streitig gemacht: Er wird schon zu Lebzeiten auf einem mit Fußbank ausgestatteten Sessel dargestellt (**M 14**), dessen Thronlehne bisweilen seitlich oben in Voluten ausläuft[225]. Diesen Thron meint vermutlich Eusebius mit dem goldenen Sessel, den Constantin anläßlich der Synode zu Nikaia benutzte[226]. Unter Constantin stand dieser Thron nur dem Augustus zu; die Caesares flankieren ihn stehend.

Obwohl mithin Diocletian und die Tetrarchie zweifellos wichtige Grundlagen für die spätantiken monarchischen Insignien geschaffen haben, sind die von Constantin eingebrachten Ergänzungen in ihrer Bedeutung nicht zu unterschätzen. Insbesondere das Diadem entwickelt sich zu einem der beiden wichtigsten Herrschaftszeichen und signalisiert in seiner religionspolitischen Neutralität zugleich eine gewisse Abwendung vom heidnischen Kaisertum.

3.5 Die neue Hauptstadt Constantinopel und die monarchische Repräsentation unter Constantin

Um das Jahr 330 läßt Constantin Münzen und Medaillons prägen, auf denen eine Frau in Helm und Panzer erscheint, mit der Umschrift *Constantinopolis*. Der Helm ist mit einem Lorbeerkranz oder Perlendiadem umwunden, über die linke Schulter ist bisweilen ein Kreuzzepter gelehnt[227]. Die mit dem kaiserlichen Helm und Diadem geschmückte, durch das Kreuzzepter als christliche Herrscherin personifizierte und nach dem ersten christlichen Kaiser

223 Alföldi 243 glaubt, aus bestimmten Stellen der literarischen Überlieferung seit Ende des 2. Jhs. die Benutzung eines Throns durch die römischen Kaiser erschließen zu können.

224 Alföldi 243 f.

225 Alföldi Taf. 16 Abb. 1 + 2.

226 Vita Const. III 10. Er soll noch im 10. Jh. im Kaiserpalast zu Konstantinopel aufbewahrt worden sein: Const. Porph. de caerim., Bonn 587, 5–7 Bonn.

227 M. R. Alföldi 1963, 164 ff. Gnecchi 2, 136–138, bes. Nr. 2–14.

benannte neue Residenz am Bosporus ist zumindest von späteren Historikern als Konkurrentin Roms (*Romae aemula*) betrachtet worden[228].

Die Schaffung neuer Residenzen war auch unter der Tetrarchie üblich gewesen (S. 42–44). Die am 8. November 324 mit einem Gründungsritual inaugurierte neue Stadt ist wohl als Siegesmonument und nicht zuletzt auch als Akt herrscherlicher Selbstdarstellung zu sehen. Die enge Verbindung von Palast und Hippodrom, welche schon charakteristisch für tetrarchische Residenzen ist und letztlich jene von Palatin und Circus in Rom aufgreift, ist auf das Zeremoniell öffentlicher Auftritte des Kaisers vor dem Volk ausgerichtet, die sich in der Spätantike in erster Linie bei den Wagenrennen im Circus ereignen. Schon die Einweihung der neuen Hauptstadt am 11. Mai 330 fand in dem 450 m langen und 120 m breiten Hippodrom statt, wobei eine vergoldete hölzerne Statue des Kaisers in die Arena gefahren wurde, eine Kopie der Constantin-Sonnengott-Statue auf seinem Forum (s. unten 83f.).

Die Dimensionen Constantinopels und die zahlreichen organisatorischen und baulichen Parallelen zu Rom – z. B. die Errichtung eines Capitols – lassen vermuten, daß Eutrops oben zitiertes Urteil durchaus den Absichten Constantins entsprach[229]: Die neue Stadt sollte dem alten Zentrum des Reiches möglichst nahekommen[230]. Außerdem diente die neue Hauptstadt der Verherrlichung des Kaisers selbst. Von seinem Mausoleum war bereits die Rede (s. oben 69f.). Das Portalbild des Palastes zeigte Constantin mit dem „siegbringenden christlichen Zeichen" über einem durchbohrten Drachen[231]. Die Hauptachse der Stadt führte von diesem Bauwerk zu dem kreisrunden oder ovalen Constantins-Forum mit einer 50 m hohen Porphyrsäule in seiner Mitte, auf welcher die Kolossalstatue des die Strahlenkrone tragenden Kaisers als Apollon-Helios stand. Auch sonst wurde der öffentliche Raum der neuen Residenzstadt systematisch mit Bildnissen der kaiserlichen Familie überzogen. Insbesondere Säulenmonumente Constantins markierten die wichtigsten Grenzpunkte, Kreuzungen und Plätze. Die der Überhöhung des Herrschers dienende Plazierung seiner Statuen auf Säulen und Bögen wurde gegenüber früheren Zeiten noch gesteigert. Während die Traians- und Mark-Aurel-Säule nur jeweils 40 m hoch waren, erreichten die Constantins- und später die Arcadius-Säule jeweils etwa 50 m.

---

228 Eutrop X 8,1. Vgl. zu Constantinopel vor allem G. Dagron, Naissance d'une capitale. Constantinople et ses institutions de 330 á 451, 1974. R. Krautheimer, Three Christian Capitals, 1983, 41–68. C. Mango, Le développement urbain de Constantinople (IVe-VIIe siècles), 1985.

229 Vgl. auch Bleckmann 115. Bauer, bes. 257ff.

230 Vgl. H. Chantraine, Konstantinopel: Vom Zweiten Rom zum Neuen Rom, GWU 43, 1992, 3f. Brandt 30. 118–122. Wie in Rom gab es auch in Constantinopel später mehrere Paläste: W. Müller-Wiener, Bildlexikon zur Topographie Istanbuls, 1977.

231 Euseb. Vita Const. III 3.

Damit entstand zugleich ein architektonischer Rahmen für die Triumphzüge, die durch das Goldene Tor die Stadt betraten, dann über die Prachtstraße *(Mese)* vorbei an den o. g. triumphalen Monumenten über das Constantins-Forum, welches das urbanistische Zentrum der neuen Hauptstadt bildete, zur Eirene- bzw. später Sophien-Kirche und zum Kaiserpalast zogen. Auch wenn wir Details erst für die Zeit Iustinians erfahren, dürfen wir annehmen, daß schon Constantin ein ähnliches Prozessionsritual befolgte[232], denn die Anlage der Stadt zielte von Beginn an auf ihre Nutzung als Szene für kaiserliche Repräsentation ab. Die Kirchenbauten, insbesondere die noch von Constantin initiierte Hagia Sophia, waren z. T. in zentraler Position errichtet, so daß sie in das kaiserliche Zeremoniell einbezogen werden konnten. Ebenso wie das Hippodrom befand sich die Hauptkirche in architektonischer Verbindung mit dem Kaiserpalast[233].

Constantin war der erste römische Kaiser, der christliche Kirchen erbauen ließ, deren Innenraum durch seine hierarchische Gliederung die Übertragung kaiserlicher Herrscherrepräsentation auf christliche Liturgie und Bildprogramme ermöglichte. Die Ausrichtung des christlichen Versammlungsraums auf Altar, Chor und Apsis sowie die Betonung der Kuppel bei Zentralbauten boten die Möglichkeit, die Aufmerksamkeit der Gläubigen durch eine hierarchisch geordnete Darstellung des Heilsgeschehens auf das Theophanie-Bild in der Apsis oder den Kosmokrator Christus in der Kuppel hinzulenken. Derartige Konzeptionen hatten ihre Vorläufer in der Aula kaiserlicher Paläste und im Kaiserkultraum von Luxor (s. oben 41–43). Die christliche Basilika ist der Thronsaal Christi. Hingegen dienten die Kirchenbauten nur in begrenztem Maße der *kaiserlichen* Repräsentation. Aus constantinischer Zeit sind keine Bildzyklen erhalten, welche den Kaiser in kirchlichem Kontext zeigen würden; vermutlich erschien er, wie in späteren Jahrzehnten, allenfalls als Huldigender. Der geheiligte Raum um den Altar, insbesondere auch der Platz in der Apsis, die der Kaiser in seinem weltlichen Palast als Thronraum nutzte, war in der Kirche den christlichen Priestern vorbehalten.

Der kaiserlichen Repräsentation diente jedoch die Einbeziehung christlicher Kirchen in Palastanlagen, wie dies in Trier, Aquileia, Rom (Lateran) und nun in Constantinopel der Fall war[234]. Wie der Tempel des siegbringenden Apollon mit dem Haus des Augustus auf dem Palatin engstens verbunden war, so derjenige des siegverleihenden Christengottes mit dem Haus Con-

232 Vgl. Bauer 381.

233 Damit soll nicht behauptet werden, daß Constantinopel eine *christliche* Stadt war (vgl. dazu Dagron a. O. 388ff. Mango a. O. 34ff.); vielmehr hat der Kaiser versucht, sowohl der Tradition als auch dem siegreichen neuen Glauben gerecht zu werden.

234 Vgl. Leeb 71–92.

stantins, seines Schützlings. Die Bestattung Constantins in der seinerzeit am höchsten Punkt Constantinopels gelegenen kreuzförmigen Apostelkirche läßt sich von der topographischen und ideologischen Prätention her vergleichen mit den Mausoleen eines Augustus und Hadrian sowie mit der Bestattung Traians in seiner Triumphsäule in Rom.

In Constantinopel konnte der christliche Kaiser ungehindert von stadtrömischen Traditionen und Relikten republikanischer Verbrämung das spätantike Hofzeremoniell feiern, das schon durch die bloße Vermehrung des Hofstaates eine größere Prachtentfaltung als zuvor erfahren haben muß. Eusebius dürfte in seiner Rede zum 30jährigen Regierungsjubiläum Constantins bei seiner Schilderung des himmlischen Hofstaates, von dem Gott umgeben ist, in Wirklichkeit die Verhältnisse im Kaiserpalast der neuen Hauptstadt wiedergegeben haben[235]: Der thronende Herrscher ist eingehüllt in einen funkelnden Lichtglanz, der ihn mit einer geheimnisvollen Aura umgibt. Zahlreiche Leibwächter, unzählige Amtsträger und Diener erstrahlen im Glanz seiner Herrlichkeit. Alle akklamieren ihm als Herrn und Kaiser. Ein großer Vorhang trennt das Innere des Palastes von der Außenwelt; in den Vorgemächern vor den Türen paradieren fackeltragende Wächter.

In diesem Rahmen fand das in tetrarchischer Zeit bereits ausgebildete Zeremoniell der *adoratio* statt, für welches der Panegyriker des Jahres 312[236] ausdrücklich die Proskynese bezeugt, bei welcher die zugelassenen Würdenträger sich vor den Füßen des Kaisers auf dem Boden hinstreckten, woraufhin dieser ihnen mit seiner rechten Hand beim Aufstehen behilflich war bzw. sie verbal dazu aufforderte. Der Panegyriker des Jahres 321 schreibt Constantin eine im Vergleich zu früheren Herrschern größere Zugänglichkeit und stärkere Transparenz des Palastlebens zu. Zwar wird der den Kaiser Aufsuchende zunächst vom Lichtglanz geblendet wie von einer Sonne, aber ihn stößt nicht ein ungnädiges Aufblitzen zurück, sondern ein heiterer Glanz lädt ihn zur Betrachtung der kaiserlichen Majestät ein[237].

Die *adoratio* des christlichen Kaisers betrachtet auch der christliche Bischof Eusebius als nicht anstößig, sondern als einen durch die Tradition gerechtfertigten Ritus[238]. Auch die *adoratio* des Kaiserbildes wurde durch die Hinwendung Constantins zum Christentum nicht eingeschränkt. Es wird berichtet, daß die Kolossalstatue Constantins auf der Porphyrsäule in Constantinopel von Heiden wie Christen verehrt wurde; und letztere „versuchten, das Bild Constantins ... mit Opfern gnädig zu stimmen und mit Lampenfesten und Räucherwerk zu ehren, beteten ihn wie einen Gott an und

235 Euseb. Triak. I 1–2. Vgl. Straub 119f.
236 Pan. Lat. V (8) 1,3. Vgl. 9,4.
237 Pan. Lat. IV (10) 5,1–4. Vgl. 34,4.
238 Euseb. Vita Const. IV 67.

leisteten Fürbitten, die von schrecklichen Dingen Abwehr verschaffen sollten"[239]. Constantin als Apollon-Helios entsprach der Darstellung Christi als Sonnengott, wie sie z. B. schon im Mausoleum der Iulii unter St. Peter in Rom zu sehen war[240].

In constantinischer Zeit wurden die unter der Tetrarchie erkennbaren Ansätze zu einem neuartigen Herrscherporträt weiterentwickelt; das Constantin-Bild wird, wie L'Orange es formuliert, zum „geheiligten Typus" des spätantiken und frühmittelalterlichen Herrscherbildes[241]. Zwischenzeitlich, während des Verfalls der Zweiten Tetrarchie und der letzten Jahre Constantins, wurde jedoch reichlich experimentiert. Dies sei hier kurz an den vor allem von Münzen bekannten Porträts von Constantin und Licinius aufgezeigt: Letzterer setzte im Prinzip die Tradition des tetrarchischen Porträts fort (s. oben 47f.): kubische Kopfform, stiernackig, kurzhaarig und bärtig, mit weit aufgerissenen Augen, militärische Kraft und Energie ausstrahlend (**M 16**)[242]. Dabei knüpfte er an den in Romuliana gefundenen Porphyrkopf des Galerius mit seinen etwas fettleibigen Gesichtszügen an. Eben diese Fettleibigkeit wird auf Münzen- und Vollplastik-Porträts des Licinius – und seines Sohnes – absichtlich betont. Mag dies teilweise physiognomischer Realität entsprochen haben, so wäre es doch verfehlt, dem offiziellen Kaiserporträt naturgetreue Wiedergabe des Aussehens des Kaisers als wichtigstes Ziel zuzuschreiben. Vielmehr vermittelt das Porträt des Licinius, wie jenes der Tetrarchie, eine bestimmte Idee des Herrschertums. Pompeius, die Kaiser Vitellius, Balbinus und Valerianus sowie eben Galerius hatten sich fettleibig darstellen lassen, um damit beeindruckendes ‚Gewicht', eine massige, sich aufzwingende Persönlichkeit in den Vordergrund zu rücken. Licinius war Kampfgefährte und Günstling des Galerius gewesen, dem Lactantius[243] in negativer Verzerrung eine schreckenerregende Körpermasse zuschreibt. Offensichtlich betont Licinius mit seinem Porträt die Legitimation seiner kaiserlichen Stellung durch seine von Galerius befürwortete Ernennung zum Augustus auf der Konferenz von Carnuntum im Jahr 308. Er fügt jedoch einen ‚versöhnlichen' Gesichtszug hinzu, ein Lächeln, welches seinem Porträt die zivilen kaiserlichen Qualitäten der Zugänglichkeit und Freundlichkeit *(facilitas, comitas)* verleihen soll. So verbindet er Kontinuität zum militäri-

239 Philost. h. e. II 17, übers. von Bleckmann 117.
240 J. Toynbee/J. B. Ward-Perkins, The Shrine of St. Peter, 1956, 71ff.
241 L'Orange 78ff. Vgl. D. E. E. Kleiner, Roman Sculpture, 1992, 34. Smith 170–202.
242 Die Köpfe Constantins an seinem Triumphbogen sowie seine Kolossalstatue im Konservatorenpalast sind die einzigen *plastischen* spätantiken Kaiserbilder, die aufgrund inschriftlicher oder topographischer Evidenz einwandfrei identifizierbar oder datierbar sind.
243 mort. pers. 9,1–3.

schen Kaisertum der Tetrarchie mit dem Bemühen, im Bereich der *civilitas* Constantin Konkurrenz zu machen, welcher eben diesen Aspekt betont.

Dem spezifischen dynastischen Stil des Licinius stand nämlich eine völlige Loslösung des Kaiserporträts vom tetrarchischen Modell auf seiten Constantins gegenüber: Letzterer erhielt zwar in der literarischen Überlieferung den Spitznamen ‚Stiernacken' (Trachala)[244], und auch seine Münzporträts zeigen einen kräftigen Hals, aber ansonsten ließ er sich seit der Feier seines fünfjährigen Regierungsjubiläums im Jahr 311 in offenkundiger Imitation des ersten Princeps Augustus als glattrasierter, schmalgesichtiger, jugendlich schöner Mann apollinischen Typs darstellen. Er strahlt eine ‚klassische' Ruhe aus und unterstreicht damit den zivilisierten Charakter seiner Herrschaft. Das constantinische Porträt jener Zeit entspricht somit der Schilderung Constantins durch die Panegyriker, die nicht zufällig seine körperliche Schönheit sowie seine heitere, strahlende Ruhe betonen. Der Panegyriker des Jahres 321 kontrastiert das überaus garstige Haupt des Maxentius und seine drohend schreckliche Stirn mit dem würdevollen, aber heiteren und liebenswürdigen Antlitz Constantins[245].

Dieses idealisierte Porträt kündigte bis 324 das neue Goldene Zeitalter des *novus Augustus* an. Nach dem Sieg über Licinius und dem Erringen der Herrschaft auch über den Osten des Reiches wird dann der mit dem neuen Herrschaftszeichen des Diadems geschmückte, den Blick aufwärts richtende, Energie ausstrahlende Porträttyp des *novus Alexander* geschaffen, welcher wohl die Weltmission des christlichen Herrschers versinnbildlichen sollte. Schon kurz danach erschien jedoch ein neuer Porträttyp, der die augusteische Ruhe mit dem Juwelendiadem und einer ornamentaleren Gestaltung des Haares sowie weit aufgesperrten Augen verband. Letztere bewirkten eine verstärkte Spiritualität des Gesichtsausdruckes. Entsprechend betonen die Panegyriker den blitzenden Glanz und die überirdische Geistigkeit des kaiserlichen Gesichtsausdrucks[246]. Damit war der für die Spätantike und das Mittelalter maßgebliche Bildtypus der göttlichen Majestät *(divina maiestas)* gefunden.

Die erhaltenen *Statuen* Constantins zeigen den Kaiser vor allem im traditionellen kaiserlichen Kriegskostüm mit Panzer und Paludamentum sowie dem Eichenkranz als Zeichen des Retters des Vaterlandes. Der Marmor-Koloß im Konservatorenpalast stellt den Kaiser jedoch fast nackt und barfüßig dar, nur mit einem Überwurf bekleidet wie ein Gott. Diese Assimilierung des Kaisers an die göttliche Sphäre steht noch in heidnischer Tradition und dürfte auf jeden Fall der Zeit vor 324 angehören (**M 17**).

244 Epit. de Caes. 41,16. Cedrenus I 472, 23.
245 Pan. Lat. VI (7) 4,4; 21,6. IV (10) 5,4; 34,4. XII (9) 4,3. Vgl. unten ...
246 Pan. Lat. VI (7) 17,1.3.

Die Bildkompositionen der *Staatsreliefs* bieten thematisch die traditionelle Typologie zeremonieller öffentlicher Auftritte des Herrschers. Der im Jahr 315 eingeweihte Constantins-Bogen in Rom zeigt die Ankunft *(adventus)* des Kaisers, seine Ansprache *(adlocutio)* auf einem Tribunal des römischen Forums an das Volk von Rom, sein Geldgeschenk *(congiarium)* an die Bevölkerung. Neu ist jedoch, daß der Herrscher stets frontal exakt in der Mitte der Szene stehend bzw. thronend plaziert ist und die Rangordnung durch realitätswidrige unterschiedliche Körpergröße wiedergegeben ist. Selbst der sitzende Kaiser ist größer als die ihn umgebenden stehenden Figuren. Wie nie zuvor, ist der Herrscher über seine Untertanen hinausgehoben[247].

3.6 Der christliche Kaiser: das constantinische Herrscherideal

Unter Constantin scheinen kaiserliche Qualitäten als Selbstbezeichnung des Herrschers in Gesetzestexten gehäuft aufzutreten – gewiß ein Zeichen für die Loslösung der kaiserlichen Stellung von der individuellen Herrscherpersönlichkeit. Auf letztere zielt der Historiker Eutrop, wenn er den Kaiser als einen am Anfang sehr guten *(optimus)*, in der zweiten Hälfte seiner Regierungszeit nurmehr mittelmäßigen *(medius)* Princeps charakterisiert[248]. Die zeitgenössischen Panegyriker äußern sich selbstverständlich weniger kritisch. Die traditionellen *virtutes* der römischen Kaiser, z. T. zusammengefaßt im Herrscherbild der Tetrarchie, werden von ihnen auch Constantin zugeschrieben. Wie sein Vater Constantius I. habe er über alle Qualitäten eines Herrschers verfügt, insbesondere über Seriösität *(gravitas)*, Milde *(lenitas)*, Ehrfurcht *(verecundia)* und Gerechtigkeit *(iustitia)*. Klugheit *(prudentia)* wird von den Panegyrikern nur ihm besonders bescheinigt; ebenso wird seine Großzügigkeit, *liberalitas*, betont[249] und hervorgehoben, daß er sich persönlich als erster ins Schlachtgetümmel warf[250].

Wir stellten bereits fest, daß an Constantin – im Gegensatz zu den Tetrarchen – auch die körperliche Schönheit hervorgehoben wird (s. oben 58); dem entspricht, wie wir sahen, die Gestaltung seines Porträts. Weitere von den Panegyrikern betonte persönliche Eigenschaften sind: einzigartige Men-

247 Zum Constantins-Bogen s. Brandt 130–132 mit einschlägiger Literatur. Standardwerk: H. P. L'Orange – A. von Gerkan, Der spätantike Bildschmuck des Konstantinsbogens, 1939.

248 R. M. Honig, Humanitas und Rhetorik in spätrömischen Kaisergesetzen, 1960, 122–126. – Eutrop. X 7,1. Vgl. V. Neri, Medius Princeps. Storia e immagine di Costantino nella storiografia latina pagana, 1992.

249 Pan. Lat. VII (6) 4,1; 5,3. VIII (5) 19,3. – VII (6) 3,4; 5,2. IV (10) 35,4–5.

250 Pan. Lat. IV (10) 29,5.

schenfreundlichkeit, Liebenswürdigkeit, Heiterkeit, Frohsinn und innere Ausgeglichenheit[251]. Verbunden mit Bildung, Eleganz und Freundlichkeit erheben diese Qualitäten Constantin „bis zu den Sternen". Hätte er nicht zu viel Freigebigkeit und Ehrgeiz besessen, so wäre er fast einem Gott gleich gewesen, urteilt Aurelius Victor, und wegen der Abschaffung besonders schrecklicher Körperstrafen sei der Kaiser tatsächlich für einen „Gründer bzw. Gott" gehalten worden[252]. Solche Äußerungen stehen in der heidnischen Tradition der Gottähnlichkeit von Herrschern, welche gottgleiche Taten vollbringen.

Zu einem christlichen Herrscher paßt dies eigentlich nicht, aber die Tugenden eines solchen soll Constantin ebenfalls besessen haben. Zu beachten ist in diesem Zusammenhang das Lob sexueller Enthaltsamkeit des Kaisers. Dieses war freilich auch Traian, einem Vorbild Constantins, gespendet worden, und ein entsprechendes Urteil wird Constantins Nachfolgern Iulianus, Valentinianus I. und Theodosius I. zuteil[253]. Es mag damit auf eine tatsächlich praktizierte Lebenshaltung angespielt sein, die möglicherweise in den letztgenannten Fällen auch christlichen Einflüssen zu verdanken ist. Auf jeden Fall ist die Betonung dieser Tugend bei Kaisern des 4. Jhs. dem Einfluß des christlichen Herrscherideals zu verdanken, wie es erstmals in umfassender Weise von Eusebius entwickelt wird.

Eusebius schreibt Constantin zwar die traditionellen Tugenden zu, greift sogar das Lob der körperlichen Schönheit Constantins durch die heidnischen Panegyriker auf, leitet jedoch diese Qualitäten Constantins von seiner Teilhabe am Wesen des Christengottes her[254]. Zudem nuanciert er die kaiserlichen *virtutes* unter dem Einfluß des griechisch-hellenistischen Herrscherideals mit gewissen christlichen Assoziationen. Der Kaiser ist ein wahrer Philosoph, womit Eusebius vielleicht auch auf die theologischen Kenntnisse Constantins anspielt; er ist ein vollkommener Richter und Gesetzgeber, was an den hellenistischen König als Inkarnation des Gesetzes erinnert; Constantins Philanthropie – z. B. im Steuerwesen – wird betont, auch sie eine der wichtigsten hellenistischen Herrschertugenden, die sich beim christlichen Herrscher sogar den Feinden gegenüber bewähren, jedenfalls die Grenzen des Reiches überschreiten soll[255]. Auch das hellenistisch-stoische Konzept des Herrschers als Diener seiner Untertanen, denen gegenüber er Pflichten zu erfüllen hat, taucht in verchristlichter Form auf, wobei Constantin mit Moses

251 Pan. Lat. IV (10) 34,4. VI (7) 4,4; 21,6.
252 Vict. Caes. 40,14–15; 41,4–5.
253 Pan. Lat. VII (6) 3,4–4,1. IV (10) 34,1.
254 Euseb. Triak. I–III. Vita Const. I 19,2. Vgl. zum folgenden bes. Farina 172ff. Straub 127ff.
255 Vita Const. IV 2. I 45,1–3. IV 54,1; II 11,1–2. I 45,3; h. e. X 9,3.

verglichen wird, denn ebenso wie dieser rettet er sein (Christen-)Volk und führt es ins gelobte Land[256].

Vor allem aber unterstreicht Eusebius die Ergebenheit des Kaisers gegenüber dem Christengott. Aus der *eusebeia* (ehrfürchtige Pflichterfüllung), welche zugleich *theosebeia* (die ehrfürchtige Frömmigkeit gegenüber Gott) ist[257], resultieren Qualitäten des Kaisers als eines vollkommenen Christen, der ein untadeliges Leben in Christus führt, voller Wahrhaftigkeit, ohne üble Gesinnung oder Hochmut gegenüber dem Nächsten, sei dieser reich oder arm, und unbestechlich[258]. Aus der *eusebeia* ergeben sich die guten Handlungen des Herrschers, insbesondere die Durchdringung der römischen Gesetze mit christlichem Geist[259]. So erhält die römische *pietas* einen christlichen Inhalt.

Im Gegenzug wird dem Herrscher göttliche Hilfe zuteil, u. a. bei der Wahrung des Friedens im Inneren des Reiches, beim Kampf gegen Usurpatoren und gegen äußere Feinde. Die traditionell wichtige Aufgabe des Herrschers, den Frieden zu wahren und das Imperium zu erweitern, um auch den Barbaren Recht und Zivilisation zu bringen[260], dient jetzt vor allem dazu, den christlichen Glauben zu verbreiten *(propagator ecclesiae)*. Innerhalb des Reiches soll der Kaiser die Kirche schützen und beschenken, die traditionelle Verpflichtung zu Wohltätigkeit *(euergesia)* im Sinne christlicher *caritas* nicht zuletzt auf die Armen, Witwen und Waisen erstrecken[261].

Zu den erforderlichen ethischen Qualitäten auch des christlichen Kaisers zählen – im Sinne der platonischen Staatslehre – darüber hinaus politische Fähigkeiten, wie Klugheit, Mut und Mäßigung[262]; hinzu kommen Bescheidenheit und Demut, die aus der Erkenntnis der Fragilität und Vergänglichkeit der herrscherlichen Stellung resultieren. Allerdings stellt die *humilitas*, die Demut, bei Eusebius noch keineswegs eine zentrale oder gar die Selbsterniedrigung des Kaisers vor kirchlichen Instanzen implizierende wichtigste Tugend des Herrschers dar (vgl. unten 133–136).

Um seine Qualitäten verwirklichen zu können, soll der Herrscher sich mit Helfern umgeben, welche sich durch Gerechtigkeit, Kenntnisse und Klugheit, vor allem aber durch ihren christlichen Glauben auszeichnen[263]. Besonders sorgfältig auswählen muß er die Erzieher seiner Söhne; jene sollen durch ihre *eusebeia* eine vorzügliche Ausbildung der Prinzen in Kriegs-, Verwaltungs-

256 Euseb. praep. ev. XII 9,1–2. Vita Const. I 12. I 38.
257 praep. ev. I 1,2–6.
258 Farina 208 f.
259 Euseb. Vita Const. IV 26,1; 21,1–26,6.
260 Triak. VII. Vita Const. IV 6,2; 5,1–2; 7,3. I 25,1–2.
261 Vita Const. I 43,1. IV 28.
262 Vita Const. I 19,2. IV 53.
263 praep. ev. XII 16,9. Vita Const. IV 54,1–3.

und Rechtsfragen gewährleisten[264]. Sobald die Söhne ein reiferes Alter erlangt haben, soll der Kaiser selbst sich um ihre Erziehung kümmern und ihnen *eusebeia* einpflanzen, damit sie Gott als höchsten Regenten anerkennen und, im öffentlichen Bekenntnis ihres Christentums, für die Kirche sorgen[265].

Die Selbstzeugnisse Constantins zeigen, daß Eusebius' Fürstenspiegel durchaus mit der Sicht des Kaisers von seiner eigenen Herrscherstellung übereinstimmt[266]: Constantin sieht seine wichtigste Aufgabe darin, als Diener Gottes die Einheit der Religion und der Kirche herzustellen. Das mit seinem Amt verbundene Sendungsbewußtsein entspricht durchaus der Stellung eines Stellvertreters Gottes *(vicarius Dei)*, die Eusebius dem ‚Retter der Kirche', dem ‚neuen Moses' zugebilligt hat[267]. So ist der hellenistische Dienstbegriff mit dem christlichen verschmolzen[268]. Wie der hellenistische Herrscher – in Nachfolge des Herakles – in seiner ‚ruhmreichen Knechtschaft' *(endoxos duleia)* die Welt von allem Übel zu befreien sich verpflichtet fühlt, so hat Constantin die Welt vom ‚Drachen' befreit, wie dies auch auf Münzprägungen nach dem Sieg über Licinius propagiert wird: Das kaiserliche Panier mit dem Christogramm *(labarum)* durchbohrt eine zu Boden gestreckte Schlange, die Münzlegende verkündet die mit diesem Sieg verbundene Hoffnung der Allgemeinheit *(SPES PUBLICA)*[269]. Man kann dies auch als Sieg des Christengottes und seines Beauftragten Constantin über den Polytheismus und seinen Vertreter Licinius deuten. Licinius ist der letzte römische Kaiser, der in der Münzprägung beim heidnischen Opfer dargestellt wird. Constantin jedenfalls schreibt im Jahr 335 seiner Verehrung des wahren Gottes die Befriedung des Erdkreises zu[270].

264 Dieser Anforderung ist Constantin bekanntlich gefolgt, indem er, der selbst „um die eines römischen Bürgers und freien Mannes würdigen Wissenschaften bemüht" (Eutrop. X 7,2) war, seine Söhne von führenden Rhetoren und Philosophen erziehen ließ: vgl. Pan. Lat. IV (10) 37,5. Straub 171.

265 Vita Const. IV 51,2; 52,1–3. Triak. I.

266 Vgl. H. Dörries, Das Selbstzeugnis Kaiser Constantins, 1954, 241 ff.
Vgl. Bellen 6 ff. Straub 124.

268 Vgl. H. Anton, Kaiserliches Selbstverständnis in der Religionsgesetzgebung der Spätantike und päpstliche Herrschaftsinterpretation im 5. Jh., in: Zeitschrift für Kirchengeschichte 88 (4. Folge) 26, 1977, bes. 45–47.

269 RIC VII S. 573 Nr. 26; S. 572 Nr. 19. Vgl. Euseb. Vita Const. III 2 f.

270 Athan. apol. con. Arian. 86,10 f. Vgl. Euseb. Triak. XVI 6.

4. Vom christlichen Kaiser zum *Imperator Christianissimus*: die Entwicklung der Herrscherideologie in nachconstantinischer Zeit

4.1. Dynastisches Prinzip und Usurpation: die Diskussion um die Legalität der Kaisererhebung

So unzweifelhaft das römische Kaisertum sich im Verlauf der Spätantike zunehmend ‚verchristlichte', so langsam vollzog sich doch das Eindringen christlicher Elemente in das Proklamationsritual, das äußere Erscheinungsbild des Herrschers und das kaiserliche Zeremoniell. In die Herrscherproklamation wurde erst um die Mitte des 5. Jhs. die christliche Kirche einbezogen (s. unten 100–102). Nicht die Frage eines Eindringens christlicher Elemente war Gegenstand der Erörterung durch die Zeitgenossen, sondern im Vordergrund standen weiterhin die alten Themen: einerseits das Spannungsverhältnis zwischen blutsdynastischem Prinzip und dem Anspruch der Herrschaft des ‚Besten'; andererseits der institutionelle Rahmen, in welchem die Proklamation eines neuen Kaisers sich zu vollziehen hatte.

Die eindrucksvollste exemplarische Diskussion dieser Probleme findet sich, wie wir sehen werden, im Geschichtswerk des Ammianus Marcellinus, der dieses zu einem Zeitpunkt abschloß, als mit der theodosianischen Dynastie und der Nachfolge der beiden unreifen Söhne Theodosius' I., Arcadius und Honorius, die Frage der Idoneität des Herrschers erstmals im 4. Jh. höchst aktuell wurde. Auch die frühestens um 400 verfaßte Kaiserbiographien-Sammlung der Scriptores Historiae Augustae diskutiert diese Problematik, insbesondere die Herrschaft von Kinderkaisern, intensiv und zeigt die verschiedenen Erscheinungsformen und Lösungsmöglichkeiten auf: Bei grundsätzlicher Ablehnung der Bekleidung des Kaisertums durch ein Kind oder einen Jüngling, dessen Eignung zur Herrschaft von der Qualität seiner Berater abhängig ist, gesteht der Verfasser im Einzelfall (Severus Alexander, Gordian III.) doch die Möglichkeit einer guten, selbst idealen Regierung zu. Das blutsdynastische Prinzip wird prinzipiell ambivalent bewertet: Die Möglichkeit, daß der Sohn eines guten Kaisers ebenfalls ein guter Herrscher sein mag, wird konzediert (Gordian III.), aber die negativen Beispiele (Commodus, Caracalla, Gallienus, Carinus) werden in den Vordergrund gerückt. Es kann kein Zweifel daran bestehen, daß der Verfasser mit dem Adoptivkaisertum der Antonine und der Tetrarchie sympathisierte[271].

Bemerkenswert ist jedoch vor allem der weitgespannte, gewissermaßen tolerante Herrscherbegriff des Verfassers der Historia Augusta, welcher – anders als sein Vorgänger Sueton – nicht nur allseits anerkannten Augusti und Caesares eine Vita widmet, sondern auch Usurpatoren. Hier liegt ein umfassender Herrscherbegriff vor, bei welchem nicht das – keineswegs immer eindeutige – Legitimitätsprinzip die entscheidende Rolle spielt, sondern allein die äußere Form des Herrschaftsantritts, wie das Anlegen bestimmter Insignien und die Annahme der kaiserlichen Titulatur[272]. Auch der Usurpator kann unter Umständen als *princeps* oder *Augustus* bezeichnet werden. Die spezifischen Termini der Historia Augusta für den illegitim zur Herrschaft gekommenen Usurpator sind *tyrannus* oder *latro* bzw. *latrunculus* (d. h. Räuber). Vom *latro* unterscheidet sich der *tyrannus* jedoch dadurch, daß er unter Wahrung formaler Elemente der Herrschaftsübernahme die Macht an sich gerissen hat.

Vor dem 4. Jh. hatte der Begriff *tyrannus* nur ein negatives Urteil über die moralischen und politischen Qualitäten eines Herrschers, und zwar gerade auch eines legitimen Kaisers wie Caligula, Nero, Domitian, Commodus usw., vor allem aus der Sicht einer senatorischen Opposition zum Ausdruck gebracht und in der christlichen Literatur einen Christenverfolger bezeichnet. Zwar behält der Begriff in der Spätantike häufig diesen wertenden Unterton, wird seit der Zeit Constantius' II. aber zunehmend zur generellen Bezeichnung für den Usurpator[273]. Die Revolte gegen den seit der tetrarchischen Epoche in zuvor nicht gekannter Weise sakralisierten, göttlich legitimierten Kaiser wird als solche schon zum moralisch verwerflichen Akt, ihr Urheber zum *tyrannus*. Augustinus[274] hält es jedoch durchaus für möglich, daß ein

---

271 Vgl. F. Kolb, Untersuchungen zur Historia Augusta, 1987, bes. 1–27. 52–87.

272 Vgl. A. Rösger, Zur Herrscherterminologie der Historia Augusta: Princeps und Purpuratus, in: BHAC 1977/78 (1980), 179ff.

273 Vgl. zu dieser Problematik: T. D. Barnes, Oppressor, Persecutor, Usurper: The Meaning of 'Tyrannus' in the Fourth Century, in: Historiae Augustae Colloquium Barcinonense (Atti dei Convegni sulla Historia Augusta IV), a cura di G. Bonamente e M. Mayer, 1996, 55–65. V. Neri, L'usurpatore come tiranno nel lessico politico della tarda antichità, in: Usurpationen 71–86, bes. 80f. Constantin hat nach seinem Sieg an der Milvischen Brücke seinen besiegten Gegner Maxentius als *tyrannus* bezeichnet: Cod. Theod. XV 14,3. 4. Euseb. h. e. IX 9,11; 11,2. Vgl. Grünewald 64–71. Später tat er das gleiche mit Licinius, aber letzterer war ein legitimer Herrscher, und auch im Hinblick auf Maxentius ist die Bezeichnung *tyrannus* offensichtlich nicht auf dessen fehlende Legitimität, sondern im traditionellen Sinne auf die moralischen Defizite und die Unterdrückung der ‚Freiheit' der Stadt Rom gemünzt.

274 de bon. coniug. 14,16.

Usurpator-Tyrannus sich durch königliche Milde auszeichnet, während ein legitimer Herrscher mit tyrannischer Grausamkeit wütet. Und Aurelius Victor beklagt die Perversion der Begriffe, indem der im Kampf um die Macht siegreiche Bedrücker behauptet, er habe eine Tyrannis beseitigt[275]. Wahrscheinlich ist die weitgehende Beschränkung des Begriffs *tyrannus* auf Usurpatoren im 4./5. Jh. auch eine Folge der dynastischen Kontinuität, welche es grundsätzlich nicht ratsam erscheinen ließ, einen legitimen Herrscher nach traditionellen ‚ethischen' Kriterien einen Tyrannen zu nennen; zwar wurde z. B. Constans dieses Schicksal zuteil, aber erst im späten Rückblick[276].
Ammianus Marcellinus verwendet häufig das Adjektiv *legitimus* im Hinblick auf die formale Legalität der kaiserlichen Macht, welche sich für ihn vorwiegend bei der Herrscherproklamation manifestiert[277]. Ammian ist, wie bereits angedeutet, derjenige spätantike Autor, welcher sich besonders intensiv mit diesem Thema auseinandersetzt, und daß seine Sicht der Dinge nicht vereinzelt, sondern zweifellos weit verbreitet und vor allem die offizielle und offiziöse Auffassung war, d. h. jene der Reichsregierung und der Interpreten ihrer Politik, wird durch Parallelzeugnisse hinreichend bestätigt[278].

Das Musterbeispiel einer legalen Kaisererhebung im Geschichtswerk Ammians ist wohl die Proklamation Valentinians I. vor den Toren Nikaias am 25. Februar 364: Ohne Gegenstimme im Offiziersrat des vom Perserkrieg nach Anatolien zurückgekehrten Heeres und mit göttlicher Zustimmung als Kandidat erkoren, wurde er – unter Beachtung sakraler Vorschriften – an einem ‚günstigen' Tag morgens bei Tagesanbruch auf den *campus*, das Pendant zum römischen Marsfeld, geführt, auf welchem sich das Heer versammelt hatte. Er bestieg dort ein hohes Tribunal und wurde mit Zustimmung der Anwesenden zum Lenker des Reiches ausgerufen. Daraufhin wurde er mit dem kaiserlichen Gewand *(principalis habitus)* mitsamt dem ‚Kranz' *(corona)* bekleidet und unter lebhaften Akklamationen zum Augustus ernannt[279]. Eine freilich späte Quelle behauptet, der Prätorianerpräfekt Salutius habe Valentinian mit dem Diadem bekränzt[280], und der Kirchenhistoriker

275 Caes. 33,24.

276 Zos. II 42,1. Neri, in: Usurpationen 80f.

277 Vgl. vor allem Straub 7–34; ferner J. Szidat, Imperator legitime declaratus (Ammian 30,10,5), in: Historia Testis. Mélanges d'épigraphie, d'histoire ancienne et de philologie offertes à T. Zawadski, 1989, 175–188.

278 Dies sei betont gegen E. Flaig, Für eine Konzeptualisierung der Usurpation im spätrömischen Reich, in: Usurpationen 15–34, für welchen die antiken Quellen nurmehr lästige Hindernisse auf dem Weg zur theoriegetränkten Wahrheitsfindung sind.

279 Ammian. XXVI 1,5–7; 2,1–3.

280 Malalas p. 337, 13ff. Bonn.

Philostorgios berichtet von einer Schilderhebung, die Ammian vielleicht bewußt verschwiegen hat[281].

Keineswegs alle Kaiserproklamationen des 4. Jhs. verliefen so reibungslos wie diese. Der Vorgänger Valentinians, Iovianus, wurde unter schwierigen äußeren Bedingungen nach dem Tod Iulians im Perserkrieg, als das Heer von Feinden umringt war, gewählt[282]: Die Vorauswahl im Offiziersrat wurde durch einen Tumult unterbrochen und Iovian plötzlich als Kandidat ausgewählt, in aller Eile mit den kaiserlichen Insignien bekleidet und der schon im Marschordnung befindlichen Heeresgruppe, die nur eine Hälfte der im Perserkrieg engagierten Armee darstellte, nicht ordnungsgemäß vorgestellt, von den Soldaten nur aufgrund einer Namensverwechslung akklamiert und mit Tränen und Klagen statt Beifall akzeptiert. Ammian läßt vor der Proklamation einen Offizier ausrufen, man solle erst, wenn man glücklich auf römischen Boden zurückgekehrt sei, mit den vereinten Stimmen beider Heeresgruppen einen rechtmäßigen *(legitimus)* Kaiser ausrufen. Ohne Zweifel will Ammian andeuten, daß diese Kaiserwahl in ihrer tumultuarischen Form nur durch die Notsituation zu rechtfertigen war. Er bestreitet Iovian nicht die Rechtmäßigkeit seines Kaisertums, da den neuen Kaiser selbst keine Schuld an den Umständen seiner Proklamation traf; aber es ist deutlich, daß der Historiker mit dem o. g. Vorschlag des anonymen Offiziers – etwa Ammian selbst? – sympathisiert, den das Schicksal in Gestalt der vorbildlichen Wahl Valentinians denn auch bald erfüllte.

Keinen Zweifel läßt Ammian hingegen an der Illegalität der Erhebung des Franken Silvanus zum Kaiser durch Truppen des Rheinheeres in Köln im Jahr 355[283]: Den Vorgang der Proklamation schildert Ammian gar nicht erst. Schon die Umstände ihrer Vorbereitung (Bestechung, Ersatz-Purpur) demonstrieren die rechtliche Unzulänglichkeit. Noch deutlicher wird Ammian bei der Erhebung des Procopius im Jahr 365. Mit bunt zusammengestückelten Behelfs-Insignien bekleidet, wirkt der Usurpator – so Ammian[284] – wie eine Witzfigur in einer Theateraufführung. „Ohne jede Ordnung" wurde er, der sich immerhin auf Verwandtschaft zum Kaiserhaus berief, sodann von wenig begeisterten Soldaten und Teilen des Volkes von Constantinopel zum *imperator* ausgerufen. Einem erfolglosen Besuch im Senat der Stadt folgt sein fluchtartiger Rückzug in den Palast.

281 Philost. h. e. VIII 8. Vgl. Ensslin 1942, 271.

282 Ammian. XXV 5–6,1. Vgl. R. von Haehling, Ammians Darstellung der Thronbesteigung Iovians im Lichte der heidnisch-christlichen Auseinandersetzung, in: Bonner Festgabe für Johannes Straub, 1977, 347–358. G. Wirth, JbAC Ergbd. 11, 1984, 353–384.

283 Ammian. XV 5,15–16.

284 XXVI 6, 14–18.

Auch die Proklamation seines Idealkaisers Iulianus vollzieht sich nach Meinung Ammians zunächst auf irreguläre Weise (**M 18**), die Legalisierung seiner Stellung erfolgt erst in einem längeren Prozeß. Hier zeigt sich, daß Ammian seine Kriterien für eine legale Kaiserwahl nicht wider die historische Realität formuliert, wie dies ein Panegyriker schon eher vermag, sondern sich auch dort an den zu seiner Zeit akzeptierten Kriterien orientiert, wo ihm das emotional wohl nicht leicht gefallen sein dürfte. Gerade bei den Umständen der Proklamation Iulians hält er sich besonders lange auf und bietet in diesem Zusammenhang wichtige Details. So wird für Iulian erstmals eine Schilderhebung erwähnt[285], nicht zufällig durch keltisch-germanische Truppen. Ein solches Ritual wird von Tacitus[286] für den Canninefaten-Häuptling Brinno im Jahr 69 geschildert. Bei der Kaisererhebung setzt es sich mit der zunehmenden Barbarisierung des Heeres durch[287]; im Falle Iulians ersetzt der Schild gewissermaßen das fehlende Tribunal. Auch die Bekränzung mit einem *torques*, der Halskette eines Soldaten, wird im Falle Iulians noch mit einer Notlage, nämlich dem Fehlen eines regulären Diadems, erklärt[288]; jedoch ist der *torques* später fest mit dem Ritual der Schilderhebung verbunden (s. unten 100f.). Für das 4. Jh. wird die Bekränzung mit dem *torques* nur im Zusammenhang mit Usurpationen geschildert: Nach Iulian ist es der Maure Firmus, der 372 in Afrika statt mit dem Diadem mit der militärischen Halskette bekrönt wird[289].

Eben die Defizite der Proklamation Iulians zeigen, wie nach Ammian eine reguläre Kaisererhebung auszusehen hat. Dazu gehört nunmehr die Bekränzung mit dem Diadem, welches zweifellos auch mit der *corona* bei der Proklamation Valentinians gemeint ist. Iulian verfügte nicht über ein Diadem, weil Constantius II. seinem Caesar ein solches nicht zugestanden hatte (s. unten 106). Es war, wie Ammian zu verstehen gibt, auch nicht rechtmäßig, daß Iulian sich ohne Zustimmung des Augustus Constantius durch das Heer von der Stellung eines Caesars zu jener eines Augustus' befördern ließ. Die Ernennung eines Mitregenten und die Definition seines Status' standen nach Meinung der Zeitgenossen nur dem regierenden Augustus zu. Dies verdeutlicht Ammian[290] am Beispiel der Ernennung des Valens zum Augustus durch Valentinian I. Als Valentinian zum Augustus ausgerufen worden war und mit seinem ausgestreckten rechten Arm dem Heer Schweigen gebot, um die obli-

285 Ammian. XX 4,17. Vgl. Zos. III 9,2. Liban. or. 13,34; 18,97ff.

286 hist. IV 15.

287 Vgl. für das 5./6. Jh. Coripp. in laud. Iust. 2, 130ff. Const. Porph. de caerim. p. 423,7ff. 429,3ff. Bonn.

288 Ammian. XX 4,17f. Liban. or. 18, 99. Socr. h. e. III 1,16. Zon. XIII 10. Iulian. 284 D S. 366, 19ff. Hertlein = I 1 S. 232, 19ff. Bidez.

289 Ammian. XXIX 5,20. Vgl. Alföldi 170ff. Ensslin 1942, 293–298. Szidat 1977.

290 Vgl. hierzu und zum folgenden Ammian. XXVI 2,3–8.

gatorische Ansprache an die Truppen zu halten, murrten und lärmten diese und drängten darauf, daß sogleich ein Mitregent ernannt werde. Aber ebenso wie schon Diocletian sich dieser Notwendigkeit zwar bewußt war, mit seiner Entscheidung jedoch einige Monate wartete, so wollte sich auch Valentinian das Gesetz des Handelns nicht diktieren lassen. Er erklärt den Truppen, daß sie mit seiner Wahl das getan hätten, was in ihrer Hand gelegen sei. Zwar sehe auch er die Notwendigkeit der Ernennung eines Mitregenten ein, doch behalte er sich vor, diese Auswahl aus eigener Machtvollkommenheit, zu dem von ihm selbst gesetzten Zeitpunkt und unter dem Aspekt der *concordia* zu treffen.

Mit der Proklamation eines Kaisers hat das Heer, dem Valentinian das Recht der Kaisererhebung ausdrücklich bescheinigt, dieses bis auf weiteres abgetreten. Das Heer soll mithin grundsätzlich nur dann aktiv werden, wenn kein regierender Kaiser vorhanden ist. Valentinian nahm – gegen den Einwand des Generals Dagalaifus, der nach Ammian das Prinzip der Auswahl des Besten verletzt sah – sein Recht in Anspruch, als er nur etwa einen Monat später seinen Bruder Valens zum Mitaugustus erhob[291], indem er ihn auf den *campus* im suburbanen Bereich Constantinopels führte, ihn unter Zustimmung des versammelten Heeres zum Augustus ausrief, mit dem kaiserlichen Mantel bekleidete, ihm das Diadem um die Schläfen wand und mit ihm im gleichen Wagen sitzend in die Stadt zurückfuhr. In ähnlicher Weise ernannte er etwa drei Jahre später seinen Sohn Gratian zum dritten Augustus[292].

In ähnlicher Form war bereits die Ernennung Iulians zum Caesar durch Constantius II. im Jahr 354 erfolgt[293]: Zwar berät sich Constantius mit seinem Kronrat, trifft die Entscheidung aber letztlich allein. Er bittet das Heer um Zustimmung, die auch ohne Zögern und unter Akklamationen, wonach dies eine Entscheidung der höchsten Gottheit sei, gewährt wird. Daraufhin ruft Constantius Iulian zum Caesar aus, ebenfalls unter Hinweis auf den Willen Gottes, und legt ihm den Purpurmantel um. In seiner Ansprache betont er, daß Iulian diese Auszeichnung aufgrund seiner Geburt zustehe; Ammian selbst fügt hinzu, Iulian habe den ererbten Purpur empfangen. Geburts- und

291 Ammian XXVI 4,1.3. Einen Verstoß gegen die geltende Rechtsanschauung beging daher jener Truppenteil, der nach dem Tod Valentinians I. ohne Einverständnis mit den regierenden Kaisern Valens und Gratian den jüngeren Bruder des letztgenannten, Valentinian II., zum Augustus erhob (Ammian. XXX 10, 4–6). Die hohen Offiziere fürchteten einen Alleingang der gallischen Truppen und wollten dem zuvorkommen, indem sie ihnen den erst vierjährigen Knaben aus der regierenden Dynastie präsentierten. Ammian betont jedoch ausdrücklich, daß das Proklamationszeremoniell als solches „rechtmäßig" verlaufen sei; und der Akt erhielt eine nachträgliche Legalisierung durch die Anerkennung Valentinians II. seitens der beiden regierenden Augusti.

292 Ammian XXVII 6,4–13.

293 Ammian XV 8,3–17.

Leistungsprinzip fielen nach dem Urteil der Zeitgenossen bei Iulian mithin in glücklicher Weise zusammen.

Das Zeremoniell der Ernennung von Valens, Gratian und Iulian verdeutlicht, daß die Truppen zwar die Auswahl des Kandidaten dem regierenden Herrscher überlassen müssen, dieser aber seinerseits die letzte Entscheidung über dessen Akzeptanz dem Heer zugesteht. An die Soldaten als „gerechte Richter" über seine Kandidatenauswahl appelliert Constantius und sieht sich durchaus zur Rechtfertigung seiner Entscheidung veranlaßt. Mit den Worten „wenn es Euch von Nutzen zu sein scheint, unterstützt mein Beginnen durch Eure Zustimmung", beendet er seine Ansprache.

Daß das Heer den Kaiser macht, ist seit der zweiten Hälfte des 3. Jhs. ein Faktum und im 4. Jh. ein ungeschriebenes Recht und wird auch aus christlicher Sicht beiläufig von Hieronymus[294] anerkannt, wenn er die Bischofswahl durch die Presbyter oder jene des Archidiakon durch die Diakone mit dem Vorgang der Kaisererhebung durch das Heer vergleicht. Der berühmte stadtrömische Senator und Redner Q. Aurelius Symmachus hält – vermutlich am 25. 02. 369 anläßlich der Quinquennalien Valentinians I. – einen Panegyricus auf den Kaiser, in welchem er die Wahl des Herrschers durch das Heer weitgehend in die Terminologie des Ablaufs einer Volksversammlung der römischen Republik kleidet (**M 19**)[295] und vom *concilium* sowie *comitia* spricht, mithin von einer ‚Wahlversammlung'. Dies jedoch im Sinne einer Kontinuität oder einer Wiederaufnahme der Tradition republikanischer Volksversammlungen in der Spätantike zu deuten, wie dies kürzlich geschehen ist[296], führt in die Irre. Zwar zeigte die Erfahrung, daß die Gefahr eigenmächtigen Handelns der Truppe, ausgehend von den unteren Offiziersrängen, stets gegeben war; aber dies wurde grundsätzlich als irregulär, als eine Revolte angesehen, nicht als Ausübung eines Rechts auf freie Kaiserwahl. Die Akklamation des Kaisers durch das Heer geht auf die Ausrufung des republikanischen Feldherrn als *imperator* zurück, und diese war zwar an bestimmte formale Bedingungen gebunden, aber keine Wahl, sondern die Anerkennung eines Sachverhalts. Symmachus stellt gelehrte Assoziationen her, läßt aber zugleich klar erkennen, daß er keine wirklichen Parallelen zwischen der spätantiken Heeresversammlung und der republikanischen Volksversammlung sieht[297]: Die eigentliche Wahl des neuen Herrschers erfolgt durch das Offiziersgremium, das Heer stimmt nicht ab – es werden keine Stimmen ausgezählt –, sondern die Truppen geben durch Akklamation nur Zeugnis über die Eignung des Aus-

294 ep. 146,1.

295 or. 1, 8–9.

296 Pabst, bes. 1–45.

297 Als „Wahlversammlung dem Scheine nach" *(comitiorum specie)* kennzeichnet auch Ammian (XXVI 2,2) den Ablauf einer Kaisererhebung.

gewählten ab. Dieses Zeugnis ist freilich konstitutiv, wie Valentinian I. bei der Proklamation seines Sohnes Gratian ausdrücklich anerkennt, wenn er bei diesem Akt die *maiestas*, das hoheitliche Recht, des Heeres neben der Gunst der Gottheit als notwendige Ergänzung seiner Entscheidung nennt[298].

Das blutsdynastische Prinzip, welches in aller Regel zur Geltung kam – eine Ausnahme stellt die Proklamation Theodosius' I. auf Veranlassung Gratians im Jahr 379 dar –, war ohnehin auch dem Heer heilig, weil die Vorstellung vom Zusammenhang zwischen Blutsverwandtschaft und persönlichen Qualitäten dominierte und Familienbande als sicherste Grundlage für eine *concordia* der Herrscher erschienen. Selbst Usurpatoren, wie Procopius, beriefen sich nach Möglichkeit auf Verwandtschaft mit der herrschenden Dynastie. Bilden Auswahl des Besten, wie sie z. B. der Panegyriker Pacatus im Falle Theodosius' I. als besonders qualifizierende Legitimation betont[299], und dynastisches Prinzip die unumstrittenen Grundlagen für die *Legitimität* eines neuen Herrschers, für seine moralische Berechtigung zu herrschen, so sind die Umstände seiner Proklamation entscheidend für die – gleichfalls nicht auf geschriebenen Gesetzen beruhende – *Legalität*, die formale Rechtmäßigkeit seiner Stellung[300]. Wir können den spätantiken Quellen eine durchaus einheitliche Auffassung vom *legalen* Zeremoniell einer Kaisererhebung entnehmen. In den Grundzügen ist es mit dem unter der Tetrarchie festgelegten Ritual identisch, aber um einzelne Elemente bereichert. Mit leichten Variationsmöglichkeiten muß die Kaiserwahl folgendermaßen vor sich gehen, je nachdem ob es bereits einen regierenden Herrscher gibt oder nicht:

A. *Erhebung eines neuen Augustus in Ermangelung eines regierenden Herrschers:*

1. Auswahl des ‚Besten' im Rat der höchsten Offiziere einer Heeresgruppe *(electio)*
2. repräsentative Heeresversammlung *(exercitus comitiorum specie)* auf freiem Feld *(campus*, in Anlehnung an das stadtrömische Marsfeld) bei Tagesanbruch
3. Vorstellung des Kandidaten durch die hohen Offiziere *(pronuntiatio)* auf einem erhöhten, von Feldzeichen umgebenen Tribunal
4. zustimmende Begrüßung des Kandidaten durch die Truppen
5. eventuell Zeichen göttlicher Zustimmung *(divinus consensus)*

298 Ammian. XXVII 6,8.

299 Pan. Lat. II (12) 12.

300 Das erst spät verwendete Wort *legalis* ist im Lateinischen bedeutungsmäßig nicht von *legitimus* unterschieden – anders als im modernen Rechtsdenken.

6. Investitur mit den kaiserlichen Insignien *(paludamentum,* Diadem, vielleicht auch Lanze und *mappa)* durch einen der Generäle
7. Ausrufung des Kandidaten zum Augustus *(nuncupatio)* durch einen der Generäle
8. Akklamation des neuen Herrschers als Augustus durch die Truppen *(acclamatio)*
9. programmatische Ansprache des neuen Herrschers an die Truppen mit Versprechen eines Donativs *(adlocutio)*
10. Einzug in den Palast, falls eine Residenz sich in der Nähe befindet.

B. *Erhebung eines Mitregenten durch einen regierenden Augustus:*

1. Auswahl des ‚Besten', in aller Regel aus der Familie des regierenden Herrschers, durch letzteren nach Beratung mit Kronrat und hohen Offizieren.
2. repräsentative Heeresversammlung auf freiem Feld bei Tagesanbruch
3. Vorstellung des Kandidaten durch den von hohen Offizieren und/oder Kronrat sowie von Feldzeichen umgebenen Herrscher auf einem erhöhten Tribunal; der Augustus faßt den künftigen Mitregenten dabei an der rechten Hand, empfiehlt ihn den Truppen als geeignet *(commendatio)*
4. Zustimmung der Truppen zur Kandidatur
5. Zeichen göttlicher Zustimmung[301]
6. Investitur des neuen Mitregenten mit den kaiserlichen Insignien (auf jeden Fall *paludamentum,* im Falle eines Caesars nicht notwendig auch Diadem) durch den regierenden Augustus
7. Ausrufen des Kandidaten zum Caesar oder Augustus durch den regierenden Augustus, unter Umständen mit nochmaliger *adlocutio* seitens des letzteren
8. Akklamation des neuen Herrschers als Caesar oder Augustus durch die Truppen
9. Mitnahme des neuen Mitregenten im kaiserlichen Wagen durch den regierenden Augustus
10. Einzug in den Palast, falls eine Residenz sich in der Nähe befindet.

Nicht zum festen Bestandteil des Zeremoniells gehörte anscheinend die bescheidene Zurückweisung der angetragenen Herrscherwürde *(recusatio* bzw. *refutatio imperii).* Sie wird z. B. für Constantin, Iulian, Valentinian I. und Theodosius I. behauptet[302], aber Ammian schildert sie nicht als regelmäßigen Bestandteil einer Herrscherproklamation.

Deren Zeremoniell erfuhr eine allmähliche Veränderung, seitdem die Herrscher in der Regel nicht mehr an der Spitze des Heeres in den Krieg

301 Diese wird nicht immer ausdrücklich erwähnt; s. z. B. Pan. Lat. II (12) 31,2.

302 Pan. Lat. VI (7) 8,3. II (12) 10,4–12,3. Symm. or. I 10. Ammian. XX 4,15ff.

zogen, sondern dies ihren Heermeistern überließen und selbst in der Kaiserresidenz zurückblieben. Dieser Einschnitt vollzog sich mit dem Jahr 395, seit dem für ein halbes Jahrhundert jugendliche, nicht oder kaum regierungsfähige Kaiser unter Vormundschaft an der Spitze des Reiches standen. War bisher eine repräsentative Zusammensetzung des den Kaiser wählenden Heeres, d. h. eine Beteiligung von Delegationen möglichst vieler Truppenteile, die Voraussetzung für eine legale Kaisererhebung gewesen, so traten nunmehr drei neue Faktoren bei der Kaiserwahl in immer stärkerem Maße in Erscheinung: Volk und Senat der Residenzstadt sowie die Kirche.

Der erste detaillierte Bericht über eine Kaisererhebung im 5. Jh. ist jener zur Proklamation Leos I. im Jahr 457[303]: Sie findet in Constantinopel statt. Die Auswahl des Herrschers erfolgt durch den dortigen Senat. Danach versammeln sich die hohen Amtsträger, der Patriarch und die in der Hauptstadt stationierten Truppen einschließlich der Palastgarden auf dem *campus*, dem Pendant zum stadtrömischen Marsfeld. Leo wird auf die Tribüne geführt; der ‚Exerziermeister' *(campidoctor)* legt ihm einen *torques* aufs Haupt. Die Feldzeichen werden erhoben und Leo als Augustus akklamiert. Dieser tritt sodann unter ein Schilddach und legt die Kaisertracht einschließlich des Diadems an. Als er wieder hervortritt, wird er *adoriert*. Man gibt ihm Schild und Lanze in die Hand und akklamiert ihn erneut. Der Kaiser hält nun eine Ansprache und verspricht das übliche Donativ. Anschließend besucht er die Kirche des Militärlagers und reitet auf einem weißen Pferd in die Stadt, wo er die Johannes dem Täufer geweihte Kirche betritt, das Diadem auf den Altar legt und „ein Opfer darbringt". Im Palast Hellenianai wechselt er die Kleider; er legt das zivile Dienstkostüm statt des militärischen an. Sodann fährt er in einem Wagen zum Constantins-Forum, wo er den Stadtpräfekten begrüßt und vom vornehmsten Senator ein Krönungsgeschenk erhält. Danach besucht er die Hauptkirche Hagia Sophia, legt das Diadem auf den Altar, bringt erneut ein Meßopfer dar und hört das Evangelium. Beim Verlassen der Kirche setzt der Patriarch ihm das Diadem wieder auf.

Die Kaiserproklamation ist damit zumindest im Osten des Reiches in gewisser Weise wieder zu ihren Anfängen zurückgekehrt: Die Rolle des Senats als eigentlichen Wahlorgans und der zivilen Amtsträger überwiegt gegenüber jener der Generäle. Zwar ist die Akklamation durch die Truppen noch der entscheidende Bestätigungsakt, und die Bekränzung mit dem *torques* stellt ein nunmehr in die legale Proklamation integriertes militärisches Krönungszeremoniell dar[304]; dieses militärisches Insigne wird jedoch nicht

303 Const. Porph. de caerim. I 91 p. 410ff. Bonn.

304 Die Torqueskrönung wird auch für die wenige Jahre zuvor (454 n. Chr.) erfolgte Proklamation des westlichen Kaisers Avitus berichtet: Sidon. Apoll. carm. VII 577ff.; aber auch dieser war eigentlich ein Usurpator.

eigentlicher Bestandteil der Kaisertracht. Leo legt in einem zweiten Akt die (militärische) Kaisertracht mit dem Diadem an. Die *torques*-Krönung ist mithin nur begleitender Akt der Akklamation durch das Heer.

Zukunftsträchtiger sind die ‚zivilen' Stationen des Zeremoniells in der Hauptstadt Constantinopel und insbesondere der Kirchenbesuch[305]. Sicherlich ist das Aufsetzen der ‚Krone' durch den Patriarchen beim Verlassen der Kirche noch keine kirchliche Kaiserkrönung, aber doch der Ausgangspunkt für die Entwicklung zu einer solchen. Das Eindringen eines immer stärkeren zivilen und kirchlichen Charakters in das Zeremoniell der Kaiserproklamation beschleunigt sich in der Folgezeit: Seinen Enkel Leo II. krönt der vorhin genannte Kaiser vor dem Volk von Constantinopel und den Soldaten der Hauptstadt im Hippodrom (Circus), und er tut dies umgeben vom Senat und dem Patriarchen. Der Circus statt des Marsfeldes bzw. Campus bleibt nun der Ort der Kaiserproklamation; neben den hauptstädtischen Truppen ist das Volk an der Akklamation beteiligt, auch wenn Schilderhebung und *Torques*-Krönung weiterhin einen militärischen Akzent setzen. Erstere ist freilich nur beim Fehlen eines regierenden Herrschers, nicht bei Ernennung eines Mitregenten, erforderlich. Der *torques* wird seit 565 nur noch um den Hals des Kaisers gelegt und verschwindet schließlich ganz aus dem Krönungszeremoniell. Bedeutsamer ist auf jeden Fall, daß nunmehr Senat, Volk und Heer gemeinsam den Kaiser wählen und daß schon Anastasius I. 487 nach dem militärischen Zeremoniell im Palast vom Patriarchen mit dem purpurnen Paludamentum sowie dem Diadem bzw. der ‚Krone' investiert wird und sich in diesem eigentlichen Krönungsornat nochmals im Hippodrom akklamieren läßt. Damit war eine Vision verwirklicht, die der Kirchenhistoriker Theodoret schon im Jahr 450 hegte und dem Kaiser Theodosius I. zuschrieb: Dieser sei im Traum von Meletius, dem Bischof von Antiochia, mit dem kaiserlichen Paludamentum und der Krone geschmückt worden[306]. Spätestens mit Anastasius haben wir es folglich nicht mehr mit dem spätantiken, sondern mit dem byzantinischen Zeremoniell der Kaisererhebung zu tun, in welchem die schließlich in der Kirche erfolgende geistliche Krönung wohl die Verbindung des Kaisers mit Gott absegnet[307].

Die zunehmende Rolle der Kirche wird im übrigen begleitet von einer stärkeren Akzentuierung der göttlichen Berufung des Herrschers. Die Akklamationen anläßlich der Proklamation Leos I. (s. oben 100) sollen insbesondere die Formel „Gott hat dich gegeben, Gott wird dich beschützen" enthalten

305 Zum folgenden vgl. Ensslin 1942, 272 f. 292 f. 297.

306 h. e. V 6,1.

307 Ensslin 1954, 462 meint, der Patriarch handelte dabei „als Vertreter der Wähler, nicht als Vertreter der Kirche oder gar als Vertreter Gottes". Letzteres mag richtig sein, aber daß man diesen Akt als einen rein weltlichen betrachtet hätte, ist doch wohl unwahrscheinlich.

haben, und Leo betonte in seiner Ansprache, daß ihn Gott und die starken Soldaten zum Kaiser gewählt hätten. Ähnliche Formulierungen sind zwar, wie wir sahen, bereits seit Aurelian bezeugt, und zur Zeit der Tetrarchie fand die Kaiserproklamation in Gegenwart einer Iupiter-Statue statt (s. oben 27); seit Constantin war vielleicht das *Labarum*, das christliche Feldzeichen, bei jenem Akt präsent. Ansonsten jedoch herrschte bis ins 5. Jh. hinein religionspolitische Neutralität bei der Erhebung des Kaisers durch das Heer. „Das Zeremoniell ... ist rein weltlich“[308], auch wenn der Gedanke der göttlichen Auserwähltheit lebendig war[309]. Von der theokratischen Kaiseridee war bei der Erhebung des spätantiken Herrschers durch das Heer wenig zu spüren.

Die byzantinische Bezeichnung des Gottesgnadentums des Herrschers mit der Formel „durch Gott gekrönter Herrscher“ *(a deo coronatus)* ist mithin zwar in der spätantiken Vorstellungswelt verankert, kam jedoch dort weder im realen Vollzug der Herrscherernennung durch einen Priester noch in der Herrschertitulatur zur Geltung. Die ihr zugrundeliegende Idee tritt allenfalls in der Ikonographie hervor, wie etwa in jenen Medaillons aus der Zeit Constantins und des Arcadius, auf denen die aus den Wolken herabreichende Hand Gottes den bzw. die Kaiser bekränzt[310] (**M 20**). Grundsätzlich aber bewahrt das spätantike Kaisertum in seinem konstitutiven Akt seinen profanen Charakter, auch wenn der Kaiser in der Herrscherideologie als eine gottnahe, geheiligte Person dargestellt wird[311].

4.2 Kaiserkollegien und ihre Hierarchisierung

Valentinian II. war im November 375 Augustus geworden und trug damit den gleichen Titel wie sein älterer Bruder und Mitregent Gratian und der erst 379 ernannte Theodosius I. Im Alter von elf Jahren war er selbstverständlich kein mündiger Regent. Dennoch wird er in den Inschriften jener Zeit regelmäßig vor dem 24 Jahre älteren Theodosius genannt; er nimmt die zweite Stelle hinter dem im Vergleich zu Theodosius ebenfalls jüngeren Gratian ein. Theodosius war zwar das an Jahren älteste und mächtigste Mitglied dieses Kollegiums von vier Augusti, aber maßgeblich für die offizielle Rangordnung war der Tag der Kaiserproklamation *(dies imperii)*. Daher treffen wir in den

308 Treitinger 16.
309 Ammian. XV 8,9. XXVI 1,5. Vgl. F. Heim, Vox Exercitus, Vox Dei, REL 68, 1990, 160–172.
310 Alföldi 173f.
311 Vgl. P. Schreiner, in: Lexikon des Mittelalters 5, 1991, 851–856 s. v. Kaiser, Kaisertum.

offiziellen Dokumenten, aber auch in privaten Widmungen an die Kaiser stets auf die Reihenfolge: Gratianus, Valentinianus, Theodosius; nach dem Tod Gratians im September 383 und der Ernennung des ältesten Theodosius-Sohnes zum Augustus lautet sie: Valentinianus, Theodosius, Arcadius (**M 21**). Nie zuvor war das seit der Tetrarchie etablierte System der Hierarchisierung der Kaiserkollegien derart in Konflikt mit der tatsächlichen Machtverteilung und Autorität innerhalb des Kollegiums geraten. Diocletian hatte sorgfältig darauf geachtet, daß Lebensalter und Anciennität im Amt miteinander korrespondierten; die Hierarchisierung nach dem *dies imperii* wurde ergänzt durch jene zwischen Augusti und Caesares; beides sollte der *concordia* unter den Herrschern dienen. Da Diocletians Tetrarchie auf dem Adoptionssystem beruhte, war die Übereinstimmung von Anciennität und Lebensalter steuerbar. Constantin durchbrach dieses System formal nicht, als er sich durch Voranstellung in den Inschriften und durch das Epitheton *maximus* dem an Jahren älteren und früher in die Position eines Augustus berufenen Licinius überordnete (s. oben 61 f.), denn zweifellos hat er sich dabei auf seinen früheren *dies imperii* berufen – er war im Jahr 306 als Caesar anerkannt worden. Aber in Wirklichkeit hob er damit die tetrarchische Ordnung auf und setzte seinen Machtanspruch durch.

Auch innerhalb einer blutsdynastischen Ordnung war eine Orientierung an den tetrarchischen Prinzipien naheliegend. Daher hat Constantin innerhalb des Herrscherkollegiums, das er gemeinsam mit seinen Söhnen und seinem Neffen Dalmatius bildete, wieder ein hierarchisches Prinzip eingeführt, bei welchem Anciennität nach dem *dies imperii* und Lebensalter miteinander in Einklang standen, und seine drei überlebenden Söhne setzten nach 337 diese Tradition fort. Da in der Folgezeit nur Familiendynastien bzw. einzelne Herrscher regierten, stellte die Hierarchisierung des Kaiserkollegiums kein Problem dar. Erst die nach der katastrophalen Niederlage bei Adrianopel im Jahr 378 erforderliche Eingliederung des Theodosius in das Kaiserkollegium der valentinianischen Dynastie ergab das oben genannte Paradoxon, welches einer Lösung bedurfte und sie auch – in recht eleganter Form – erhielt: Da Valentinian II. und Gratian zur Zeit der Ernennung des Theodosius bereits Augusti waren, kam die Lösung von Carnuntum (s. oben 29) – der Ältere wird Augustus, während die Jüngeren Caesares bleiben – nicht in Frage. Man bewahrte daher in den offiziellen schriftlichen Dokumenten die rechtlich korrekte Rangordnung nach dem Datum des Regierungsantritts. In der bildlichen Präsentation und in der panegyrischen Literatur rückte man jedoch die tatsächlichen Macht- und Autoritätsverhältnisse zumindest insoweit zurecht, als Theodosius gegenüber dem regierungsunfähigen *princeps puer* Valentinianus deutlich dominierte: „Um das jugendliche Alter des einen Kaisers (d. h. Valentinians II.) zu behüten, den anderen Herrscher (d. h. Gratian) in seinen Mühen zu unterstützen", sei Theodosius zur Herrschaft berufen worden, verkündet sein Panegyriker Pacatus[312].

Gratian war der „Urheber des Kaisertums" Theodosius' I. *(auctor imperii)*; ihm konnte letzterer auch ikonographisch nicht übergeordnet werden. Gratian war gegenüber Theodosius „durch seine Großzügigkeit ein Vater, an Lebensalter ein Sohn, hinsichtlich seines Pflichtgefühls beides", so charakterisiert der Dichter Ausonius die komplexe Situation[313]. Das Problem löste sich von selbst mit dem Tod Gratians im Jahr 383. Auf dem berühmten Silber-Missorium von Madrid sowie auf dem Theodosius-Obelisken von Konstantinopel (**M 22.23**) ist Theodosius gegenüber Valentinian II. und natürlich erst recht gegenüber seinen eigenen Söhnen ähnlich herausgehoben wie Constantin I. auf Münzen gegenüber seinen Söhnen, die freilich nur Caesares waren[314].

Im Verhältnis Augustus-Caesar konnte es keine Rangordnungsprobleme geben. Zwar appelliert nach Ammian[315] Constantius II. bei der Proklamation des Caesars Iulian an letzteren, ihm zu helfen und mit ihm die Mühen und Gefahren zu teilen, und er betont ihre *concordia* und wechselseitige Zuneigung, auf deren Grundlage sie zusammen kämpfen und den befriedeten Erdkreis mit gleicher Verantwortung und Pflichterfüllung regieren würden. Andererseits verdeutlicht er jedoch auch, daß Iulian unter des Augustus' Auspizien Krieg führt und daß sein Tätigkeitsbereich geographisch eingegrenzt ist auf die Diözese Gallien. Wenn Constantius seinen Caesar als Bruder *(frater)* anredet, so ist dies ebenso eine Beschönigung der tatsächlichen Machtverhältnisse und der offiziellen Hierarchie wie seine Behauptung, er übertrage ihm „fast gleiche Macht". In Wirklichkeit war Iulian zwar sein Vetter, aber in der kaiserlichen Hierarchie sein Sohn; er war sogar – ebenso wie zuvor sein Bruder Gallus, den Constantius im Osten eingesetzt hatte – ein Caesar mit geringeren Rechten als sie die Constantinssöhne unter ihrem Vater besessen hatten[316]. Iulian sollte kein gleichwertiger Mitregent sein, sondern ein „treuer Diener" *(fidus apparitor)*[317].

Komplexer stellten die Verhältnisse sich dar, als Valentinian I. im Jahr 364 seinen Bruder Valens zum Mitaugustus berief. Letzterer war damit nicht nur von Natur, sondern auch unter dem Gesichtspunkt kaiserlichen Ranges sein *frater* und somit formal gleichberechtigt. Dementsprechend werden die beiden auf Münzen in völliger Gleichstellung nebeneinander thronend dargestellt (**M 25**). Als *auctor imperii* jedoch war Valentinian zugleich ‚Vater' seines

312 Pan. Lat. II (12) 3,5.
313 XX 7.
314 RIC VII S. 328 Nr. 279. Delbrueck 1932, Taf. 67, C 3; C 4.
315 XV 8, 13 f.
316 Siehe unten 106. Straub 54 ff.
317 Ammian. XVI 7,3.

Bruders und verfügte zwar nicht über höhere Amtsgewalt *(potestas)*, aber über die größere *auctoritas*. Der Panegyriker Themistius ‚löst' das Problem, indem er die beiden mit den Lenkern eines Zweigespannes vergleicht, von denen jeder selbständig die Zügel hält, Valens aber auf seinen Bruder hört. Beide sind Augusti, aber Valentinian ist der *magnus Augustus*[318]. Wechselseitiges Wohlwollen und *concordia* garantieren die Funktionsfähigkeit dieses Doppelprinzipats ebenso wie den darauffolgenden von Valens und Gratian.

Valentinian war nach Marc Aurel der erste, der seinen Mitregenten nicht zunächst zum Caesar, sondern sogleich zum Augustus proklamiert hat[319]. Er zog damit wohl die Konsequenzen aus dem Scheitern des Caesariats unter Constantius II. Iulian war der letzte römische Herrscher, der den Caesartitel trug. Künftige Kaiserkollegien bestanden nurmehr aus Augusti, von denen einer die ‚höhere Autorität' *(potior auctoritas)* zu besitzen hatte, wenn das System funktionieren sollte. Nur in diesem Fall war die *concordia* unter den Herrschern aufrechtzuerhalten. Dies hatte schon das Scheitern der Augusti-Trias der Constantinssöhne gezeigt, und dies wurde nach dem Tod Theodosius' I. am Konflikt zwischen seinen beiden Söhnen deutlich, der nun freilich nicht mehr von den Herrschern selbst ausgetragen wurde, sondern von ihren ‚Tutoren' (Stilicho und Rufinus usw.), die aufgrund der eingeschränkten Regierungsfähigkeit der jugendlichen Herrscher die Geschicke des Reiches bestimmten, womit die Verbindung zwischen kaiserlicher Stellung und kaiserlicher Macht zerschnitten wurde.

Die komplexen Verschränkungen von Lebensalter und Anciennität, von Hierarchie und *concordia* innerhalb spätrömischer Kaiserkollegien spiegeln sich, wie bereits angedeutet, auch in den bildlichen Darstellungen der Herrscher, insbesondere auf den Münzen. Eine bedeutsame Rolle scheint hierbei das Diadem gespielt zu haben, dessen Varianten bereits unter Constantin I. zur Rangabstufung innerhalb des Herrscherkollegiums genutzt wurden (s. oben 78f.). Die kostbare Ausschmückung, die Einlassung von Reliquien und schließlich auch die Anbringung des Kreuzzeichens entfernten insbesondere das Juwelen-Diadem immer stärker von einem Band, so daß Iohannes Chrysostomus, Bischof von Konstantinopel zwischen 398 und 404, im Hinblick auf Arcadius zwischen einem Diadem und einem mit kostbaren Steinen geschmückten Kranz unterscheidet[320]. Wir sahen, daß auch Ammianus Marcellinus bei der Proklamation Valentinians I. von einer *corona* spricht, mit der wohl ebenfalls das Juwelendiadem gemeint ist, das sich allmählich zur ‚Krone' entwickelte (s. oben 93).

318 Themist. or. VI 75b. Vgl. auch Ammian XXVI 4,3.

319 Ammian. XXVII 6,16.

320 Zitat bei H. Goodacre, A Handbook of the Coinage of the Byzantine Empire, London, ND 1971, 22.

Wie auch immer man die Terminologie beurteilen mag, für unser Thema ist in erster Linie die Frage von Bedeutung, wie diese Varianten des neben dem Purpurmantel nunmehr wichtigsten (ebenfalls purpurnen) kaiserlichen Insigne jeweils benutzt wurden. Während der Purpurmantel offensichtlich undifferenziert sowohl Augusti als auch Caesares zustand, darf man aus der literarischen Überlieferung über die Proklamation Iulians zum Augustus schließen, daß einem Caesar kein Diadem zustand. Iulian betrachtete das Anlegen des Diadems als Voraussetzung für seine Proklamation zum Augustus[321] und soll später angeboten haben, es wieder abzulegen und sich erneut mit der Würde eines Caesars zufriedenzugeben[322]. In der Tat trägt er als Caesar auf den Münzen kein Diadem, ebensowenig sein Vorgänger und Vetter Gallus; und auch Decentius, Sohn des Usurpators Magnentius, mußte darauf verzichten. Die Constantinssöhne hatten hingegen bereits als Caesaren ein Diadem getragen, freilich nicht das Juwelendiadem (s. oben 78f.). Gallus und Iulian sowie auch Decentius waren also Caesares von niedrigerer Rangstellung.

Angesichts solcher Abstufungen liegt der Gedanke nahe, daß generell die Hierarchie innerhalb der Herrscherkollegien durch unterschiedliche Diademtracht gekennzeichnet worden sein könnte. J. W. E. Pearce[323] hat beobachtet, daß es eine zeremonielle Unterscheidung zwischen den verschiedenen Diademtypen gegeben haben müsse, aber er sah sich außerstande, diese zu definieren. Jüngst hat M. Dürr[324] die These formuliert, daß seit Valentinian I. (364–376) – und nicht schon vorher – eine Regel hinsichtlich der Verteilung der beiden Diademtypen des Perlen- und Rosettendiadems erkennbar sei: Das Perlendiadem trage der Kaiser als Zeichen seiner göttlich sanktionierten *auctoritas*; deshalb sei nur mit diesem Diadem der Nimbus verbunden, und die vom Himmel her den Kaiser bekränzende Hand Gottes halte stets nur einen mit Perlen geschmückten Kranz. Hingegen bezeichne das Rosettendiadem den Kaiser als Träger des Imperiums, der militärischen Gewalt. Die Kaiserinnen seien daher stets nur mit dem Perlendiadem dargestellt.

Gegen diese These gibt es m. E. ein durchschlagendes Argument. Prägungen, auf denen die Kaiser den Helm tragen, der naturgemäß stets mit dem kaiserlichen Kriegskostüm verbunden ist und den Herrscher zweifellos als Imperiumsträger, als Inhaber der höchsten militärischen Gewalt und kriegeri-

321 Ammian. XX 4,17–19.22.

322 Zos. III 9,3.

323 RIC IX S. XXXIVf.; ders., The Reign of Theodosius I.: History and Coinage, in: Transactions of the Int. Num. Congr. London 1936, ed. J. Allan, H. Mattingly, E. S. G. Robinson, 1938, 238f.; ders., NC 1938, 205–246; 1939, 199–215.

324 SM 41, 1991, 31–47.

schen *virtus* kennzeichnet (s. oben 75f.)[325], zeigen seit Constantius II. diesen (persischen) Helm stets mit dem Perlendiadem geschmückt, und diese Tradition setzt sich unter Iulian, Valentinian I. usw. fort, und zwar auf Prägungen in allen drei Metallen. Ganz selten taucht jedenfalls vor Kaiser Maiorian (457–461) anscheinend auch das Rosettendiadem am Helm auf, und zwar seit Valentinian II. und Theodosius I.[326]. Dies mag zudem auf Ungenauigkeiten bzw. Irrtümer einzelner Stempelschneider zurückzuführen sein. Insbesondere das Perlendiadem scheint jedenfalls mit dem kaiserlichen militärischen Imperium verbunden!

Das Perlendiadem sowie das Juwelendiadem, letzteres in den beiden Formen des Ketten- und des Rosettendiadems (**M 15.20**), werden beide von den regierenden Augusti getragen, aber doch mit feinen Nuancen. Valentinian I. hat seinen Bruder Valens sofort zum gleichberechtigten Mitaugustus erhoben; folgerichtig tragen beide von Beginn an gleichermaßen sowohl Perlen- wie Juwelen-Diadem. Auch Valentinians Sohn Gratian wird sofort Augustus mit formal gleicher Amtsgewalt[327]. Dennoch ist er als noch minderjähriger Sohn zugleich in der Position des prädestinierten Nachfolgers und wird auf den Münzen zunächst als ‚Führer der Jugend' *(princeps iuventutis)* vorgestellt. In dieser Phase trägt er nur das Perlendiadem. Erst nach der Quinquennalienfeier von Valentinian und Valens am 3. Juni 368 erhält Gratian auch das Juwelen-Diadem. Man hat ihm zugebilligt, aus dem Kindesalter in das eines jungen Mannes übergetreten zu sein; er wird infolgedessen auch nicht mehr als *princeps iuventutis* auf den Münzen präsentiert[328].

Der 375 im Alter von 4 Jahren zum Augustus erhobene Valentinian II. trägt zunächst nur das Perlendiadem und wird damit offensichtlich als *iunior Augustus* herabgestuft. Theodosius I. hingegen wird bei seiner Ernennung zum Augustus als Nachfolger des Valens im Jahr 379 sofort mit dem Juwelendiadem dargestellt; er ist aufgrund seines Lebensalters von vorneherein gleichberechtigt mit Gratian. Auf den mit der Legende *Concordia Augustorum* von Theodosius veranlaßten östlichen Münzprägungen erscheinen dann etwas später zunächst alle drei Augusti – Theodosius, Gratian und Valentinian II. – mit Perlendiadem, in einer weiteren Emission jedoch mit Juwelendiadem[329]. Wie ist dies zu interpretieren? Der deutliche Alters- und Autoritätsunterschied zwischen Theodosius und Valentinian II. wurde offensichtlich anfangs noch in den unterschiedlichen Diademformen zum Ausdruck gebracht. Anders als im Verhältnis zwischen Gratian und Valentinian II.

325 Vgl. Bastien, Buste 1, 201 ff.
326 Bastien, Buste 1, 223.
327 Siehe Ammian XXVII 6,4. 8. 16.
328 Dürr a. O. 36–39 mit fig. 4–6.
329 Dürr a. O. 39–43 mit fig. 8–9.

einerseits sowie ihren beiden reifen Mitaugusti Valentinian I. und Valens andererseits ergaben sich jedoch im Falle der Rangverhältnisse zwischen Valentinian II. und Theodosius die oben (S. 102f.) geschilderten hierarchischen Komplikationen. Kombinierte man die drei Herrscher in einer gemeinsamen Emission unter dem Thema *Concordia Augustorum*, so kam man um eine rangmäßige Gleichstellung in der Diademtracht kaum umhin. Theodosius wählte zunächst das Perlendiadem, dann aber das Juwelendiadem für alle drei Herrscher, um die *concordia* darzustellen; damit war Valentinian II. in der kaiserlichen Tracht als gleichberechtigt anerkannt. Der Rangunterschied kam nur noch in der kleineren Wiedergabe seines Kopfes zum Ausdruck[330].

Eine ähnliche Entwicklung läßt sich im Falle des Theodosius-Sohnes Arcadius verfolgen. Diese Abstufung der Diademtracht wird anscheinend auch von Usurpatoren respektiert. Der zeitweilig von Theodosius anerkannte Usurpator Maximus trägt das Juwelendiadem, und zwar auch auf Prägungen des Theodosius. Der niemals anerkannte Usurpator Eugenius, der bis zum Schluß versuchte, sich mit Theodosius zu arrangieren, und dies auch in seiner Münzprägung zu erkennen gab, hat sich nur im Perlendiadem abbilden lassen und damit seine Bereitschaft zur Unterordnung signalisiert[331].

Während mithin die mit voller Autorität ausgestatteten Augusti sowohl das Perlendiadem als auch das Juwelendiadem trugen, zeichneten sich rechtlich bzw. faktisch untergeordnete Herrscher im Prinzip durch ausschließliches Tragen des Perlendiadems aus. Dieser Grundsatz konnte freilich abgemildert werden, wenn politische Umstände dies nahelegten. *Concordia Augustorum*-Prägungen, welche die Eintracht des Herrscherkollegiums unterstreichen sollten, zeigen die Augusti stets im gleichen Diadem. Der enge Zusammenhang zwischen *concordia* und *similitudo* wird folglich in Fortsetzung tetrarchischer Tradition gewahrt. Dies gilt z. B. auch für die Prägungen von Honorius und Arcadius nach 395 – trotz der zu einer faktischen Reichsteilung führenden Spannungen zwischen den beiden Kaiserhöfen[332]. Andererseits wurde der rigide Schematismus, der die kaiserliche Hierarchie in Inschriften und Gesetzestexten regelte, im Falle der *bildlichen Repräsentation* zugunsten einer Widerspiegelung realer Machtverhältnisse durchbrochen. Wie der Fall Theodosius I. – Valentinian II. zeigt, wurde der politisch absurde Vorrang Valentinians II. in der kaiserlichen Anciennität gegenüber Theodosius durch die Diademtracht im Sinne einer realitätsnäheren Symbolik korrigiert. Ein zweites Instrument zur Korrektur der strikten Rangordnung

330 Zu Concordia-Prägungen jener Zeit vgl. J. P. Kent, 'Concordia' solidi of Theodosius I: a reappraisal, NC 153, 1993, 77–90; ders., The Coinage of Arcadius, NC 151, 1991, 36–57.

331 RIC IX, 313 s. v. Eugenius.

332 Vgl. J. Kent, NC 151, 1991, 35ff., bes. Taf. 15, 39–46.

nach dem *dies imperii* war die abgestufte Größe des Münzporträts, indem die Köpfe der Kinderkaiser deutlich kleiner als jene der erwachsenen Herrscher gestaltet wurden.

Zu fragen bleibt noch, ob nicht in anderen Fällen die hierarchische Disziplin innerhalb von Herrscherkollegien ohne derart plausible Rechtfertigung aufgrund interner Rivalitäten durchbrochen wurde. Bei dieser Überlegung fällt der Blick geradezu selbstverständlich auf die Constantin-Söhne. Nicht zufällig dürfte deren faktischer und offen ausgetragener *discordia* das auffällige Fehlen von Prägungen mit der Legende *Concordia Augustorum,* die wir ansonsten bei allen Kaiserkollegien finden, entsprechen. Und H.-R. Baldus[333] hat denn auch im Hinblick auf jenes Trio infernale auf einen ‚Sonderfall höfischer Repräsentation' hingewiesen. Der rangjüngste der Brüder, Constans, ließ sich auf Münzprägungen mit der Abbildung der Herrscher als Dreiergruppe in der Mittelposition, größer dimensioniert, in den Vordergrund gerückt und durch den Nimbus von seinen Mitherrschern abgehoben darstellen (**M 25**).

Das von der diocletianischen Tetrarchie formulierte dialektische Prinzip einer in der *concordia* der Herrscher aufgehobenen Spannung zwischen Hierarchie und *similitudo* bewährte sich jedoch grundsätzlich, erwies sich als prägend für die spätantike Kaiserrepräsentation, zumal es, wie wir sahen, eine gewisse Flexibilität ermöglichte. Dabei zeigt sich die gegenüber den offiziellen schriftlichen Dokumenten wesentlich größere Bedeutung des offiziellen Bildes für die Repräsentation des Herrschers. Nur die bildlichen Darstellungen reflektieren in den Beziehungen zwischen Theodosius I. und Valentinian II. die pragmatische Lösung des Konflikts zwischen formaler Anciennität aufgrund des *dies imperii* und faktischer Anciennität aufgrund von Lebenserfahrung und politischer Macht. Diese Version wurde den militärischen und zivilen Eliten des Reiches auf Festmünzen, den hohen und mittleren Chargen in Heer und Bürokratie auf Gold- und Silbermünzen, aber auch der einfachen Reichsbevölkerung, besonders den Soldaten, auf Kupfermünzen vermittelt. Ihnen allen signalisierte das hieratische, sakral überhöhte kaiserliche Gruppenbild sowohl die im einträchtigen *corpus imperatorum* garantierte Einheit des *corpus imperii* als auch die in der subtilen Hierarchisierung des Herrscherkollegiums dargebotene Gewißheit einer klaren Zuordnung von Kompetenz und Verantwortung im Bereich der praktischen Politik.

333 Baldus 255–262.

4.3 Die Weiterentwicklung der monarchischen Repräsentation

Selbst die *discordia* der Söhne Constantins verhindert nicht, daß in ihrer Münzprägung gelegentlich noch die *similitudo* des Porträts und in ihrer öffentlichen statuarischen Repräsentation noch einige wenige Gruppenbilder auftauchen. So stand am Philadelphion genannten Platz in Constantinopel eine Tetrarchengruppe, die in nachconstantinischer Zeit als Gruppe der sich umarmenden Constantinssöhne gedeutet wurde. Angeblich gab sie deren Begegnung nach dem Tod des Vaters wieder[334]. Aber erst unter der valentinianischen Dynastie wird das tetrarchische Vorbild der *concordia* und *similitudo* wieder prägend für die Selbstdarstellung des Kaiserkollegiums.

Die gelegentliche zwillingshafte Ähnlichkeit der Porträts von Valentinian I. und Valens ist nicht nur darauf zurückzuführen, daß sie Brüder waren. Auch die Porträts der nicht miteinander verwandten Herrscher Valentinian II. und Theodosius I. sind einander stark angeglichen. Gruppenbilder, welche die jeweiligen Kaiser völlig identisch, jeglicher Individualität entkleidet darstellen, unterstreichen ihre *concordia*, die jetzt noch zusätzlich dadurch betont wird, daß die Herrscher nicht auf getrennten Thronsesseln, sondern auf einer gemeinsamen Thronbank sitzen[335]. Am Beispiel der Münzprägung zeigt sich ganz klar, daß der Verlust an Individualität in der spätantiken Repräsentationskunst nicht auf fehlende künstlerische Fähigkeit und auch nicht nur auf langfristige Veränderungen im geistigen, religiösen und künstlerisch-stilistischen Weltverständnis zurückzuführen ist, sondern durchaus auch Resultat punktueller politischer Entscheidungen sein kann, welche jene „ideologische Deutlichkeit" erzeugen, die Wulf Raeck treffend als Kennzeichen der spätantiken Kunst definiert hat[336].

Wir sahen, daß es Constantin war, der den *typos hieros*, die ‚Ikone' des spätantiken und mittelalterlichen Herrscherbildes, geschaffen hat, welcher adäquater Ausdruck der göttlichen Majestät, des Numinösen der kaiserlichen Stellung war. Der sogenannte Koloß von Barletta wird nicht zufällig sowohl für verschiedene spätantike Herrscher als auch für den Staufer Friedrich II. in Anspruch genommen[337]. Selbst die relativ lange Haartracht und die Archivoltenfrisur mit den Einzellocken über Stirn und Schläfen des Constantin-Porträts wird von den Kaisern und Usurpatoren nach 337 übernommen, wenn man einmal vom Usurpator Magnentius absieht, der um 350

334 L'Orange 81.

335 Gnecchi I 37 Nr. 10 mit Taf. 18,1.

336 1992, 15–23.

337 Vgl. z. B. U. Peschlow, in: Stutzinger 66 mit Abb. 41. – Ausstellungskatalog ‚Federico II' im Palazzo Venezia 1996.

noch einmal den Typus der Soldatenkaiser bzw. der Tetrarchen aufgreift (s. oben 48) und damit ein Programm verkündet, wie es noch ein halbes Jahrhundert später Synesius als das ‚bessere' gegenüber dem ‚zivilen' Herrschertyp zu betrachten scheint. Wenn hingegen Ammianus Marcellinus[338] die „zugleich strahlenden und furchtbaren Augen" und das hübsche Antlitz Iulians bei dessen Proklamation zum Caesar beschreibt, so repliziert er nur den im constantinischen Porträt festgelegten Typus der das Ideal der Schönheit und Sonnengleichheit spiegelnden, zugleich aber Ehrfurcht einflößenden kaiserlichen Majestät. Als Augustus freilich fügte Iulian der constantinischen kaiserlichen Staatsfrisur den langen Philosophenbart hinzu und griff zudem auf einen trockenen Klassizismus anstelle der zeitgenössischen expressiven Kunstform zurück[339].

Die valentinianische Dynastie wendet sich hingegen wieder dem hieratischen Kaiserstil zu, mit zunehmender Entindividualisierung des Porträts, welche im 5. Jh. zu einer immer stärker ornamentalen Gestaltung der Gesichtszüge führt, die schließlich in eine schwindende Bedeutung der Rundplastik und den Ersatz der Kaiserstatue durch das Kreuzmonument als Symbol kaiserlichen Triumphes über die Feinde der Christenheit einmündet[340]. Dies ist nicht etwa gleichbedeutend mit einem weitgehenden Verschwinden des Kaiserbildes, welches vielmehr weiterhin omnipräsent war: auf Gemälden, Mosaiken, Amtsinsignien, Zeptern, den sogenannten Consulardiptychen, kaiserlichen Geschenken, wie Silber- und Glasschalen, auf Feldzeichen, Schilden und Lanzen des Heeres, ja sogar auf Marktgewichten und natürlich auf Münzen und Medaillons, auf Intagli und Kameen[341].

Der Verlust des Individuellen im Porträt hatte auch nicht etwa ein uniformes Herrscherbild zur Folge. Im Gegenteil: Während es für die Kaiserporträts der constantinischen und valentinianischen Epoche offensichtlich noch autorisierte, reichsweit verbindliche Bildnisvorlagen gab, entwickeln sich gleichzeitig mit der zunehmenden Entindividualisierung stärker regional geprägte Stile. Selbst ein und derselbe Herrscher konnte in verschiedenartiger Weise dargestellt werden, wobei die verwendeten pseudoindividuellen Charakteristika jedoch einzig auf bestimmte Ausdrucksformen herrscherlicher Qualität abhoben.

338 XV 8,16.

339 Vgl. Brandt 185 ff. mit Abb. 23.

340 Vgl. R. Stichel, Die römische Kaiserstatue am Ausgang der Antike, 1982. P. Zanker, Herrscherbild und Beamtenporträt, in: N. Bonacasa/G. Rizza (Hrsg.), Ritratto ufficiale e ritratto privato. Atti della II Conferenza int. sul ritratto romano, Rom 16.–30. 9. 1984 (1988), 105–109. Meischner 1990, 303–324; dies., 1991, 385–405; dies., 1992, 217–234. Bauer 339–362.

341 Vgl. Engemann 1011 ff.

Im Rahmen der Entwicklung des Kaiserporträts zu einem „Sinnbild der überzeitlichen Herrschaft des Kaisers“[342], konnte letztere unterschiedlich akzentuiert werden. Zeigen nicht wenige Porträts eine „ideale Spannungslosigkeit“[343] und Ruhe in einem „fast als höfischer Klassizismus zu bezeichnenden Stil“[344], so zeichnen sich andere gerade durch den Ausdruck geistiger Spannkraft aus, wie etwa der noch der constantinischen Dynastie zugehörige bronzene Kolossalkopf im Konservatorenpalast[345]. Stets aber geben sie nur einen kaiserlichen Typus, keine individuellen Züge eines bestimmten Herrschers wieder. So konnte ein über 100 Jahre altes Reiterstandbild des Arcadius als Siegesdenkmal für den Persersieger Iustinian wiederverwendet und später für ein Bild des Heraklios gehalten werden[346].

Diese Entindividualisierung hatte im übrigen zur Folge, daß die *damnatio memoriae* eines Herrschers kaum mehr zur Zerstörung seiner Standbilder führte. Der Usurpator Maximus (383–388) ist der letzte, für den derartiges bezeugt ist. Hieronymus erwähnt die Praxis, daß Statuen von Usurpatoren durch den Austausch des Kopfes zu solchen des regierenden Herrschers umgebildet wurden[347]. Da die Kaiserstatue jetzt nicht mehr einen einzelnen Herrscher, sondern die Institution repräsentierte, hätte ihre Vernichtung als Angriff auf letztere gedeutet werden können. Auch die christliche Kirche wagte es nicht, ihren Gläubigen die Verehrung des Kaiserbildes zu verbieten. Möglicherweise enthält ein Gesetz von 425 ein Verbot der *adoratio* von Herrscherbildern, aber seit dem 4. Jh. wurden Kaiserbilder sogar in Kirchen aufbewahrt und verehrt[348].

Mit dem Fehlen jeglicher individuellen Züge war die Identifizierung eines Kaiserporträts als eines solchen jetzt gänzlich vom Material und der Ausgestaltung des Dargestellten mit kaiserlichen Insignien abhängig. Porphyrstatuen und Porphyrsarkophage sind für das constantinische Haus in recht großer Zahl bezeugt; mit der Einstellung des Bergbaubetriebs am ägyptischen Porphyrberg (s. oben 49) um die Mitte des 4. Jhs. werden sie jedoch rasch selten[349]. Damit fiel die Identifizierung des Kaiserporträts anhand des Materials weg. Es blieben die Insignien. Während die constantinischen plastischen Porträts selten das Diadem zeigen, ist es jenen späterer Kaiser regelmäßig beigegeben[350].

---

342 Bauer 346.

343 Meischner 1991, 407.

344 U. Peschlow, in: Stutzinger 65.

345 ebenda 63 Abb. 37.

346 M. Vickers, Theodosius, Iustinian, or Heraclius?, ArtB 58, 1976, 281. Vgl. aber das konservativere Festhalten am Porträt-Realismus in der ‚Schule‘ von Aphrodisias: R. R. R. Smith, JRS 89, 1999, 155–189.

347 in Hab. 3,14, PL 25,1329.

348 Dvornik 652 ff. – Cod. Theod. XV 4,1.

349 Delbrueck 1932, 26 ff.

350 Vgl. L’Orange 118–128.

Im Staatsrelief wird die ideologische Deutlichkeit durch eine im Vergleich zum 1./2. Jh. deutliche Reduktion des inhaltlichen wie auch des formalen Spektrums gesteigert[351]. Größenabstufung und räumliche Staffelung der dargestellten Personen sowie ihre zeremonielle Differenzierung durch Stehen, Sitzen oder Knien erzielen gewünschte hierarchische Effekte in Anlehnung an das Hofzeremoniell. Auf diese Weise werden auf dem Theodosius-Missorium von Madrid (**M 22**) sowohl die Hierarchisierung des Kaiserkollegiums als auch dessen Abstand zu den es umgebenden Soldaten und zivilen Amtsträgern ausgedrückt, auf dem Obelisken des Theodosius (**M 23**) die Gliederung der im Hippodrom zu Constantinopel repräsentativ vertretenen Gesellschaftsgruppen des Imperium Romanum, angefangen vom Kaiser über den Hofstaat und das Militär bis zum einfachen Volk und den sich unterwerfenden Barbaren. An die Stelle einer naturalistischen Wiedergabe ist der unbedingte Vorrang der Vermittlung einer ideologischen Aussage getreten.

Dem diente natürlich nicht nur in der Kunst die Ausstattung des Herrschers mit eindeutigen Insignien. Die Grundlagen des spätantiken Herrscherornats waren, wie wir sahen, unter der Tetrarchie und Constantin geschaffen worden, und sie blieben maßgeblich, wie noch der 389 gehaltene Panegyricus des Pacatus auf Theodosius zeigt[352]: Purpurmantel, vergoldete und edelsteingeschmückte Schuhe, Diadem. In nachconstantinischer Zeit gab es einige Nuancierungen, wie wir bereits im Hinblick auf das Diadem sahen, und Ergänzungen. So erscheint der persische Helm des Kaisers auf den Münzen seit dem Jahr 352 mit einem Perlendiadem umwunden[353]. Anders als unter Constantin dürfen die Caesares unter Constantius II. den Helm nicht tragen – ebensowenig das Diadem. Der Helm mit Perlendiadem bleibt Insigne der Augusti auch unter Julian, der valentinianischen und theodosianischen Dynastie sowie noch unter den byzantinischen Kaisern[354].

Man darf wohl davon ausgehen, daß die Kaiser den Diademschmuck um den Helm nicht nur auf bildlichen Darstellungen, sondern auch in Wirklichkeit verwendeten – soweit sie je einen Helm trugen, was man für die Herrscher seit 395, die nicht mehr selbst in den Krieg zogen, bezweifeln mag. Das Diadem um den Helm mag eine merkwürdige Diskrepanz der Überlieferung über die Verwendung eines Nagels vom Kreuz Christi im kaiserlichen Kopfschmuck erklären. Helena, welcher man spätestens seit 395 fälschlich die

351 Raeck 1992, 15ff.
352 Pan. Lat. II (12) 45,1f.
353 Bastien, Buste 1, 210. 216.
354 Bastien, Buste 1, 218f.

Entdeckung des Kreuzes Christi zuschrieb[355], soll ihn nach der Version des Ambrosius dem Diadem bzw. der *corona*, nach Meinung der Kirchenhistoriker des 5. Jhs. dem Helm Constantins eingefügt haben[356]. Es ist denkbar, daß zur Zeit des Ambrosius das Perlendiadem mit einem metallenen Ring, der teilweise aus Eisen bestand, welches man mit den Nägeln vom Kreuz Christi in Verbindung brachte, am Helm befestigt war. Die Zugehörigkeit der Eisennägel zum kaiserlichen Kriegskostüm ergibt sich auch daraus, daß ein weiterer Nagel in das Zaumzeug des Pferdes Constantins eingefügt worden sein soll[357]. Ob freilich die frühestens seit Leo I. (457–474) auf dem um den Helm gewundenen Perlendiadem aufsitzenden nagelförmigen Stifte tatsächlich Nägel vom Kreuz Christi darstellen sollen, erscheint mir sehr zweifelhaft, da sie den sonstigen ‚Stiftformen' auf nicht um einen Helm gewundenen Diademen sehr ähneln (s. oben 79).

Das tatsächliche oder ideelle Eindringen des Nagels vom Kreuz Christi in die Kaisertracht bedeutet jedenfalls einen weiteren Schritt in der Entwicklung des römischen Herrschers zum *imperator Christianissimus*. Unzweifelhaft ist das Auftauchen des **Kreuzes** als Symbol auf dem Helm bzw. Diadem seit Anastasius I. (491–518), der in der Kaiserin Eudokia (439–455) eine Vorläuferin hatte. Auch Iustinian trägt das Kreuz im Diadem, aber zur Regel wird dies erst seit Tiberius Constantinus (578–582)[358]. Schon Iohannes Crysostomus verkündete jedoch um 400: „Nichts ziert das kaiserliche Diadem so sehr wie das Kreuz, das kostbarer ist als alle Welt". Spielt er damit auf den Nagel vom Kreuz Christi an oder auf ein zu seiner Zeit bereits am Diadem getragenes Kreuzsymbol? In das Stirnjuwel des Diadems des damals im Westen regierenden Honorius ist jedenfalls ein **Christogramm** eingraviert[359].

In den gleichen Zusammenhang gehören das – nach dem umstrittenen Silbermedaillon Constantins (s. oben 75) – nächste Auftreten des Kreuzzepters mit Globus und auf diesem eingravierten Christogramm auf Münzen Gratians, Valentinians II. und Theodosius' I.[360], sodann die Form des Kreuzzepters, bei dem das Kreuz auf einer kleinen Kugel aufgesetzt ist, auf Münzen Maiorians. Zunächst ist das Kreuzzepter mit dem militärischen Kostüm ver-

355 Vgl. M. Sordi, Dall'elmo di Costantino alla corona ferrea, in: Bonamente/Fusco 883ff. U.Koehnen, Symbol und Zierde auf Diadem und Kronreif spätantiker und byzantinischer Herrscher und die Kreuzauffindungslegende bei Ambrosius, JbAC 39, 1996, 170–199.

356 Ambros. de ob. Theod. 47f. Socrat., h. e. I 17. Sozom., h. e. II 1,8f. Theodoret. h. e. I 18. Rufin. h. e. I 8.

357 Vgl. Koehnen a. O. 190–194.

358 Vgl. Koehnen a. O. 194ff. Dort auch zum Problem eines eventuellen Kreuzes am Diadem Constantius' II. auf einer Münzprägung.

359 Delbrueck 1933, 206f. mit Abb. 70 Taf. 105.

360 Vgl. R. Göbl, Signum crucis oder Lanzenschaft?, LNV 3, 1987, 88f. Bastien, Buste 2, 428ff. schließt sich ihm an.

bunden, im 5. Jh. auch mit der Consulatstracht[361]. Gleichzeitig mit dem oströmischen Herrscher Leon I. prägt der aus Constantinopel entsandte Westkaiser Anthemius Münzen, auf denen er einen Globus mit aufgesetztem Kreuz in der Hand hält. Letzteres hat als Siegessymbol die Victoria ersetzt. Dieses Herrschaftszeichen erscheint dann im Osten auf Münzen von Iustinian I. und seinem Nachfolger Iustinus II.[362].

Ob es sich beim Globus um ein wirklich vom Kaiser getragenes Insigne handelt, ist jedoch zweifelhaft, wie wir sahen. Die Weltkugel trägt der Kaiser allenfalls am Zepter[363]. Andreas Alföldi vertrat die Auffassung, daß der Globus „im Verlauf des 4. Jhs." aus einem bloßen Symbol zu einem realen Insigne geworden sei. Jedoch läßt sich dies m. E. durch die Überlieferung über Kaiserstatuen mit Globen keineswegs belegen (**M 26**)[364]. Ebenso wie der Kaiser zwar im Bild, aber nie in der Realität, als Zeichen seiner Weltherrschaft den Fuß auf einen Globus setzte, ebensowenig trug er m. E. den Globus in der Hand, sei es zu Pferde, sei es im Sitzen thronend, wie dies auf den Abbildungen suggeriert wird. Den Globus so zu halten, wäre ein sehr ermüdendes und lästiges Geschäft gewesen[365]. M. E. ist entscheidend, daß in der gesamten antiken – und offensichtlich auch byzantinischen – Literatur nirgendwo einem Herrscher das tatsächliche Tragen des Globus zugeschrieben wird. Nicht einmal in die spätantike Kaiserinvestitur anläßlich der Proklamation des Herrschers ist der Globus eingegangen[366], obwohl in der Ikonographie dem Herrscher der Globus überreicht wird und eine solche Geste wahrhaftig nahegelegen hätte, wenn die Weltkugel ein reales Insigne gewesen wäre. Das Zeichen der Weltherrschaft hätte man kaum dem Investiturzere-

361 Bastien, Buste 2, 431 ff. Das Zepter mit dem Adler Iupiters erscheint letztmals auf Münzen des Honorius. Auf Consulardiptychen ist das Adlerzepter noch im 6. Jh. anzutreffen: Delbrueck 1929, 61 f.

362 Aber schon auf einer Prägung des Usurpator-Sohnes Nepotianus (350) ist die von Roma gehaltene Kugel mit dem Christusmonogramm geschmückt, unter Theodosius I. mit dem Kreuz: RIC VIII 216 Nr. 167. Taf. 9. P. E. Schramm, Sphaira, Globus, Reichsapfel, 1958, 16 mit Anm. 7.

363 So hält z. B. Iulian ein kaiserliches Kugelzepter, verbunden mit dem consularen Triumphalkostüm. Auch das Langzepter mündet in einer Kugel: Bastien, Buste 2, 425 mit Taf. 203,6; 427 mit Taf. 228,1. Allerdings scheint mir eine Identifikation dieses kugelförmigen Abschlusses mit einem Globus nicht gesichert.

364 Alföldi 238. Vgl. Deér 65.

365 Auch für die Kaiserin, in deren Hand seit etwa 500 n. Chr. der Globus gleichfalls erscheint. Letzteres erklärt sich daraus, daß inzwischen auch die realen Kaiserinsignien mehr und mehr auf die Frau des Herrschers übertragen worden waren. Vgl. Deér 75 ff.

366 Anders im westlichen Mittelalter: Vgl. Deér 299 ff.

moniell vorenthalten[367]. Die gegenständliche Existenz des Globus' als spätantikes Herrscherinsigne ist mithin unwahrscheinlich[368]. Die Verchristlichung des Globus' durch das Kreuz hatte folglich zwar ideologische Bedeutung, blieb aber ohne Auswirkungen auf das tatsächliche Erscheinungsbild des spätrömischen Herrschers.

Die purpurne *mappa* hingegen schreibt Ammian[369] dem Usurpator Procopius ausdrücklich als kaiserliches Insigne bei der Herrscherproklamation zu. Die *mappa* gehörte mittlerweile zum kaiserlichen **zivilen Dienstkostüm**, welches Procopius bei seiner Proklamation in unvollständiger Form imitierte. Es wies um die Mitte des 4. Jhs. folgende Bestandteile auf: Diadem; purpurnes Paludamentum (oft *chlamys* genannt), auf der rechten Schulter zusammengehalten durch eine edelsteinbesetzte Goldfibel; goldverzierte Tunika; purpurfarbene Hosen; edelsteinverzierter, purpurner Gürtel *(cingulum)*; purpurfarbene, edelsteinverzierte Schuhe *(campagia)*; purpurne *mappa*; kurzes Zepter. Selbstverständlich waren wesentliche Elemente dieses Dienstkostüms aus dem militärischen Bereich abgeleitet, wie das Paludamentum, die langen Hosen, welche anscheinend im 3. Jh. in die kaiserliche Tracht übernommen worden waren, und der Gürtel. Kaiserlicher Dienst auch im Frieden galt eben als *militia*[370].

Das **militärische Dienstkostüm** hatte folgendes Aussehen: edelsteinverzierter Helm mit Perlendiadem und eventuell Christogramm; vergoldeter, reich verzierter Panzer; purpurnes Paludamentum; Lanze; vergoldeter, reliefverzierter Schild; purpurne Tunika und Hosen; Militärschuhe; purpurner Militärgürtel. Der Schild und die erstmals für Procopius als Herrschaftszeichen bezeugte Lanze werden im 5. Jh. als kaiserliche Insignien immer bedeutsamer[371], nicht zuletzt im Zusammenhang mit der Schilderhebung (s. oben 95. 100). Das Schwert ist hingegen erst in byzantinischer Zeit einwandfrei als Herrschaftszeichen bezeugt[372].

Nicht zu den Insignien gehörte der *torques*; er wurde nur bei der Herrscherinvestitur gewissermaßen als Symbol der Mitsprache des Heeres bei der Kaiserproklamation verwendet, aber danach vom Kaiser nicht getragen[373].

367 Gegen die Argumentation von Deér 301 ff., wonach der Globus deshalb nie in den schriftlichen Quellen der byzantinischen Zeit erwähnt wird, weil er eben nicht zu den Investitur-Insignien gehörte.

368 Dies sei auch gegen die geltende Forschungsmeinung betont; vgl. RAC XIV (1988), 958 f. (M. Restle).

369 XXVI 6,15, boshaft als *purpureum pannulum* bezeichnet.

370 Vgl. Alföldi 175 ff.

371 Alföldi 184–186.

372 Vgl. Treitinger 24.

373 Vgl. Ensslin 1942, 268–298, bes. 293.

Das **consulare Triumphalkostüm**, welches die Herrscher bei Bekleidung des Consulats tragen – und auch dann wohl nur bei festlichen Anlässen, wie Consulatsantritt, Spielen usw. –, besteht aus der goldbestickten Purpur-*Trabea*, welche eine schmalere spätantike Form der Toga ist, der goldbestickten Tunika, dem Zepter und dem Diadem.

Die Kleidungsstücke des Kaisers, insbesondere die Tuniken, Hosen und Schuhe, waren zum Teil aus Seide gefertigt[374]. Die verwendeten Purpursorten, welche aus der Purpurschnecke hergestellt wurden, waren – wie Porphyrstein – dem Herrscher vorbehalten; sie wurden unter staatlicher Kontrolle hergestellt. Auch goldbestickte Gewänder waren für den Herrscher reserviert. Bei der Verwendung purpurner und goldbestickter Gewänder durch andere drohte seit dem 4. Jh. ein Majestätsprozeß[375]. Damit sollten ‚legale' Usurpationen erschwert werden – mit Erfolg, wie das fehlende Paludamentum z. B. bei der Proklamation des Procopius zu zeigen scheint (s. oben 94). Man darf sich im übrigen die Farbe der Purpurstoffe nicht unbedingt rot vorstellen. Die mit der Meerespurpurschnecke erzielten Farbtöne konnten rot, violett oder blau sein[376]; die kaiserliche Familie Iustinians auf den Mosaiken von San Vitale in Ravenna trägt violette Purpurgewänder[377], deren leuchtender Schimmer in Verbindung mit den das kaiserliche Kostüm von Kopf bis Fuß zierenden zahlreichen Juwelen und Goldschmuck eben jenen Lichtglanz erzeugte, der dem Herrscher von spätantiken Panegyrikern zugeschrieben wird und der im Grunde dem Kaiser als Sonnengott eigen war und ihm dann als Stellvertreter des Christengottes, des ‚wahren Lichtes', weiterhin zustand. Nicht erst Christus ist als ‚Quelle des Lichts' verehrt und adoriert worden[378], sondern schon der römische Kaiser, der durch die in seiner Umgebung aufgestellten brennenden Fackeln von ‚ewigem Licht' umgeben war[379].

Geblendet von solchem Lichtglanz vollzogen die zur *adoratio* Zugelassenen die Proskynese vor dem Herrscher. Für das Jahr 354 erfahren wir erstmals ausdrücklich, daß bei der *adoratio* der kaiserliche Purpur geküßt werden mußte[380], und für die Jahre ab 355 bietet Ammianus Marcellinus mehrere

374 Vgl. Vict. Caes. 39,2.

375 Cod. Iust. XI 9. Ammian XVI 8,4.8. XXII 9, 10–11 usw. Weitere Beispiele bei Avery 76–78.

376 Vgl. H. Blum, Purpur als Statussymbol in der griechischen Welt (Antiquitas R. 1 Bd. 47), 1998, 25 ff.

377 F. W. Deichmann, Ravenna. Hauptstadt des spätantiken Abendlandes I. Geschichte und Monumente, 1969, 335 ff.

378 Vgl. H. P. L'Orange, Lux Aeterna: L'adorazione della luce nell' arte tardo – antica ed alto-medioevale, in: Rend Pont Acc 47, 1974/75, 191–202.

379 Alföldi 111 ff.

380 Cod. Theod. VIII 7,4.

eindeutige Schilderungen aus dem Hofleben Constantius' II., des Usurpators Silvanus und Iulians, in welchen die *adoratio* ausdrücklich mit dem Küssen des Purpurs verbunden ist[381]. Dieses Küssen ging nach einer Bemerkung des Iohannes Chrysostomus zum Jahr 387 offensichtlich so vor sich, daß der kniefällige Adorant ein ihm dargebotenes Stück des kaiserlichen Purpurgewandes in seine Hände nahm und es mit dem Mund berührte. Entsprechend wurden anscheinend die – wohl purpurrot gefärbten – Schreiben des Kaisers mit Kuß adoriert[382].

Die von der modernen Forschung[383] als *adoratio purpurae* bezeichnete Geste fand wohl häufig im *consistorium*, dem Rats- und Thronsaal des Palastes, statt[384], aber prinzipiell gab es keine lokale Beschränkung dieses Rituals. Hingegen war im Detail vorgeschrieben, wer zur *adoratio* berechtigt war und in welcher Reihenfolge: So wird in dem oben zitierten Gesetz vom 14. Mai 354 den Stabsoffizieren *(cohortales, officiales)* der Heermeister die *adoratio purpurae* erst nach Ablauf ihres Militärdienstes und Teilnahme an allen Feldzügen erlaubt. Mehrere andere Gesetze und Autoren des 4.–6. Jhs. geben Auskunft darüber, daß – je nach Anwesenheit natürlich – der Prätorianerpräfekt und der Stadtpräfekt als erste zugelassen wurden, sodann die übrigen Würdenträger mit dem Rang eines *illustris*; ihnen folgten die *spectabiles*, unter ihnen z. B. die regionalen Militärkommandanten *(duces)* usw. Besondere kaiserliche Gunst konnte zur bevorzugten Behandlung Einzelner unter Hintanstellung des *ordo dignitatum* führen[385]. Während von den ‚Zivilisten' niemand die Zeremonie vollziehen durfte, der nicht wenigstens den Statthalterrang eines *consularis* bekleidete, war das Militär, die wichtigste Stütze der kaiserlichen Herrschaft, privilegiert: Auch die Leibgardisten des Kaisers *(protectores)* waren zur *adoratio* zugelassen. Außerhalb dieser Rangordnung konnten durch Protektion einflußreicher Leute bei Hof und Zahlung einer hohen Geldsumme auch andere Personen in den Genuß dieses Privilegs kommen, ein unrechtmäßiges Erschleichen desselben freilich sogar mit dem Tod bestraft werden[386]. Auf der anderen Seite bedeutete der Ausschluß von

381 XV 5,18.27. XXI 9,8.

382 Ioh. Chrys. ad. pop. Antioch. XI 5, PG 49, 126. – August. ep. 88,2 vom 15. 4. 313. Acta S. Paphnutii, in: Acta Sanctorum VI, Antwerpen 1757, 24. Sept., p. 686 D. Vgl. S. Lieberman, Hellenism in Jewish Palestine, 1962², 8–10 (diocletianische Verfolgungsedikte vom Volk ‚umarmt' und geküßt).

383 Avery 66 Anm. 2.

384 Ammian XV 5,18.

385 So anscheinend im Falle Belisars unter Iustinian: Procop. bell. Goth. IV 21, 1–3. Vgl. Herrmann-Otto 358f.

386 Cod. Theod. VI 24,3. VIII 1,13.

der Adoration den Entzug kaiserlicher Gnade[387]. Das Hofzeremoniell konnte mithin vom Kaiser zur Gestaltung von Nahe- und Treueverhältnissen ebenso wie zur Disziplinierung und Differenzierung der Hofgesellschaft genützt werden und somit Machtverhältnisse am Kaiserhof widerspiegeln[388].

Da einerseits der Purpur, wie wir sahen, das wichtigste Insigne kaiserlicher Herrschaft war, gewissermaßen das Kaisertum repräsentierte und andererseits das Zeremoniell in der Verehrung eben dieses Purpurs, und nicht der Person des Kaisers selbst, seinen Sinn hatte, konnten die Christen sich mit diesem Ritual abfinden – mit Ausnahme einiger Rigoristen wie Hieronymus. Man verehrte das gottgewollte, gar göttliche Kaisertum als Institution, repräsentiert durch sein wichtigstes Symbol, nicht aber den Menschen, der in diesem Gewand steckte. Ambrosius fügte den Nagel vom Kreuz Christi im Diadem des Kaisers als weiteren ‚Entschuldigungsgrund' für den Anbetungsgestus vor dem Kaiser hinzu (vgl. oben 356). Wenn im byzantinischen Zeremoniell der erste Akt der Proskynese auf einer Porphyrrota vor dem Eingang in das kaiserliche Consistorium vollzogen wird[389], so verdeutlicht auch dies die zentrale Rolle des Purpurs im Adorationsritual.

Glaubt man dem byzantinischen Historiker Procopius[390], so müssen zumindest bis ins 6. Jh. verschiedene Formen des Adorationszeremoniells existiert haben. Bis zu Iustinian, so Procopius, begrüßten die Senatoren den Kaiser auf unterschiedliche Weise: Personen patrizischen Ranges küßten den Herrscher an der rechten Brustseite[391] – wohl auf eines der purpurnen *orbiculi* bzw. *segmenta,* der Besatzstücke aus kostbaren Stoffen (**M 22**) in der Kleidung des spätantiken Herrschers[392]. Während dieser zu küssende Besatz bis zum Ende des 4. Jhs. in Kniehöhe lag, wie auf dem Missorium des Theo-

---

387 Cod. Theod. VI 8,1; 23,1; 24,4; 27,5. VIII 7,16. Cassiodor. var. XI 18. 20. 31. Ammian. XXII 9,16.

388 Vgl. hierzu Euseb. Vit. Const. IV 1. Zur Hofgesellschaft s. A. Winterling, Aula Caesaris, 1999; ders. (Hrsg.), Comitatus. Beiträge zur Erforschung des spätantiken Kaiserhofes, 1998; ders. (Hrsg.), Zwischen „Haus" und „Stadt". Antike Höfe im Vergleich (HZ Beih. 23), 1997; darin bes. Chr. Gizewski (S. 113–149) und A. Winterling (S. 91–112. 151–169). – Die *admissio* zur *adoratio* regelte spätestens seit ca. 400 der höchste Amtsträger der höfischen Zentralverwaltung *(magister officiorum)* mithilfe eines Stabs von *admissionales*: Not. Dign. Or. 11,7; Occ. 9,46.

389 Hieron. In Dan. 3,18. Vgl. hingegen Augustin. civ. dei X 4 u. Petr. Patric. ed. Helm 415ff. Treitinger 197f.

390 Procop. hist. arc. 30,21–24. Vgl. 15,15.

391 Nicht vergleichbar ist m. E. Ammian. XXVIII 4,10, wo wohl das gleichberechtigte Einander-Gegenüberstehen mit Wangenkuß gemeint ist, welches dann vom Hand- und Kniekuß abgelöst wird (gegen Alföldi 64 mit Anm. 8). Vgl. Lucian. Nek. 12,2,383.

392 Vgl. Delbrueck 1929, 38f. Alföldi 35. 178.

dosius erkennbar[393], trägt Iustinian auf dem Mosaik von San Vitale in Ravenna ihn in der Brustgegend[394]. Diese wahrscheinlich bereits vor Iustinian erfolgte Änderung mag den Hintergrund für das von Procopius geschilderte Zeremoniell darstellen; aber auch um diese Prozedur durchzuführen, muß der jeweilige Patricius – und dies übergeht Procopius – vor dem Kaiser gekniet haben[395]. Der Kaiser wiederum küßte den Patricius auf das Haupt. Die übrigen Senatoren beugten vor dem Kaiser ihr rechtes Knie, ohne in direkten Kontakt mit Körper oder Kleidung des Herrschers zu kommen. Iustinian hingegen soll von allen verlangt haben, daß sie sich bäuchlings auf den Boden hinstreckten und den Fuß des Kaisers sowie der Kaiserin küßten. Die *adoratio purpurae* bezog sich in diesem Fall auf die Purpurschuhe. Iustinian hätte mithin eine Nivellierung im Adorationszeremoniell eingeführt, indem er von den senatorischen Würdenträgern die gleiche, besonders unterwürfige Geste forderte wie – dies muß man wohl ergänzen – von den Mitgliedern des Hofstaates, der *comitiva*[396], noch dazu vor der Kaiserin. Mir scheint jedoch Skepsis angebracht gegenüber dieser ‚Entwicklungsgeschichte' des Adorationszeremoniells bei einem Autor, der in diesem Werk seiner Feindseligkeit gegenüber dem kaiserlichen Ehepaar freien Lauf läßt und fälschlich behauptet, vor Iustinian habe man den Kaiser *Augustus* bzw. *imperator,* nicht aber *dominus*, genannt[397].

Die weitere Entwicklung in byzantinischer Zeit kann hier nicht verfolgt werden[398]. Es ist jedoch schon aus dem bisher Gesagten ersichtlich, daß das Zeremoniell nicht in allen Details unverändert blieb. Auch mochten einzelne Herrscher um der *civilitas* willen Abstriche am vorgeschriebenen Ritual machen. So rechnete man es Valentinian II. als besondere Großzügigkeit an, daß er seinen Geschwistern den Begrüßungskuß auf die Wange ohne vorherigen Fußfall erlaubte[399]. Der Philosophenkaiser Iulian machte sich der Heuchelei und Selbsterniedrigung verdächtig, als er den ihr Amt antretenden Consuln die *adoratio* nicht erlaubte, sondern sie im Stil der früher üblichen *salutatio* selbst ehrerbietig (auf die Wange) küßte und ihnen die Hand reichte. Seinen Soldaten gegenüber zeigte er ähnliches Entgegenkommen[400]. Zum üblichen Ritual der *adoratio* gehörte aber wohl, daß der Kaiser die kniefälligen Adoranten mit einer symbolischen Geste zu sich emporhob, so daß sie vor ihm

393 s. **M 22** und Abb. 35.

394 Vgl. Delbrueck, Kaiserornat 3 mit Abb. 2.

395 Herrmann-Otto 355 deutet die Stelle m. E. fälschlich als bloßes *Verbeugen* der Patricii „gegen die rechte Brustseite des Kaisers".

396 Vgl. Procop. hist. arc. 15,15.

397 ebenda 30, 25f.

398 Vgl. dazu Treitinger 84ff.

399 Ambros. de ob. Val. 36.

400 Pan. Lat. III (11) 28,4. Ammian. XXII 7,3.

stehen durften. Im gleichen Raum mit dem Kaiser zu **sitzen**, war hingegen in aller Regel nur seinen Mitregenten erlaubt. Constantin genehmigte es freilich den Bischöfen beim Konzil von Nicaea. Der Usurpator Maximus stand sogar vor dem Bischof Ambrosius auf, um ihn mit einem Kuß zu empfangen[401]. Hierin äußert sich ein Entgegenkommen gegenüber der christlichen Kirche, aber nur dieser gegenüber. Repräsentationsszenen, wie jene des Missoriums von Madrid und des Obelisken Theodosius' I. zeigen freilich die kniefällige Verehrung des Herrschers stets nur durch fremde Gesandte, nicht aber seitens römischer Amtsträger (**M 22.23**).

Der christliche Einfluß hat – trotz der o. g. Privilegien für Vertreter der Kirche – die sakrale Aura des Herrscherzeremoniells nicht grundsätzlich beeinträchtigt. Die Absonderung des thronenden Kaisers durch einen Vorhang *(velum)* war ebenso dem heidnischen Götterkult entlehnt wie das Anzünden von Weihrauch und das zeremonielle Schweigegebot *(silentium)* in seiner Umgebung, welches durch besondere *silentiarii* bewacht wurde; diese Rituale galten der im Kaiser gegenwärtigen göttlichen Majestät[402]. Der gallische Rhetor Ausonius vergleicht die Zulassung zur kaiserlichen Audienz mit dem Erscheinen vor Gott; in beiden Fällen packen den Menschen „ruhige Furcht und ehrfürchtiger Schauer". Dem Hofdichter Claudian kommt der Kaiser Honorius in seiner majestätischen Erscheinung vor wie Iupiter, Mars, Apollon und Bacchus[403]. Bildliche Darstellungen zeigen den christlichen Kaiser auf seinem Thron, umrahmt von einem Giebel bzw. einer Bogenarchitektur, welche von Tempelgiebeln und Baldachinen abgeleitet sind, wie sie Götterstatuen zustanden (**M 23**); und der Himmelsglobus als Sitz des Kaisers taucht in der Kunst vereinzelt noch im 5. Jh. auf[404].

Es kann somit nicht verwundern, wenn Ammianus Marcellinus der Bevölkerung der südgallischen Stadt Vienne zuschreibt, den Caesar Iulian bei seinem dortigen *adventus* im Jahr 355 als „heilbringenden Schutzgott" *(salutaris genius)* begrüßt zu haben. Einen „uns gegenwärtigen Gott" nennt aber auch noch der Panegyriker Pacatus im Jahr 389 den allerchristlichsten Kaiser Theodosius I.[405]. Man übersetzt das vielleicht am besten mit ‚Vergegenwärtigung göttlicher Majestät'. Die Inschrift seiner Reiterstatue auf dem nach ihm benannten Forum in Constantinopel preist Theodosius als „anderen Helios",

---

401 Ambros. ep. 24,3.

402 Alföldi 38. Treitinger 52f.

403 Auson. grat. act. 1,2. Claudian. de III cons. Hon. pr. 15; de IV cons. Hon. 197–202. 521–526. 537f. 602–610. Vgl. A. Cameron, Claudian. Poetry and propaganda at the court of Honorius, 1970, 193–199.

404 Vgl. Engemann 1033–1035. Alföldi 189. 248–252. Laubscher 77. Mac Cormack 127f.

405 Ammian. XV 8,21–22. Pan. Lat. II (12) 4,5: *Deum dedit Hispania, quem videmus.* Vgl. 6,2–4.

der nach Art des Sonnengottes seine Bahn zieht; seine Herrschaft hat eine kosmische Dimension. Den mit dem Christogramm am Helm dargestellten Honorius (s. oben 114) apostrophiert Claudius Claudianus als „himmlische Frucht" *(sidereum onus)*[406]. Bei derartigen Lobpreisungen mochten Heiden und Christen jeweils unterschiedliche Stufen des Göttlichen vor Augen haben, aber die grundsätzliche Vorstellung, daß der Herrscher das Göttliche repräsentierte, muß beiden Seiten eigen gewesen sein. Als Epiphanie wurde der Auftritt des christlichen Herrschers in der Öffentlichkeit begriffen. Claudius Claudianus vergleicht den Transport des Honorius aus dem Palast in einer Sänfte mit demjenigen der Gottheiten des ägyptischen Memphis, wenn diese in feierlicher Prozession aus ihrem Allerheiligsten in die Öffentlichkeit getragen werden. Der durch seinen vergoldeten Wagen und die kaiserlichen Edelsteine ohnehin von göttlichem Lichtglanz umgebene Constantius II. saß, wie Ammian in seiner berühmten Schilderung des Rom-Besuches dieses Kaisers im Jahr 357 betont, unbeweglich wie eine Statue in seinem Reisewagen, „den scharfen Glanz seiner Augen" starr nach vorne gerichtet[407]. Der in der panegyrischen Literatur und in der bildenden Kunst geprägte Typus der göttlichen Majestät des Herrschers war mithin ein Topos, der im realen Verhalten des spätantiken Kaisers seinen Widerhall fand[408].

Constantius II. besuchte die alte Reichshauptstadt, um in der „Mutterstadt der Triumphe" sein 20jähriges Regierungsjubiläum und seinen Triumph über die Usurpatoren Magnentius und Decentius sowie über die Alamannen zu begehen[409]. Der Einzug des Kaisers erfolgte jedoch im Reisewagen *(carpentum)*, nicht im Triumphwagen, obwohl derselbe Herrscher z. B. auf einem Goldmedaillon im vierspännigen Triumphwagen stehend, bekränzt von Victorien, dargestellt wird[410]; die Rs.-Legende des Medaillons stellt Constantius als ‚Sieger' vor. Ein kaiserlicher (Rom-)Besuch ist zu jener Zeit nurmehr als Triumphzug denkbar, auch wenn die *civilitas* des Herrschers die äußeren Formen eines solchen vermeidet.

Im Verlauf des 4. Jhs. wird die Darstellung des kaiserlichen *adventus* in der Münzprägung immer seltener; an die Stelle des Herrschers ‚in Bewegung' tritt jene des anwesenden, ‚ruhenden' Kaisers[411]. Ikonographisch hatte dieser Wandel sich in der frontalen Präsentation des triumphalen kaiserlichen Viergespanns auf den oben genannten Abbildungen angebahnt: Selbst der in Bewegung befindliche Herrscher erscheint dort statisch. In der zweiten Hälfte des 4. Jhs. verschiebt sich nun der Akzent auf das zweite Stadium des kaiserli-

406 Anth. Gr. 16,65 (Beckby IV 336 f.). Claudian. de IV cons. Hon. 570.
407 Claudian. de IV cons. Hon. 570 ff. Ammian. XVI 10,6. 9–11.
408 Zum Rombesuch des Constantius II. siehe Straub 175 ff. Brandt 153 ff.
409 Themist. or. III 42c ff. Ammian. XVI 10, 1 ff.
410 Gnecchi I Taf. 11,1; siehe auch Straub Taf. II 2 (gegenüber S. 176).
411 Vgl. MacCormack 42 f. 78.

chen *adventus*: die Beziehungen zwischen Herrscher und Untertanen, reflektiert im Bild des im Kosmos seines Hofstaates und des Volkes der Residenz thronenden Kaisers. Dabei wird nicht mehr ein bestimmtes historisches Ereignis dargestellt, sondern die Omnipräsenz der kaiserlichen Majestät. So haben sich die auf dem Theodosius-Obelisken oder der Arcadius-Säule in Constantinopel gemeinsam dargestellten Herrscher in Wirklichkeit nie gleichzeitig in der östlichen Hauptstadt aufgehalten (**M 23**).

Die Anwesenheit des Kaisers war nunmehr **stets** eine triumphale Präsenz, denn die spätantike Siegestheologie löste den Triumph des Kaisers vom konkreten Anlaß eines tatsächlichen Sieges über Feinde. Die Zuschreibung konkreter Siegerbeinamen kam im 5. Jh. außer Mode bzw. wurde überflüssig, denn der Herrscher war ohnehin stets ‚Sieger über alle Völker' *(victor omnium gentium)*, ‚überall Sieger, ständiger Sieger, ständiger Triumphator' usw.[412]. Auf Münzen schleppt er auch weiterhin einen Barbaren hinter sich her, setzt seinen Fuß oder das Labarum mit dem Christogramm auf den Rükken eines besiegten Feindes oder reitet über diesen hinweg. Dabei können schon unter Constantin I., dann vor allem unter Honorius und Valentinian III. eine Schlange, die gelegentlich einen menschlichen Kopf trägt, oder ein Löwe mit Schlangenschwanz an die Stelle des menschengestaltigen Feindes treten – gewissermaßen als Symbol des Feindes schlechthin, vielleicht mit christlicher Konnotation des Teufels[413].

Insbesondere zwischen 395 und der Mitte des 5. Jhs. war der römische Kaiser nicht mehr in ständiger Bewegung durch das Imperium Romanum, nahm nicht mehr selbst an Feldzügen teil, sondern residierte in seiner Hauptstadt, gewissermaßen als Ikone kaiserlicher Macht. Das Kaisertum hatte jene Form angenommen, die Synesius in dem zu Beginn dieses Buches zitierten Passus heftig kritisiert (s. oben 19f.). Nicht mehr die Darstellung von Taten beherrscht daher die kaiserliche Ikonographie, sondern jene von ‚ewigen' Qualitäten und der ‚ewigen' Präsenz des Kaisers[414]. An die Stelle von Schlachtdarstellungen mit einem siegreich kämpfenden Herrscher tritt nunmehr die zeremonielle Huldigung der Unterworfenen. „Die Herrschaft ist nicht mehr Folge des Sieges, der Sieg ist die Folge der Herrschaft" des Kaisers[415]. Themistius schildert, wie Constantius II. unbewegt auf dem Tribunal steht und den Usurpator Vetranio allein durch die Macht seiner Worte veranlaßt, die angemaßten kaiserlichen Insignien abzulegen[416].

412 Vgl. P. Kneissl, Die Siegestitulatur der römischen Kaiser, 1969, bes. 174–180. McCormick 113ff. F. Heim, La théologie de la victoire de Constantin à Théodose, 1992.

413 Vgl. Engemann 1026–1028.

414 Vgl. Bauer 321.

415 Bauer 322.

416 or. III 45b–c. Vgl. or. XV 189d–190a.

So brauchte sich die Sieghaftigkeit des Kaisers nicht mehr auf dem Schlachtfeld zu beweisen, sondern konnte in der Hauptstadt zelebriert werden, wo vor allem das Hippodrom zum politischen Raum für die Begegnung von Kaiser und Untertanen wurde.

Die traditionell hohe Bedeutung der Spiele für das Verhältnis Princeps-Plebs wurde insbesondere in Constantinopel durch die Stärkung des residenziellen Elements des spätantiken Kaisertums noch erheblich gesteigert. Wie der Obelisk des Theodosius zeigt, bildeten die teilweise politisierten Circus-Spiele, seien es nun Wagen- und Pferderennen oder andere Sport- und Spielveranstaltungen, gewissermaßen den äußeren Anlaß für eine weitgehende Kristallisation politischen Geschehens in dieser wohl zwischen 50000 und 100000 Zuschauer fassenden Arena. Die im Zeremonienbuch des byzantinischen Kaisers Constantin VII. unmittelbar im Zusammenhang mit kaiserlichem Zeremoniell aufgeführten Spiele umfassen solche anläßlich von Geburtstagen, Regierungsjubiläen und Hochzeiten des Kaiserhauses sowie der Thronbesteigung und Krönung des Herrschers. Hinzu kamen Spiele anläßlich der Feier eines kaiserlichen Triumphes. Weitere zeremonielle Anlässe im Hippodrom waren der Gründungstag Constantinopels und der Amtsantritt der Consuln[417]. Derartige Feste waren zum Teil seit der frühen Kaiserzeit begangen worden, die Indienstnahme des Kalenders durch die jeweils regierende Dynastie seit Augustus üblich[418].

Zentrum des Zeremoniells sind jeweils der in seiner unmittelbar mit dem Palast verbundenen Loge (Kathisma) thronende Herrscher und seine Familie (**M 23**). Der Kaiser nimmt die zum Teil in Form der Proskynese erfolgenden Huldigungen und die von den Leitern der Circusparteien gesteuerten Akklamationen entgegen, läßt Lebensmittel und sonstige Geschenke an das Volk verteilen und beweist somit seine *liberalitas*, seine Großzügigkeit. Im Hippodrom entscheidet der Kaiser über Verurteilung oder gar Hinrichtung von Verbrechern, darunter auch hoher Amtsträger, verfügt Begnadigungen, läßt sich von Gesandten fremder Völker huldigen, hört die Beschwerden des Volkes, löst innenpolitische Probleme usw. Im Hippodrom entfaltet der Kaiser mithin seine Macht und seine herrscherlichen Qualitäten; hier versucht er, dem geltenden Herrscherideal gerecht zu werden. Im Dialog zwischen Kaiser und Volk manifestieren sich die Legitimität und Popularität des Kaiserhauses – oder das Gegenteil, wie etwa bei der Erhebung gegen Phokas im Jahr 602[419].

Die Vorführung Besiegter bzw. der Köpfe getöteter Gegner dient seit dem 5. Jh. dazu, die ewige Sieghaftigkeit des Herrschers zu feiern. In diesem Fall

417 Vgl. A. Cameron, Circus Factions, 1976. Heucke bes. 67ff.
418 J. Rüpke, Kalender und Öffentlichkeit, 1995, 396–440.
419 Theophyl. Simok. hist. VIII 10.

ersetzt das Hippodrom als Zielpunkt des Triumphzuges gewissermaßen das Kapitol in Rom[420]. Erstmals bei der Triumphfeier Constantius' II. in Antiochia im Jahr 343 ist eine Teilnahme christlicher Bischöfe bei diesem Anlaß bezeugt, aber eine Integration des Besuchs eines christlichen Heiligtums in den Triumphzug ist nicht vor der Zeit Iustinians überliefert. Bittprozession und Dankesgottesdienste zeigen nun eine „Liturgisierung der Siegesfeierlichkeiten" an[421]. Dabei ist es nicht ohne Bedeutung, daß von christlicher Seite der unblutige Sieg als ein besonderes preiswürdiges Element des kaiserlichen Triumphes in den Vordergrund gerückt wird[422].

4.4 Das Herrscherideal zwischen Christentum und Neuplatonismus

Der heidnische Rhetor und Philosoph Themistius[423] unternahm es seit den 60iger Jahren des 4. Jhs., die Außenpolitik der römischen Herrscher und insbesondere die Gotenpolitik des christlichen Kaisers Theodosius I. nach der katastrophalen Niederlage des römischen Heeres unter Valens bei Adrianopel im Jahr 378 vor dem Hintergrund des veränderten Kräfteverhältnisses zwischen dem Imperium Romanum und den Germanen sowie des berühmten Gotenvertrags des Theodosius vom Jahr 382 zu erläutern und dabei ein virtuell universalistisches Konzept des römischen Reiches zu zeichnen[424], wie es bereits Constantius' II. Anspruch auf den Titel *orbis totius dominus*[425] zugrunde lag.

Der imperiale Herrschaftsanspruch Roms verwirklicht sich nach Themistius nicht in blutigen Schlachten, sondern in der zivilisatorischen Weltmission, welche dem Kaiser die Pflicht auferlegt, möglichst viele Barbaren der Romanisierung zuzuführen, sie zu assimilieren, u. a. indem er sie auf Reichsboden ansiedelt und sie dort zu einem humanen Dasein erzieht[426]. Auf christlicher Seite finden solche Ideen eine gewisse Resonanz bei dem spanischen

420 Vgl. Eusthat. v. Epiphan. fr. 6, FHG 4 p. 141 u. Priscian. Caes., de laude 171–173 zum Jahr 497. Vgl. die Beispiele bei Heucke 139ff.

421 Martin, in: Usurpationen 55. Vgl. Athanas. hist. Arian. 16, 2, ed. H. G. Opitz, Athanasius Werke 2,1 (1908) 191, 11–15. MacCormick 63f. 111. MacCormack 41ff. Bauer 380–383.

422 Vgl. McCormick 108f.

423 Zur Person s. jetzt J. Vanderspoel, Themistius and the Imperial Court, 1995. P. Heather, Themistius: A Political Philosopher, in: M. Whitby (Hrsg.), The Propaganda of Power. The Role of Panegyric in late Antiquity, 1998, 125–150.

424 or XVI. Vgl. or. V 69b. VII 85c–d. M. P. Pavan, La politica gotica di Teodosio nella pubblicistica del suo tempo, 1964.

425 Ammian. XV 1,3.

426 Themist. or. XVI 208a–212b etc.

Presbyter Orosius in den 20iger Jahren des 5. Jhs., der die Ansiedlung von Germanen auf Reichsboden als Chance für die christliche Mission begreift. Selbst der im traditionellen römischen imperialen Denken verharrende Ambrosius fördert die Umsiedlung eines Markomannenstammes auf Reichsboden, wenn dieser Stamm für den katholischen Glauben gewonnen wird[427]. Schon Eusebius hatte Constantin eine ökumenische missionarische Aufgabe zugeschrieben[428]. In der zweiten Hälfte des 5. Jhs. legt der gallische Bischof Sidonius Apollinaris den Akzent römischer Außenpolitik vor allem auf Bündnisse mit den Barbaren[429]. Heidnische Neuplatoniker und christliche Dichter, Historiker und Bischöfe betrachten folglich gleichermaßen die grenzüberschreitende Milde und Menschenfreundlichkeit (*philanthropia*) des Kaisers, seine Verantwortung nicht nur gegenüber den Reichsbewohnern, sondern – als „König der Menschen, als Gebieter über Erde und Meer", d. h. über die ganze Welt[430] – gegenüber allen Menschen, einschließlich der Barbaren, als wesentliche Qualität eines idealen Herrschers. Dieser regiert über ein großes Friedensreich.

Andererseits sieht sich der Dichter Claudius Claudianus im Westen des Reiches veranlaßt, die Tatsache, daß der Kaiser Honorius die Kriegführung gegen den Usurpator Gildo seinem ‚Vormund' Stilicho überläßt, mit der Begründung zu entschuldigen, es zieme sich nicht für einen Kaiser, selbst die Waffen mit einem Rebellen zu kreuzen[431]; und Synesius hält dem den Augen der Mitwelt weitgehend entrückten, von sakraler Aura umgebenen, in seinem Palast thronenden, ‚unbewegten' Herrscher Arcadius den das Reich durcheilenden kaiserlichen Krieger als Ideal und Vorbild vor Augen (s. oben 19f.). Er mag dabei etwa an Iulianus Apostata gedacht haben, den sein Panegyriker in dieser Weise beschreibt, aber auch Theodosius wurde noch so gesehen[432]. Synesius erinnert daher Arcadius mahnend daran, daß das dynastische Prinzip mit der Auswahl des Besten zu verbinden sei[433].

Synesius ist ebenso Neuplatoniker wie Themistius; dennoch deuten beide die politische Situation verschieden und ziehen daraus unterschiedliche Konsequenzen. Anstelle der Philantropia des römischen Herrschers gegenüber den Barbaren, wie Themistius sie konzipiert, hält Synesius – in Kritik an

427 Paulin. Vita Ambros. 36.

428 Vgl. Oros. hist. adv. pag. VII 41. Euseb. Vita Const. I 2–6.8.

429 Vgl. L. Watson, in: Whitby a. O. 188ff.

430 Themist. or. III 41c. IX 123a.

431 de bello Gild. 381ff.

432 Pan. Lat. III (11) 11,4. II (12) 10,1–4.

433 Vgl. hierzu und zum folgenden: P. J. Heather, The Anti-Scythian Tirade of Synesios' ‚De regno', in: Phoenix 42, 1988, 152–172. A. Cameron/J. Lang/L. Sherry, Barbarians and Politics at the Court of Arcadius, 1993. W. Hagl, Arcadius Apis Imperator. Synesius von Kyrene und sein Beitrag zum Herrscherideal der Spätantike, 1997.

Theodosius I. – am traditionellen Konzept der Verpflichtung des Kaisers zur energischen Verteidigung der Grenzen des Imperiums gegenüber der barbarischen Bedrohung fest. Dies bedeutet für ihn wahre Friedenssicherung. „Die besondere Aufgabe des Herrschers ist der Krieg, wie jene des Schusters die Anfertigung von Schuhen ist“[434]. Dies gilt nach Synesius gerade in der gegenwärtigen Situation, in der die Existenz des Reiches durch die Germanen bedroht ist; der Kaiser muß in einer solchen Situation die Abgeschiedenheit des Palastes verlassen[435].

Seine freimütige Rede sieht Synesius in der Tradition der vor dem Herrscher, selbst vor gefürchteten Tyrannen, standhaft die Wahrheit verkündenden Philosophen. Er beansprucht, daß der Philosoph göttlich inspirierter Erzieher des Herrschers sein, das männliche Wort der Philosophie an die Stelle der servilen Schmeichelei treten solle. Der platonische Grundsatz, daß die Erkenntnis des Guten zum rechten Handeln führe, ist der Ausgangspunkt seines Fürstenspiegels, der die Form einer Parainese hat und in der Tradition der hellenistischen Fürstenspiegel steht.

Die Legitimation seiner Herrschaft, für welche das dynastische Prinzip allein nicht genügt, empfängt der Kaiser nicht durch seine prachtvollen Kleider, sondern durch die unter Gottes Leitung zu erringende Tugend der Selbstkontrolle, mit welcher er den Geist zum Herrn der menschlichen Triebe erhebt, und durch seine daraus resultierenden Leistungen als Herrscher. Selbstkontrolle macht einen Menschen – und zwar grundsätzlich jeden! – zu einem ‚göttlichen‘ Wesen, aber ein besonderer Anteil am Göttlichen wird dem Kaiser zuteil, da er Gott nachahmt und durch seine Taten die göttlichen Qualitäten ganzen Völkerschaften zum Segen gereichen. Synesius vergleicht seinen Entwurf eines Idealherrschers mit der Formung einer wunderschönen Statue eines Kaisers, stellt also einen engen Zusammenhang zwischen innerer und äußerer Schönheit her. Die Herrschaft des Geistes in seiner Person ist es, die dem Kaiser eine göttliche innere Ausgeglichenheit und unerschütterliche Würde verleiht, welche sich seiner äußeren Haltung mitteilt, so daß sein Anblick tiefe Ehrerbietung, nicht aber Furcht weckt. Seinerseits in Ehrerbietung gegenüber Gott, soll der Herrscher ein dem Gemeinwohl verpflichteter Diener seines Reiches sein. Dies wird Gott belohnen, indem er mit dem Herrscher eine heilige Verbindung eingeht, so daß der Kaiser das Abbild Gottes wird, die Verkörperung aller Tugenden und Werte, das lebende Gesetz[436].

Es kann nicht überraschen, daß dem Neuplatoniker Synesius der wenige Jahre später erfolgte Übergang zum Amt des christlichen Bischofs, in welchem Iohannes Chrysostomus etwa gleichzeitig z. T. ganz ähnliche Gedan-

434 de regno, PG 66, p.1076b. Vgl. 1085b. 11987b–c.
435 de regno, PG 66, p. 1089.
436 de regno, PG 66, p. 1069. 1104; 1065b, vgl. 1105b.

ken äußert[437], nicht allzu schwer gefallen ist. Obwohl er die hellenistische Auffassung vertritt, daß der Kaiser in gottgleichen Leistungen auch göttliche Qualitäten beweisen kann, ordnet er ihn doch deutlich in die Reihe der Menschen ein, die *alle* Abbilder Gottes sind, wenn auch der Kaiser in besonderem Maße. Dies ließ sich mit den Auffassungen eines Eusebius mühelos vereinbaren (s. oben 67–69), im Ton lag Synesius gar durchaus eine Stufe tiefer als der christliche Bischof.

Letzterem vielleicht noch etwas näher steht der Rhetor Themistius, gleichfalls der neuplatonischen Philosophie zugewandt und sich in der Rolle als Fürstenerzieher sehend. Für ihn besteht kein Zweifel daran, daß der Kaiser seine Macht von Gott hat; zwar wird ihm der Purpur vom Heer übertragen, aber er ist schon von Geburt an zur Herrschaft berufen; das Heer huldigt ihm nur, es wählt ihn nicht[438].

Für Themistius ist der Kaiser selbst ein „himmlisches Wesen“[439], herabgesandt, um den Menschen seine Fürsorge zuteil werden zu lassen. Er ist zwar kein Gott, wohl aber Teilhaber am Göttlichen, an göttlichen Qualitäten im Sinne des neuplatonischen Pantheismus, und er ist Freund Gottes. Er gleicht dem Gebieter des Weltalls, ist sein Ebenbild, sein Pendant auf Erden, eine Emanation des Göttlichen, das lebende Gesetz[440]. Im neuplatonischen heidnischen Denken jener Zeit ist die höchste Gottheit ein transzendentes, dem Christengott sehr ähnliches Wesen. Folglich kann auch für den heidnischen Philosophen die göttliche Qualität des Kaisers sich nurmehr in dessen ständigem Streben nach der *imitatio* Gottes, dem Bemühen um Annäherung an die göttliche Vollkommenheit, niederschlagen. Seine Auserwähltheit durch Gott muß der Herrscher durch seine Taten unter Beweis stellen – dies ist die durchaus ambivalente Auffassung des Themistius, die in letzter Konsequenz sogar ein Widerstandsrecht der Untertanen beinhalten könnte[441]. Den Vorstellungen des Hellenismus von der durch Leistung bewiesenen Göttlichkeit des Herrschers entspricht die Äußerung des Themistius, wenn Theodosius im ganzen Reich für Frieden und Wohlfahrt sorge, wenn er allen Gutes tue, könne er sich göttlich nennen lassen[442].

---

437 Ioh. Chrys. comp. reg. et mon., PG 47, p. 387–392. Groß-Albenhausen 1999, 158f.

438 Vgl. Straub 160ff.

439 or. I 5c–6c. IX 126a. XIII 170a–b. Vgl. G. Dagron, L'Empire romain d'Orient au IV siècle et les traditions politiques de l'Hellénisme. Le témoignage de Themistius, 1968, bes. 53ff. 121ff.

440 or V 64b etc.

441 or. VI 73c–d.

442 or. XV 193d. Vgl. Straub 172. Chr. Habicht, Gottmenschentum und griechische Städte, 1970, 230ff.

Diese Gedanken, welche Themistius in verschiedenen Panegyrici vor verschiedenen Kaisern von Constantius II. bis Theodosius I. vortrug, lassen sich sowohl mit wesentlichen Aspekten der Göttlichkeit der Tetrarchen als auch mit entsprechenden Äußerungen des Eusebius zur Gottesnähe Constantins I. vereinbaren. Es legt Zeugnis ab von der geistigen Nähe von Neuplatonismus und Christentum, daß Themistius das Bibelzitat vom „Herz des Königs in der Hand Gottes" verwendet[443]. Nur leitet der heidnische Philosoph sein Herrscherideal aus Homer, Hesiod, den großen Tragikern und Philosophen, insbesondere Platon, ab.

Göttlicher Vollkommenheit kann der weltliche Herrscher sich nur dann annähern, wenn er die Lehren der Philosophen in die Praxis umsetzt. Hierin stimmt Themistius mit anderen führenden heidnischen Köpfen seiner Zeit überein. Die Tugenden, die der Herrscher zu beachten hat, sind die altbekannten, angefangen von der Tapferkeit über die Gerechtigkeit bis hin zur politischen Weisheit[444]. Freilich werden entsprechend der gewandelten politischen Situation die Akzente unterschiedlich gesetzt, werden die Topoi von den verschiedenen Autoren jeweils neu aktualisiert. Neben Gerechtigkeit, Klugheit, militärischer Härte und Tapferkeit sowie weiser Voraussicht, welche der lateinische Panegyriker und Consul Claudius Mamertinus zu Neujahr 362 in traditioneller Weise an Iulian lobt[445], sind es Mäßigung, Selbstkontrolle, freundliche Zugänglichkeit, die der Rhetor Libanius von Antiochia in seiner Grabrede auf Iulian hervorhebt[446]. Der um 400 schreibende, anonyme Autor der Historia Augusta verlangt vom Kaiser vor allem Bildung[447], und ikonographisch wird dieser Aspekt durch die Schriftrolle in der Hand des Herrschers sowie durch den zu jener Zeit in das kaiserliche Repräsentationsbild aufgenommenen Redegestus jugendlicher Herrscher betont, der ihre rhetorische Ausbildung und daraus resultierende künftige administrative Kompetenz dokumentieren soll[448]. Bei Themistius ist es – wie wir sahen – nicht die kriegerische Tüchtigkeit, sondern die Philanthropie des Herrschers gegenüber allen Menschen, die im Vordergrund steht, Voraussetzung für das irdische Friedensreich ist[449].

443 or. VII 89d, aus ‚Sprüche Salomons' XXI 1.

444 Vgl. L. K. Boren, The Perfect Prince according to the Latin Panegyrics, AJPh 55, 1934, 20–35.

445 Pan. Lat. III (11) 11,4; 5,3–5; 12; 28–31.

446 or. XVIII 281; 174–176; 184f.; 183–196.

447 SHA, Tac. 4,4: *ecquis melius quam litteratus imperat?* Vgl. Symm. or. 3,7 zu Gratian. Zur kaiserlichen Paideia in der spätantiken Panegyrik und Historiographie vgl. H. Schlange-Schöningen, Kaisertum und Bildungswesen im spätantiken Konstantinopel, 1995, 10–39.

448 Raeck 1998.

449 Siehe bes. or. I 4a–6b; 8a–c. XI 146c–147b.

Weiter als Themistius, der vom Herrscher nicht fordert, selbst Philosoph zu werden und das platonische Ideal eines Philosophenkönigs anzustreben, geht Iulian selbst, der Kaiser mit dem Philosophenbart, der auf Verwirklichung eben jenes Konzepts abzielt. Andererseits war er, der Kaiser, wesentlich zurückhaltender hinsichtlich des göttlichen Wesens des Herrschers. Auch Iulian fühlte sich als Herrscher von Gottes Gnaden, erwählt von Sol, der wichtigsten Gottheit des Heeres, als deren Hirt er die menschliche Herde weiden sollte. Es gehört jedoch zu den bereits beobachteten Ambivalenzen der römischen Herrscherideologie, daß Iulian seine eigene Proklamation zum Herrscher zwar als Resultat göttlicher Intervention betrachtet, seine Autorität jedoch auf das Prinzip der Volkssouveränität zu stützen behauptet. Dementsprechend leugnet Iulian ein göttliches Wesen des Herrschers und sogar eine göttliche Natur der Institution Kaisertum sowie ein Erbrecht auf selbiges[450]. Stattdessen sucht Iulian – in Anknüpfung an den Philosophen auf dem Kaiserthron, Marcus Aurelius – das Ideal des Princeps als des ersten Bürgers unter Gleichen, wie es Plinius der Jüngere in seinem Panegyricus auf Traian der Nachwelt hinterlassen hatte, zu erneuern. Als Kommilitone unter seinen Soldaten, als Senator unter seinen Statusgenossen, nicht als von seiner Umwelt in numinoser Abgeschiedenheit getrennte, sakrale Ikone wollte er erscheinen. Er wies daher die Anrede *dominus* zurück und übte sich in nach Ansicht mancher Zeitgenossen überzogenen Gesten der *civilitas* (s. oben 20).

Constantius II. und Theodosius I. stellten anläßlich ihrer Rom-Besuche ihre *civilitas* dezenter unter Beweis, indem sie sich in Ansprachen an Senat und Volk wandten, zu Fuß einen touristischen Rundgang unternahmen und dabei – so jedenfalls Theodosius – Scherze mit dem Volk austauschten[451]. Aber es handelte sich um eine andere *civilitas* als Iulian sie verstanden hatte. Wenige Jahre nach dem Tod Iulians, angefangen mit der Regierung Valentinians I., verschwinden die traditionellen Bezeichnungen *Caesar* und *Imperator* definitiv aus den Münzlegenden, um gänzlich dem *Dominus Noster Augustus* zu weichen[452]. Die Zugänglichkeit, welche angeblich Theodosius von seinen im Palast abgeschlossenen Vorgängern unterscheidet, dient nurmehr der staunenden Bewunderung seiner – natürlich zu adorierenden – lichtvollen Majestät[453]. Am ehesten blieb das Ideal der *civilitas* des *princeps* noch im gemeinsamen Gastmahl erhalten, bei dem der Kaiser mit einem ausgewählten Kreis hochrangiger Würdenträger besondere persönliche Beziehungen pflegte – freilich unter strikter Regelung von Sitz- und Kleiderordnung – und wel-

450 ep. ad. senatum Athen. 6–7 (275b–277a); ep. 28; Laus. Const. 37 (45d–46a); ep. ad. Themist. 261b–d. 266c–267a. Vgl. Ammian. XXIII 5,5. Liban. or. XVIII 181.

451 Ammian. XVI 10,13f. Pan. Lat. II (12) 47,3. Claudian. de VI cons. Hon. 60.

452 Vgl. M. Dürr, SM 41, 1991, 33.

453 Pan. Lat. II (12) 6,4; 21,2–5.

ches in der aristokratischen Selbstdarstellung einen so hohen Rang einnahm, daß das Privileg der Teilnahme am kaiserlichen Symposium sogar in Grabinschriften unter den persönlichen Leistungen und Qualitäten besonders hervorgehoben wurde[454]. Dieser Akt der *civilitas* fand jedoch im abgeschlossenen Bereich des Palastes statt.

Das Bild des Herrschers in der spätantiken Literatur ist – anders als in der bildlichen Repräsentation – nicht einheitlich, sondern durchaus strittig. Zwischen den Polen des zwar von Gott in der Wahl durch das Heer zur Herrschaft bestimmten, aber wie alle anderen Menschen den Gesetzen unterworfenen, ein Amt bekleidenden ‚höchsten Magistraten‘ einerseits und des an der göttlichen Natur teilhabenden, das Gesetz verkörpernden Weltenlenkers andererseits gab es die Möglichkeit zu Nuancierungen und ambivalenten Interpretationen sowohl seitens heidnischer als auch christlicher Autoren. Die schroffsten Ablehnungen der zeitgenössischen Herrscherrepräsentation, welche uns aus der Spätantike überliefert sind, bieten die Rede des Neuplatonikers Synesius über die Königsherrschaft und die ‚Perversion‘ eines Panegyricus in der Schrift ‚Gegen Constantius‘ des Bischofs Hilarius von Poitiers[455].

Andererseits konnte der römische Senator Symmachus in seiner berühmten, religiöse Toleranz fordernden Rede für die Wiederaufstellung des Victoria-Altars in der Curia am Forum Romanum im Jahr 384 sich indirekt auf die Verehrung auch der christlichen Kaiser als *divi* berufen, um so die Vereinbarkeit von traditionellem heidnischen und christlichem Kaisertum zu demonstrieren[456]. Für Theodosius ist das Epitheton *divus* noch belegt[457]. Freilich wurde es zu seiner Zeit nurmehr im Sinne von ‚erhaben‘ verwendet, und falls überhaupt noch eine formale Konsekration durch den Senat von Rom erfolgte, so hatte sie einzig ihren politischen und rechtlichen Gehalt bewahrt, insofern sie die Beurteilung des verflossenen Regimes als eines ‚guten‘ und zugleich die Anerkennung der Regierungshandlungen des verstorbenen Herrschers durch den Senat beinhaltete. So konnten noch in den Codices des 5. Jhs. die früheren Kaiser *divi* genannt werden.

Beim Tod Constantins hatte die Apotheose des Herrschers freilich ihren religiösen Gehalt nicht verloren. Zwar erhielt er kein dem heidnischen Kon-

454 CIL VI 1756, Z. 10ff. Vgl. Ammian. XV 5,27 usw. D. Schlinkert, Klio 78, 1996, 480f.

455 Hilarius von Poitiers, in Constantium, ed. A. Roscher, Sources Chrétiennes 334, 1987. Vgl. zuletzt M. Humphries, Savage Humour: Christian Anti-Panegyric in Hilary of Poitiers' ‚Against Constantius‘, in: Whitby a. O. 201–223.

456 Relatio 3, 1.4.5.19.

457 Vgl. hierzu und zum folgenden vor allem L. Schumacher, Zur ‚Apotheose‘ des Herrschers in der Spätantike, in: Atti dell' Accademia Romanistica Costantiniana. X Convegno Internationale 1995, 105–125. G. Bonamente, Apoteosi e imperatori cristiani, in: Bonamente/Nestori (s. Anm. 152) 107–142. S. Calderone, in: Le Culte des Souverains (Entretiens sur l'Antiquité classique, XIX) 1972, 240f.

sekrationsritus entsprechendes Begräbnis und Kult in Rom, und seine Konsekrationsmünzen bilden dementsprechend auch nicht mehr die Paraphernalia eines solchen ab, wie Adler, Scheiterhaufen, Tempel, Altar, und tragen nicht einmal mehr die Legende *consecratio*. Aber nicht nur zeigen von Heiden gesetzte Weihinschriften für den verstorbenen christlichen Kaiser durchaus noch einen religiösen Gehalt des Epithetons *divus*, nicht nur werden in Rom Gemälde mit dem auf dem Himmelsgewölbe thronenden Constantin aufgestellt (s. oben 69); auch die reichsweit geprägten Münzen mit dem nimbierten und verhüllten kaiserlichen Porträt und der Legende *Divus Constantinus* auf der Vorderseite sowie dem in einer Quadriga der aus dem Himmel sich entgegenstreckenden Hand Gottes zustrebenden Constantin auf der Rückseite (**M 27**) weisen der Apotheose des ersten christlichen Kaisers noch einen religiösen Inhalt zu[458]. Die Münzdarstellung steht ikonographisch in heidnischer Tradition, ist jedoch aufgrund des Fehlens oben genannter heidnischer Symbole als Angebot an die christliche Sicht der ‚Himmelfahrt' zu verstehen, gewissermaßen als göttliche Billigung der kaiserlichen Handlungen. Damit ist der heidnischen Apotheose eine christliche Variante an die Seite gestellt worden – wenn sie auch nicht so benannt wurde –, die darin ihren konkreten Ausdruck fand, daß Constantin nicht in Rom, sondern in Constantinopel nach christlichem Ritus bestattet wurde, und zwar gewissermaßen als christlicher Heiliger bzw. gar als Pendant Christi nahe dem Altar der Apostelkirche inmitten der Kenotaphe der Apostel (s. oben 69f).

Aus der Sicht der christlichen Religion war diese Sonderstellung Constantins nach seinem Tod höchst problematisch. Es ist daher ein deutliches Zeichen der Verchristlichung des Kaisertums, daß für die Nachfolger Constantins keine Münzen mit Darstellung einer Apotheose mehr geprägt wurden und daß schon unter Constantius II. der Sarkophag Constantins von seinem Platz im Zentrum der Apostelkirche entfernt und in ein besonderes, mit der Kirche verbundenes Mausoleum gestellt wurde – um die Gleichsetzung mit den Aposteln aufzuheben, wie der Bischof Iohannes Chrysostomus dies im Jahr 398 deutet[459]. Auch das Zwischenspiel einer ephemeren Wiederbelebung des Kaiserkultes durch Iulianus Apostata, gegen die der Bischof Gregor von Nazianz heftig polemisierte, konnte den religiösen Gehalt der Apotheose nicht mehr beleben, zumal Iulian selbst diese im Wesentlichen politisch gedeutet hat[460]. So wurden denn nach Constantin die Gräber der Kaiser nicht mehr innerhalb der Kirche, sondern nur in Kontakt mit dieser, d. h. in der

---

458 AE 1977, 246. Euseb. Vita Const. IV 69,2.

459 Hom. contra Iudaeos et Gentiles I 2,9, PG 48, 825; in epist. II ad Corinth. Homil. XXVI, 4, PG 61, 582.

460 Greg. Naz. or. 4,18. 59; 5,14. Iulian. Caes. 307b–d. Vgl. J. Straub, Die Himmelfahrt des Julianus Apostata, in: Ders., Regeneratio imperii, 1972, 159–177.

Nähe der heiligen Märtyrer, errichtet, um Teilhabe an deren Gottesnähe zu gewährleisten.

Die deutliche Mahnung des Iohannes Chrysostomus, Parallelisierungen zwischen Himmel und Erde nicht zu wörtlich zu nehmen, war bezeichnend für den Weg, den die Einordnung des Kaisers in die christliche Weltordnung einschlagen sollte, ein Weg, der vor allem durch den Konflikt zwischen Constantius II. und den Vertretern kirchlicher Autonomie gegenüber kaiserlicher Bevormundung, wie Athanasius von Alexandria und Hilarius von Poitier, vorgezeichnet wurde. Schon unter Constantius bahnte sich die Entwicklung an, daß neben den heidnischen Philosophen der Bischof als Mahner des Herrschers trat und letzterem gegenüber Redefreiheit im Sinne von Kritik beanspruchte[461]; ihren Höhepunkt fand diese Tendenz in den letzten Jahrzehnten des 4. Jhs.

Einen Hinweis darauf geben auch die dem Kaiser zugedachten Prädikate und Eigenschaften. Zwar beginnt die Aufnahme von christlichen Formeln, wie *fidelis in Christo* u. a., in die offizielle Kaisertitulatur erst in der zweiten Hälfte des 6. Jhs., aber in der Fremdbezeichnung finden sich eindeutig christliche Benennungen für den Kaiser bereits im 4. Jh. – nicht zufällig geprägt vor allem von Ambrosius, dem Bischof von Mailand[462]. Constantin war, wie wir sahen (s. oben 70. 87f.), als ‚apostelgleich' bezeichnet und mit Moses verglichen worden. Die Kaiser Valentinianus II., Theodosius I. und Arcadius werden 384 in einer Petition zweier Presbyter als ‚Retter und Beschützer des rechten Glaubens' *(vindices rectae fidei)* tituliert[463]. Mit *christianissime principum*, ‚allerchristlichster der Kaiser', redet Ambrosius im Jahr 380 Gratian und 4 Jahre später Valentinian II. an. Seit der Mitte des 5. Jhs. wird ‚allerchristlichst' ein Standardprädikat des römischen Kaisers.

An Theodosius I. und Valentinianus II. preist Ambrosius ferner die eindeutig christlichen Tugenden der Feindesliebe und Barmherzigkeit, die nicht herablassender herrscherlicher Milde, sondern der bescheidenen Einsicht in die eigene menschliche Natur entspringen. Vor allem zwei Eigenschaften machen für Ambrosius den christlichen Charakter des Kaisers aus: zum einen *fides*, jene alte römische Sozialtugend, welche nunmehr, in christlichen Kontext gerückt, den zuverlässigen Glauben an Gott bezeichnet; *fidelissimus* nennt Ambrosius den Kaiser Theodosius I. in einem Brief des Jahres 381. An dieser *fides* ist Ambrosius nicht zuletzt deshalb gelegen, weil sie den Kaiser

461 Zur ‚Redefreiheit' des Bischofs s. Ambros. ep. 74,2, CSEL 82/3, p. 55. Ioh. Chrys. de Incomp. 3, Sources Chrét. 28,188–90. Bei Iohannes Chrysostomus tritt im übrigen neben den Philosophen der Mönch als Gegenpart des schlechten Herrschers (vgl. Groß-Albenhausen 1999, 158f.).

462 Vgl. G. Rösch, Onoma Basileias, 1978. Bellen 3–19. Biermann, bes. 103ff.

463 Coll. Avell. ep. 2,97, CSEL 35, p. 35. Theodosius I. erhält postum das Ehrenprädikat ‚Verbreiter der Kirche' *(propagator ecclesiae)*: Oros. VII 34,3.

'beugt', ihn demütig macht[464]. Die Erhebung der im Herrscherideal des Eusebius (s. oben 71f. 88) noch marginalen Demut zur zentralen Kaisertugend ist ein geradezu revolutionärer Akt, welcher grundsätzlich die Stellung des Kaisers nicht nur gegenüber der Kirche grundlegend zu verändern vermochte. In den 70iger Jahren hatte der – wohl eher oberflächlich – christliche Rhetor Ausonius aus Bordeaux die in der valentinianischen Dynastie gegebene kaiserliche Dreiheit von Valentinian I., Valens und Gratian noch ungeniert mit der christlichen Trinität parallelisieren können[465]. In den 80iger Jahren demontiert der mächtige Bischof von Mailand systematisch die sakrale Aura der kaiserlichen Majestät.

Ambrosius hält durchaus am traditionellen Tugendkanon eines römischen Herrschers fest, nicht zuletzt an seinen kriegerischen Verpflichtungen. Er äußert auch nirgendwo Zweifel daran, daß das Kaisertum eine gottgewollte Institution ist und der jeweilige Herrscher seine Stellung dem Willen Gottes verdankt, aber göttliche Qualitäten gesteht er dem Kaiser nicht mehr zu. Der Kaiser erringt seine Siege letztlich nur durch seinen Gottesglauben[466].

Ambrosius billigt dem Kaiser zwar noch eine *imitatio Christi* (jedoch nicht mehr *dei!*) zu, aber dies ist nurmehr eine *pietas* in der Nachfolge Christi, und Ambrosius ist weit entfernt von der Parallelisierung Christus-Kaiser[467]. Wir sahen bereits (s. oben 121), daß der Bischof Ambrosius für seine Person dem Kaiser die *adoratio*, zu welcher er als ehemaliger hoher weltlicher Würdenträger Zugang gehabt hatte, verweigert. Stattdessen unterwirft sich der im Büßergewand erscheinende Theodosius I. im Jahr 390 vor aller Augen in der Kathedrale von Mailand einem reuevollen Bekenntnis seiner Sünden, zu dem ihn Ambrosius wegen eines Massakers kaiserlicher Truppen an der Bevölkerung von Thessalonike mit der Drohung der Exkommunikation gezwungen hat. Vergleicht man diese berühmte Szene mit dem Verhältnis zwischen Kaiser und Bischöfen bei dem von Constantin einberufenen und geleiteten Konzil von Nicaea im Jahr 325, als der Herrscher in glanzvollem Ornat unter die respektvoll aufstehenden Bischöfe trat, sich in ihrer Mitte auf einen vergoldeten Thron setzte und den Versammelten huldvoll erlaubte, sich ebenfalls zu setzen, so wird der fundamentale Wandel deutlich, den die Verchristlichung des Kaisertums in Verbindung mit dem

---

464 de ob. Theod. 17,5–7; 12; de ob. Val. 37,7f.; ep. 17,12 (Maur.) = 72,12 extra collect. (CSEL 82,3, p. 17); ep. 14,1 (Maur.) = 8,1 extra collect. (CSEL 82,3, p. 198).

465 III 2,22–31 ed. R. Peiper, S. 18f.

466 Ambros. de ob. Theod. 7. Vgl. F. E. Consolino, L'Optimus Princeps secondo S. Ambrogio: virtù imperatorie e virtù cristiane nelle orazioni funebri per Valentiniano e Teodosio, RSI 96, 1984, 1025–1045.

467 de ob. Val. 35.

Machtbewußtsein eines Kirchenführers für die kirchliche, aber auch die weltliche Stellung des Herrschers bedeutete.

Zwar gibt es eine starke Forschungsrichtung, welche in gewissermaßen kirchen- bzw. glaubensimmanenter Interpretation die Bedeutung des Bußakts von Mailand entsprechend der theologischen Begründung des Ambrosius auf die Parallele zur ‚Demut des Königs David' vor Gott beschränken will[468], und gewiß war Theodosius als getaufter Kaiser Mitglied der Kirchengemeinschaft und insofern prinzipiell der Verbindlichkeit des christlichen Moralgesetzes unterworfen. Aber welcher der anwesenden Mitglieder der germanischen Leibwache, wer von den in der Kathedrale in großer Zahl zuschauenden Mailänder Bürgern, welcher der zum Teil noch heidnischen Würdenträger am Hofe dürfte wohl diese theologische Deutung begriffen haben? Denselben Kaiser, den sie ansonsten in edelsteinglitzernden, purpurnen Gewändern in sakraler Majestät auf erhöhtem Thron als Stellvertreter Gottes auf Erden im Zeremoniell der *adoratio* unterwürfig begrüßten, diesen erblickten sie jetzt ohne seine Insignien und wie ein Verbrecher von der Teilnahme am Abendmahl ausgeschlossen. Niemand unter den Zuschauern dürfte wohl die jüngst gebotene Interpretation geteilt haben, daß Ambrosius auf diese Weise das Massaker von Thessalonike in einen „public relations triumph" für Theodosius verwandelt habe[469]. Etwa zur gleichen Zeit verfaßt Ammianus Marcellinus sein Geschichtswerk, in welchem, wie wir sahen, selbst die am Vorbild ‚guter' *principes* der Hohen Kaiserzeit orientierte *civilitas* Iulians als *humilior*, als übertriebene Selbsterniedrigung, empfunden wird[470]. Während heidnische Panegyriker an Theodosius durchaus auch christliche Tugenden wie Feindesliebe und Barmherzigkeit preisen[471], können sie der *humilitas* nichts abgewinnen; sie wird nicht unter den kaiserlichen *virtutes* erwähnt! Wie muß einem Ammianus angesichts der Mailänder Bußszene zumute gewesen sein!

Gewiß hat sich Theodosius „wie jeder fromme Laie der Bußgewalt des Bischofs gebeugt"[472], und Demut vor Gott mag „nicht demütigend", sondern „nach christlicher Auffassung die höchste Form der Frömmigkeit" sein[473]. Aber eben dies war neu, gänzlich ungewohnt, daß ein römischer Kaiser „wie

468 W. Ensslin, Die Religionspolitik des Kaisers Theodosius d. Gr., 1953. R. Schieffer, Von Mailand nach Canossa, in: Deutsches Archiv für die Erforschung des Mittelalters 28, 1972, 333ff. Bellen 15ff. Ernesti 187–190. Eine ausgewogenere Bewertung findet sich jetzt bei Groß-Albenhausen 1999, 113–119. 134f.

469 N. B. Mac Lynn, Ambrose of Milan. Church and Court in a Christian Capital, 1994, 323.

470 Ammian. XXII 7,1.

471 Pan. Lat. II (12) 44,2.

472 W. Ensslin a. O. 73f.

473 Bellen 17.

jeder fromme Laie" behandelt wurde[474]. *Humilitas* gehörte bis dahin nicht zum Wertekanon eines römischen Herrschers; im Gegenteil, sie galt als schmachvoll – auch noch im Jahr 390. In den Augen der Anwesenden und auch in der Realität war es nicht Gott, der den Kaiser zu seiner Selbsterniedrigung zwang, sondern der Bischof, vor dem er sich demütigen mußte. Nicht zufällig schrieb man Theodosius zu, nach seinem Sieg über Eugenius (394) dankbar die Proskynese vor Ambrosius vollzogen zu haben[475]. Und es ging nicht um Moral, sondern, wie politisch denkende Historiker richtig gesehen haben[476], um die Frage, ob der Kaiser *supra ecclesiam* oder *intra ecclesiam*, d. h. über der Kirche oder innerhalb der Kirche, stehe. Nicht wie bisher in der Rolle als *pater*, sondern als *filius ecclesiae* sollte der Kaiser nach dem Willen des Ambrosius, der sich seinerseits selbst gern als ‚väterlicher Vormund' von Kaisern gerierte, seine Stellung in der irdischen Hierarchie sehen[477].

Der Weg von der Dominanz Constantins über die Kirche hin zur Unterordnung des Kaisers unter den Bischof auch in Fragen weltlicher Regierungsgewalt war ein kontinuierlicher Prozeß, fand aber mit der öffentlichen Demütigung des Theodosius einen vorläufigen dramatischen Höhepunkt[478]. Der Triumph des Bischofs ist zwangsläufige Konsequenz seines in der Affäre um den Victoria-Altar durchgesetzten Anspruchs, daß im Imperium Romanum nurmehr *ein* Weg zur Wahrheit gelten dürfe, und zwar auch für den Kaiser[479]. Damit war letzterer dem Interpreten dieser einen Wahrheit grundsätzlich ausgeliefert. Auch wenn in der Folgezeit die Haltung des Ambrosius von den Vertretern der Kirche nicht mit gleicher Rigorosität durchgehalten werden

474 Sozomenus, h. e. VII 25,9, berichtet von einem Vorfall, der sich 388 zugetragen haben müßte: Um das Abendmahl in der Kirche zu empfangen, soll Theodosius sich zu den Presbytern begeben haben, aber von Ambrosius zu den ‚normalen' Gläubigen zurückbeordert worden sein. Mir scheint dies eine gewisse Verdoppelung des Bußaktes in christlicher Mythenbildung darzustellen.

475 Paulin. Vita Ambros. 31.

476 F. Paschoud, Roma Aeterna, 1967, 208. G. Bowersock, From Emperor to Bishop: The self-conscious transformation of political power in the fourth century A. D., CPh 81, 1986, 298–307. Vgl. jetzt auch Groß-Albenhausen 1999, passim.

477 Ambros. contra Auxent. 36, PL 16, p. 1018. Vgl. F. Kolb, Der Bußakt von Mailand: Zum Verhältnis von Staat und Kirche in der Spätantike, in: Geschichte und Gegenwart. Festschrift für K. D. Erdmann, hrsg. v. H. Boockmann, K. Jürgensen, G. Stoltenberg, 1980, 41–74. Die Überlegenheit der priesterlichen gegenüber der königlichen Stellung vertrat im übrigen auch Iohannes Chrysostomus, Bischof von Constantinopel: Vgl. Groß-Albenhausen 1999, 165f.

478 Vgl. auch Consolino, RSI 96, 1984, 1025–1047, bes. 1032. G. Bonamente, Potere politico ed autorità religiosa nell'De obitu Theodosii' di Ambrogio, in: Chiesa e società dal secolo IV ai nostri giorni. Studi storici in onore del P. Ilarino da Milano, 1979, I, 83ff.

479 Ambros. ep. 18,8.

konnte, so war doch die Abhängigkeit kaiserlicher Legitimation von der christlichen Kirche für die Zukunft unausweichlich. War Constantins Stellung zur Kirche noch die eines irdischen Pendants zu Christus, so war mit Theodosius der Kaiser ein neuer David, ein Sünder vor dem Herrn. Als sündige Menschen, deren größtes Verdienst die Einsicht und Bereitschaft zur Umkehr ist, deren größte Zierde nicht das Diadem, sondern das Blut Christi ist, sind die römischen Kaiser bei Ambrosius erst wahre Könige. Die Leichenreden des Ambrosius auf Valentinian II. und Theodosius I. weichen vom Schema der spätkaiserzeitlichen Panegyrici deutlich ab; sie halten sich nicht an das traditionelle Herrscherlob. Der Herrscher wird vor allem als Sünder und demütiger Gläubiger dargestellt, und die Vorbilder der Kaiser werden nicht mehr aus der antiken Geschichte und Mythologie genommen, sondern aus der Bibel. Zweifellos umgibt auch dies die Person des Kaisers mit einer gewissen sakralen Aura, aber diese erlangt er nicht autonom, sondern nur in Erfüllung christlicher Gebote und mit Hilfe der Kirche, als deren Diener und Vorkämpfer[480].

„Die Einfügung der *humilitas* in den kaiserlichen Tugendkanon war zweifellos der schwierigste Akt der Christianisierung der römischen Kaiserideologie“[481]. In der Folgezeit haben römische Kaiser des öfteren Demutsakte in kirchlichem Kontext vollzogen, und es verwundert nicht, daß im kirchlichen Herrscherbild, z. B. in den Mosaiken der Kirchenbauten von Ravenna, der „verbildlichte Vorrang der Bischöfe ... den Vorstellungen“ entspricht, „die ... Ambrosius ... gegenüber Theodosius I ... durchsetzte“[482]. In seiner Leichenrede auf Theodosius zieht Ambrosius als erster eine Bilanz der christlichen Umwandlung des römischen Kaisertums: Er preist die Herrschaft der christlichen Kaiser seit Constantin als Erfüllung heilsgeschichtlicher Prophezeiungen, deren Symbol der Nagel vom Kreuz Christi im Diadem des Kaisers sei. Dieser „Nagel des römischen Reiches“ lenkt den Erdkreis; er ist Zeichen der Erlösung des Reiches aus seiner Verstrickung mit dem Götzenkult und hat die Kaiser aus Verfolgern zu Verkündern des Christentums gemacht, zu Nachahmern Christi. Der Nagel zügelt, so der Bischof, die Überheblichkeit des Herrschers[483]. Ambrosius, so könnte man sagen, hat das Kaisertum endgültig am Christentum und an der Kirche festgenagelt. In der christlichen Theokratie des Ambrosius ist der Kaiser auf kirchliche Vermittlung zum Göttlichen angewiesen.

---

480 Ambros. ep. 51,11 (Maur.) = 11,11 extra collect. (CSEL 82,3 p. 216); de ob. Val. 13,7–14,6; 69,10–70,2. Vgl. Biermann, bes. 87–119.

481 Bellen 18.

482 Engemann 1011. Vgl. Augustin. en. in psalm. 65,4; 86,8; 140,21. Treitinger 145–149. J. Martin, in: Usurpationen 54–56.

483 de ob. Theod. 40,1–11; 48; 50.

Die Verschiebung des an den Kaiser angelegten Wertekanons in die christliche Sphäre geht bei dem Kirchenhistoriker Theodoret im 5. Jh. so weit, daß nicht nur Ungläubigkeit des Herrschers seine Legitimität in Frage stellen kann, sondern die Wahrung der Orthodoxie durch den Kaiser wichtiger erscheint als selbst die Sicherung des Reiches[484]. Die sakrale Überhöhung des Kaisers, wie wir sie bei Eusebius im Hinblick auf den ersten christlichen Herrscher finden, ist – trotz aller Nuancen, welche die christliche Literatur auch im 5. und 6. Jh. hinsichtlich der Nähe des Kaisers zu Gott erkennen läßt, einschließlich der Anerkennung des charismatischen Wesens des Herrschers durch Papst Leo d. Gr. – nicht mehr denkbar bzw. allenfalls in der Form, daß der Herrscher, wie erstmals Theodosius II., geradezu als der Askese und dem Gebet ergebener christlicher Heiliger gepriesen wird[485]. Freilich zeigen Verlautbarungen Iustinians (527–565), daß römische Kaiser zumindest an der unmittelbaren Herleitung ihrer Position von Gott festhielten. Seine im Codex Iustinianus festgehaltene Auffassung, daß ihm das Reich von Gott übergeben sei und er es mit Gottes Ermächtigung leite, hat Iustinian auch durchaus noch mit einem der Zwei-Gewalten-Lehre des Papstes Gelasius I. (492–496) widerstrebenden Anspruch auf Kontrolle von Kirche und Kultus verbunden[486].

484 h. e. IV 31. V 15. Vgl. Leppin 160.

485 Socr. h. e. VII 21,10–22,18 usw. Vgl. Leppin 197ff. Noch am Ende des 4. Jhs. lebte freilich im nichtkirchlichen Milieu die Vorstellung vom Kaiser als Repräsentanten göttlicher Qualitäten auch im christlichen Bereich fort: Flavius Vegetius Renatus bemerkt in seiner Abhandlung über das römische Militärwesen, ihren Eid auf die Kaiser sollten die jungen Rekruten mit der gleichen Loyalität und Ergebenheit darbringen, als ob Gott leiblich anwesend sei. Veget. Epit. rei milit. II 5.

486 Cod. Iust. I 17 pr. vom 15. 12. 530; Nov. 6 pr. vom 16. 3. 535. Gelas. ad Anastas. imp., PL 59, 41 (ep. 8). Vgl. K. Bringmann, in: Kneissl/Losemann (Hrsg.), Imperium Romanum. Festschr. K. Christ, 1998, 61–72, bes. 65–69.

5. Schluß

Wenn die spätantike Herrscherideologie in der Vergangenheit oft entweder als Ausdruck einer erstarrten Staatsform eines im Niedergang begriffenen Reiches oder aber als Ausgangspunkt der Entwicklung der byzantinischen Herrscherideologie gedeutet worden ist, so resultiert dies aus einer erst in jüngster Zeit überwundenen historischen Einordnung der Spätantike, welche von Althistorikern als Epoche der Dekadenz, von Mediävisten als Vorspann zum Mittelalter betrachtet und behandelt wurde. Der auf den voraufgehenden Seiten gebotene Versuch einer – sicherlich in vielerlei Hinsicht rudimentären – Zusammenschau der verschiedenen Facetten der spätantiken Herrscherideologie mag gezeigt haben, daß wir in ihr wohl eher den Höhepunkt einer vielhundertjährigen Entwicklung vor uns haben. Wohl nie zuvor im Altertum hat das Herrscherbild eine derartige Komplexität und Geschlossenheit zugleich erlangt. Und obwohl die gesteigerte Sakralisierung des Kaisers sicherlich emotionalen Bedürfnissen gerecht wurde, verdankte die herrscherliche ‚Ikone' ihre Genese doch ebenso einer zur Abstraktion vom Individuellen führenden rigiden Rationalität.

Dabei war die spätantike Herrscherideologie keineswegs statisch und auch nicht ohne innere Widersprüche. Diocletian und Constantin haben zwar in vielerlei Hinsicht das Fundament gelegt, indem sie vorhandene Entwicklungsstränge gebündelt, neue Elemente integriert und beide zu einem imponierenden geschlossenen Gebäude zusammengefügt haben. Aber sie haben auch experimentiert, und ihre Nachfolger waren nicht nur Fortsetzer, sondern haben das Vorgefundene zum Teil noch verfeinert, an veränderte Situationen angepaßt und durch Neuerungen bereichert. Hier sei nur an Torques-Bekrönung und Schilderhebung bei der Kaiserwahl, an die Einführung christlicher Insignien in die Herrschertracht und an die Transformierung des heidnischen Herrscherideals in ein weitgehend christliches erinnert.

Der Widerstreit zwischen Tradition und Neuerung erzeugte insbesondere bei der Frage nach dem Verhältnis des Kaisers zum Göttlichen eine Spannung zwischen der hellenistischen politischen Theologie und der christlichen Dogmatik; dies ließ auch im christlichen Ambiente einen interpretatorisch weitgehend offenen, der definitorischen Genauigkeit entbehrenden Komplex von Formulierungen entstehen, welcher den Kaiser mit einer unter rationalen und theologischen Aspekten dubiosen numinosen Aura umgab. Ähnliche Widersprüchlichkeiten eröffnen sich bei einem Vergleich zwischen der ideologischen Legitimation der kaiserlichen Stellung als gottgewollt, sakral, von weltlichen Gewalten unabhängig und den Realitäten der Kaiserkür, welche getreuer Reflex der wahren Machtverhältnisse bleibt und entsprechenden Veränderungen unterworfen ist. Das spätantike Kaisertum war faktisch und rechtlich nie jene Theokratie, um deren Konstituierung sich die Herrscherideologie bemühte.

Der Konflikt zwischen Macht und Recht spiegelt sich im Spannungsverhältnis zwischen dem Herrscher als *legibus solutus* und *legibus adligatus*[487]: Ist der Kaiser einerseits von den Gesetzen insoweit ‚losgelöst', als er neues Recht setzen kann, so ist er andererseits in seinem persönlichen Verhalten an bestehende Gesetze gebunden, obwohl er im öffentlichen Interesse ausnahmsweise außerhalb der Gesetze handeln kann[488]. Stellt er sich mithin auf der einen Seite als Träger einer Amtsgewalt dar, als welcher er Repräsentant und Verkörperung der *maiestas populi Romani* ist, so ist er andererseits um eine nicht gesetzlich verankerte Dynastiebildung bemüht und präsentiert sich im höfischen Zeremoniell und in der öffentlichen Selbstdarstellung als mit übermenschlichen Kräften ausgestatteter Herr *(dominus)*[489]. Die charismatische Komponente der kaiserlichen Herrschaft, welche in einem hieratischen kaiserlichen Repräsentationsbild kulminierte, bedeutete zugleich die Transzendierung der Institution des Kaisertums und damit der von ihm repräsentierten *res publica Romana* in eine sakrale Sphäre, in welcher Gott und das römische Kaisertum die kosmische Ordnung garantierten.

Das permanente quasi-liturgische Drama der Herrscherrepräsentation ließ die Reichsbewohner in abgestufter Form an der Reproduktion dieser kosmischen Ordnung teilhaben und stärkte damit zugleich die Loyalität der Untertanen gegenüber dem bestehenden System. Mochte Synesius mit seiner Kritik an einem der Realität entrückten, gewissermaßen freiwillig im goldenen Käfig verharrenden Kaiser wie Arcadius Beifall bei rigoristischen Philosophen und Theologen finden, so schlug doch der ‚Pfau' Arcadius sein Rad in Harmonie nicht nur mit dem emotionalen Verlangen seiner Untertanen nach überirdischem Glanz, sondern auch mit deren rationalem Legitimationsbedürfnis.

---

487 Cod. Iust. I 14,12,2.; 14,4.

488 Gizewski (s. Anm. 12) 134 ff.

489 Die Bedeutung des patrimonialen Elements der Kaiserherrschaft zeigt sich u. a. am Anteil, den die Kaiserin an der Stellung und Würde des Herrschers nehmen kann: s. z. B. Dig. I 3,31. Nov. 8,1. Vgl. K. G. Holum, Theodosian Empresses. Woman and Imperial Dominion in Late Antiquity, 1982. Freilich liegen in der Regel Ausnahmesituationen im Zusammenhang mit dem Kinderkaisertum vor.

II. Materialien

M 1: Die Kaiserwahl unter der Tetrarchie: Münze Diocletians aus dem Jahr 288[490] (Abb. 1)

Abb. 1

Es handelt sich um einen *Antoninianus*. Benannt ist diese Münze nach dem Kaiser M. Aurelius Antoninus Caracalla (211–217 n. Chr.), welcher mit der 215 n. Chr. erfolgten Einführung dieses Geldstückes die insbesondere seit den letzten Jahrzehnten des 2. Jhs. fortschreitende Reduzierung des Silbergehaltes des römischen Denars beschleunigte. Der ursprünglich etwa 5 g schwere *Antoninianus* besaß nur das eineinhalbfache Gewicht des Denars, wurde aber als Doppeldenar überbewertet. Das äußere Kennzeichen des neuen Geldstükkes war das Kaiserporträt mit der Strahlenkrone (s. unten 144. 196f.) auf der Vorderseite. Im Verlauf des Geldwertverfalls des 3. Jhs. nahmen der Silbergehalt des *Antoninianus* auf etwa 2% und sein Gewicht auf etwa 2,5 g ab, so daß er zu einer kleinen Kupfermünze mit einem Silbersudüberzug wurde. Der Kaiser Aurelian nahm 274 eine Gewichtserhöhung auf etwa 4 g vor; seitdem trägt die Münze am unteren Rand der Rs. das Zahlzeichen XXI, welches einen in der Forschung umstrittenen Geldwert angibt (vielleicht 20 Sesterzen).

Das hier abgebildete Exemplar ist in der Münzstätte Ticinum geprägt worden, wie der Buchstabe T zwischen den beiden auf der Rs. abgebildeten Figuren unmittelbar oberhalb der Trennlinie zeigt. Die Münze ist gut erhalten, die Darstellung in für jene Zeit relativ erhabenem Relief und von ordent-

490 RIC V 2 S. 256 Nr. 324; S. 257 Nr. 328. Vgl. Kolb 1987, Taf. II Abb. 3. Zum römischen Geldwesen vgl. jetzt R. A. G. Carson, Coins of the Roman Empire, 1990.

licher handwerklicher Qualität. Die Münzstempel sowohl der Vs. als auch der Rs. sind von den Münzarbeitern freilich nicht hinreichend präzise auf das Metallstück gesetzt worden, so daß die perlförmige Umrandung des Bildfeldes ebenso wie ein Teil der Beschriftung am oberen Rand fehlen. Auf der Vs. ist die Porträtbüste eines römischen Kaisers im Profil, mit – vom Betrachter aus gesehen – nach rechts gewandtem Kopf dargestellt. Die stereometrische Kopfform und die geometrische Gestaltung der Frisur stehen mit ihrer Abstrahierung von der Realität im Kontrast zu den scheinbar veristischen Zügen des Gesichts. Aber insbesondere die in Falten gelegte Stirn ist kein individuelles Merkmal, sondern reflektiert in der Tradition der Soldatenkaiser des 3. Jhs. die Mühen und Entbehrungen des von Front zu Front eilenden Herrschers. Die leicht gebogene Nase, das energische Kinn, der schmale Mund, die kurzgeschorenen Bart- und Haupthaare entsprechen ebenso wie der kräftige Hals dem Typus des entschlossenen, harten Soldaten.

Der Kaiser trägt den auf der rechten Schulter mit einer Fibel zusammengehaltenen purpurnen Feldherrnmantel *(paludamentum)*, der auf der linken Schulter hochgerollt ist. Seinen Kopf schmückt die Strahlenkrone des Sonnengottes, der im 3. Jh. Iupiter als Schutzgott der römischen Kaiser Konkurrenz machte und auch von Diocletian anläßlich seiner Proklamation angerufen wurde (s. oben 25. 27). In diesem Fall freilich ist das Strahlenkranzmotiv auch münztechnisch bedingt (s. oben 143).

Die von links nach rechts um die Porträtbüste laufende Schriftlegende stellt uns den Kaiser namentlich vor: IMP*(erator)* C*(aius)* VAL*(erius)* DIOCLETIANUS P*(ius)* F*(elix)* AUG*(ustus)*. Der seit Augustus zum *praenomen* des Herrschers gewordene Imperatortitel kennzeichnet den Kaiser als ständigen höchsten Feldherrn des Reiches mit unumschränkter militärischer Gewalt *(imperium)*. Es folgen die üblichen *tria nomina* eines römischen Bürgers: der Vorname *Caius*, das Gentilnomen *Valerius* und das Cognomen *Diocletianus*. Bedeutsamer sind die Adjektive *pius* und *felix*, welche seit Commodus (181–193) in die Kaisertitulatur aufgenommene Standardattribute der römischen Herrscher sind: *pius* bezeichnet das respektvolle Verhalten des Kaisers gegenüber Göttern, Eltern und Untertanen und stellt somit eine fundamentale Herrschertugend dar; *felix* bringt die von den Göttern verliehene glückbringende Qualität des Herrschers zum Ausdruck. Der sakralen Sphäre entstammt der Titel *Augustus*, der im Jahr 27 v. Chr. dem ersten römischen Princeps verliehen worden war und seitdem zum eigentlichen Titel des römischen Kaisers wurde[491].

Die Rs. zeigt zwei einander gegenüberstehende Figuren, von denen die – vom Betrachter aus gesehen – rechte der linken Figur eine auf einem Globus

491 Vgl. zur frühen Kaisertitulatur J. Deininger, ANRW I 1, 1972, 982–997. *Augustus* hängt zusammen mit *augurium*, ‚Vogelschau'. Dies war der sakrale Ritus, den Romulus bei der Gründung Roms vollzogen haben soll.

stehende, geflügelte Victoria, welche einen Kranz hält, überreicht. Die rechte Figur ist von muskulöser Nacktheit bis auf einen am Rücken herabfallenden Gewandzipfel. Auf dem Kopf trägt sie einen Kranz, das Gesicht wirkt vollbärtig. Mit dem linken Arm hält sie einen langen Stab mit Knauf am oberen Ende, auf den sie sich zugleich stützt. Aus ikonographischen Gründen kann es sich nur um Iupiter mit Eichenkranz und langem Zepter handeln. Die linke Figur trägt anscheinend einen Panzer und einen auf der rechten Schulter befestigten Kriegsmantel sowie einen Kranz auf dem Kopf. Sie hält in der Linken einen am oberen Ende verzierten, kurzen Stab, zweifellos ebenfalls ein Zepter. Wir haben hier einen römischen Kaiser mit Lorbeerkranz, Paludamentum, Panzer sowie Adlerzepter vor uns. Dargestellt ist die Investitur Diocletians durch Iupiter, welcher dem frischgebackenen Kaiser den Globus als Zeichen der Weltherrschaft überreicht; die Victoria – im Begriff, den Kaiser zu bekränzen – symbolisiert dessen Sieghaftigkeit.

Die ringsherumlaufende Schriftlegende lautet *IOVI CONSERVATORI AUG (usti)*, „Iupiter, dem Bewahrer des Augustus". Die Münzprägung ist mithin dem höchsten Reichsgott als Schutzgottheit Diocletians gewidmet. In der zweiten Hälfte des 3. Jhs. erscheint die Funktion eines Schutzgottes als *comes* (Begleiter) oder *conservator* (Bewahrer) des Herrschers häufig auf Münzen und in Inschriften; Iupiter ist in dieser Rolle z. B. für Trajan (98–117) und Commodus (180–192) bezeugt[492]. Diocletian knüpft hier mithin an eine fest eingewurzelte Tradition an, wie auch die übrigen ikonographischen Elemente dieser Münze nichts Neues bieten. Jedoch stellt sie den Beginn der Entwicklung Diocletians zum *Iovius* dar (s. unten 146).

M 2: Mehrkaiserherrschaft und Monarchie: Goldmünze Maximians aus dem Jahr 286[493] (Abb. 2)

Abb. 2

Der *aureus* ist, wie die Durchbohrung bezeugt, in Zweitverwendung als Anhänger, vielleicht als Amulett, benützt worden. Die Münze gehört zu den ersten Prägungen Maximians nach seiner Ernennung zum Augustus im

492 Vgl. Kolb 1987, 89 f. mit Anm. 263.
493 RIC V 2 270 Nr. 433. Vgl. Kolb 1987, 64 mit Anm. 173 und Taf. II 9.

Frühjahr 286. Trotz der Beseitigung des Münzstättenzeichens infolge der erwähnten Durchbohrung läßt sie sich aufgrund stilistischer Kriterien eindeutig der Münzstätte Lugdunum (Lyon) in Gallien zuordnen[494]. Die nach links gewandte Porträtbüste auf der Vs. wird durch die Legende *IMP (erator) MAXIMIANUS AUG (ustus)* identifiziert. Der Kaiser ist mit der für ihn charakteristischen Stupsnase durchaus individuell dargestellt, obwohl sein Porträt ansonsten die unter **M 1** genannten typischen Merkmale aufweist. Ein im Nacken mit einer Schleife zusammengehaltener Lorbeerkranz, wie er dem römischen Imperator und Triumphator zustand und der übliche Kopfschmuck des Kaisers war, schmückt sein Haupt. Auf seiner linken Schulter ist der Zipfel eines Löwenfells erkennbar, mit der rechten Hand hält er eine Keule über seiner rechten Schulter. Der Kaiser ist folglich mit den Attributen des Hercules dargestellt.

Die Rs. trägt die Legende *VIRTUS AUGG (= Augustorum)*, welches etwa ‚Mannhaftigkeit der Augusti' meint. Zwei Figuren sind dargestellt, von denen die – vom Betrachter aus gesehen – linke ein auf die rechte Schulter hochgezogenes, kurzes Mäntelchen, einen Kranz auf dem Kopf sowie in der rechten Hand ein Blitzbündel, in der linken ein langes Zepter hält. Nach dem Blitzbündel zu greifen scheint die rechte, weitestgehend nackte Figur, von deren linker Schulter ein Gewandstück auf den gekrümmten linken Arm herunterhängt, in welchem eine Keule ruht. Es muß sich bei dieser Figur um Hercules mit Löwenfell, bei der anderen um Iupiter handeln, der das griechische Himation trägt. Die beiden Götter repräsentieren, wie die Legende verdeutlicht, die beiden Augusti Diocletian *(= Iovius)* und Maximian *(= Herculius)*. Es scheint, daß Iupiter sein Blitzbündel an Hercules übergibt. Da *virtus* vor allem auf die militärischen Qualitäten der Herrscher anspielt, soll Maximianus *Herculius* sich dieser Waffe, neben der Keule, im Kampf gegen die Feinde des Reiches bedienen. Auch er wird damit als ein von Iupiter Auserwählter präsentiert.

M 3: *Similitudo* und *concordia imperatorum*: Tetrarchengruppen von San Marco in Venedig und im Vatikan (Abb. 3–6)

a) Die an der äußeren Südwestecke der Schatzkammer von San Marco eingelassene Gruppe (Abb. 3, 4) ist wohl aus dem östlichen Mittelmeerraum nach Venedig gebracht worden. R. Delbrueck[495] nimmt an, daß sie aus dem

494 P. Bastien, Le monnayage de l'atelier de Lyon. Dioclétien et ses corégents avant la réforme monétaire (285–294), 1972, 34 ff.

495 1932, 90.

Abb. 3

Abb. 4

1258 von den Venezianern den Genuesen entrissenen Akkon, dem antiken Ptolemais, in Palästina stammt, kann dafür jedoch kein eindeutiges Zeugnis beibringen. Wir müssen zwar davon ausgehen, daß tetrarchische Statuengruppen recht systematisch über das Imperium Romanum verbreitet waren, aber bei derart kostbaren Porphyrgruppen ist es – im Unterschied zu normalen Porträts – doch recht unwahrscheinlich, daß sie Aufstellung in einer relativ unbedeutenden Stadt fanden. Vielmehr muß ihre Verbreitung auf Provinzhauptstädte oder Diözesen-Metropolen oder gar Herrscherresidenzen beschränkt gewesen sein. Wahrscheinlich stammt die Gruppe aus einer der großen Metropolen des Ostens, wie Alexandria, Antiochia oder aber Constantinopel. Letzteres hält B. Andreae[496] für wahrscheinlich; er glaubt, daß sie „aus dem Kaiserpalast in Konstantinopel" stammt. Dies sei durch die dortige Auffindung des in Marmor ersetzten linken Fußes eines der Tetrarchen gesichert. Da Constantinopel jedoch zur tetrarchischen Zeit weder Provinz- noch Diözesenmetropole noch gar Kaiserresidenz war, müßte die Statuengruppe frühestens unter Constantin von anderswoher dorthin transportiert worden sein, am ehesten wohl aus der nahegelegenen Kaiserresidenz Nikomedia. Man hat wohl zu Recht die am Philadelphion in Constantinopel aufgestellte, als Statuen der Constantin-Söhne betrachtete Gruppe sich umarmender Kaiser als eine tetrarchische identifiziert (s. oben 62). In diesem Fall hätten wir eine gezielte Wiederverwendung und Umbenennung der Gruppe schon unter

496 Römische Kunst, 1978^3, 334. 338.

Constantin anzunehmen, der natürlich keine **namentlich** den Tetrarchen zugeschriebenen Statuen aufgestellt hätte[497].

Der Porphyrstein, aus dem die Gruppe gefertigt ist, wurde offensichtlich so gut wie ausschließlich am Mons Porphyrites abgebaut, der an der Wüstenstraße zwischen Koptos am oberägyptischen Nil und dem Hafen Myos Hormos am Roten Meer liegt[498]. Unter der Herrschaft der Ptolemäer (3.–1. Jh. v. Chr.) wurde Porphyr königliches Privileg und zur Herstellung von Herrscherporträts verwendet. In Rom ist zunächst nur privater Gebrauch von Porphyr feststellbar. Nero hat sich jedoch einen Porphyrsarkophag anfertigen lassen und Porphyrstein in seinem Palast verwendet. Domitian gebrauchte den Stein ebenfalls in Architektur-Zusammenhang. Unter Hadrian und den Antoninen entwickelte sich geradezu eine Porphyrmode in Architektur und Skulptur (Dakergruppe Traians, Götterstatuen), und erstmals wurden Kaiserporträts aus Porphyr geschaffen, jedoch für bereits verstorbene und vergöttlichte Herrscher *(divi)* wie Nerva und Traian. Nach Marc Aurel (160–181) klang diese Mode wieder ab.

Mit Diocletian beginnt „eine neue große Porphyrmode ... Die Ausbeutung der Brüche (am Mons Porphyrites) erreicht ihren Höhepunkt“[499]. In der Tat sind neben den beiden hier vorgestellten Tetrarchengruppen zahlreiche mehr oder weniger fragmentarisch erhaltene Porphyrskulpturen aus tetrarchischer Zeit gefunden worden (s. **M 12**). Es scheint, daß Diocletian Porphyr in der statuarischen und Porträtkunst definitiv zu einem *kaiserlichen* Stein gemacht hat.

Die Porphyrgruppe von San Marco stellt zwei auf Konsolen gestellte Paare sich umarmender Kaiser dar. Sie müssen ursprünglich – wie die Vatikangruppe – im oberen Bereich (in ca. 7–8 m Höhe) von Säulen angebracht gewesen sein, möglicherweise an gigantischen Standarten in Analogie zu den ebenfalls auf Sockeln aufgestellten Tetrarchengruppen des Pilasters C von Romuliana (**M 6**). Mit etwa 1,30 m Höhe sind die Statuen unterlebensgroß. Kleinere Stücke (Nasen, Fußteile) sind abgebrochen, angesetzte Metallteile (Kränze, Fibeln) geraubt worden; die Bemalung, z. B. der recht klar skulptierten Juwelen an Gürtel, Schwertern und Schuhen, ist z. T. noch erkennbar.

Die vollplastischen Gruppen sind infolge ihrer einander zugewandten Körperhaltung teilweise in Dreiviertelprofil dargestellt; die vom Betrachter aus linke Figur ist jeweils etwa 1 cm kleiner als die rechte. Wie bei hoch aufgestellten, auf Ansicht von unten berechneten Statuen üblich, sind die Maße

---

497 Parast. Synt. Chrom. 70, in: Scriptores originum Constant. ed. Th. Preger I, 1901. Vgl. C. Mango (s. oben 81 Anm. 228) 28 f.; zum Aufstellungsort in Constantinopel siehe jetzt auch P. Speck, Boreas 18, 1995, 147 f. Bauer 228–233.

498 Vgl. hierzu und zum folgenden Delbrueck 1932, 1 ff., bes. 17 ff.

499 Delbrueck 1932, 24.

durch Asymmetrien verzerrt: zu große Köpfe, überlange rechte Arme der linken Figuren, zu tief sitzende Schultern, zu kurze Oberschenkel.

Der jeweils linke Kaiser umarmt die linke Schulter des rechten, letzterer den Nacken des anderen. Alle halten mit der linken Hand den Schwertgriff. Die Haarfrisur mit ihrer über der Stirn als gerade Linie, an den Schläfen rechtwinklig geschnittenen, glatten Masse, die als glatte Wülste gezogenen Brauen und der in unregelmäßigen Strichen eingehauene Bart sind ebenso charakteristisch tetrarchisch wie die eingekerbten Stirnfalten. Die Augen, deren Weißes einst sicherlich farbig gestaltet war, sind starr nach vorne gerichtet. Die massigen, viereckig geformten Köpfe sind bei allen vier Herrschern etwa gleichartig gestaltet, desgleichen der Rest des Körpers.

Dennoch gibt es Differenzierungen, welche vermutlich für den weit unten stehenden Betrachter kaum wahrnehmbar waren, aber von der tetrarchischen Ideologie gefordert wurden: Nur die jeweils linke Figur ist bärtig. Es ist die gängige Auffassung der Forschung, daß dennoch jeweils die beiden Augusti und die beiden Caesares einander umarmen. Das eine Paar sei deutlich älter und würdevoller dargestellt als das andere[500]. Mir scheint diese Auffassung ebensowenig nachvollziehbar wie jene von L'Orange, daß die Verbindung von je einem Augustus und einem Caesar der tetrarchischen *concordia* widersprechen würde. Letztere Zuordnung treffen wir im Tetrarchenrelief des Galeriusbogens (**M 5**) und in mehreren tetrarchischen Statuengruppen, insbesondere bei den auf Säulen stehenden Kaiserstatuen an den Tetrapyla des Legionslagers von Luxor. Es gab eben in der Tetrarchie beide Kombinationen[501]. Ein Bruch mit dem Prinzip der *similitudo* der tetrarchischen *fratres* läge jedoch vor, wenn die Augusti bzw. die Caesares innerhalb einer Zweiergruppe durch die Barttracht unterschieden würden. Bei der Gruppe von San Marco soll daher die fehlende Barttracht das geringere Alter der Caesares wiedergeben. Der sicherlich vorhandene Unterschied in den Porträts der beiden Gruppen beruht hingegen nicht auf einer Verschiedenheit des Alters und der Würde, sondern dient der nur leicht angedeuteten Differenzierung zwischen westlichen und östlichen Tetrarchen. Innerhalb der beiden Gruppen sind ‚Vater' und ‚Sohn' (s. oben 28 f.) mit sehr ähnlichen Gesichtszügen ausgestattet.

Die übliche Identifikation der angeblich älteren Gruppe mit Diocletianus (links) und Maximianus (rechts) (Abb. 3), der vorgeblich jüngeren mit Galerius (links) und Constantius (rechts) (Abb. 4) scheitert in letzterem Fall schon an der ikonographischen Hierarchie, in der zweifellos die vom Betrachter aus linke Figur, die mit ihrem Arm die rechte teilweise verdeckt, die wichtigere ist. Es gibt im tetrarchischen Gruppenkontext keinen „Ehrenplatz" für den

500 L'Orange 9. Vgl. Bergmann 174 ff.

501 Deckers 1973, 18–21; vgl. **M 9**. Zur gemeinsamen Darstellung der beiden Augusti s. Lact. mort. pers. 42,1.

„östlichen Kaiser in einem östlichen Werk“, wie L'Orange meint. Zu Diocletian würde die Andeutung einer höheren Würde zwar passen, zum gegenüber Constantius rangniederen Galerius in der anderen Gruppe jedoch nicht[502]. Die Identifikation des Galerius mit der linken Figur des zweiten Paares wird aber durch ein physiognomisches Detail gestützt, nämlich die akzentuierte senkrechte Falte am Nasenansatz, die sich zwischen zwei scharf nach innen laufenden Falten über den Augenbrauen befindet. Die drei anderen Tetrarchen weisen jeweils zwei von einer horizontalen Stirnfalte aus senkrecht zum Nasenansatz hinabverlaufende parallele Falten auf. Das Gesicht des Galerius besitzt einen deutlich ‚wilderen‘ Ausdruck als jenes der drei anderen Herrscher. Dies paßt zur Beschreibung der Physiognomie des Galerius durch Lactantius, der ihm eine wilde, drohende Erscheinung zuschreibt, und erinnert an die *trux frons*, welche literarische Quellen und erhaltene Porträts dem Kaiser Caracalla (211–217) zuweisen, der zudem durch seine Neigung des Kopfes nach links Alexander d. Gr. zu imitieren suchte[503]. Es mag kein Zufall sein, daß der – ebenso wie Caracalla – sich als *novus Alexander* betrachtende Persersieger Galerius an das Porträt jenes Kaisers anknüpfte (vgl. **M 12**)[504].

Wenn also Galerius in der Porphyrgruppe von San Marco als der Ranghöhere zu erkennen ist, so kann es sich nur um eine Statuengruppe der Zweiten Tetrarchie handeln; somit ist diese Gruppe anläßlich eines der Herrscherwechsel von 305, 306 oder 308 entstanden – am ehesten wohl 305: Sie zeigt in diesem Fall den Augustus Galerius mit seinem Caesar Maximinus Daia und den Augustus Constantius I. mit seinem Caesar Severus.

Die Tetrarchen tragen das kaiserliche Kriegskostüm: Tunika, Panzer, Militärgürtel, Schwert mit Scheide und Schwertgurt, Strümpfe, Soldatenschuhe *(campagi)* und Feldherrnmantel mit Fibel. In der kaiserlichen Ikonographie auf die tetrarchisch-frühconstantinische Zeit beschränkt ist die zylindrische, oben leicht konvexe, wohl aus Filz oder Leder gefertigte Mütze, welche sich auch auf einem Tetrarchenrelief im Palast von Spalato, auf dem Galeriusbogen in Thessalonike (ca. 303–305) und auf dem Constantinsbogen in Rom (312–315) findet, später noch „in der Ideenwelt der christlichen Ikonographie als Personifikation des Christenverfolgers“[505]. Das Auftauchen

---

502 L'Orange 9. Daher hat Delbrueck folgerichtig die linke Figur der angeblich jüngeren Gruppe als Constantius identifiziert: 1932, 90. 94.

503 Lact. mort. pers. 9,3f. *(aspectu terrori omnibus).* Epit. de Caes. 21,4. Dio 78 (77) 7f. H. B. Wiggers, in: M. Wegner (Hrsg.), Das römische Herrscherbild III, 1971, 1.11. Vgl. auch Aelian. var. hist. 12,14.

504 Es scheint daher ratsam, die Charakterisierung von Herrscherporträts als *frons trux* auf diesen Typus zu beschränken und nicht den üblichen sorgenvollen, mühebeladenen und energischen Porträttypus des 3. Jhs. und der Tetrarchie so zu benennen.

505 L'Orange 7; ders., Acta IRN 2, 1965, 81ff.

dieser Kopfbedeckung auf hochoffiziellen Monumenten zeigt, daß es sich nicht um eine bloße Laune der Tetrarchen gehandelt haben kann. Es scheint vielmehr, daß die Tetrarchie versucht hat, neben dem Lorbeerkranz einen neuartigen Kopfschmuck als Zeichen der kaiserlichen Würde einzuführen. Da diese anscheinend aus dem Osten des Reiches stammende Mütze[506] auf dem Galerius- und Constantinsbogen als militärische Kopfbedeckung erscheint, sollte sie das soldatische Element des Kaisertums betonen. Die für Juwelen oder einen juwelengeschmückten Kranz angebrachten viereckigen Einsatzlöcher vorne und hinten zeigen, daß die Mütze in den kaiserlichen Ornat eingegliedert war. Von der Tunika sind nur der untere Saum und die den Unterarm bedeckenden feinen Falten zu sehen. Der Panzer bildet am Oberkörper eine glatte Schale, an den Oberarmen und am Unterleib sowie den Unterschenkeln ist er lamellenartig geformt. Um die Panzerschale ist in Höhe des Magens der edelsteinbesetzte Militärgürtel geschlungen, um den Bauch der ebenfalls juwelengeschmückte Schwertgurt, an dem das am Griff mit einem Adlerkopf geschmückte Schwert in einer mit Perlen und Edelsteinen verzierten Schwertscheide herabhängt. Der purpurne Feldherrmantel ist wie stets mit einer (in allen vier Fällen verlorenen) Fibel auf der rechten Schulter befestigt gewesen. Die niedrigen, mit Riemen befestigten, mithin sandalenartigen Schuhe waren zweifellos aus feinem, purpurnen Leder und offensichtlich mit Edelsteinen verziert, wie dies Aurelius Victor als Erfindung Diocletians überliefert (s. **M 8**).

In ihrer Verbindung von *similitudo* und feiner Hierarchisierung reflektiert diese sehr qualitätvoll gearbeitete Gruppe präzise das tetrarchische System der *concordia*, der Einheit in der Vielfalt.

b) Weniger qualitätvoll, stattdessen noch einheitlicher, kompakter wirkt die tetrarchische Porphyrgruppe, die sich heute in den Vatikanischen Museen (Vatikanische Bibliothek) befindet, und zwar immer noch in gut 3 m Höhe an jenen Säulen, mit denen sie aus einem Block gearbeitet wurde (Abb. 5, 6). Die Herrscherfiguren selbst sind nur 0.56 m hoch und stehen auf Konsolen. Sie sind noch wesentlich asymmetrischer gestaltet als die Gruppe in Venedig und in geringerem Maße individualisiert als diese. Die Gestalten wirken geradezu karikaturhaft, aber erneut ist ein Unterschied im Gesichtsausdruck zwischen den Mitgliedern beider Gruppen festzustellen. Wieder ist ein Paar mit besonders finsterer Physiognomie dargestellt, mit der *frons trux* des Galerius, welche in diesem Fall allerdings beiden Herrschern dieser Gruppe eigen ist; der Caesar ist hier wohl seinem Augustus angeglichen worden. Die andere Gruppe hingegen weist zwar auch die bogenförmig zur Nasenwurzel hinabgezo-

506 Sie taucht besonders häufig in Palmyra auf: H. Ingholt, Studies over Palmyresk skulptur, 1928, 29ff. J. Wilpert, BullCom 50, 1922, 21ff.

Abb. 5

Abb. 6

genen Stirnfalten auf, aber diese sind flacher und somit weniger bedrohlich gehalten. Auch in diesem Fall kann wohl nicht von einem älteren und einem jüngeren Paar die Rede sein, sondern nur von einer etwas stärkeren und etwas schwächeren Prägung durch das Vorbild des Galerius-Porträts. Da ferner alle vier Herrscher bärtig sind, ist eine Hierarchisierung allenfalls am Umarmungsgestus festzumachen, der auch bei den Porphyrgruppen von Venedig die Augusti hervorzuheben scheint (s. oben 149).

Bei der Vatikanischen Gruppe ist die Weltkugel an die Stelle des Schwertgehänges getreten, das Schwert ist nur noch im Ansatz wiedergegeben. Ansonsten ist die Tracht wenig verschieden von jener der Gruppe in Venedig: Die Kaiser tragen über die Knöchel reichende Stiefel *(caligae)*, nicht *campagi*. Die Mäntel werden von einer *runden* Fibel zusammengehalten, die Herrscher tragen einen Lorbeerkranz mit Stirnjuwel.

Die Gruppe scheint auf dem Marsfeld in Rom gefunden worden zu sein[507]. Dies besagt freilich nichts Sicheres über ihren ursprünglichen Aufstellungsort. Der Fundort eines Fußes der venezianischen Gruppe im Gelände des ehemaligen Kaiserpalastes von Konstantinopel könnte darauf hindeuten, daß derartige an Säulen angebrachte Gruppen die Audienzsäle oder deren Vorhallen in den Herrscherresidenzen schmückten. Die Aufstellung der stadtrömischen Gruppe, welche vermutlich ebenfalls die Herrscher am Übergang von der Ersten zur Zweiten Tetrarchie darstellt, dürfte am ehesten zwischen

507 In den sogenannten Domitiansthermen, d. h. im Gebiet des aurelianischen Sonnengott-Tempels: Delbrueck 1932, 92.

dem 1. Mai 305 und dem 28. Oktober 306 erfolgt sein, denn zu letzterem Datum riß Maxentius in Rom die Herrschaft an sich. Da er nicht in das tetrarchische System übernommen wurde, sondern ein Usurpator blieb, könnte er die Entfernung der Gruppe aus dem stadtrömischen Palast betrieben haben.

Eine andere Form der Aufstellung von Tetrarchengruppen auf Säulen bietet das sogenannte Fünf-Säulen-Denkmal auf dem Forum Romanum[508]. Statuengruppen mit Iupiter als Urheber der Tetrarchie und den vier Herrschern standen wohl auch in anderen Städten des Reiches, z. B. in Halikarnassos und Ephesos[509] sowie auf Stadttoren, anscheinend bezeugt durch eine in Trier geprägte Silbermünze[510]. Eine Tetrarchengruppe mit Iupiter stand wohl auf dem Haupttor des Diocletianspalastes in Spalato[511], und eine ähnliche Tetrarchengruppe mag für den Palast des Galerius in Romuliana zu postulieren sein, wo Reste einer Tetrarchen-Statue, wohl des Galerius selbst, gefunden wurden[512].

M 4: Die tetrarchische Symmetrie: Münzen, Ehrenbogen von Macomades in Numidien (Abb. 7–10)

a) *Antoninianus* Diocletians aus Lyon[513] (Abb. 7)
b) *Antoninianus* Maximians aus Trier[514] (Abb. 8)
c) *Aureus* des Constantius[515] (Abb. 9)
d) *Aureus* Maximians[516] (Abb. 10)
e) Inschrift eines Ehrenbogens in Macomades in Numidien[517].

Abb. 7

508 Ausführlich in dieser Reihe behandelt bei Brandt 64 ff.
509 ILS 635 = CIL III 449. F. Miltner, JÖAI 44, 1959, Beibl. 266–268.
510 L'Orange, Beil. A, Abb.2.
511 H. Wrede, BJb 181, 1981, 111–142.
512 D. Srejović, AnTard 2, 1994, 143–152. Vgl. **M 12.**
513 Kolb 1987, Taf. III Abb. 26 a.
514 Vgl. Kolb 1987, Taf. III Abb. 26 b.
515 RIC VI S. 311 Nr. 5. Vgl. Kolb 1987, Taf. III Abb. 27.
516 RIC VI S. 311 Nr. 7 b. Vgl. Kolb 1987, Taf. III Abb. 28.
517 CIL VIII 4764 = 18698 = ILS 644.

Abb. 8

Die Prägungen (**a**) und (**b**) zeigen auf der Vorderseite die auf der Basis des Maximian-Porträts (s. auch **d**) einander angeglichenen Büsten Diocletians und Maximians nach rechts gewandt mit Strahlenkranz und Militärtracht. Auch die gleichartige Form der Legenden – *DIOCLETIANUS* bzw. *MAXIMIANUS P (ius) F (elix) AUG (ustus)* – verdeutlicht, daß es sich um eine koordinierte Prägung handelt. Während die Zuweisung der Prägung (**a**) an die Münzstätte Lyon mangels ausdrücklicher Münzstättenangabe auf – freilich sicheren – stilistischen Kriterien und Stempelkoppelungen beruht, bedeuten die Buchstaben PTR unterhalb der Trennlinie der Rs. von (**b**) P*(rima officina)* TR*(everorum)*, was mit ‚erste Offizin der Münzstätte Trier' wiederzugeben ist. Münzstätten pflegten aus organisatorischen und Kontrollgründen in mehrere Werkstattabteilungen *(officinae)* gegliedert zu sein.

Die Rs. stellen verschiedene, aber einander ergänzende Motive dar. Die Rs. der Prägung (**a**) spielt mit der dreizeilig in einem mit dem Stirnjuwel verzierten kaiserlichen Lorbeerkranz eingeschriebenen Legende VOT*(is)* X *(decem)* M *(ultis)* XX *(viginti)* auf die Feier eines zehnjährigen Regierungsjubiläums an. Anläßlich solcher Jubiläen wurden die bei Regierungsantritt der Kaiser ausgesprochenen Gelübde bzw. Wünsche eingelöst *(vota soluta)*, was auf anderen Prägungen deutlicher mit PRIMIS X, d. h. ‚nachdem die *vota* für die ersten zehn Jahre eingelöst worden sind', wiedergegeben wird; ferner werden neue Gelübde für die folgende Regierungsperiode ausgesprochen *(vota suscepta)*, was in diesem Fall in der Formel ‚viele weitere Wünsche im Hinblick auf das 20jährige Jubiläum' zum Ausdruck kommt.

Das zehnjährige Regierungsjubiläum Diocletians wurde mit einer sich über längere Zeit hinziehenden Feier ab dem 20. November 293 begangen, dem zehnten Jahrestag seines Regierungsantritts *(dies imperii)*, wobei der 20. 11. 284, an dem seine Proklamation zum Augustus erfolgt war, mitgezählt wurde. Das zehnte Regierungsjubiläum wurde folglich nach neun Regierungsjahren begangen[518]. Bemerkenswert ist nun, daß die gleiche Rs. mit dem Porträt Maximians auf der Vs. geprägt wurde und die Rs. von Prägung (**b**)

518 Vgl. Pan. Lat. V (8) 13,2. IV (10) 38,2.

ausdrücklich die Einbeziehung Maximians in die Jubiläumsfeier bekundet, obwohl dessen *dies imperii* eigentlich ein gutes Jahr später als jener Diocletians lag: Maximian war am 13. 12. 285 zum Caesar ernannt worden[519].

Die Rs. von Prägung **(b)** zeigt die beiden Augusti mit über den Kopf gezogener Toga einander gegenüberstehend. Die Verhüllung des Hauptes mit einem Zipfel der Toga erfolgte bei Trauer und beim Opfer. Bei letzterem Akt sind die Herrscher dargestellt, denn zwischen ihnen steht ein niedriger Altar, auf welchen sie aus Opferschalen eine Flüssigkeit ausschütten, vermutlich Wein, so daß es sich um eine sogenannte *libatio* handelt. In der linken Hand halten sie jeweils ein kurzes Adlerzepter. Die Legende lautet: VOTIS AUGG *(Augustorum)*, d. h. die Münze ist ‚den Gelübden zum Regierungsjubiläum der Augusti', mithin *beider* Augusti, gewidmet. In der Tat taucht auf den *vota*-Prägungen das Porträt Maximians sogar wesentlich häufiger auf als dasjenige Diocletians. Es handelt sich dabei nicht nur um die in der tetrarchischen Epoche übliche Einbeziehung des einen Herrschers in die Feste oder Siegestitulaturen des anderen. Das fünfjährige Jubiläum hatten beide Augusti noch getrennt gefeiert[520], aber im Jahr 293 bezeugen die Inschriften die Zuweisung eines zusätzlichen fiktiven Regierungsjahres an Maximian, so daß er nunmehr seinen zehnten *dies imperii* am 13. 12. 293, mithin nurmehr einen knappen Monat nach Diocletian, feiern konnte[521]. Da gesonderte Decennalien-Prägungen Maximians zum ‚eigentlichen' Termin seines zehnten *dies imperii* im Dezember 294 fehlen, kann kein Zweifel daran bestehen, daß die beiden Augusti zwischen dem 20. 11. und 13. 12. 293 eine gemeinsame Jubiläumsfeier durchführten und damit ihre *similitudo* und dioskurenhafte *concordia* unterstrichen.

Anläßlich des fünfjährigen Regierungsjubiläums *(quinquennalia)* der Caesares im Jahr 297 wurde von der Münzstätte Aquileia in Norditalien eine Serie von Goldmünzen mit einem wohlabgestimmten tetrarchischen Programm emittiert. Bei ihnen sind Porträts der Tetrarchen auf den Vs. mit Rs-Darstellungen von Iupiter und Hercules sowie den Dioskuren als *comites* (Begleiter) bzw. – im Falle Iupiters – als *conservator* der Augusti und Caesares, ferner der *concordia* der Augusti und Caesares verbunden. Zur gleichen Serie gehören Prägungen, welche zum einen das Porträt von Constantius bzw. Galerius auf der Vs. mit der Rs.-Legende VOT*(is)* X *(decem)* CAESS*(arum)* zeigen, zum anderen das Porträt von Diocletian bzw. Maximian mit der Rs.-Legende VOT*(is)* XX *(viginti)* AUGG*(ustorum)* jeweils im

519 Vgl. Kolb 1987, 28–32.

520 Pan. Lat. XI (3) 1,3.

521 Nur in Ägypten wurden seine Jahre weiterhin realistisch gezählt und dementsprechend auch *vota*-Münzen erst Ende 294 geprägt: Kolb 1987, 116ff. mit Anm. 354.

Abb. 9

Abb. 10

Lorbeerkranz. Die hier abgebildeten Münzen (c) und (d) gehören zu dieser Serie und zeigen die Porträts des Constantius (c) und Maximians (d) mit den Legenden CONSTANTIUS CAES*(ar)* und MAXIMIANUS P*(ius)* F*(elix)* AUG*(ustus)*. Bedeutsam ist die dezimale Symmetrie, mit welcher die Regierungsjubiläen der Augusti und Caesares einander gegenübergestellt sind. Die *vota*-Zählungen spiegeln den jeweiligen ‚Zwillingscharakter' der Augusti und der Caesares wider, welcher durch die Einbeziehung der o. g. Dioskuren-Prägung noch unterstrichen wird: Die Dioskuren sind Zwillingsbrüder und Söhne des Zeus, wie die tetrarchischen Augusti und Caesares die Söhne des römischen Pendants Iupiter sind.

Die politische Aussage geht über das Konzept der *concordia* hinaus. Indem erstmals in der römischen Kaisergeschichte Caesares eine gesonderte Feier ihrer *vota* erhalten, können letztere jenen der Augusti an die Seite gestellt werden. Obgleich nun im Jahr 297 eigentlich Anlaß bestanden hätte, das 5jährige Regierungsjubiläum der Caesares und das 298 bevorstehende 15jährige der Augusti mit VOTIS V und VOTIS XV-Prägungen zu kommemorieren, hat man darauf zugunsten einer besonderen Betonung der Zahlen X und XX verzichtet, welche optisch in deutlicherem Maße eine Differenz von zehn Regierungsjahren zwischen Augusti und Caesares zu suggerieren vermochten[522].

e) Inschrift auf einem Ehrenbogen im heutigen Ksur el-Ahmar, dem antiken Macomades:

„Mit vielen Gelübden für Euer (künftiges) 30jähriges Regierungsjubiläum! Ihr, unsere Herren Diocletian und Maximian, ewige Augusti, sowie Constantius

522 Vgl. Kolb 1987, 115–121.

und Maximian, höchst edle Caesares! Anläßlich des überaus glückbringenden Tages Eurer Vicennalien hat der *ordo* unseres Municipiums zur Zeit der Statthalterschaft des *vir perfectissimus* Aurelius Quintianus über Eure Provinz Numidia Victorien herstellen lassen. Den Bogen ließen Pompeus Donatus, *flamen* auf Lebenszeit, sowie Sittius Frontinianus, *pontifex*, aus eigenen Mitteln errichten".

Die Inschrift, in welcher die Namen der Herrscher mit Ausnahme jenes des Constantius zu einem späteren Zeitpunkt, wohl von Christen unter der Regierung Constantins, fast bis zur Unleserlichkeit ‚ausradiert' wurden, bezieht die *vicennalia* Diocletians und Maximians vom Ende des Jahres 303 auf alle vier Herrscher. Das war keine beliebige Interpretation seitens der unter dem Begriff *ordo* zusammengefaßten ratsfähigen Notabeln des Ortes, der hier mit dem alten, seit der Verleihung des römischen Bürgerrechts an alle freien Reichsbewohner im Jahr 212 bedeutungslosen Titel einer mit römischem oder latinischem Bürgerrecht ausgestatteten Gemeinde *(municipium)* versehen ist. Vielmehr bedurfte die Aufstellung eines solchen Ehrenmonuments der Einwilligung des Provinzstatthalters, der mit dem Titel *vir perfectissimus* (‚höchst vollendeter') als Ritter und damit der untersten Rangklasse in der Hierarchie römischer Provinzstatthalter zugehörig ausgewiesen ist.

Wie in den Gemeinwesen des Imperium Romanum und gerade in Nordafrika auch in der Spätantike noch üblich[523], übernehmen zwei Notabeln, ein Kaiserkultpriester *(flamen)* und ein den Götterkult beaufsichtigender priesterlicher Amtsträger *(pontifex)*, einen großen Teil der Kosten, indem sie die Errichtung des Ehrenbogens finanzieren. Dessen Schmuck, eine ungenannte Zahl von Statuen der Siegesgöttin aus ebenfalls nicht spezifiziertem Material, finanzierte das Kollektiv der in die Ratsherrenliste eingeschriebenen Honoratioren *(curiales)* aus öffentlichen Mitteln. Man muß sich wohl eine Gruppe von vier Victorien vorstellen, von denen je zwei einen *vota*-Schild zwischen sich hielten; auf einem waren die *vota XX soluta* (i. e. ‚erfüllten' Gelübde) für die Augusti, auf dem anderen die *vota XX suscepta* (i. e. ‚neu geleisteten' Gelübde) für die Caesares verzeichnet. Das Motiv des von zwei Victorien gehaltenen *vota*-Schildes erscheint auch auf dem Galeriusbogen von Thessalonike sowie auf Münzen der Tetrarchen und reicht bis wenigstens in die Mitte des 3. Jhs. zurück[524].

523 G. Waldherr, Kaiserliche Baupolitik in Nordafrika, 1989, 318f.; zu dieser Inschrift 186–190.

524 Vgl. Laubscher 90.

M 5: Die tetrarchische Kosmokratie: Tetrarchenrelief des Galeriusbogens von Thessalonike[525] (Abb. 11)

Der vermutlich von der Polis Thessalonike zu Ehren des Galerius errichtete Bogen muß zwischen dem Ende des auf ihm dargestellten Perserkrieges (298) und dem Tod des Galerius im Jahr 311 errichtet worden sein. Da aber Galerius offensichtlich auf den Reliefs des Bogens noch als Caesar erscheint, stellt der 1. Mai 305 einen *terminus ante quem* dar. Der von zwei Victorien gehaltene *vota*-Schild, dessen Beschriftung leider verloren ist, dürfte auf die *vicennalia* des Jahres 303 anspielen, als der in den Reliefs dargestellte Perserkrieg in einer Triumphfeier der Augusti in Rom kommemoriert wurde; dies deutet auf eine Fertigstellung des Bogens wohl nicht vor 303 hin. Der Anlaß für seine Errichtung war sicherlich die Verlegung der Residenz des Galerius nach Thessalonike im Jahr 299; da der Caesar im Jahr 303 nach Serdica umzog, ist ein Baubeginn erst in jenem Jahr nicht mehr denkbar. Das Jahr 303 ist somit als *terminus ante quem* für den Baubeginn des Bogens zu betrachten.

Der architektonische und topographische Zusammenhang des Bogens ist umstritten, die Frage, ob er mit der Palastanlage des Galerius in Thessalonike zu verbinden ist, schon deshalb kaum zu beantworten, weil nicht einmal deren Identität geklärt ist[526]. Auch ist die Deutung des Bogens dadurch beeinträchtigt, daß er zur Hälfte verloren ist. Die in den erhaltenen Reliefs zutage tretende Darstellungsform stellt mit ihrer Mischung aus historischer Erzählung und Repräsentationsszenen ein in Stein gemeißeltes Pendant zu den Panegyrici dar, bei denen gleichfalls Berichte über die Taten der Herrscher mit der Schilderung kaiserlicher Selbstdarstellung einander abwechseln.

Das für die tetrarchische Ideologie wichtigste Relief des Bogens ist das nicht zufällig in Augenhöhe angebrachte sogenannte Tetrarchenrelief, welches die vier mit dem ‚zivilen' kaiserlichen Dienstkostüm (s. oben 116) bekleideten Herrscher im Kreis von Gottheiten und Personifikationen zeigt. Die beiden Augusti Diocletian und Maximian thronen auf der Himmelskugel und stützen ihre Füße auf zwei Bögen, in welchen die Köpfe von zwei in ihrer Identität umstrittenen, möglicherweise den Himmel *(Caelus)* und die bewohnte Erde *(Oikumene)* darstellenden Personifikationen zu sehen sind. Die

525 Wichtigste Literatur: Laubscher. M. S. Pond Rothman, The Panel of the Emperors enthroned on the Arch of Galerius, in: Byzantine Studies II 1, 1975, 19–40; dies., The thematic organization of the Panel Reliefs on the Arch of Galerius, in: AJA 81, 1977, 427–454. Kolb 1987, 159–176. W. Raeck, *Tu fortiter, ille sapienter.* Augusti und Caesares im Reliefschmuck des Galeriusbogens von Thessalonike, in: H.-U. Cain/H. Gabelmann/D. Salzmann (Hrsgg.), Festschr. f. N. Himmelmann (Beih. Bonner Jahrb. 47), 1989, 453–457.

526 Vgl. G. Velenis, AA 1979, 249ff. N. Duval, FR 115, 1978, 27–62.

Abb. 11

Augusti sind mithin als kosmische Herrscher abgebildet, als *principes mundi*, wie eine spätantike Kaiserbiographiensammlung sie nennt[527].

Rechts und links von den Augusti stehen die beiden Caesares, die jeweils ihre Hand zu einer verschleierten, knieenden Frauengestalt ausstrecken, um ihr aufzuhelfen. Mit diesem aus der kaiserlichen Ikonographie als ‚Wiederherstellung' *(restitutio)* einer Provinz oder Region bekannten Gestus (vgl. **M 12**) sollen die Herrscher als *restitutores*, Wiederhersteller, der von Rom beherrschten Oikumene, deren östlichen und westlichen Teil die beiden Frauen wohl repräsentieren, gepriesen werden[528].

Das Ergebnis der Leistung der Herrscher wird am unteren Bildrand festgehalten: Rechts ruht die Personifikation der fruchttragenden Erde, um welche sich in Gestalt von Putti die vier Jahreszeiten als Symbole jener Fruchtbarkeit tummeln. Links liegen entspannt die Meeresgötter Okeanos und Tethys, denn auch das Meer genießt den Frieden der tetrarchischen Restitution des *corpus imperii*, die *felicitas*, das Glück, welches die Kaiser über die gesamte Erde, Land und Meer, gebracht haben.

Doch gelang ihnen dies nur mit Unterstützung der Götter, die sich im Relief um die Tetrarchen versammeln. Auffälligerweise stehen die Götter, während die Augusti sitzen. Dies hat A. Alföldi[529] als eine „für das Empfinden der früheren Generationen schier unerträgliche Szene" bezeichnet. Sie wiederholt sich auf einem Goldmedaillon, auf dem die stehenden Iupiter und Hercules die sitzenden Diocletian und Maximian bekränzen[530]. Die Darstel-

527 SHA, Car. 18,4.

528 Jüngst hat W. Raeck (s. Anm. 525) 455 die beiden Figuren als Provinzen oder Landschaften (Mesopotamia und Britannia) gedeutet, mit dem Argument, sie trügen Mauerkronen wie (manche) Provinzen der hadrianischen Provinz-Serie (so schon Laubscher 71 mit Anm. 339). In der Tat sind in den Restitutor-Prägungen Hadrians z. B. Asia, Bithynia und Britannia als kniende Frauen mit Mauerkrone dargestellt, aber ebenso der *Orbis Terrarum* in einer Prägung, auf deren Rs. der Kaiser einer mauerbekrönten knieenden Frauengestalt, welche einen Globus in ihrem Schoß hält, seine Hand reicht, um sie aufzurichten: RIC II S. 416 Nr. 594 mit Taf. XV Nr. 306 (Legende: *Restitutor Orbis Terrarum*). Fraglich ist, ob man das Knien der beiden Frauen nicht nur als Gestus des Bittflehens *(supplicatio)*, sondern auch als *adoratio*, mit welcher das Küssen des kaiserlichen Purpurs verbunden war (s. oben 117 f.), sehen sollte, wie dies Alföldi 53.58, tut.

529 Alföldi 44.

530 RIC V 2 S. 167 Nr. 225 = Gnecchi I Taf. 5,7. Freilich hat diese Entwicklung sich seit den ersten Jahrzehnten des 3. Jhs. angebahnt. Auf Festmünzen des Severus Alexander wird der sitzende Herrscher von den stehenden göttlichen Personifikationen Virtus, Victoria und Felicitas umgeben (Gnecchi I Taf. 1,9; II Taf. 99,5; 101,2). Von dort war der Weg nicht weit zu Medaillons Gordians III., auf denen der die militärische Virtus verkörpernde Gott Mars dem sitzenden Kaiser einen schutzflehenden Barbaren präsentiert (Gnecchi II Taf. 105,9–10; 106,1). Die Deutung der vor dem thronenden Kaiser stehenden Figur als Soldat,

lung des Tetrarchenreliefs ergibt sich folgerichtig aus der Qualität der Augusti als Göttersöhne, als mit den göttlichen Wirkungskräften Iupiters und Hercules' ausgestattete Herrscher. Das Stehen der Götter ist die letzte Konsequenz ihrer Funktion als *comites*, als Begleiter, der Augusti. Wie die Würdenträger des *comitatus* im Kronrat vor dem Kaiser stehen mußten, so auch der göttliche *comitatus*.

Die Anwesenheit westlicher wie östlicher Gottheiten unterstreicht zugleich die Reichseinheit. Halb verdeckt hinter dem – vom Betrachter aus – rechten Caesar steht der höchste Gott, Zeus-Iupiter, neben ihm einer seiner Söhne, ein Dioskur; sodann folgt Mars, der ein Siegeszeichen *(tropaeum)* trägt und das Pferd des Dioskuren am Zügel führt. Ganz rechts sieht man Fortuna mit Füllhorn. In der linken Hälfte des Reliefs steht neben dem anderen Caesar der ägyptische Gott Sarapis als östliches Pendant zu Iupiter; es folgen der zweite Dioskur sowie Virtus als Entsprechung zu Mars mit Tropaeum und dem Pferd des Dioskuren am Zügel. Ganz links ist die ägyptische Göttin Isis an ihrer Klapper *(sistrum)* erkennbar; wie Fortuna auf der anderen Seite steht sie, die zusammen mit Sarapis auch Gottheit der kaiserlichen Jubiläumsfeiern war[531], für das ‚Glück' der Tetrarchen.

Die Götter sind mithin in symmetrischer Entsprechung angeordnet. Dies erklärt das auffällige Fehlen des Hercules, des ‚Vaters' der Familie der *Herculii*. In der traditionellen Götterikonographie verfügte er über kein Pendant. Als Entsprechung zu Iupiter konnte nur ein anderer ‚höchster' Gott erscheinen; dies ist der in der römischen Kaiserzeit sowohl mit Zeus als auch mit Sol gleichgesetzte Sarapis. Für Hercules war folglich kein Platz; er hätte die symmetrische Komposition gestört. Er ist jedoch indirekt präsent, denn seine Qualitäten werden durch Virtus verkörpert, wie Münzen mit Darstellung des Hercules und der Legende *Virtus Augusti* bzw. *Augustorum* bezeugen[532]. Hercules ist im übrigen keineswegs vom Galeriusbogen ausgeschlossen worden; er taucht mehrfach in den Reliefs auf, u. a. in der zentralen Opferszene, in der Galerius ebenso ihm wie Iupiter huldigt. Aber unter dem Gesichtspunkt tetrarchischer Ideologie war seine Anwesenheit offensichtlich dann überflüssig, wenn es um die Herleitung der tetrarchischen Herrschergewalt ging. Er fehlt nämlich auch im tetrarchischen Fünf-Säulen-Monument auf dem Forum Romanum und in anderen tetrarchischen Gruppenarrangements[533]. Iupiter war die einzige Quelle der Herrschaft aller vier Tetrarchen,

---

die Gnecchi anbietet, ist deshalb unwahrscheinlich, weil andere Soldaten auf dem Medaillon wesentlich kleiner im Hintergrund stehend abgebildet sind.

531 Vgl. A. Alföldi, A Festival of Isis in Rome, 1937, 47ff.; ders., JbAC 8/9, 1965/66, 53ff.

532 RIC VI S. 142. S. 163 Nr. 3. S. 165 Nr. 24–26. Vgl. W. Derichs, Herakles. Vorbild des Herrschers in der Antike, Diss. Köln 1950, 113.

533 Vgl. Wrede (Anm. 511) u. oben 153.

während die Funktion des Hercules, der selbst Sohn Iupiters war, nur in seiner Rolle als Vater des zweiten Zweigs der tetrarchischen Götterfamilie begründet war. Iupiter soll aber, wie seine halbverdeckte Position anzeigt, im Tetrarchenrelief nur den Ursprung der tetrarchischen Macht zeigen, weniger seine Funktion als Vater und Schutzgott der *Iovii*.

Vielfältige Symbolkraft ist den Dioskuren eigen. Die in der antiken Ikonographie seit dem Ende des 4. Jhs. v. Chr. über ihrem Kopf erscheinenden Sterne verweisen auf ihre Ewigkeit, auf ihr abwechselndes Leben in der Unterwelt und im Olymp, auf die Wiederkehr der Zeiten. Außerdem repräsentieren sie, wie die Panegyrici und die Münzen zeigen[534], die *similitudo*, *concordia* und *aeternitas* der Tetrarchen, personifizieren die Kaiser in ihrer Quasi-Identität, sind als Söhne des Zeus gleichfalls *Iovii* und unterstreichen somit zugleich die direkte Beziehung aller vier Herrscher zu Iupiter, von dem sie ihre Macht empfangen haben. Als Symbolgestalten des ewigen kosmischen Wandels stehen sie schließlich auch für den der Tetrarchie inhärenten Herrscherwechsel.

Das Tetrarchenrelief propagiert die kosmische, glückbringende Herrschaft der göttlichen, ein neues Goldenes Zeitalter (s. oben 35) herbeiführenden Tetrarchen in Harmonie mit der Götterwelt. Im Rahmen dieser tetrarchischen Ordnung werden auf dem Galeriusbogen, in der neuen Residenz des östlichen Caesars, dessen militärische Leistungen besonders hervorgehoben. Er erscheint auf Relief B II 20 (Zählung nach Laubscher) als Sieger über die Perser, als *novus Alexander*. Ganz entsprechend muß auf anderen, ähnlichen Triumphbögen im Reich die tetrarchische Ordnung mit der Hervorhebung des jeweiligen regionalen Machthabers und Siegers im Barbarenkampf verbunden gewesen sein. Das zeigen die Reste solcher Monumente im spanischen Emerita, in Rom sowie in Iznik, dem antiken Nikaia, nahe Nikomedien, der Residenz Diocletians[535]. Triumphbögen der Tetrarchie waren anscheinend ebenso systematisch über das Imperium verteilt wie tetrarchische Porphyrgruppen. Sie waren „Teil eines umfassenden Programms, das die Herrschaft der Tetrarchen in ihren gemeinsamen militärischen Erfolgen an allen Grenzen des Reiches ... glorifizierte“[536].

534 Pan. Lat. X (2) 9,4. XI (3) 6,3; 7,7. RIC VI S. 300. 310f. Nr. 1. Vgl. S. 403f. Nr. 14–19. 35–38.

535 J. Arce, MDAI (M) 23, 1982, 359–371. H.-P. Laubscher, Arcus Novus und Arcus Claudii, zwei Triumphbögen an der Via Lata in Rom (Nachr. Akad. Göttingen, Phil.-hist. Kl. Nr. 3) 1976; ders., JdI 108, 1993, 375–397.

536 Laubscher, JdI 108, 1993, 397.

M 6: Die ‚ewige' Erneuerung der tetrarchischen Herrschaft: tetrarchische Standarten-Pilaster aus Romuliana-Gamzigrad[537] (Abb. 12–14)

A B

Abb. 12

Zwei aus Sandstein gefertigte Pilaster[538] wurden unter den architektonischen Schmuckelementen gefunden, welche von der Fassade des Osttors der späteren Befestigungsanlage von Romuliana-Gamzigrad in Serbien (**M 10**) herabgestürzt waren. Der eine Pilaster (**B**) ist an der Vorderseite schwer beschädigt, der andere (**A**) vollständig erhalten (Abb. 12). Die Seitenflächen der Pilaster sind mit Weinreben dekoriert, die Frontseiten mit länglichen, bei (**B**) von Efeu, bei (**A**) von Lorbeer umrahmten und von einem Akanthus-Kapitell bekrönten Paneelen, in welche jeweils ein Feldzeichen *(signum)* mit fünf Medaillons in erhabenem Relief eingearbeitet ist. Unmittelbar über dem Fuß

537 D. Srejović, The representations of tetrarchs in Romuliana, AnTard 2, 1994, 143–152.

538 Der Aufsatz von Srejović, a. O. bietet leider keine Maßangaben.

der Standarte (**A**) ist eine nach rechts blickende Adler-Protome erkennbar, welche wohl darauf hindeutet, daß diese Standarte einer Militäreinheit mit dem Beinamen *Iovius* zugeeignet war. Das zweite Medaillon von oben stellt jeweils einen Lorbeerkranz, das vierte eine Opferschale *(patera)* dar. Der Lorbeer verweist auf die kaiserliche Imperatorenwürde und möglicherweise auf den in der Tetrarchie vor allem Galerius zugeordneten Sol-Apollon[539]; der Efeu vielleicht auf dionysische Glückssymbolik bzw. auf Dionysos selbst, den mythischen Eroberer des Ostens und somit Vorläufer des *novus Alexander* Galerius; die *patera* auf das Opfer, welches die Soldaten vor den mit Kaiserbüsten geschmückten Standarten ihrer jeweiligen Einheit darzubringen pflegten. Solche Feldzeichen waren in einem Lagerheiligtum aufgestellt.

In den übrigen drei Medaillons sind denn auch kaiserliche Brustbilder dargestellt, wie auf Pfeiler (**A**) klar erkennbar ist. Im untersten Medaillon (5) sieht man zwei Herrscher in Tunika und Toga, in Medaillon 1 und 3 jeweils zwei Herrscher im kaiserlichen Dienstkostüm, d. h. in Tunika und auf der Schulter mit einer Spange befestigter Chlamys (s. oben 116). Auf Pfeiler (**B**) muß eine umgekehrte Reihenfolge vorgelegen haben, denn hier erscheinen im untersten Medaillon zwei Herrscher im kaiserlichen Dienstkostüm. Wir dürfen davon ausgehen, daß ein entsprechendes Herrscherpaar im dritten Medaillon dargestellt war, während die Kaiser in Consultracht nun im obersten Medaillon auftauchten. Ein weiterer Unterschied zwischen den beiden Standarten besteht in den jeweiligen Größenverhältnissen der Figuren. Auf Pilaster (**A**) sind die drei Büstenpaare etwa gleich groß, aber innerhalb der Paare ist die – vom Betrachter aus – jeweils linke Figur etwas größer als die rechte. Auf Pilaster (**B**) hingegen ist das unterste Paar insgesamt etwas kleiner dargestellt als die beiden anderen, die Figuren innerhalb der Paare sind jedoch gleich groß.

Solche feinen, offensichtlich gezielt herausgearbeiteten Unterschiede fügen sich in das bisher schon deutlich gewordene tetrarchische System von *similitudo* und *concordia* einerseits, sorgfältiger Hierarchisierung der Herrscher andererseits nahtlos ein. Die Darstellung von jeweils drei Herrscherpaaren verdeutlicht zudem den Zeitpunkt der Herstellung dieser Standarten. Die ‚Tetrarchie' ist ein Sextett geworden. Terminus post quem für die Aufstellung ist folglich der 1. Mai 305, ab welchem neben den vier amtierenden Herrschern zwei *seniores Augusti* als Emeriti existierten. Daß letztere mit den Herrschern in Consultracht gemeint sind, erstere mit jenen im kaiserlichen Dienstkostüm, kann keinem Zweifel unterliegen.

Die Plazierung der *seniores Augusti* einmal am Fuß, das andere Mal am Kopf des Monuments deutet auf die Existenz einer dritten Standarte hin, auf

539 Vgl. Kolb 1987, 168.

der sie die Mittelposition einnahmen (s. unten). Ihre größenmäßige Differenzierung auf Pilaster **(A)** verweist auf die höhere Autorität Diocletians gegenüber Maximian, wie sie auch im Tetrarchenrelief des Galeriusbogens dargestellt ist (**M 5**). Die größenmäßige Gleichstellung der gleichen Kaiser auf Pfeiler **(B)** hingegen trägt der tetrarchischen Ideologie der *similitudo* der dioskurenhaften kaiserlichen *fratres* Rechnung (s. oben 32–34).

Etwas anders ist wohl der Wechsel in den Größenverhältnissen bei den übrigen Herrscherpaaren zu deuten. Er erklärt sich am leichtesten, wenn man für Pfeiler **(A)** Gruppierungen von je einem Augustus mit seinem Caesar, d. h. Galerius und Maximinus Daia einerseits, Constantius und Severus andererseits, bei Pfeiler **(B)** hingegen jeweils ein Paar Augusti und ein Paar Caesares postuliert. Letzteres erklärt zudem, warum das unterste Paar kleiner dargestellt ist als die beiden oberen: Es zeigt die beiden Caesares. Auf Pfeiler **(A)** müßte bei Wahrung der tetrarchischen Hierarchie das oberste Paar den ranghöchsten Augustus Constantius mit seinem Caesar abbilden; im mittleren Medaillon hätten wir dann Galerius und seinen Caesar vor uns. Obwohl mithin die völlige Gleichartigkeit der Porträts jedes Bemühen um individuelle Differenzierung auf den ersten Blick als müßig erscheinen lassen könnte, ist aufgrund der rigorosen Hierarchie des tetrarchischen Systems eine sichere Identifizierung der Herrscher möglich. Die völlig schematisierten Darstellungen weisen weder Unterschiede in der Barttracht noch in der Haarfrisur, erst recht nicht in den Gesichtszügen auf. Die tetrarchische Dialektik von Hierarchie und *similitudo* ist hier perfektioniert, die *concordia* in der Gestaltung des Herrscherwechsels vom 1. Mai 305 in unübertrefflicher Klarheit propagiert.

Ein Fragment einer dritten Standarte **(C)** wurde in Zweitverwendung in einem frühbyzantinischen Haus von Romuliana entdeckt (Abb. 13.14). Es bildet die Herrscher nicht in Medaillons ab, dürfte aber dennoch einst ein Ensemble mit **(A)** und **(B)** gebildet haben, vermutlich als die mittlere Standarte. Um dies definitiv beurteilen zu können, müßte man freilich die Maße des Fragments kennen. Für eine solche These sprechen jedoch schon die schlecht erhaltenen Reste der Dekoration der linken Seitenfläche, welche eine Palme als Symbol der Sieghaftigkeit, dahinter einen kleinen tempelartigen Bau *(aedicula)* mit einer weitgehend zerstörten thronenden Figur in weitem Gewand, vermutlich Iupiter, zeigt. Auf der anderen, völlig verlorenen Seite war wohl dementsprechend Hercules dargestellt. Die Götter der Tetrarchie dürften dieser Standarte einen ehrenvolleren Platz gesichert haben als die Weinlaubdekoration der *signa* **(A)** und **(B)**. Das Paneel der Vorderseite ist diesmal von einem Kymation gerahmt.

Die Figuren waren anscheinend auf Sockeln angeordnet wie die Porphyrgruppen von San Marco und vom Vatikan (s. oben zu **M 3**). Die Sockel trugen eine wohl von oben nach unten durchlaufende griechische Inschrift, von der

Abb. 13

C

Abb. 14

einige Buchstaben noch erkennbar sind[540]. Das erhaltene Fragment stammt anscheinend aus dem Mittelstück des Pilasters, da an seinem unteren Rand eine Victoria offensichtlich darunter stehende Figuren bekränzte und der Standartenschaft am oberen Rand des Fragments nicht auf Höhe der Köpfe der teilweise noch erhaltenen Figuren abschloß, sondern sich fortgesetzt haben muß. Dies bedeutet, daß das auf dem Fragment erkennbare, zweifellos mit der Triumphaltoga bekleidete Herrscherpaar diesmal die mittlere Gruppe gebildet haben muß. Die Ergänzung des Pfeilers durch Srejović mit zwei weiteren Herrscherpaaren im consularen Triumphalgewand ist zumindest zweifelhaft. Plausibler erscheint eine weitere Variante zur Disposition der Pilaster **(A)** und **(B)**, auf denen die *seniores Augusti* in Consultracht einmal im obersten, ein andermal im untersten Medaillon dargestellt sind (s. oben 164). Auf Pilaster **(C)** nahmen sie das Zentrum der Komposition ein, während die Herrscherpaare im Dienstkostüm sie in vertikaler Richtung eingerahmt haben dürften.

540 Srejović a. O. erwähnt die Inschrift in seinem Beitrag gar nicht.

Die beiden Kaiserfiguren sind offensichtlich, wie auf Pilaster (**A**), unterschiedlich groß dargestellt; die vom Betrachter aus gesehen linke Figur ist erneut etwas größer als die rechte. Dies bedeutet, daß auch hier Diocletians *auctoritas* gegenüber der *similitudo* mit dem *frater* Maximianus überwiegt. Es folgt daraus wohl, daß die beiden anderen Gruppen wie auf Pfeiler (**A**) gleichfalls unterschiedlich groß dargestellt waren, was diesmal vielleicht den Anciennitätsunterschied innerhalb der Paare der Augusti und der Caesares zum Ausdruck brachte.

Auch die beiden anderen Herrscherpaare auf Pilaster (**C**) wurden zweifellos jeweils von einer geflügelten Victoria bekränzt. Die Standarte stellte die drei Kaisergruppen somit in ihrer triumphalen Sieghaftigkeit dar. Die Armhaltung spricht dafür, daß sie vor der Brust mit beiden Händen ein Objekt umfaßten. Eine ganz entsprechende Haltung nehmen die von Iupiter und Hercules bekränzten Diocletian und Maximian auf dem (**M 7c**) behandelten Goldmedaillon Maximians ein. Dort halten sie jeweils einen Globus in ihren Händen. Dies wäre auch auf der Standarte (**C**) ein sinnvolles Objekt, da das Symbol der Weltherrschaft auf den Pilastern (**A**) und (**B**) fehlt und in einer so vielseitigen tetrarchischen Komposition durchaus zu erwarten ist, zumal die dritte Standarte mit ihrer Plazierung der Kaiser auf Sockeln z. B. der vatikanischen Tetrarchengruppe mit den jeweils einen Globus haltenden Herrschern entspricht.

Die Entzifferung und Ergänzung des Inschriftfragments könnte für die Deutung dieses Pfeilers vielleicht nützlich sein. Von der Abbildung bei Srejović her ist dies jedoch nicht zu leisten. Auf jeden Fall bilden diese drei Standarten die expliziteste Präsentation der tetrarchischen Ordnung anläßlich ihrer ‚Bewährungsprobe' beim Herrscherwechsel von 305.

M 7: *Domus divina – Iovii* und *Herculii:* literarische Quelle, Inschrift, Goldmedaillon Maximians

a) Pan. Lat. XI (3) 2,3; 3,2–3
b) CIL III 710 = ILS 629. Vgl. AE 1940, 182
c) Goldmedaillon Maximians aus der Münzstätte Ticinum[541] (Abb. 15):

a) Der Panegyriker des Jahres 291 hält eine Rede zum Geburtstag des Kaisers Maximian und seines göttlichen *numen* am 21. Juli (**2,3**):

„Diesen (Geburtstag) freilich, geheiligtester Imperator, feiern wir anläßlich seiner jährlichen Wiederkehr mit Ehrfurcht zugleich vor Euch und vor Euren

541 Gnecchi I Taf. 5 Nr. 7. Vgl. Kolb 1987, Taf. II Abb. 12.

> göttlichen Wirkungsmächten *(numina)*, da ihr ja zum einen durch Eure Namen, viel mehr jedoch durch Eure Fähigkeiten *(virtutes)* unter Beweis stellt, daß ihr von Göttern gezeugt worden seid *(vos dis esse genitos)*".

Der Redner läßt sich sodann über das unermüdliche, rastlose Wirken der Herrscher aus, die sich keine Muße gönnen, und bietet dazu eine Erklärung **(3,2–3)**:

> „Gewiß duldet dies nicht jener himmlische Begründer bzw. Vater Eures Geschlechts *(vestri generis conditor vel parens)*. Denn zum einen kann Unsterbliches nicht stillstehen; die Ewigkeit erhält sich selbst durch immerwährende Bewegung. Sodann sind gerade jene Eure Väter, welche Euch Namen und Herrschaft zuteilten, ständig mit hochbedeutenden Werken befaßt".

Nach Meinung des Panegyrikers sind mit der Geburt der Kaiser ihnen zugleich auch von Iupiter und Hercules ihre göttlichen Wirkungskräfte eingepflanzt worden; insofern sind die Herrscher von Iupiter und Hercules gezeugt worden, sind deren Söhne. Dementsprechend verfügen sie über die Qualitäten *(virtutes)* jener Götter, was sich in entsprechenden Aktivitäten der Herrscher niederschlägt. Freilich findet sich in den Panegyrici nicht etwa eine qualitative Unterscheidung der Leistungen Diocletians und Maximians, welche eine Unterordnung des letzteren unter ersteren implizieren würde. Anders als im antiken Mythos, in welchem Hercules nur Helfer des klar übergeordneten Herrschers Iupiter ist, betonen die Panegyriker die Gleichwertigkeit und Komplementarität der Leistungen der beiden Kaiser. Allenfalls ist Diocletian der ‚Beginner', Maximian der ‚Vollender'. Der Unterschied ihrer Aktivitäten ist kein qualitativer, sondern ein modaler, indem Diocletian seine Leistungen mit den *virtutes* Iupiters, Maximian mit jenen des Hercules vollbringt, aber die Wirkung ist die gleiche[542].

Dementsprechend gibt es keine Unterordnung des Familienzweigs der *Herculii* unter die *Iovii*[543], und den Grund dafür nennt der Panegyriker im zweiten oben zitierten Passus, wo Iupiter als „Begründer bzw. Vater Eures Geschlechts" apostrophiert wird. Man hat an dieser Stelle viel herumgerätselt, weil Iupiter hier auch den *Herculii* als Vater zugeeignet erscheint, während im folgenden Satz auf *beide* Väter, also *Iupiter* und *Hercules*, Bezug genom-

542 Pan. Lat. IX (5) 16,2. XI (3) 14,4. Vgl. Kolb 1987, 96–98. 107–109.

543 Gegen W. Seston, Dioclétien et la tétrarchie, 1946, 231 ff. I. König, Chiron 4, 1974, 567–576. A. Pasqualini, Massimiano Herculius 1979, 105 ff.

men wird[544]. Es liegt jedoch kein Widerspruch vor, da es nicht heißt, Iupiter sei „Begründer *und* Vater“ beider Familien, sondern „Begründer **beziehungsweise** Vater“. In der Tat war Iupiter hinsichtlich der **Herleitung** der Herrschaft der Begründer *(conditor)* sowohl der *Iovii* als auch der *Herculii*, denn nur er tritt auch auf den Münzen in dieser Rolle auf (s. oben 37. 145), niemals Hercules. Dies spiegelt sich in allen Monumenten wider, welche auf den Ursprung tetrarchischer Herrschaft Bezug nehmen, so auch auf dem Galeriusbogen (s. oben 161 f.). *Parens*, ‚Familienvater‘, ist er hingegen nur im Hinblick auf die *Iovii*, während für die *Herculii* eben Hercules diese Rolle übernimmt. Iupiter ist also gewissermaßen der *summus pater*, der „oberste Vater“, für alle vier Herrscher, und dem *Hercules tuus* stellt der Panegyriker in seiner Rede an Maximian den *Iupiter vester* gegenüber[545]. *Iovii* und *Herculii* bilden folglich ein einziges Geschlecht, das sich von Iupiter herleitet; sie sind aber in zwei Familienzweige gegliedert.

b) Meilenstein, gefunden nahe Dyrrhachium (heute Durres in Albanien), am Fluß Rzan:

> diis genitis et/deorum creatoribus/dd. nn. diocletiano et/[maximiano invict]is AUGG(ustis).
> „Den gezeugten Göttern (oder von Göttern gezeugten) und Erzeugern von Göttern, unseren Herren Diocletianus und Maximianus, den unbesiegbaren Augusti“.

Der Rest der Inschrift ist unleserlich; er muß die eigentliche Aufgabe eines Meilensteins erfüllt haben, nämlich die Entfernungsangabe zum nächstgelegenen *civitas*-Zentrum, eben Dyrrhachium. Hinter AUGG könnten zunächst noch die beiden Caesares Constantius und Galerius genannt worden sein. Der Text ist zu Beginn der vierten Zeile zerstört, die in eckige Klammern gesetzte Ergänzung jedoch zwingend. Zu den Titeln *dominus* und *invictus* s. oben 38 f. 56. Es war üblich, Meilensteine den regierenden Kaisern zu widmen. Dies konnte den Neubau oder die Reparatur der betreffenden Straße unter ihrer Herrschaft bezeugen, aber seit dem 3. Jh. wurden Meilensteine oft auch nur neu gesetzt und gewidmet, ohne daß weitere Arbeiten damit verbunden waren.

Ein Meilenstein ist ein offizielles Dokument[546], denn er ist von einem staatlichen Amtsträger, meist dem Provinzstatthalter, in Auftrag gegeben und

---

544 Vgl. z. B. O. Schaefer, Die beiden Panegyrici des Mamertinus und die Geschichte des Kaisers Maximianus Herculius, Diss. Straßburg 1914, 107 f.

545 X (2) 4,2. Vgl. XI (3) 14,2.

546 Gegen F. Taeger, Charisma 2, 1960, 463. A. Arnaldi, RIN 79, 1977, 111 Anm. 11.

bietet mit Sicherheit keine Angaben, welche nicht der Auffassung der kaiserlichen Regierung entsprachen. Darin stimmt dieses *offizielle* Dokument mit den *offiziösen* panegyrischen Reden überein, welche vom Kaiser und seinen Beratern in Auftrag gegeben oder jedenfalls genehmigt waren. Es ist daher von Bedeutung, daß die Inschrift fast wörtlich die gleiche Aussage trifft wie der oben zitierte Panegyriker, indem er die beiden Augusti als von den Göttern gezeugt bezeichnet. Zusätzlich nennt die Inschrift die beiden Herrscher jedoch auch „Erzeuger von Göttern" *(deorum creatores)*. Mommsen war der Auffassung, hier sei an die leiblichen Kinder der Herrscher, nämlich Diocletians Tochter Valeria und Maximians Sohn Maxentius, gedacht[547], aber die leiblichen Kinder der Herrscher der Ersten Tetrarchie erscheinen nie in kaiserlichem Kontext, sind nicht Mitglieder der göttlichen Familie der *Iovii* und *Herculii*. Vielmehr sind in der Inschrift zweifellos die beiden Söhne gemeint, welche zur Familie der *Iovii* und *Herculii* zählten, nämlich die Caesares Constantius und Galerius. Mit deren Proklamation und Adoption hatten die Augusti die göttlichen *numina* und *virtutes* der Caesares enthüllt. Die beiden Augusti, in ihren Wirkungskräften göttlicher Herkunft, sind fähig, ihrerseits mit entsprechenden Qualitäten begabte Herrscher, ‚Götter', zu ‚schaffen'. Daher werden auch die Kaiser der Zweiten Tetrarchie, an ihrer Spitze Constantius und Galerius, auf einer Stele in Tripolis/Mäander[548] in der kleinasiatischen Landschaft Lydien als *dii geniti*, „gezeugte (bzw. geborene) Götter" bezeichnet. Und noch Constantin führt als leiblicher Sohn des *divus Constantius* sogar nach 312 diesen ‚Titel' (s. oben 64).

Abb. 15

c) Die in (a) und (b) zum Ausdruck kommende, in dieser Form neuartige sakrale Überhöhung der Kaiser erklärt die Szene (Abb. 15) mit der Bekränzung Diocletians und Maximians durch die Schutzgötter Iupiter (links mit Zepter im linken Arm und Kranz in der rechten Hand) sowie Hercules (rechts, mit Keule und Löwenfell im linken Arm sowie Kranz in der rechten Hand) auf der hier abgebildeten Rs. eines Medaillons. Die beiden in Panzer und Paludamentum gekleideten Augusti sitzen auf *sellae curules*, jeder mit

547 ILS 629 not. 2.
548 AE 1940, 182.

einem Globus als Zeichen der Weltherrschaft in den Händen, während die Götter stehen. Das gleiche Phänomen konnten wir im Tetrarchenrelief des Galeriusbogens feststellen (s. oben 160 f.). Als Söhne jener Götter, als Inhaber ihrer *numina* konnten Diocletian und Maximian sich sogar selbst in Gestalt von Iupiter und Hercules darstellen lassen[549], sie mithin ‚ersetzen'. Die Legende *PERPETUA CONCORDIA AUGG(ustorum)*, „immerwährende Eintracht der Augusti", ist der völligen *similitudo* adäquat, in der die Kaiser dargestellt sind. Es gibt keinen Rangunterschied zwischen dem *Iovius* Diocletian und dem *Herculius* Maximian.

M 8: Die Einführung des spätantiken Hofzeremoniells und Kaiserornats: Quellenstellen aus spätantiken und byzantinischen Autoren

Unter den im folgenden zitierten Autoren befinden sich drei Historiker des 4. Jhs., deren Berichte vermutlich auf eine gemeinsame Quelle, eine unter der constantinischen Dynastie verfaßte Kaisergeschichte, zurückgehen: Aurelius Victor **(b)** aus Nordafrika, der hohe Ämter in der Reichsverwaltung bekleidete, versuchte in seinem ca. 360 verfaßten Werk, aus dem das hier behandelte Zitat stammt, auf dem Weg über Kurzbiographien römischer Kaiser einen historischen Abriß der römischen Geschichte seit Augustus zu verfassen. Das Werk steht in der Tradition moralisierender Historiographie, bemüht sich aber um eigenständige Deutung. Eine ähnliche Kurzfassung, aber zur gesamten römischen Geschichte, bietet das Werk Eutrops **(c)**, der vom Kaiser Valens (364–378) den Auftrag erhielt, eine knappe Darstellung der wichtigsten außenpolitischen Ereignisse der römischen Geschichte zu bieten, um den oft wenig gebildeten Herrschern und den hohen Funktionären in Heer und Verwaltung zumindest rudimentäre Kenntnisse der römischen Vergangenheit zu vermitteln und in erzieherischer Weise zur Nachahmung berühmter Männer anzuregen. Da für ihn die *civilitas*, der leutselige Umgang des Kaisers mit seiner Umgebung, eine entscheidende Herrschertugend ist, mußten ihn Veränderungen in der Form dieses Umgangs interessieren. Hingegen ist ein solches Thema in Ammians **(d)** wohl um 395 abgeschlossener, breiter Schilderung der römischen Geschichte von Nerva bis zur Schlacht bei Adrianopel (96–378), von der nur die Darstellung der letzten 25 Jahre erhalten ist, nur einer unter vielen Aspekten und wird nur in Parenthese, ohne wertendes Engagement, berichtet.

Ganz anders wiederum in der Sammlung von Kaiserbiographien von Hadrian bis Carinus (117–285) in den Scriptores Historiae Augustae, welche gegen Ende des 4. oder in den ersten Jahrzehnten des 5. Jhs. zusammengestellt

549 Gnecchi II Taf. 124,1; 126,4.7; 127,1.9 usw.

wurde (e). Hier ist eher noch stärker als bei Eutrop das Verhalten des Kaisers gegenüber dem Senat und der römischen Tradition ausschlaggend für das Urteil über den jeweiligen Herrscher. Der Byzantiner Leon Grammaticus (f; 9. Jh.) bietet eine Kompilation aus den heidnischen Breviarien und Lactantius.

Gänzlich polemisch gegenüber den Tetrarchen ist der christliche Rhetoriklehrer Lactantius (a) in seinem um 315 verfaßten Pamphlet ‚Über die Todesarten der (Christen-)Verfolger':

a) Lact. mort. pers. 21,2–3:

„Nach seinem Sieg über die Perser, bei denen dies Brauch und Sitte ist, daß sie sich ihren Königen in die Knechtschaft geben und die Könige ihrerseits ihr Volk wie ihr Gesinde behandeln, wollte der frevelhafte Mensch (i.e. Galerius) diese Sitte auch auf römischen Boden übertragen. Seit dem Persersieg pflegte er schamlos jenen Brauch zu loben. Weil er dies aber nicht offen befehlen konnte, ging er so vor, daß er persönlich Menschen die Freiheit nahm. Zuerst entzog er ihnen die Ehrenstellungen. Nicht nur Dekurionen wurden von ihm gefoltert ..."

b) Vict. Caes. 39,2–4:

„(Diocletian) nämlich hat als erster, nachdem Kleidung aus Gold beschafft worden war, die Wirkung von Seide, Purpur und Edelsteinen für das Schuhwerk begehrt. Obwohl dies bereits über das einem sich staatsbürgerlich verhaltenden Kaiser gebührende Maß hinausging und als Zeichen einer von Ehrgeiz aufgeblähten und sich dem Übermaß hingebenden Gesinnung zu werten ist, war es doch unerheblich im Vergleich zu anderem. Denn als erster nach Caligula und Domitian ließ er sich öffentlich ‚Herr' *(dominus)* nennen, adorieren und als Gott bezeichnen".

c) Eutr. 9,26:

„Dieser (i. e. Diocletian) soll als erster ins römische Reich eine Regierungsform eingeführt haben, welche eher einer Königsherrschaft als römischer freiheitlicher Ordnung entsprach, und befohlen haben, daß er adoriert werde *(adorari)*, während alle (Principes) vor ihm sich hatten begrüßen lassen *(salutarentur)*. Kleider und Schuhe verzierte er mit Edelsteinen. Vorher nämlich war das einzige Abzeichen der Herrschaft der purpurne Feldherrnmantel *(chlamys)*, die übrige Kleidung (des Herrschers) entsprach der allgemeinen Tracht"[550].

550 Hieronymus (Chron. p. 226 Helm) lehnt sich eng an Eutrop an, während Zonaras (Ann. 12,31) eine Mischung aus Eutrop und Ammian zu bieten scheint.

d) Ammian. XV 5,18:

„Nachdem er (i. e. Ursicinus) durch den Vorsteher des kaiserlichen Audienzwesens – dies ist die ehrenvollere Prozedur – herbeigerufen und in den Ratssaal *(consistorium)* eingetreten war, wurde ihm der kaiserliche Purpur viel huldvoller als zuvor (zum Kuß) dargeboten. [Der Kaiser Diocletian nämlich] ordnete als erster von allen an, adoriert zu werden *(adorari)*, wohingegen, wie wir lesen, zuvor die Kaiser *(principes)* stets wie Statthalter begrüßt *(salutatos)* worden waren".

e) SHA, AS 18,3:

„Derselbe (i. e. der Kaiser Severus Alexander) untersagte, daß er adoriert werde, nachdem Heliogabalus bereits damit begonnen hatte, sich nach Sitte der Perserkönige adorieren zu lassen".

f) Leon Grammaticus, Chron. p. 82 Bonn:

„(Galerius) kehrte nach seinem bedeutenden Persersieg zu Diocletian zurück und führte Säcke voller Edelsteine und Perlen mit sich. Seitdem verwendete als erster Diocletian Kleidung und Schuhe, die mit Juwelen und Gold verziert waren; und er befahl, daß man ihn entgegen der traditionellen Sitte mit der Proskynese ehre ...".

Zunächst ist festzuhalten, daß keine zeitgenössische schriftliche Quelle Diocletian die Einführung prachtvoller Kleidung und der Adoration zuschreibt. Lactantius (a) behauptet, *Galerius* habe die *persische Knechtschaft* im Imperium Romanum einführen wollen, dies aber nicht offiziell zu verfügen gewagt. Durch die Hintertür habe er daher den Römern die Freiheit nehmen wollen, indem er Mitglieder der gesellschaftlichen Eliten demütigte. Es ist darauf hingewiesen worden[551], daß hier von Zeremoniell und Tracht keine Rede sei, Andreas Alföldi[552] daher Lactantius zu Unrecht die Behauptung eines Imports der Proskynese aus dem Perserreich zugeschrieben habe. Löhken[553] behauptet: „Von Persien oder dem Perserkönig als dem Vorbild Diokletians erfahren wir dort (i.e. in den Quellen) explizit nichts". Am Ende des 4./Anfang des 5. Jhs. leitet die Historia Augusta (e) jedoch die Adoration von Persien her, und Leon Grammaticus (f) behauptet dies zusätzlich für die

551 Löhken 51 f.
552 Alföldi 7.
553 a. O. 50.

Verzierung der Kaisertracht mit kostbaren Steinen und Perlen. Nicht erst Alföldi hat folglich diese Verbindung hergestellt. Hat er dennoch Lactantius falsch interpretiert?

Wenn tatsächlich unter der Tetrarchie jene Neuerungen in Tracht und Zeremoniell offiziell eingeführt worden wären, so fragt man sich, warum Lactantius dies nicht für seine polemischen Zwecke verwertete. Die in der antiken Literatur geläufige Verbindung ‚Proskynese-Perserkönig-Tyrannis' war dem gebildeten Rhetor zweifellos bekannt und hätte sich vorzüglich in seine gegen Diocletian und vor allem gegen Galerius gerichtete Tendenz[554] einfügen lassen. Das Schweigen des Lactantius über eine unter der Tetrarchie erfolgte Neuregelung von Kaisertracht und Zeremoniell ist mithin erklärungsbedürftig, aber m. E. im Grunde einleuchtend.

Als Lactantius sein Pamphlet schrieb, regierte sein Favorit Constantin, und dieser benutzte die gleiche Tracht und das gleiche Hofzeremoniell wie die Tetrarchen (s. oben 72. 83). Diese als Teil „persischer Knechtschaft" zu beschreiben, wäre folglich wenig opportun gewesen. Es ist mithin denkbar, daß Lactantius eine von Diocletian im Anschluß an den Persersieg vorgenommene Systematisierung der Kaisertracht und des Hofzeremoniells kannte und wußte, daß Anregungen des von Galerius eroberten Thronschatzes des sassanidischen Herrschers dazu beigetragen hatten, in Rom längst eingedrungene hellenistische Traditionen zu befruchten. Es lag nahe, dem Persersieger und heidnischen ‚Sündenbock' Galerius den Import von Sitten des Erzfeindes zu unterstellen. Aber Lactantius mußte seine Polemik auf Aspekte verlagern, die nicht auch Constantin in einem ungünstigen Licht erscheinen ließen. Daher schildert er nur solche ‚Beweise' für die „persische Knechtschaft", die der üblichen Tyrannentopik entstammen und eigentlich nichts spezifisch Persisches enthalten, während er die eigentlichen persischen Importe nur andeutet.

Anders konnte der unbekannte Verfasser jener Kaisergeschichte berichten, die nach gängiger Meinung der Forschung[555] die Vorlage für **(b)**, **(c)** und **(d)** bildete. Er schrieb vielleicht in den 30iger, möglicherweise auch erst in den 50iger Jahren des 4. Jhs., und zwar kein polemisches Pamphlet wie Lactantius, sondern Geschichte, und mußte deshalb nicht auf alles verzichten, was nicht in ein bestimmtes Schwarz-Weiß-Gemälde paßte. Die zu seiner eigenen Zeit gültige Kaisertracht und Adoration waren anscheinend auch in der Elite des Reiches nicht unumstritten und sanfte Kritik auch aus Sicht der Reichsregierung nicht strafbar, zumal wenn sie in einen Vergleich mit dem unangreifbaren *mos maiorum* verpackt war.

Letzteres jedenfalls muß man aus dem gemeinsamen Tenor von **(b)**, **(c)** und **(d)** schließen, in denen der Kontrast zwischen der von Diocletian einge

554 Vgl. Kolb 1987, 131 ff.

555 Vgl. T. D. Barnes, The Sources of the Historia Augusta, 1978, 90–97.

führten ‚monarchischen' Sitte und der *civilitas* früherer Kaiser betont wird – weniger direkt bei Aurelius Victor (**b**), deutlicher bei den folgenden Autoren. Diese Texte sind keineswegs identisch; sie akzentuieren unterschiedlich, und insbesondere Aurelius Victor zeichnet sich mit seiner psychologisierenden Deutung der Reform Diocletians als Ausfluß von Überheblichkeit durch ein besonderes Bemühen um Interpretation aus.

Besonders eigenständig ist die Version der Historia Augusta (**e**), welche – wie so häufig – ein im 4./5. Jh. diskutiertes Thema in die von ihr behandelte Epoche (2./3. Jh.) zurücktransponiert, zugleich aber die Gelegenheit zu entschiedener Wertung nutzt, indem sie die Einführung der persischen Sitte dem ‚schlechten' Kaiser Heliogabal, der als negatives Vor-Abbild Constantins d. Gr. gezeichnet ist[556], ihre Abschaffung hingegen ihrem Idealkaiser Severus Alexander zuschreibt. Die hier anzutreffende erstmalige Kennzeichnung der *adoratio* als persische Sitte dürfte angeregt worden sein durch die zuerst bei Eutrop anzutreffende Behauptung, damit sei eine dem Imperium Romanum fremde königliche Sitte importiert worden. Dies legte die Assoziation mit dem Perserkönig nahe, und Eutrop war ein in der Folgezeit vielgelesener Autor[557], wurde auch ins Griechische übersetzt. Leon Grammaticus (**f**) scheint Eutrops Anregung zu einer chronologischen Verbindung der neuen Tracht und der Proskynese mit dem Persersieg des Galerius genutzt zu haben – wohl zusätzlich motiviert durch die Überlieferung bei Lactantius (**a**). Hingegen wußten Aurelius Victor (**b**) und Ammian (**d**) offenkundig nichts von einem Import aus Persien. Ersterer nennt vielmehr römische Kaiser des 1. Jhs. als Vorläufer.

M 9: Audienz-Zeremoniell: Malereien des Thronsaales im Kaiserkultheiligtum von Luxor[558] (Abb. 16–22)

Einen Eindruck von der Szenerie einer kaiserlichen Audienz kann wohl die Empfangsszene auf – heute größtenteils verlorenen – Wandmalereien des tetrarchischen Lagerheiligtums im alten pharaonischen Ammon-Tempel zu Luxor (Theben) in Oberägypten bieten. Letzterer ist anscheinend unter Diocletian in eine Befestigungsanlage einbezogen worden, welche zu einem

556 Vgl. dazu die Literaturangaben bei K. Girardet, Festschr. K. Christ, 1998, 310 Anm. 110.

557 Vgl. zu ihm F. Kolb, in: V. Reinhardt (Hrsg.), Hauptwerke der Geschichtsschreibung, 1997, 175–178.

558 U. Monneret de Villard, The Temple of the Imperial Cult at Luxor, Archaeologia 95, 1953, 85–105. I.Kalavrezou-Maxeiner, The Imperial Chamber at Luxor, DOP 29, 1975, 225–251. Deckers 1973; ders. 1979; ders., in: Stutzinger 267–283. Gabelmann 204 f.

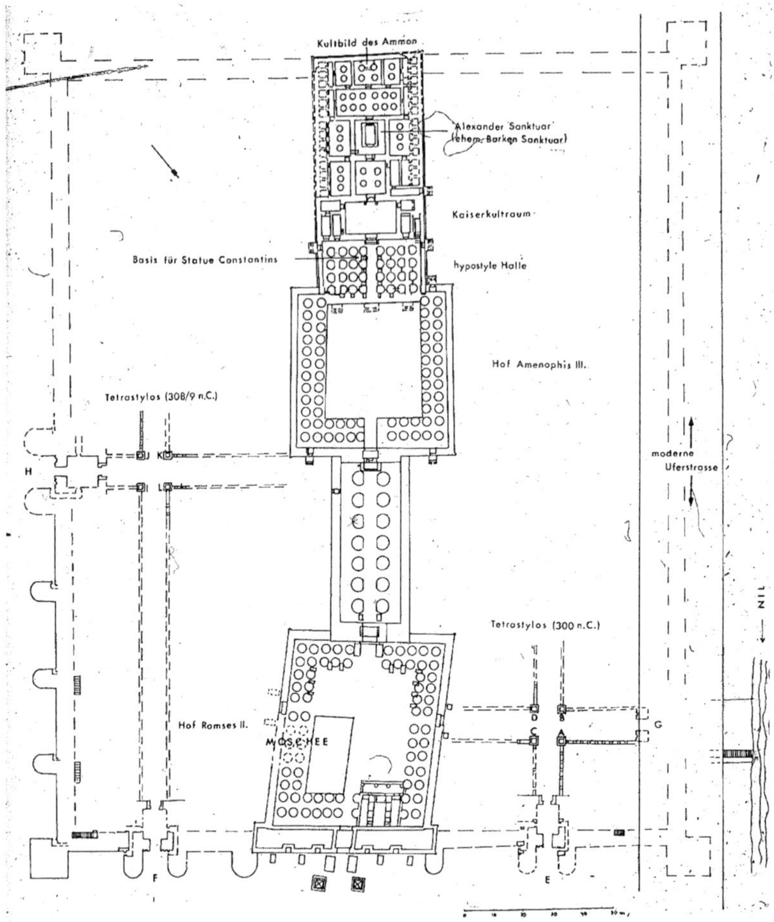

Abb. 16

römischen Legionslager gehörte (Abb. 16). Der Tempel wurde zur Residenz *(principia)* des Kommandanten umgebaut, die dem Sanktuarium des pharaonischen Tempels vorgelagerte Halle in das Fahnenheiligtum des Lagers umgewandelt, in welchem die mit Kaiserbüsten geschmückten Standarten der hier stationierten Militäreinheit aufgestellt waren[559]. Dieses Fahnenheiligtum *(sacellum)* wurde mit einer Apsis ausgestattet, welche den Eingang zum pharaonischen Sanktuarium versperrte. In der kaiserlichen *principia* eigentümlichen axialen Ordnung folgte auf einen in der Regel von Säulenhal-

559 Vgl. die Wiedergabe solcher Standarten in den **M 6** behandelten Monumenten.

Abb. 17

len gesäumten Hof eine quergelegte Halle. Wenn man sie betrat, blickte man auf das genau in der Mitte der gegenüberliegenden Seite plazierte *sacellum* (Abb. 17). Dessen von zwei korinthischen Säulen flankierte Apsis war auf deutlich höherem Bodenniveau angelegt und mit einer Schranke abgesperrt. Diese hierarchische Raumabfolge mit ihrer bewußten Steigerung architektonischer Repräsentation bis hin zur nicht betretbaren Apsis, in der folglich das Allerheiligste zu sehen war, schuf eine den Kaiserpalästen nicht unähnliche Atmosphäre. Das Fahnenheiligtum mit seiner Apsis entsprach der kaiserlichen Audienzhalle mit dem in der Apsis thronenden Herrscher. Die zwei oben genannten Säulen waren offensichtlich Teil einer mit einem Bogen versehenen *aedicula*, welche die Apsis noch besonders hervorhob.

Inschriftenfragmente auf Sockeln der quergelagerten Halle zeugen von der Aufstellung von Statuen für Galerius als Caesar sowie für Constantin (davon eine aus dem Jahr 324). An den beiden Kreuzungen der Straßen östlich und westlich des Tempels wurden Säulenbasen mit Inschriften für die vier Kaiser der Ersten Tetrarchie aus dem Jahr 300 sowie für die vier Herrscher der Dritten Tetrarchie aus dem Jahr 308/09 (Licinius und Galerius sowie Constantin und Maximinus Daia) gefunden. Es scheint also, daß die ganze Anlage einschließlich des *sacellum* zwischen 300 und 308/09 errichtet worden ist. Ob damit auch die Ausmalung des *sacellum* datiert ist, wie

J. G. Deckers[560] meint, ist jedoch fraglich, denn im Jahr 324 war die Anlage auf jeden Fall noch in Benutzung, wie die o. g. Inschrift für Constantin verdeutlicht.

Die Malereien sind im wesentlichen nur aus Bleistiftzeichnungen und Aquarellen bekannt, welche 1859 von J. G. Wilkinson angefertigt wurden. Soweit diese noch überprüfbar sind, hat sich ihre Zuverlässigkeit bestätigt, aber sie erfassen das ursprüngliche Bildprogramm nicht vollständig; neue Teile konnten aufgedeckt werden[561]. Die figürlichen Darstellungen geben auf den Friesen der Nord-, West- und Ostwand offensichtlich zwei Prozessionen von Militärs mit Pferden wieder. Diese beginnen jeweils an der im Norden gelegenen Eingangstür in das *sacellum* und bewegen sich dann links bzw. rechts herum in Richtung auf die Apsis in der Südwand zu. Die Soldaten tragen keine Rüstung, sondern das Dienstkostüm: eine langärmelige, knielange Tunika, den Militärgürtel *(cingulum)*, den auf der rechten Schulter mit einer Fibel geschlossenen Militärmantel, Strümpfe und niedrige Schnürstiefel *(campagi)*. Die Tuniken sind mit bestickten Winkelborten *(paragaudae)* und Appliken *(segmenta, orbiculi)* verziert.

Die beiden Prozessionen münden an der triptychonartig gegliederten Apsisstirnwand in repräsentativen höfischen Szenen (Abb. 18). Das große Bild – vom Betrachter aus gesehen – links der Apsis zeigt hintereinander

Abb. 18

560 Deckers 1973, 8.

561 Deckers 1979, 601 f.

Abb. 19

gestaffelte Personengruppen (Abb. 19.20), die sich von zwei Seiten her auf die Bildmitte zubewegen und so der Szene eine zentrale Komposition verleihen. Sie sind im Prinzip ähnlich gekleidet wie die Teilnehmer der oben beschriebenen Prozessionszüge, aber der Prunk der Gewänder steigert sich zur Bildmitte hin. Die vorderen Gestalten sind hervorgehoben durch längere Mäntel mit besonderer Farbgebung. Im Falle der vordersten Figur rechts ist die Tunika hell, der Mantel knöchellang und goldbraun mit Fransen am unteren Saum; es handelt sich um ein *paludamentum*. Zur Tracht dieser Personengruppe gehören ferner edelsteingeschmückte Gürtel sowie Zwiebelkopffibeln, welche die Mäntel zusammenhalten. Die Personen rechts tragen kurze Stäbe mit Knauf in der linken Hand. Da das *paludamentum* auch in der Kaiserzeit nicht nur vom Kaiser, sondern – in einer purpurfreien Ausführung – auch von anderen Heerführern getragen werden durfte, dürfte es sich hier um hohe Offiziere bzw. Generäle han-

Abb. 20

deln[562]. Die Personen auf der rechten Seite strecken jeweils ihren rechten Arm im Akklamationsgestus nach vorne[563]; dabei handelt es sich eher um eine Gruß- als um eine Adorationsgeste. Die von links kommenden Gestalten haben offensichtlich die Hände mit einem Mantelzipfel verhüllt *(manus velatae)*. Zwei von ihnen halten je einen purpurroten, mit Goldplättchen besetzten Gürtel, wohl Geschenke für die Herrscher; andere führen ein *vexillum*, eine Kohortenstandarte, mit sich.

562 Alföldi 1970, 167f. mit Anm. 7. Zwar durften auch sonstige Amtsträger, als Angehörige der *militia* (i. e. des Staatsdienstes) in weiterem Sinne, die *chlamys* tragen, aber nicht den eigentlichen Militärmantel, der hier durch die Fransen als solcher gekennzeichnet ist.

563 Vgl. Deckers, in: Stutzinger S. 270 Abb. 103.

Die Aufmerksamkeit beider Gruppen gilt der Bildmitte. Von dem dortigen Hauptmotiv haben sich jedoch leider nur geringe Reste erhalten, die auf thronende Herrscher hinweisen (Abb. 18). Ein mit einem purpurnen, goldbestickten Schuh bekleideter rechter Fuß sowie ein mit purpurfarbenem Stoff bedeckter Unterschenkel und eine goldfarbene, mit Edelsteinen und Perlen gefaßte Fußbank mit konkaven Außenflächen und einer massiven Deckplatte sind noch erkennbar. Da der Kaiser dezentral sitzt, dürfte rechts von ihm ein weiterer Kaiser gethront haben. Für die Vermutung von Deckers, daß dieser – wie auf beigefügter Rekonstruktion dargestellt – kleiner abgebildet war, gibt es jedoch keinen Anhaltspunkt[564].

Das Bildfeld rechts der Apsis scheint eine ähnliche Darstellung geboten zu haben[565] (Abb. 21). Allerdings ist die Symmetrie innerhalb dieses Bildfeldes eine etwas andere. Die beiden Prozessionsgruppen treffen nicht, wie bei dem linken Bild, genau in der Mitte zusammen. Daher mag auch die Hintergrunddarstellung etwas anders ausgesehen haben.

Abb. 21

564 Deckers 1979, 639. Gabelmann 204 folgt wohl Deckers, wenn er meint, daß hier ein Augustus mit einem Caesar dargestellt war.

565 Deckers hat seine 1973, 27 geäußerte Auffassung, in den beiden in der Mitte frontal dargestellten stehenden Personen dieses Bildes zwei Kaiser zu erkennen, in seinen späteren Beiträgen offensichtlich nicht mehr aufrechterhalten. Man sollte daher auch hier eine thronende Kaisergruppe ergänzen.

Abb. 22

Das durch die geöffnete Tür des Heiligtums schon von weitem sichtbare Apsisbild muß natürlich das wichtigste Bildmotiv enthalten haben, zumal die der Sakralarchitektur entlehnte Gestaltung der Apsis (s. oben 176) ihr einen besonderen Symbolwert verlieh (Abb. 18). Im Apsisgemälde sind vier frontal nebeneinander stehende Figuren dargestellt, die sich nicht überschneiden (Abb. 22). Die beiden äußeren Figuren sind etwa 10 cm kleiner als die beiden mittleren und auch „optisch zusammengeschoben“[566], so daß die beiden mittleren Figuren bedeutender wirken. Die zweite Figur von rechts ist freilich ‚gelöscht‘ worden, d. h. der *damnatio memoriae* verfallen, so daß über sie nichts Näheres gesagt werden kann. Zum Teil problematisch ist die Rekonstruktion der Tracht. Nach Deckers tragen alle vier einen knöchellangen, dunkelpurpurfarbenen Mantel auf der bloßen Haut. Aber während dieser bei

566 Deckers 1979, 641.

den beiden Außenfiguren mit einer runden, mit Gemmen besetzten Scheibenfibel auf der rechten Schulter zusammengehalten wird, scheint die zweite Figur von links ein ganz anders drapiertes und ohne Fibel um den Körper geschlungenes Gewand zu tragen. Die Rekonstruktion der Figur ganz links ohne Schuhe ist offensichtlich ungesichert und nicht plausibel, denn die beiden anderen erhaltenen Figuren tragen Schuhe. Bei der rechten Figur weisen sie rotes Riemenwerk auf, bei der zweiten von links handelt es sich um Sandalen mit vergoldeten (?) Riemen. Die beiden Außenfiguren tragen einen hellen, zylindrischen Gegenstand[567] in der linken bzw. rechten Hand, vielleicht die Reste eines kurzen Zepters. Die erhaltene mittlere Figur hält einen hellblau schimmernden Globus in der linken Hand und stützt sich mit dem erhobenen rechten Arm auf ein langes, goldenes Zepter. Die Köpfe der Figuren sind jeweils mit einem leuchtend gelben Nimbus umgeben. Zwischen den beiden Mittelfiguren sind eine nimbierte Büste und vielleicht Reste eines Lorbeerkranzes sowie von Purpurstoff zu erkennen.

Die gesamte Fläche der Apsiskalotte füllt ein Adler mit ausgebreiteten Schwingen aus, der einen goldenen Kranz in seinen Fängen hält, welcher mit fünf Edelsteinen sowie einer purpur- und goldfarbenen Schleife geschmückt ist. Das Wandfeld über der Apsis war anscheinend himmelblau bemalt und wies drei kleine, rote, sichelförmige Objekte auf; es könnte hier eine „kosmische Thematik"[568] dargestellt gewesen sein.

Zweifellos ist in der Apsis eine tetrarchische Gruppe abgebildet, mit den beiden bedeutenderen Herrschern in der Mitte. Ebenso unstrittig ist die Iupiter-Thematik im alten Heiligtum des seit ptolemäischer Zeit ‚Iupiterstadt' (Diospolis) genannten Theben, das seit der tetrarchischen Epoche in der Provinz *Iovia* lag. Ganz evident war ferner die zweite Figur von links die bedeutendste, denn sie hält das lange Zepter Iupiters. Aber auch der zweite Augustus dürfte – entgegen der Rekonstruktion von Deckers – eine Weltkugel in der Hand getragen haben. Die nimbierte Büste zwischen den beiden Augusti erklärt, warum das lange Szepter nicht – wie auf dem Galeriusbogen (**M 5**) – zwischen ihnen steht; es hätte die Büste teilweise verdeckt. Ob es sich bei der Büste um Iupiter handelte oder um Victoria, welche – analog zu Münzdarstellungen[569] – die beiden Augusti bekränzte, ist nicht mit Sicherheit zu entscheiden. Gegen Iupiter spricht, daß er in Gestalt eines Adlers in der Apsiskalotte ohnehin präsent ist.

Sodann ist der zweite Kaiser von links anscheinend in einem u. a. von Iupiter getragenen Himation bzw. Pallium, und nicht in einem der üblichen kaiserlichen Kostüme, dargestellt. In ein purpurnes griechisches Pallium

567 Deckers 1979, 642f.

568 Deckers 1979, 647.

569 z. B. RIC V 2 S. 251 Nr. 292. S. 254 Nr. 313 usw.

kleidete sich der Kaiser Domitian (81–96) bezeichnenderweise, wenn er den kapitolinischen Spielen zu Ehren von Iupiter in Rom präsidierte[570]; er trug damit dem Umstand Rechnung, daß es sich um Spiele griechischen Typs handelte; er imitierte wohl nicht das Iupiterkostüm. Der mit langem Zepter, Globus und Pallium ausgestattete Kaiser im Gemälde von Luxor trägt das griechische Gewand gleichfalls nicht im typischen Habitus Iupiters, der stets mit nacktem Oberkörper und vom Rücken her über die linke Schulter geführtem bauschigen Gewand abgebildet ist[571].

Die beiden anderen erhaltenen Kaiserfiguren sind nicht etwa mit dem Pallium bekleidet, wie Deckers irrtümlich meint[572], denn dieses wird nie mit einer Fibel auf der Schulter befestigt, sondern nur wie die Toga um den Leib geschlungen. Das Gewand der beiden das mittlere Kaiserpaar einrahmenden Herrscher ist vielmehr eine Chlamys (s. oben 116). Wenn sie freilich tatsächlich auf nacktem Oberkörper getragen würde, wie Deckers rekonstruiert, so würde die Interpretation dieser Malerei in eine Aporie münden. Deckers glaubt wegen dieser angeblichen Nacktheit an eine Darstellung der Tetrarchen als *divi*[573] – und zwar noch zu Lebzeiten. Hier liegt freilich ein Mißverständnis des Begriffs *divus* vor, der sich stets nur auf verstorbene, durch Konsekration vergöttlichte Kaiser bezieht. *Divi* sind jedoch grundsätzlich barfuß dargestellt, während die Kaiser auf dem Gemälde von Luxor Schuhe tragen. Sie sind folglich noch nicht gestorben, noch nicht als *divi* konsekriert worden. Sie könnten allenfalls als *divini*, mit göttlichen Qualitäten ausgestattete Herrscher, oder als *dei*, als Verkörperungen von Göttern, erscheinen. In letzterem Fall würde man sie jedoch im Götterkostüm erwarten. Sollten die beiden mittleren Herrscher als Iupiter und Hercules dargestellt gewesen sein, so hätten wir in Luxor eine gewisse Analogie zu den Porträtbürsten im Lorbeerkranz des tetrarchischen Porphyrkopfes von Romuliana (**M 12**), wo Diocletianus-Iupiter und Maximianus-Hercules von zwei Kaisern im Militärgewand flankiert werden.

Wenn Deckers diese Gemälde in die Jahre 300–305 datieren will, so widerspricht dem die Tatsache, daß die Tetrarchen hier nicht, wie bei ihren Gruppenbildern als gemeinsame Regenten, alle vier das gleiche Kostüm tragen. Die Unterscheidung in der Tracht erinnert vielmehr an jene der erwähnten Porträtbüsten (**M 12**) sowie der Standarten von Romuliana (**M 6**), wo die beiden *seniores Augusti* in der Toga, die aktiven Herrscher im kaiserlichen Dienstkostüm dargestellt sind. In Luxor könnte eine für den griechi-

570 Suet. Dom. 4,4. Die *Graeca vestis* hat I. Kalavrezou-Maxeiner, DOP 29, 1975, 245 richtig erkannt. Vgl. zur *Graeca vestis* des römischen Kaisers Alföldi 268 ff.

571 Vgl. H. von Hesberg, ANRW II 16,2, 1978, 920 f. mit Abb. 6; 934 f. mit Abb. 13; 982 f. mit Abb. 45.

572 Deckers 1973, 21.

573 Deckers 1973, 22.

schen Osten gedachte Variante dieser tetrarchischen Gruppendarstellung gewählt worden sein, obwohl die Malereien keinerlei provinzialägyptischen Einfluß aufweisen. Nach Meinung von Deckers[574] ist es „denkbar, daß eine Gruppe von Malern den Kaiser auf seinen Feldzügen und Reisen begleitete und in vielen Orten des Imperiums tätig war". Folglich ist Luxor „nur das zufällig erhaltene Beispiel einer ganzen Gattung von Monumenten, die einst in wahrscheinlich großer Zahl im gesamten Reich zu finden waren und dem Kaiserkult und der Propagierung der tetrarchischen Ideologie dienten". Dennoch könnte man sich vorstellen, daß je nach Region kleinere Varianten möglich waren – z. B. in der Form, daß in Ägypten die emeritierten Herrscher im griechischen Pallium statt in der römischen Toga dargestellt waren, um ihre ‚Pensionierung' zu dokumentieren.

Bei einer solchen Interpretation könnte das Apsisbild Diocletian und Maximian als *seniores Augusti* sowie Constantius und Galerius als die amtierenden *Augusti* im kaiserlichen Dienstkostüm darstellen. Auf den beiden flankierenden Seiten wären dann die beiden Herrscherpaare der Zweiten Tetrarchie vertreten: vom Betrachter aus links – d. h. in Wirklichkeit auf dem Ehrenplatz rechts der Apsis – Constantius und Severus, auf der anderen Seite Galerius und Maximinus Daia; ihre Statuen schmückten auch das zweite Tetrapylon des Lagers (s. oben 177). Ebenfalls denkbar ist jedoch ein Bezug der Gemälde auf die zwischen dem Tod des Constantius und der *damnatio memoriae* Maximians 310/11 regierenden Herrscherkollegien, die ihre Legitimation noch von der Tetrarchie herleiten, insbesondere im Osten des Reiches. In diesem Fall müßten wir neben den *seniores Augusti* Diocletian und Maximian die regierenden Oberherrscher Galerius und Licinius, in den flankierenden Darstellungen die Herrscherpaare Galerius-Maximinus Daia und Severus-Constantin bzw. Licinius-Constantin postulieren.

Jedenfalls stellen die Gemälde von Luxor nicht notwendig ein Zeugnis für das Hofzeremoniell unter der *Ersten* Tetrarchie dar und entfallen somit auch als Beleg für die Verwendung des Nimbus und den Ritus der Verhüllung der Hände bereits zur Regierungszeit Diocletians[575]. Thematisch handelt es sich – entgegen der Meinung von Deckers[576] – auch weder um eine *adlocutio-* noch um eine *adventus*-Szene. *Adventus*-Szenen pflegen den Kaiser in Bewegung zu zeigen (s. **M 11**), begleitet von zu Pferd dahersprengenden Soldaten, wie z.B. auf dem Galeriusbogen (**M 5**). Auf den Gemälden von Luxor hingegen sitzen die regierenden Herrscher und führen Soldaten bzw. Reitknechte

574 Deckers, in: Stutzinger 277.

575 Die Bedeutung der Malereien für unsere Kenntnis der spätantiken kaiserlichen Repräsentationskunst wird dadurch jedoch nicht geschmälert.

576 Deckers 1973, 29 f.; 1979, 648; ders., in: Stutzinger 268 f. An einen *adventus* glaubt auch I. Kalavrezou-Maxeiner, DOP 29, 1975, 241 ff.

zu Fuß die Pferde (der Offiziere? Die Pferde tragen nämlich purpurne Sättel). *Adlocutio*-Szenen, in welchen der Kaiser eine Rede hält, zeigen den Herrscher stehend, wie der Constantinsbogen und ein Silbermedaillon von Ticinum verdeutlichen[577]. In dem Bild, auf welches die Prozession in Luxor zuläuft, thronen die Kaiser hingegen offensichtlich auf einem Tribunal.

Deckers hat selbst sehr schön gezeigt[578], daß das Bildprogramm von Luxor und seine architektonische Anordnung ihre Fortsetzung in den ikonographischen Motiven und im räumlichen Aufbau der christlichen Bildprogramme in den großen Kirchen der Spätantike finden. Die analoge Darstellung zu den Malereien von Luxor bilden „die langen Prozessionen der Heiligen zu dem thronenden Christus", der „wie der Kaiser als ... Triumphator" erscheint[579]. Hier wie in Luxor handelt es sich jeweils um eine Huldigungsszene. In Frage käme mithin eine Audienz nach dem Einzug der Herrscher ins Legionslager. Die Szene wäre somit einer möglichen *adlocutio* des Herrschers vorausgegangen oder gefolgt. Ebenso gut denkbar ist die Darstellung einer Huldigung an gerade neu ernannte Herrscher durch die Truppen, z. B. anläßlich des Herrscherwechsels von 305 oder der Neuregelung des Herrscherkollegiums im Jahr 308. Grundsätzlich könnte auch die Vergabe eines Donativs an die Truppen anläßlich eines Herrschaftsantritts dargestellt sein. Bei einem ähnlichen Akt, einem *congiarium* an das römische Volk, wird Constantin auf seinem Bogen in Rom auf einem Tribunal, den *Rostra*, sitzend dargestellt[580], wie die beiden Herrscher links der Apsis in Luxor. Freilich tragen in Luxor die Mitglieder der Prozession in ihren verhüllten Händen schon Geschenke, wie etwa die Purpurgürtel; man müßte mithin davon ausgehen, daß sie diese bereits von dem thronenden Herrscher empfangen haben.

M 10: Der Kaiserpalast: Galerius' geplanter Alterssitz in Romuliana-Gamzigrad[581] (Abb. 23)

Die seit 1953 in Angriff genommenen Ausgrabungen in Gamzigrad, im Timok-Tal nahe der Ostgrenze Serbiens, in der spätantiken Provinz Dacia

577 Vgl. Brandt 130ff. und 135ff. mit Literatur.

578 Deckers 1973, 33f.; 1979, 651f.; ders., in: Stutzinger 267–283.

579 Deckers, in: Stutzinger 269. 273.

580 Vgl. die Literatur bei Brandt 130ff.

581 D. Srejović, Roman Imperial Towns and Palaces in Serbia, Belgrad 1993, 31–53; ders., Two Memorial Monuments of Roman Palatial Architecture: Diocletianus' Palace in Split and Galerius' Palace at Gamzigrad, in: Archaeologia Jugoslavica 22/23, 1982/83, 41–49; ders., Felix Romuliana. La résidence de l'empereur Galère, in: Archaeologia Paris 319, 1996, 20–29. N. Duval, Le site de Gamzigrad (Serbie) est-il le Palais de retraite de Galère?, in: Bulletin de la Société nationale des antiquaires de France, 1987, 61–84.

Ripensis, führten erst im Jahr 1984 aufgrund der Entdeckung einer Inschrift zur Identifizierung des Ortes mit dem in der Epitome de Caesaribus (40,16) und bei Procopius (de aed. IV 4,3. p. 124 Havry) überlieferten *Romulianum* bzw. *Romuliana*, dem Bestattungsort des Kaisers Galerius. Zuvor hatte man den Platz zunächst für ein römisches Militärlager, später für die Residenz bzw. luxuriöse Villa eines hohen kaiserlichen Amtsträgers oder Militärbefehlshabers gehalten. Zwar diente die Anlage zur Zeit Iustinians in der Tat als römisches *castellum* (so Procopius), aber ihr ursprünglicher Zweck war das nicht. Schon der Fund zweier Tempel hatte die Vermutung hervorgerufen, es handele sich um eine kaiserliche Palastanlage. Die folgende Entdeckung der auf der Archivolte eines Torbogens eingemeißelten Inschrift *Felix Romuliana* läßt es als zweifelsfrei erscheinen, daß es sich um eine von Galerius seiner Mutter Romula gewidmete Anlage handelt. Die Bezeichnung *Felix*, prominentes Attribut römischer Kaiser seit Commodus (s. oben 35), welches den Herrscher als gottgesandten Glücksbringer der Menschheit charakterisiert, paßt zur Umrahmung der Inschrift mit Efeuranken, Lorbeerkranz und Pfauen. Diese Dekoration enthält die Elemente des triumphalen Kaisertums (Lorbeer), der Unsterblichkeit und Ewigkeit (Pfau) sowie der dionysischen Glückssymbolik (Efeu). Die Inschrift stammt zweifellos aus einer Phase, als Romuliana bereits als sakrales Domizil der Kaiserinmutter und ihres Sohnes auserkoren war. Die Annahme ist plausibel, daß sie in den chronologischen

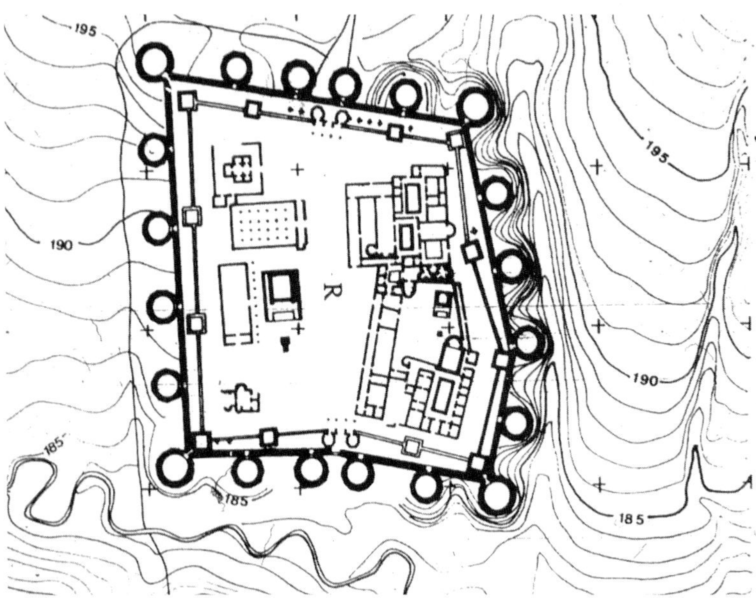

Abb. 23

Kontext der oben (**M 6**) behandelten tetrarchischen Standarten, d. h. in die Jahre 305/06, gehört und der Name *Romuliana* auch die Propagierung des Galerius als ‚neuer Romulus' beinhaltet. Als ‚neues Rom'[582] kann man *Felix Romuliana* jedoch zweifellos nicht interpretieren.

Die Anlage erinnert schon durch ihre eindrucksvolle, turmbewehrte Festungsmauer an den Ruhesitz Diocletians in Spalato (Split). Die Bauten im Inneren des Mauerrings der Anlage von Gamzigrad sind zwar auch durch spätere Veränderungen, wie den Einbau dreier christlicher Kirchen usw., beeinträchtigt, aber das ursprüngliche Konzept der Anlage ist insgesamt doch besser erhalten als in Spalato. So lassen sich – trotz der nicht sehr ergiebigen Beschreibung der Monumente in den bisherigen Publikationen, in deren Plan sogar der Nordpfeil fehlt – die wesentlichen Bestandteile der Anlage identifizieren. Sie gliedert sich in einen nördlichen und einen südlichen Komplex. Der nördliche weist zwei unterschiedliche Orientierungen auf, welche von den Ausgräbern mit den zwei Bauphasen der Befestigung in Verbindung gebracht werden. Die zum Teil ohne Verbindung mit dem Mauerring an dessen Innenseite stehenden Türme und Tore zeigen, daß eine ursprüngliche, bescheidenere Gestaltung der Festungsanlage zugunsten einer luxuriöseren und imposanteren aufgegeben wurde. Dem archäologischen Befund nach zu schließen, folgen diese Bauphasen jedoch direkt aufeinander (Ende 3./Anfang 4. Jh.). Die Auffassung der Ausgräber, daß der NO-Komplex seine Orientierung dem ursprünglichen Befestigungsplan verdanke, die Ausrichtung der im NW und S gelegenen Bauten hingegen auf die spätere Festungskonzeption zurückzuführen sei, ist m. E. freilich nicht plausibel. Die zweite Festungslinie verläuft unter Nutzung der Geländesituation auf der gleichen Linie wie die erste, und alle Bauten innerhalb des Mauerrings sind an der Ausrichtung des jeweils benachbarten Mauerverlaufs orientiert. Vermutlich liegt von Seiten der Ausgräber die irrtümliche Annahme vor, römische Siedlungsanlagen müßten streng orthogonal geplant sein; eine Abweichung in der Orientierung bedeute daher eine andere Bauphase. Strikte Orthogonalität findet sich jedoch nur in Siedlungen, welche nach dem Muster eines Militärlagers angelegt wurden, wie das nordafrikanische Timgad innerhalb seiner Mauern. Ansonsten zeigen römische Stadtanlagen seit der Hohen Kaiserzeit geradezu das Bemühen, strikte Orthogonalität zu vermeiden und Abwechslung auch in der Orientierung der Straßenachsen und Gebäudelinien walten zu lassen[583]. Das gleiche Bemühen um Variation wie in Romuliana dokumentieren die Grundrisse der Hadrians-Villa von Tivoli sowie der spätantiken Villa von Piazza Armerina, deren Bauten wenigstens drei unterschiedliche Orientierungen

582 So Srejović, Imperial Towns 38.
583 Vgl. W. L. MacDonald, The Architecture of the Roman Empire 2, 1986, 25.

zeigen[584]. Wie in Romuliana ist die Orthogonalität der einzelnen Komplexe verbunden mit deren unterschiedlicher Ausrichtung. Trotz des Mauerrings weist Romuliana in seiner Planung keinen Lagercharakter auf, sondern spiegelt in gewisser Weise eine ‚normale' Stadt mit Tempeln, Thermen, Verwaltungsbauten, Plätzen und Peristylhäusern wider.

In Romuliana zeigt schon die schräge Führung der beiden Schenkel der östlichen Befestigungsmauer das Bestreben, das Haupttor der Anlage durch leichtes Zurückversetzen aus einer monotonen geraden Linie zu akzentuieren und zugleich eine Art vertieften Vorhof vor dem Eingang zu schaffen, der auch den Schutz desselben durch die seitlich flankierenden Türme erleichterte. Die Schrägführung des östlichen Schenkels der N-Mauer verstärkte bei dem auf das Haupttor Zustrebenden den Eindruck der Breite und Wucht der Anlage.

An dieser für die erste wie die zweite Bauphase der Befestigungslinie gültigen Konzeption orientieren sich die Bauten im Inneren. Der offensichtlich wichtigste Komplex liegt im Norden. Zwar lassen die Ausgrabungsberichte an Genauigkeit und Ausführlichkeit sehr zu wünschen übrig und bieten mehr Hypothesen als exakte Beschreibungen, aber folgende grobe Daten lassen sich doch wohl festhalten: Im Nordwesten befindet sich eine Gruppe von Räumen, die Srejović als Palast I bezeichnet. Sie umfassen einen Komplex, der öffentlichen Charakter zu haben scheint, mit einem Vestibül, einer langen Galerie, einer Halle mit bedeutenden Mosaiken, einem oktogonalen Raum mit Hypokausten sowie einer Reihe von kleinen Räumen an der Ostseite. Die nördlich anschließende Raumgruppe erweckt eher den Charakter einer aristokratischen Residenz. Sie umfaßt ein Peristyl, sodann einen großen Salon *(oecus)* mit einer Apsis, Mosaiken und Beheizung, und schließlich im Nordosten einen auf drei Seiten von Portiken umgebenen Hof sowie eine Thermenanlage mit zwei kleeblattförmigen Räumen. Der von Srejović Palast II genannte Komplex gruppiert sich um einen großen Peristylhof, der von kleinen Räumen umgeben ist und in dessen Achse eine große Halle mit Apsis den Hauptraum darzustellen scheint. Zwischen diesen beiden Komplexen liegt ein kleiner Tempel.

Im Süden des von der Mauer geschützten Areals befindet sich westlich einer von Pfeilern gestützten, großen Halle ein rätselhaftes, von einer Umfassungsmauer umgebenes Gebäude, in dem die Inschrift *Felix Romuliana* gefunden worden ist. Es bildet eine nordsüdlich orientierte, dreischiffige Anlage, welche im Süden in einem apsisartigen Raum endet, dessen Eingang von einem Bogen mit der genannten Inschrift gekrönt gewesen sein mag. Die mit Mosaiken verzierte Raumgruppe hat einen singulären Grundriß, und Srejović deutet die Anlage als Festsaal für die Kaiserinmutter Romula. Das als Akkla-

584 MacDonald a. O. 274 ff.

mation zu verstehende *Felix* vor dem Ortsnamen mag eine Funktion des Gebäudes im Rahmen von Festlichkeiten des Kaiserkults andeuten.

Im Zentrum des südlichen Teils von Romuliana befindet sich ein größerer Tempel, in welchem zahlreiche Skulpturreste gefunden wurden, darunter solche, die wohl zwei Statuen des Hercules zugewiesen werden können, sowie Fragmente einer kolossalen Kaiserstatue und einer Gruppe von jungen Männern und Mädchen, welche Fackeln trugen. Srejović[585] schließt aus diesen Funden, daß der Tempel einem Kult für Galerius und Hercules sowie der großen Göttermutter Kybele geweiht gewesen sei. Dabei nimmt er irrtümlich an, daß Galerius zur Familie der *Herculii* gehört habe, weist die Fackelträger einem chthonischen Kult zu und deutet Aushöhlungen im Podium als Indiz für das Vorhandensein einer Krypta im Stil syrischer Tempel. Ein entsprechendes architektonisches Merkmal glaubt er bei dem o.g. kleineren Tempel feststellen zu können, welches er dort als *fossa sanguinis* (Blutopfer-Grube) für ein *taurobolium* (Stieropfer) im Kult der Kybele interpretiert. Der kleinere Tempel war daher seiner Meinung nach Romula, der Mutter des Galerius, und Kybele geweiht.

Zweifellos hat N. Duval recht, wenn er Zweifel an nicht wenigen der Interpretationen von Srejović äußert. Er erinnert an die zahlreichen römischen Tempel mit ausgehöhltem Podium, welche es überflüssig erscheinen lassen, bei den Tempeln von Gamzigrad an orientalische architektonische und kultische Vorbilder zu denken. Auch hat sich die seinerzeit von Srejović geäußerte These, der große Tempel sei nach dem Tod des Galerius zu seinem Mausoleum geworden und das vorhin erwähnte rätselhafte Gebäude mit der Inschrift *Felix Romuliana* sei das Mausoleum für Romula, als falsch erwiesen (s. unten 191). Und schließlich gehörte Galerius natürlich zur Familie der *Iovii*, so daß man für den Kult des großen Tempels auf jeden Fall eine prominente Rolle Iupiters erwarten müßte. Der jüngst erfolgte Fund von Fragmenten einer kolossalen Iupiterstatue vor dem großen Tempel weist diesen in der Tat dem Kult des höchsten tetrarchischen Gottes zu, in dem auch der Kaiser Galerius und Hercules eine wichtige Rolle gespielt haben müssen, wie die oben erwähnten Skulpturreste bezeugen. Mosaiken im sogenannten Palast I und nahe dem großen Tempel stellen Hercules sowie Dionysos und Asklepios dar, die alle drei Söhne des Zeus von einer sterblichen Mutter waren und somit auf Galerius hinweisen mögen. Besonders im Falle des Dionysos wäre eine solche Anspielung auf den Persersieger pointiert, weil der Gott als erster ‚Eroberer' des Orients bis hin nach Indien galt (s. oben 164).

Die Skepsis von N. Duval, welcher der Anlage den Charakter einer persönlichen Residenz des Galerius absprechen und sie auf den Status einer befestigten ländlichen Siedlung mit öffentlichen Bauten sowie Wohn- und Wirtschaftskomplexen nach Art der gallischen Marktorte *(conciliabula)* redu-

585 Archaeologia Jugoslavica 19, 1978, 59.

zieren will, scheint übertrieben. Die Residenzgebäude von Romuliana besitzen durchaus eine glanzvolle Ausstattung, und die ‚tetrarchischen' Funde, wie etwa die Standarten, welche Duval noch nicht bekannt waren, weisen klar auf eine tetrarchische Residenz hin.

Die Gliederung der Anlage von Romuliana in zwei Teile ist von Srejović als architektonischer Reflex ihrer Widmung an Romula und Galerius gedeutet worden. Dies scheint mir zweifelhaft, da die Gebäudekomplexe im Süden und Norden keine Spiegelbildlichkeit, sondern eher Komplementarität aufweisen. Plausibel ist hingegen die Zuweisung zweier außerhalb der Siedlung gelegener Mausolea und von gewaltigen Erdhügeln bedeckter Verbrennungsstätten *(ustrina)* an den Herrscher und seine Mutter. Sie befinden sich auf einer etwa 1000 m östlich des Haupttors von Romuliana sich erstreckenden Anhöhe. Die wichtigste auf Romuliana zuführende Paßstraße wurde hier am höchsten Punkt von einem ‚tetrarchischen' (vgl. **M 10**) Tetrapylon überwölbt, und zwar an der Stelle, wo die Straße sich teilte. Ein Zweig führte auf das Haupttor von Romuliana zu, der andere südwärts zu den Tumuli und Mausolea, die fast genau in der Achse des Haupttors von Romuliana liegen und offensichtlich innerhalb der gleichen kurzen Zeitspanne errichtet worden sind wie die Residenz. Die Tumuli waren jeweils mit einem der beiden stark zerstörten Mausolea verbunden, der kleinere mit Mausoleum 1, der größere mit Mausoleum 2. Die Erdhügel überdeckten kreisförmige Verbrennungsstätten, die wohl für die Wachsbilder der in den Mausolea mit Leichenbestattung beigesetzten Personen gedacht waren. Geschmolzene Edelmetallstücke und wohl von Gerüsten stammende, verbrannte Holzreste lassen an das für das 2./3. Jh. überlieferte Ritual der Konsekration römischer Herrscher denken[586]. Es liegt nahe, an eine Apotheose von Romula in dem kleineren Hügel und Mausoleum 1 sowie von Galerius in der großen Doppelanlage zu denken. Für eine solche Aufteilung spricht auch, daß die kleinere Anlage durch Münzfunde aus den Jahren 276–305 auf das Jahr 305/06 datiert werden kann – zu früh für Galerius, der folglich im Jahr 311 in Mausoleum 2 bestattet wurde.

M 11: Die Epiphanie des Heilands: der *adventus* Constantius' I. in London
Goldmünze des Constantius[587] (Abb. 24)

In dem französischen Ort Beaurains bei Arras wurde 1922 in einem vergrabenen Keramikgefäß ein Schatz gefunden, der offensichtlich die aus

586 Herodian IV 2. S. Price, From noble Funerals to divine Cult: the Consecration of Roman Emperors, in: Rituals of Royalty, ed. O. Carradine/S. Price, 1987, 56–105.

587 P. Bastien – C. Metzger, Le trésor de Beaurains (dit d'Arras), 1972, 94 Nr. 218. Vgl. RIC VI 113. J. Steinhausen, Lux aeterna. Beitrag zu einem Goldmedaillon und einer Inschrifttafel aus dem römischen Trier, in: TZ 18, 1949, 53–72. Lehnen 80–82.

Schmuckstücken und Münzen bestehenden Ersparnisse eines römischen Offiziers enthielt, welcher dieses Ensemble wohl frühestens im Jahr 315 versteckt hat, denn aus diesem Jahr stammt die späteste datierte Münze. Die in dem Schatz enthaltenen Prägungen gehören z. T. der Zeit zwischen 69 und 273 an, mehrheitlich jedoch der diocletianisch-constantinischen Epoche (285–315). Die meisten Exemplare stammen aus den Münzstätten Rom und Trier. Gewicht und Bildmotive deuten darauf hin, daß sie dem Offizier zum größeren Teil als Donative, d. h. als Geschenke bei besonderen Anlässen (kaiserlicher Regierungsantritt, Kaisergeburtstag, Regierungsjubiläen, kaiserliche Consulate, militärische Siege usw.) ausgehändigt worden sein müssen. Solche Donative machten neben dem üblichen Sold einen beträchtlichen und von vorneherein einkalkulierten Teil der Entlohnung römischer Soldaten aus.

Abb. 24

Nach der Rückerobung Britanniens, in deren Verlauf Constantius Chlorus im Jahr 296 den Usurpator Allectus besiegte, scheint der Offizier, der offensichtlich an jenem Feldzug teilgenommen hat, Donative im Wert von 59 *aurei* erhalten zu haben, darunter acht Goldmultipel, insbesondere das hier zu erörternde, ca. 53 g wiegende Äquivalent von 10 *aurei*. Dieses Exemplar ist, wie die Münzstättenangabe *P(rima officina) TREVERORVM*, ‚erste (Offizin der Münzstätte) Trier' zeigt, in der wichtigsten Kaiserresidenz des Westens geprägt worden, vermutlich im Jahr 297, nachdem Constantius aus Britannien zurückgekehrt war. Die Vs. zeigt die lorbeerbekränzte Büste des Constantius mit Panzer und Paludamentum; die Legende lautet *FL(avius) VAL(erius) CONSTANTIUS NOBIL(issimus) CAES(ar)*, stellt also den Herrscher als ‚höchst edlen Caesar' vor. Auf der Rs. erscheint der Kaiser mit Panzer, Paludamentum und Lorbeerkranz auf dem Kopf sowie einer Lanze in der rechten Hand, während er vom Deck eines geruderten Kriegsschiffes an Land reitet. Ihn empfängt knieend, mit nach vorne ausgebreiteten Armen, eine mit Tunika und Toga bekleidete, bekränzte Gestalt. Im Hintergrund deutet ein turmbewehrtes Tor die Existenz eines befestigten Ortes an. Die Buchstaben LON unterhalb der knieenden Person identifizieren diese als Personifikation der Stadt *Londinium*. Das Kriegsschiff muß man sich mithin am Themse-Ufer ankernd denken. Die ringsum laufende Legende lautet: REDDITOR LUCIS AETERNAE, ‚Wiederhersteller des ewigen Lichtes'. Vorgestellt wird der *adventus* des Constantius als Befreier der Provinz Britannien und ihrer Hauptstadt London.

Die als römischer Bürger gekennzeichnete Personifikation von *Londinium* vollzieht in diesem Stadium der Begrüßung nicht etwa eine *adoratio* bzw. Proskynese, sondern den Kniefall und Gestus des Hilfe- und Schutzflehenden. Eine *adoratio* mit Küssen des kaiserlichen Purpurs könnte erst erfolgt sein, nachdem der Herrscher nähergekommen und vom Pferd abgestiegen war. Bezeichnenderweise wird in der spätkaiserzeitlichen Ikonographie eine wirkliche Proskynese nie mit einem römischen Bürger dargestellt, sondern nur mit ausländischen Gefangenen oder Gesandten (vgl. **M 23**). Andere Prägungen zum gleichen Anlaß zeigen gewissermaßen die unmittelbare Fortsetzung des Hilfegestus': Der vom Pferd abgestiegene Kaiser reicht der knieenden Person die rechte Hand, um sie emporzuheben, zu ‚restituieren'[588].

Auf dem Goldmultipel des Constantius wird der Kaiser als Lichtspender apostrophiert, wie ihn die Panegyriker schildern, z. B. bei der Ankunft von Diocletian und Maximian in Italien im Jahr 291, als beim Erscheinen der beiden Herrscher auf den Alpenpässen „ganz Italien von hellem Licht durchflutet wurde"[589]. Diese aus der Assimilierung an den Sonnengott herrührende Lobpreisung des Herrschers als Lichtquelle bekundete dem Betrachter der Münze, daß Constantius nach der Finsternis der Unterdrückung durch den tyrannischen Usurpator die Sonne römischer Gerechtigkeit wieder über der Insel Britannien aufleuchten ließ. Der Offizier, dem dieses Goldstück als Donativ ausgehändigt wurde, konnte sich als Mithelfer bei dieser Rettungstat mit der göttlichen *virtus* seines Kaisers und Feldherrn identifizieren.

M 12: Die Repräsentation des Kaisers im Herrscherbild: Porträtkopf des Galerius aus Romuliana-Gamzigrad[590] (Abb. 25)

Während der Ausgrabungen in den Thermen des Südost-Viertels der befestigten Palastanlage von Romuliana (**M 10**) wurde 1993 der nur leicht beschädigte Porphyrkopf eines Tetrarchen gefunden, der einst Teil einer monumentalen Statue bzw. gar Statuengruppe gewesen sein dürfte. Da sein Lorbeerkranz hinten von einer Hand gehalten wird (**b**), muß eine Bekränzung des Kaisers, vielleicht durch die Siegesgöttin oder durch Iupiter, dargestellt gewesen sein. Das stilisierte Porträt (**a**) zeigt einen bartlosen Mann in reifem Alter mit weit geöffneten, starr nach vorne blickenden Augen. Bis auf die herabgezogenen Mund- und Nasenfalten sowie die auf die Mitte der Stirn

588 Bastien-Metzger a. O. S. 95f. Nr. 219–222.
589 Pan. Lat. XI (3) 10,4.
590 D. Srejović, AnTard 2, 1994, 146–152.

a

b

c

d

Abb. 25

begrenzten Falten ist das Gesicht glatt und flächig gestaltet, die Augenbrauen sind recht elegant geschwungen, das Haar ist geometrisch geformt wie eine fest ansitzende Kappe. Der fein gezogene Mund und das energische (Doppel-)Kinn sowie die offensichtlich relativ kurze Nase scheinen individuelle Züge wiederzugeben.

Der Lorbeerkranz ist mit drei ovalen Juwelen und vier in Medaillons eingearbeiteten männlichen Büsten verziert. Ein so gestalteter Kranz kann nicht aus natürlichem Lorbeer, sondern nur aus Gold bestanden haben. Die Büsten, deren Köpfe beschädigt sind, zeigen unterschiedliche Tracht: Vom Betrachter aus unmittelbar rechts des Stirnjuwels sieht man eine muskulöse, nackte Brust (**a**). Auf das rechte seitliche Kranzjuwel folgt eine Büste mit Schuppenpanzer und einem wie eine Schärpe von der linken Schulter unter den linken Arm gezogenen Stoffstreifen (**d**). Links des Stirnjuwels sieht man einen nackten Oberkörper, welcher teilweise durch ein von der rechten Achselhöhle über die linke Schulter gezogenes Gewand bedeckt ist (**a**). Die auf das linke Seitenjuwel folgende Büste trägt einen auf der rechten Schulter mit einer Fibel befestigten Militärmantel, der vermutlich über einem glatten Panzer getragen wird[591] (**c**).

Der Fundort des Porphyrkopfes und manche Gesichtszüge deuten auf eine Darstellung des Galerius hin, insbesondere wohl die *frons trux* mit der senkrecht zur Nasenwurzel hin verlaufenden Stirnfalte und die in der Literatur Galerius zugeschriebene physische ‚Massigkeit‘ (s. oben 48. 84). Auf jeden Fall muß es sich um einen Herrscher der Ersten oder der Zweiten Tetrarchie handeln. Eine bereits 1972 in Romuliana gefundene Hand mit Globus, beide aus Porphyr, mögen zu dieser oder einer anderen tetrarchischen Statue gehört haben. Eine Statue des Galerius mit einem Globus in der Hand stand im tetrarchischen Palast zu Antiochia am Orontes[592]. Da ein weiteres Fragment eines Porphyrkopfes in Romuliana entdeckt wurde, ist klar, daß es eine Tetrarchengruppe gegeben haben muß[593].

Kränze mit Büsten wurden üblicherweise von Priestern getragen; die Büsten stellten in diesem Fall Gottheiten bzw. – bei Priestern im Kaiserkult – die vergöttlichten Herrscher dar, für welche der Priester zuständig war[594]. In diesem Fall verweisen Lorbeerkranz und Juwelen jedoch eindeutig auf einen tetrarchischen Herrscher; die Büsten können daher nur die Tetrarchen selbst oder deren Schutzgötter darstellen. Ersteres ist hier der Fall, freilich in der Form, daß Diocletian und Maximian links und rechts des Stirnjuwels im Habitus von Iupiter und Hercules erscheinen, während die Caesares in Militärtracht dargestellt sind: Constantius in der üblichen Variante dieser Tracht,

591 Vgl. Srejović a. O. 151 Abb. 14–17.

592 Ammian. XXV 10,2.

593 Srejović a. O. 147 Abb. 6. 7.

594 J. Inan/E. Alföldi-Rosenbaum, Römische und frühbyzantinische Porträtplastik aus der Türkei, 1977, 38–47. Vgl. aber auch Sueton, Dom. 4,4: Der Kaiser trägt als Vorsitzender des kapitolinischen Agons Büsten der kapitolinischen Trias in seinem goldenen Kranz, während die neben ihm sitzenden Priester außer den Büsten jener Gottheiten auch die des Kaisers in ihren Kränzen zeigen.

Galerius anscheinend in jenem Schuppenpanzer, den er selbst und seine Legionssoldaten auf dem Perserfeldzug trugen[595].

Die Darstellung der Mitglieder der Ersten Tetrarchie mit einer Präsentation des Galerius als Persersieger muß m. E. nicht, wie Srejović meint[596], eine Datierung des Porphyrkopfes noch in die Zeit der Ersten Tetrarchie, d. h. bis 305, nahelegen. Vielmehr kann es sich um eine Darstellung der *seniores Augusti* als ‚göttliche' Eltern der beiden amtierenden Augusti handeln, welche das große tetrarchische Ereignis des Herrscherwechsels von 305 kommemoriert.

M 13: Der ‚Sonnenkaiser': Constantin und Sol Invictus Goldmünze aus Ticinum und der Panegyricus des Jahres 310

a) Goldmünze *(solidus)* aus Ticinum[597] (Abb. 26)
b) Pan. Lat. VI (7) 17,1–4; 21,4–6; 22,1–2[598]

Abb. 26

a) Die Goldmünze zeigt auf der Vs. die nach links gerichteten Büsten Constantins (vorne) und des Sonnengottes, welche mit identischen Gesichtszügen dargestellt sind. Jedoch trägt der Sonnengott eine Strahlenkrone auf gelocktem Haar, während Constantin zu der für ihn typischen Frisur (s. unten 197) mit einem im Nacken zu Schleifen gebundenen Lorbeerkranz geschmückt ist. Der Kaiser trägt einen Brustpanzer und das auf der rechten Schulter mit einer Fibel befestigte Paludamentum. Die rechte Hand erhebt er zu dem für den Sonnengott üblichen segensreichen Macht- und Herrschaftsgestus[599], in der linken hält er den Globus, das Zeichen der Weltherrschaft. Die Legende

595 Vgl. Laubscher 27–29. 82 mit Anm. 426 und Taf. 31.

596 a. O. 152.

597 RIC VII S. 368 Nr. 53 Taf. 10. R. A. G. Carson, Coins of the Roman Empire, 1990, 163 mit Taf. 43 Nr. 647. Vgl. das berühmte Medaillon der gleichen Münzstätte mit fast identischer Darstellung: RIC VII S. 363 Nr. 32 Taf. 9.

598 Vgl. Müller-Rettig, bes. 235 ff. 277 ff. Nixon/Rodgers.

599 Vgl. Brilliant 208–211. Frontale Darstellung Constantins I. mit diesem Gestus: Gnecchi I Taf. 8,2.

lautet COMIS CONSTANTINI AUG*(usti)*, ‚Begleiter des Augustus Constantin'. Dies bezieht sich auf den Sonnengott als Beschützer Constantins; er begleitet den Kaiser ebenso auf allen seinen Kriegszügen wie der *comitatus*, der Hofstaat und das Bewegungsheer. Mit dem Münz-Motiv knüpft Constantin an entsprechende Münztypen und religiöse Aussagen von Soldatenkaisern des 3. Jhs. an[600].

Von letzteren hebt er sich jedoch umso deutlicher durch den wesentlich schlankeren, glatt rasierten Porträttypus ab, der ihm ein jugendlich schönes Aussehen verleiht. Auch die Haargestaltung mit ihrer bogenförmigen Anordnung nach vorne gekrümmter Locken ist neu. Als Vorbild dienten offensichtlich späte Porträts von Augustus[601], welche mit ihrer distanzierten, alterslosen Erhabenheit der constantinischen Propaganda eines neuen Apollon (s. unten 199f.) am meisten entgegenkamen.

Die Rs. zeigt eine nach links gewandte Frauengestalt mit Kranz und der Stola einer römischen Matrone. Sie hält in der rechten Hand ein Rechenbrett *(abacus)*, in der linken ein Füllhorn *(cornucupiae)*. Die Umschrift kennzeichnet diese Person als LIBERALITAS, als Personifikation der Freigebigkeit. Das Füllhorn ist Symbol der segensreichen Gaben des Herrschers, der Fülle des Goldenen Zeitalters, das er herbeigeführt hat, und zwar im Zeichen des Sonnengottes, der nicht zuletzt Gott der Gerechtigkeit und Segensspender ist. Das Rechenbrett spielt auf den konkreten Vorgang an, in welchem sich die kaiserliche Freigebigkeit äußert, nämlich die Verteilung von Goldmünzen *(congiarium)* an Volk und Heer bei besonderen Anlässen.

Der zweite Teil der Rs.-Legende lautet XI IMP*(erator)* III COS*(ul)* P*(roconsul)* P*(ater)* P*(atriae)*, d. h. zum elften Mal Imperator, zum dritten Mal Consul, Proconsul, Vater des Vaterlandes. Die beiden letzten Titel zeigen Constantin ganz in der von Augustus begründeten Tradition des Principats, das sich militärisch mit dem proconsularischen Imperium auf den Oberbefehl über die in den Provinzen stationierten Truppen stützt, ideologisch die väterliche Fürsorge und Rettereigenschaft des Herrschers im Hinblick auf das Volk betont. Mit dieser Titulatur steht Constantin aber auch noch in der Tradition des 3. Jhs.; im Verlauf des 4. Jhs. wird sie obsolet. Dies gilt ebenso für die Zählung der Imperator-Akklamationen durch das Heer – hier ungewöhnlicherweise mit vorangestellter Zahl –, welche dem Kaiser nach Siegen über auswärtige Feinde zuteil wurden; desgleichen ist die Erwähnung der von Constantin bekleideten Consulate traditionell. Insbesondere letztere Angabe hilft, die Münze recht exakt zu datieren, nämlich ins Jahr 316.

600 Vgl. G. H. Halsberghe, The cult of Sol Invictus 1972, 164ff.

601 Vgl. Smith 185f.

Unterhalb der Trennlinie sind die Buchstaben S*(acra)* M*(oneta)* T*(icinorum)* erkennbar, i. e. ‚heilige (= kaiserliche) Münzstätte Ticinum'. Da alles, was mit dem Kaiser zu tun hat, *sacer* ist, erhält auch die kaiserliche Münzstätte dieses Attribut. Ticinum war ein wichtiger Straßenknotenpunkt in strategisch bedeutsamer Lage südlich von Mailand, nahe dem Zusammenfluß von Etsch (Ticinus) und Po[602].

Diese Prägung zeigt mit wünschenswerter Deutlichkeit, daß Constantin auch nach der ersten Darstellung christlicher Symbole auf Münzen an der offiziellen Verehrung des Sonnengottes festhielt.

b) Pan. Lat. VI (7) 17,1–4:

„Eine schöne, ihr guten Götter, und himmlische Wundergestalt ist nämlich der junge Kaiser, dessen ohnehin schon unübertreffliche Tapferkeit trotzdem noch zunimmt, dessen strahlend glänzender Blick und gleichermaßen verehrungswürdige wie anmutige Erhabenheit zugleich blenden und zum Betrachten einladen. So stelle ich mir jenen ‚Großen' genannten König (i. e. Alexander d. Gr.), so auch jenen thessalischen Mann (i. e. Achilles) vor, deren mit Schönheit verbundene höchste Mannhaftigkeit gerühmt wird. Zu Recht nämlich behaupten die größten Gelehrten, daß die Natur selbst bedeutenden Charakteren ihrer würdige Körper als Wohnstätten zuteile und man aus dem Antlitz eines Menschen sowie der Anmut seiner Gestalt erschließen könne, welch himmlicher Geist in ihm Wohnung genommen habe. Daher bewundern und lieben Dich die Soldaten, wenn sie Dich einherschreiten sehen; sie verfolgen Dich mit ihren Blicken, sehen dich vor ihrem geistigen Auge und glauben, einem Gott zu gehorchen, dessen Äußeres ebenso schön ist wie seine Göttlichkeit gewiß".

21,4–22,2:

„Du hast nämlich, wie ich glaube, oh Constantin, Deinen Apollon gesehen, wie er in Begleitung der Victoria Dir Lorbeerkränze darreichte, von denen jeder einzelne Dir je 30 Jahre verheißt. Dies nämlich ist die Zahl menschlicher Lebensalter, welche Dir jedenfalls über das Greisenalter Nestors hinaus geschuldet werden. Doch warum sage ich überhaupt ich ‚glaube'? Du hast ihn tatsächlich gesehen und Dich in dessen Gestalt wiedererkannt, dem göttlich inspirierte Gesänge der Dichter verkündeten, daß ihm die Herrschaft über die ganze Welt gebühre. Diese Verkündung hat sich nun m. E. endlich erfüllt, da Du, wie jener, ein frohsinniger, heilbringender und strahlend schöner Jüngling

602 Vgl. Tabula Peutingeriana 4,1. Itinerarium Antoninianum 340,1; 347; 356,8.

> bist, oh Kaiser ... Unsterbliche Götter, wann werdet ihr uns jenen Tag schenken, an dem dieser so sichtbar waltende Gott *(praesentissimus hic deus)* nach Herbeiführung eines umfassenden Friedens auch jene Haine, heiligen Tempel und dampfenden Quellgrotten umschreitet? ... Sicherlich wirst Du noch jenen Wohnsitz Deines göttlichen Wesens *(numinis tui)* bewundern ...".

Dieser Panegyricus ist von einem unbekannten Redner wahrscheinlich in der zweiten Hälfte des Jahres 310 wohl am ‚Geburtstag' der Stadt Trier (vielleicht am 1. August) in dieser wichtigsten Kaiserresidenz nördlich der Alpen in Gegenwart Constantins gehalten worden[603]. Eigentlicher Inhalt der Festrede ist jedoch der Lobpreis Constantins. Ihm werden nicht nur übliche Herrschertugenden, wie Tapferkeit *(fortitudo)* und Mannhaftigkeit *(virtus)* zugeschrieben, sondern – und dies unterscheidet das constantinische Herrscherideal deutlich von jenem der Tetrarchie – die Verbindung solcher charakterlichen Qualitäten mit körperlicher Schönheit, wie sie zuvor einem Alexander d. Gr. und einem Achilles eigen war und dem griechischen Ideal der *kalokagathia*, der Verbindung von Schönheit und Tüchtigkeit, entsprach[604]; schon in den Scipionen-Elogien des 2. Jhs. v. Chr. wurde dieses Ideal von den Römern übernommen[605]. Der Lobpreis der Strahlkraft seiner Augen *(fulgor oculorum)* und seiner anmutigen Erhabenheit *(maiestas)* entsprechen der augusteisch-apollinischen Gestaltung des Constantin-Porträts jener Jahre (s. oben 197)[606].

Eine himmlische Wundererscheinung ist dieser Constantin-Apollon. Sein Charisma fasziniert die Soldaten so sehr, daß sie ihn für einen Gott halten. Ein unsterblicher Gott *(deus)* ist er nach Meinung des Panegyrikers offensichtlich nicht; wohl aber bescheinigt letzterer Constantin *divinitas*, eine göttliche Natur. Diese beruht auf seiner besonderen Affinität zu Apollon-Sol, wie sie auch die oben behandelte Münze (**M 13a**) spiegelt. Der Orakelgott Apollon schenkt ihm nicht nur als sein *comes* den Sieg, er prophezeit auch weitere 90 Lebensjahre, womit der damals etwa 35jährige Constantin das sprichwörtliche Alter des Nestor überbieten und dreimal *tricennalia*, 30jährige Regierungsjubiläen, feiern könnte. Damit würde Constantin etwa ein *saeculum*, ein Weltalter nach ursprünglicher etruskisch-römischer Zählung, ausfüllen und den in Vergils vierter Ekloge[607] – auf diesen göttlichen Sänger spielt der Redner an – angekündigten jungen Apollon verkörpern.

---

603 Vgl. H. Heinen, Trier und das Trevererland in römischer Zeit, 1985, 225f. Müller-Rettig 10f. Nixon/Rodgers, 212–214.

604 Vgl. z. B. Xenoph.Mem. I 6,14.

605 ILS Nr. 1, Z. 3.

606 Vgl. auch G. G. Belloni, La bellezza divinizzante nei Panegyrici e nei ritratti monetali di Costantino, CISA 7, 1981, 213–222.

607 Verg. Ecl. IV 4ff. A. Alföldi, Hermes 65, 1930, 369–384.

Dieser soll ein neues Goldenes Zeitalter heraufführen und die Weltherrschaft im Sinne einer Kosmokratie *(regna mundi)* antreten. Die Prophezeiung Vergils ist folglich nicht schon mit Augustus, sondern erst mit Constantin verwirklicht worden.

In der Gestalt Apollons, welche ihm in einer Vision erscheint, erkennt Constantin sich selbst, wie es auch die Porträtgleichheit auf der behandelten Münze klar versinnbildlicht. Constantin ist die Inkarnation des jugendlich schönen, heiteren und segenspendenden Gottes, und insofern repräsentiert er den Gott. Letzterer ist in der Person Constantins selbst anwesend *(praesentissimus hic deus)*, er waltet durch das Medium des Kaisers, der über die Wirkungskraft *(numen)* des Gottes verfügt. Der Kaiser soll freilich den Gott – so der Wunsch des Redners – noch durch einen Besuch seines Heiligtums in der Heimat des Rhetors, Augustodunum (Autun), ehren. Constantin ist mithin nicht selbst Gott, aber er ist ‚göttlich'. Solche Vorstellungen bewegen sich noch ganz in den Bahnen der Tetrarchie (s. oben 36f.).

M 14: Kaiserthron und Nimbus: Goldmultipel aus Constantinopel (Abb. 27)[608]

Abb. 27

Die Rs. des auch in **M 15d** behandelten Goldmultipels *(aureus)* mit der Angabe der Prägestätte CONS*(tantinopolis)* zeigt Constantin zwischen zweien seiner Söhne. Die Legende SALUS ET SPES REI PUBLICAE, ‚Heil und Hoffnung des Staates', bringt die mit der constantinischen Dynastie, der gesicherten Nachfolge Constantins, verknüpften segensreichen Perspektiven zum Ausdruck. Der frontal thronende Augustus Constantin trägt das kaiserliche Dienstkostüm (s. oben 116) mit einer auf der Schulter von einer Fibel gehaltenen Chlamys, einem juwelenbesetzten Gürtel *(cingulum)* und einer

608 Bastien, Buste III Taf. 168; die Vs. ist dort auf Taf. 167 abgebildet. Vgl. M. R. Alföldi 1963, Taf. 17 Nr. 220. S. 193 Nr. 438. Vgl. zu Kaiserthron und Nimbus oben 74. 79f.

langärmeligen Tunika, an der, von der rechten Schulter herabreichend, ein mit Perlen (und Juwelen?) bestickter, in einem großen tropfenförmigen Edelstein auslaufender Besatz angebracht ist. Der Kopf des Kaisers ist von der Sonnenscheibe, dem Nimbus, umgeben (s. oben 74). In der linken Hand hält Constantin einen kleinen Globus; der erhobene rechte Arm umfaßt ein langes Zepter, welches oben und unten in kugelförmigen Verzierungen ausläuft. Es ist das aus der Iupiter-Ikonographie übernommene Langzepter. Der Kaiser sitzt auf dem früher dem höchsten Gott vorbehaltenen Thronsessel und stützt seine Füße auf eine Fußbank. Thron und Bank sind von einer mit Juwelen und Perlen besetzten Bordüre gerahmt. Die Armlehnen laufen vorn in möglicherweise volutenförmigen Verdickungen aus.

Die Münze muß nach der Hinrichtung des Crispus im Jahr 326 und vor dem 25. 12. 333, dem Tag der Ernennung des jüngsten Sohnes Constans zum Caesar, emittiert worden sein, da die beiden den thronenden Herrscher stehend flankierenden Söhne nur die amtierenden Caesares Constantinus II. und Constantius II. sein können. Da die vom Betrachter aus rechte Figur etwas größer dargestellt ist, muß sie den älteren der beiden, mithin Constantin II., verkörpern. Beide Söhne tragen identische Tracht, nämlich das kaiserliche Kriegskostüm (freilich ohne Helm): Paludamentum, Panzer, Militärgürtel, Beinschienen und hohe, perlen- bzw. juwelengeschmückte Stiefel. Sie halten in der einen Hand einen mit einer Perlenbordüre gefaßten, auf die Erde gestützten Schild und mit dem anderen Arm ein Zepter, welches jenem des Augustus gleicht, aber kürzer ist.

Letzterer Unterschied ist ebenso Bestandteil der streng hierarchischen Komposition wie die – trotz der zweifellos etwas erhöhten Position des Augustus – realitätswidrigen Größenverhältnisse zwischen dem sitzenden Constantin und seinen stehenden Söhnen. Durch ihre Tracht werden letztere als militärische Helfer des Weltherrschers Constantin charakterisiert, der sie an die Kriegsfronten aussendet, wie Eusebius dies ähnlich im Bild des von Constantin gelenkten Viergespanns zum Ausdruck bringt (s. oben 63. 67).

M 15: Constantins Alexander-*imitatio* und die Einführung des Diadems: Goldmünze aus Nicomedia, Kupfermünze aus Arelate und Goldmultipel aus Thessalonike sowie Constantinopel (Abb. 28–31)[609]

a) Die in der Kaiserresidenz Nicomedia geprägte Goldmünze *(aureus)* gehört zu den frühesten Prägungen Constantins mit Diadem; sie setzten wohl mit

609 Bastien, Buste III Taf. 164,1 (= RIC VII S. 616 Nr. 102). Buste I 147ff., bes. 156–158. M. R. Alföldi 1963, 93f.

Abb. 28

dem 25. 07. 325, seinem 20jährigen Regierungsjubiläum, ein. Die Münze (Abb. 28), von der hier nur die Vs. besprochen werden soll, weist die Legende CONSTANTINUS AUG*(ustus)* auf. Der nach rechts gewandte Kopf des Kaisers signalisiert den Übergang zum Alexander-Porträt-Typus, der durch eine leicht nach oben weisende Kopfhaltung und einen emporgerichteten Blick gekennzeichnet ist[610]. Von wohl postumen Münzen des ‚Weltherrschers' Alexander hat der Universalherrscher Constantin diesen Blick, welcher nach antiker Auffassung das Fernweh, die Sehnsucht *(pothos)* oder die Apotheose Alexanders zum Ausdruck bringen sollte, übernommen, außerdem aber und vor allem das Diadem als Herrschaftszeichen (s. oben 77). Wie Alexander trägt Constantin das Diadem zunächst in Form eines ‚einfachen', wohl aus Purpurseide bestehenden Banddiadems. Dieses wurde jedoch bald immer reicher verziert, zunächst mit Stickereien, dann mit Edelsteinen und Perlen[611], bis schließlich das Stoffband ganz verschwand.

Abb. 29

b) Die schwach versilberte Kupfermünze *(nummus)*, mit der gleichen Vs.-Legende wie **(a)**, aus der Münzstätte Arles (Arelate)[612] in Südfrankreich (Abb. 29) zeigt einen nicht mehr dem Vorbild Alexanders folgenden, sondern künftig dominierenden ‚klassischen' Porträt-Typus mit ornamentaler Lokkengestaltung. Der Kopf ist mit dem reinen, in diesem Fall zweireihigen, Perlendiadem, dessen gleichfalls mit Perlen besetzte Bänder im Nacken her-

610 Vgl. oben 78.

611 Bastien, Buste I 148. III 185,6; 165,5.9.

612 Bastien, Buste III Taf. 164,7.

abfallen, geschmückt. Das Perlendiadem kann auch mit einem Stirnjuwel verziert werden[613].

Abb. 30

c) Die häufigste constantinische Variante des Diadems zeigt ein Goldmultiplum *(aureus)* von eineinhalb *solidi* der Münzstätte Thessalonike (Abb. 30)[614]. Dargestellt ist die mit Panzer und Paludamentum bekleidete Büste Constantins im ‚klassischen' Porträttypus (s. oben 85). Die Legende lautet: CONSTANTINUS MAX*(imus)* AUG*(ustus)*[615]. Das Diadem besteht aus einer alternierenden Reihenfolge von rosettenförmigen Edelsteinen und jeweils zwei Perlen; die Nackenschleifen enden gleichfalls in Perlen. Die Stirn ziert ein größeres Juwel.

Abb. 31

d) Das Goldmultiplum (Abb. 31) mit einem Gewicht von 9 *solidi* aus der Prägestätte Constantinopel (vgl. **M 14**)[616], mit identischer Legende, Porträttypus und kaiserlicher Kleidung wie **(c)**, stellt uns eine weitere Variante des kaiserlichen Diadems vor. Die Edelsteine sind hier rechteckig und von Reihen kleiner Perlen gerahmt. Zwischen die Juwelen sind jeweils zwei tropfenförmige Perlen gesetzt. Das große Stirnjuwel ist von einem Perlenkranz ge-

613 Bastien, Buste I 149f. Taf. 166,1.
614 Bastien, Buste I 150f. III 165,10.
615 Vgl. dazu oben 61f.
616 Bastien, Buste III Taf. 167. I S. 151.

säumt. Die quadratische Form der Edelsteine verleiht diesem Diadem ein kettenförmiges Aussehen, welches unter der Herrschaft der Söhne Constantins noch dadurch verstärkt wird, daß die zwischengeschalteten Perlen wegfallen und die rechteckigen Juwelen unmittelbar aneinandergereiht sind[617].

M 16: Der ‚gewichtige' Kaiser: die Selbstdarstellung des Licinius
Porträtkopf im Kunsthistorischen Museum zu Wien[618] (Abb. 32)

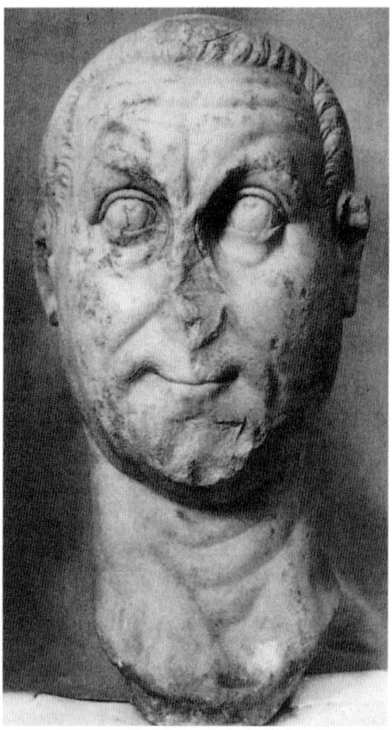

Abb. 32

Der 1897 bei den österreichischen Ausgrabungen im kleinasiatischen Ephesos entdeckte gewaltige Marmorkopf muß einst Teil einer etwa 5 m hohen Kolossalstatue gewesen sein. Er dürfte in einer Nische der Theaterbühne von Ephesos gestanden haben. Das Porträt zeigt einen durch das gerundete Ge-

617 Bastien, Buste I 152. III Taf. 187,10. Gegen Bastien muß man m. E. schon das constantinische Diadem als Kettendiadem bezeichnen.

618 Vgl. Smith, bes. 171–176. H. P. L'Orange, Studien zur Geschichte des spätantiken Porträts, 1933, 76f. 144 Nr. 105. J. Kollwitz, Oströmische Plastik der theodosianischen Zeit, 1941, 130f. W. Oberleitner, Zwei spätantike Kaiserköpfe aus Ephesos, in: Jahrbuch der Kunsthistorischen Sammlungen in Wien 69, 1973, 127–165, bes. 153–165.

sicht, Doppelkinn und Fettpolster am Hals als korpulent gekennzeichneten Mann, der den schmallippigen, kleinen Mund zu einem leichten Lächeln zu verziehen scheint. Die Frisur mit den vorne als kurze Locken gestalteten, symmetrisch zur Mitte hin arrangierten Haarsträhnen ist seit den Constantin-Porträts des 2. Jahrzehnts des 4. Jhs. charakteristisch für spätantike Porträtköpfe (s. oben 197). Die Stirn- und Nasenwurzelfalten, die Tränensäcke, die naturalistische Gestaltung der Mundpartie sowie die großen, starrenden Augen und bogenförmigen Augenbrauen verleihen dem qualitätvollen Porträt einen teils individuellen, teils expressionistischen Charakter. Ein Drei-Tage-Bart spielt auf die militärischen Qualitäten des Dargestellten an.

Die ältere Forschung hat den Kopf ins 5. Jh. datiert. Erst Inan/Rosenbaum haben Zweifel geäußert, und J. Meischner[619] hat den Kopf dem Usurpator Procopius (365/66) zugewiesen. Jüngst hat nun R. R. R. Smith zu Recht darauf hingewiesen, daß der Kopf kein Diadem trägt und folglich vor die Einführung dieses Herrscherabzeichens durch Constantin datiert werden sollte. Da eine derartige Kolossalstatue zweifellos einem Kaiser zugewiesen werden muß (s. auch **M 17**)[620] und sowohl die skulptierten als auch die Münzporträts der *Augusti* nach Constantin regelmäßig das Diadem aufweisen, erscheint diese Schlußfolgerung zwingend.

Zwar tragen die Caesares Gallus, Iulian und Decentius kein Diadem (s. oben 106), aber aufgrund ihres jugendlichen Alters kommen sie für das hier behandelte Porträt nicht in Frage. Eine Alternative wäre allenfalls der Usurpator Magnentius (350–353), welcher auf eine Darstellung mit Diadem zumindest auf Münzen verzichtete. Seine Porträts[621] weisen jedoch keinerlei Ähnlichkeit mit dem Wiener Kopf auf. Letzterer stellt nach Meinung von Smith eine von Licinius bewußt gewählte, persönliche Variante des tetrarchischen soldatischen, energischen und fleischigen Porträts dar, wie es der Porphyrkopf seines Freundes und Kriegskameraden Galerius von Romuliana repräsentiert (**M 12**). Die tetrarchische Härte wird gemildert durch die Andeutung eines Lächelns, das Freundlichkeit *(comitas)* und Zugänglichkeit *(facilitas)* anzeigen und auf diese Weise – wie auch die Porträts von Licinius' Sohn zeigen – einen eigenen dynastischen Typus in Konkurrenz zum augusteischen Constantin-Apollon konstituieren sollte[622].

619 1992, 217–221.

620 Vgl. zu überlebensgroßen Statuen römischer Amtsträger W. Helbig, Führer durch die öffentlichen Sammlungen klassischer Altertümer in Rom II 4, hrsg. v. H. Speier, 1966, 310f.

621 Vgl. z. B. Bastien, Buste III Taf. 197, 4–9; 199,2–4.

622 Smith a. O.

M 17: Der gottgleiche christliche Kaiser: kolossale Marmorstatue Constantins des Großen in Rom[623] (Abb. 33)

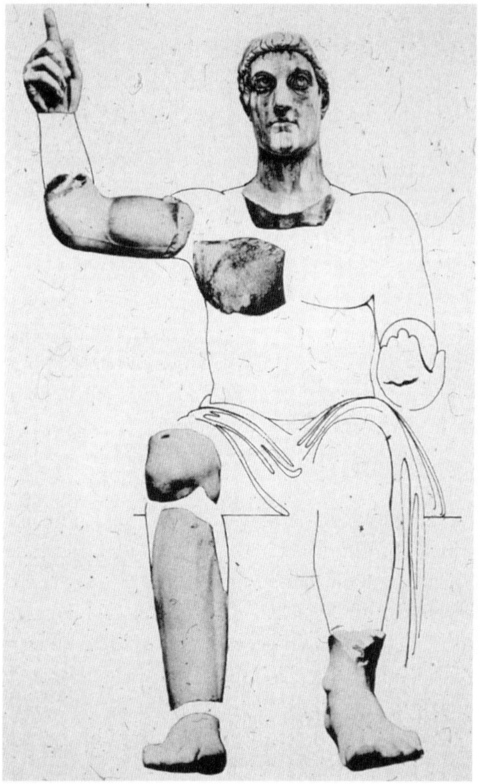

Abb. 33

Die Fragmente einer ursprünglich etwa 10 m hohen, kolossalen Sitzstatue Constantins, die sich heute im Hof des Konservatorenpalastes auf dem Kapitol befinden, wurden zum größten Teil im Jahr 1486 in der Westapsis der sogenannten Maxentius- bzw. Constantins-Basilika nahe dem Forum Romanum gefunden. Dort, „im kulminierenden und abschließenden Punkt der Längsachse des gewaltigen Raumes“[624], hatte sie wohl ihren ursprünglichen Aufstellungsort. Die Sitzstatue thronte mithin an einer Stelle, wo auch der leibhaftige Kaiser z. B. in seiner Funktion als Richter zu thronen pflegte.

623 Vgl. Delbrueck 1933, 121ff. H. Kähler, JdI 67, 1952, 9ff. L'Orange, Studien (s. Anm. 618) 137f.; ders., 1984, 70ff. Helbig (s. Anm. 620) II 4, 252–254. Vgl. Girardet 12f. Thümmel, in: Mühlenberg (wie Girardet) 171–179.

624 L'Orange 76.

Die Widmung der von seinem Rivalen Maxentius erbauten Basilika an Constantin dürfte relativ kurz nach dessen Einzug in Rom am 29. Oktober 312 erfolgt sein. Daß die Statue nicht lange danach errichtet worden sein müsse, wie manche Forscher annehmen[625], scheint mir nicht zwingend. Stilgründe sind sowohl für eine derartige Frühdatierung als auch für eine Spätdatierung ins Feld geführt worden[626]. Wenn die These von der späteren Umarbeitung einer kurz nach 312 errichteten Statue richtig ist – und sie kann einige Plausibilität beanspruchen[627] –, erscheinen die divergierenden Forschungsmeinungen begreiflicher.

Die Statue ist nackt und barfüßig. Ein Dübelloch am rechten Oberschenkel dürfte jedoch darauf hinweisen, daß sie ein vermutlich von der rechten Schulter über den Rücken herabfallendes und von der rechten Hüfte über den Unterleib gelegtes, leichtes Gewand nach Art von Götterstatuen trug. Das verlorene Kleidungsstück könnte aus Porphyr, vergoldeter Bronze oder farbigem Stuck bestanden haben. Damit würde die Statue den Darstellungen des in göttlicher Majestät thronenden Kaisers auf den Rs. stadtrömischer Bronzemedaillons der spätconstantinischen Zeit ähneln[628]. Der waagerecht zur Seite gehobene, gebeugte Arm zeigt, daß die rechte Hand ein langes Zepter oder eine Lanze gehalten haben muß; für die verlorene linke Hand darf man das Halten eines Globus' vermuten.

Auffällig ist, daß **zwei** von Maß, Stil und Technik her einander ähnliche **rechte** Hände entdeckt wurden, wenn auch nicht in gleichem Fundkontext. Ihre Griffhaltung ist leicht unterschiedlich. L'Orange[629] vermutet nun, daß sie beide zum Constantin-Koloß gehörten, aber natürlich nacheinander. Hand 1 habe ein traditionelles Zepter gehalten, Hand 2 sich auf eine Art Fahnenstange gestützt. Dies wird nun in Verbindung gebracht mit der Nachricht des Eusebius, Constantin habe nach seinem Sieg über Maxentius an der Milvischen Brücke eine mächtige Lanze in Form eines Kreuzes, d. h. eine Lanze mit Querstange, in die Hand einer schon fertigen, im belebtesten Quartier Roms stehenden Statue einfügen lassen und in einer lateinischen Inschrift diese Lanze „heilbringendes Zeichen" genannt[630]. Nach Meinung von L'Orange betrifft dies die Kolossalstatue Constantins. Letzterer habe das ursprüngliche traditionelle Zepter durch jenes christlich deutbare Symbol ersetzen lassen – freilich nicht zu der von Eusebius angegebenen Zeit. Der Bischof von Caesarea habe den Zeitpunkt der Aufstellung der Statue mit jenem ihrer Umarbeitung verwechselt. Letztere erfolgte zwischen 324 und

625 Z. B. Helbig a. O. 254.
626 Helbig a. O.; dagegen L'Orange 77.
627 Vgl. L'Orange 71 ff.
628 Vgl. Delbrueck 1933, Taf. 44. 1.2.
629 L'Orange 71–74.
630 Euseb. Vita Const. I 40; h. e. IX 9,10 f.

337, die ursprüngliche Errichtung der Statue hingegen zwischen 312 und 315[631].

Die ursprüngliche Fassung hätte mithin den Kaiser als Verkörperung eines (heidnischen) Gottes gezeigt. Man denkt unwillkürlich an Sol Apollon, als dessen Inkarnation der Panegyriker des Jahres 310 (**M 13**) Constantin preist. Aber der Statuentypus scheint weniger zu Apollon als zu Iupiter zu passen. Und wie ließ sich nach der Einfügung der ‚Kreuzlanze' die göttliche Erscheinung des Kaisers mit dem christlichen Symbol vereinbaren? Hier bleibt mithin manche Frage offen.

Die These von L'Orange setzt auch die Umarbeitung des (einschließlich Hals) 2,60 m hohen Kopfes voraus, denn das Gesicht zeigt zweifellos nicht das jugendliche apollinische Constantin-Porträt, sondern den ‚heiligen Typus' der Spätzeit (s. oben 85). Die abstrakte, symmetrische Form des Kopfes, die Lockenarchivolte, die großen, weit aufgesperrten Augen, welche „geradeaus gewendet ... über alle sinnlichen Dinge hinweg in die Ewigkeit hinein" zu starren scheinen, lassen dieses Gesicht nach Meinung von L'Orange als Ausgangspunkt des „kaiserlichen Heiligentypus", als „Gottesbild", erscheinen[632].

M 18: Eine legale Usurpation? Iulians Proklamation zum Augustus in Paris im Jahr 360: Ammianus Marcellinus XX 4,14–5,10

Im Jahr 360 verlangte Constantius II. von seinem in Gallien agierenden Caesar Iulian die Abordnung starker Truppenkontingente des Westheeres für den von Constantius geplanten Perserfeldzug. Die Truppen, in Paris zusammengezogen, wollten sich jedoch nicht von ihren angestammten Stationierungsorten und ihren Familien so weit entfernen und meuterten, indem sie Iulian zum Augustus erhoben.

Schon die antiken Quellen sind in der Frage gespalten, ob es sich um eine Usurpation oder eine legale Kaiserproklamation handelte, wobei es freilich beiden ‚Parteien' an Objektivität mangelt: Iulian selbst und seine Parteigänger behaupteten natürlich letzteres; christliche Autoren, welche dem Apostaten-Kaiser feindlich gesonnen waren, ersteres[633]. Wesentlich ausgewogener ist der Bericht des mit Iulian grundsätzlich sympathisierenden spätantiken Historikers Ammianus Marcellinus (ca. 330–400), der 363 als Offizier am Perserfeldzug Iulians teilnahm und in den 80iger Jahren des 4. Jhs. anscheinend in Rom als Fortsetzer des Tacitus in lateinischer Sprache eine römische Ge-

631 L'Orange 74–77.

632 L'Orange 78.

633 Quellenüberblick bei Szidat 1977, 129ff.

schichte von Nerva (96) bis zur Katastrophe von Adrianopel (378) verfaßte; erhalten ist davon nur sein Bericht über den Zeitraum 353–378. Ammian schildert jene Ereignisse in Paris detailliert (**XX 4,14–19**)[634]:

„Zu Beginn der Nacht erhoben sie sich jedoch zu offenem Aufruhr. Sie ereiferten sich, wie einen jeden gerade die unerwartete Lage beeindruckte, und griffen zu den Waffen und zur Gewalt. Mit ungeheurem Lärm eilten sie alle zum Palast, umstellten ihn in seinem ganzen Umfang, damit niemandem die Möglichkeit zum Entrinnen gegeben würde, und riefen unter furchtbarem Geschrei Iulian zum Augustus aus. Energisch verlangten sie, er solle zu ihnen herauskommen, sahen sich aber gezwungen zu warten, bis der Tag anbrach. Endlich brachten sie ihn dazu hervorzutreten. Kaum hatten sie ihn erblickt, wiederholten sie ihre lauten Rufe und bezeichneten ihn mit fester Einstimmigkeit als Augustus.

Er jedoch widersetzte sich festen Sinnes ihnen allen und einzelnen gegenüber; bald ließ er seinen Unmut erkennen, bald streckte er die Hände aus, bat und beschwor sie, nach so vielen glücklichen Siegen nichts Ungebührliches zu unternehmen. Auch solle keine ungelegene Unbesonnenheit oder Übereilung Anlaß zu Uneinigkeit geben. Nachdem er sie schließlich beruhigt hatte, redete er sie freundlich an und setzte noch folgendes hinzu ...

XX 4,22–5,2: Nach diesen Worten erhob sich von allen Seiten ein nicht geringeres Geschrei. Da alle mit gleichem Eifer ihre Bemühungen vereinigten und der mächtige Lärm ihrer Streitsucht bereits mit Schmährufen durchsetzt war, sah sich der Caesar gezwungen, seine Zustimmung zu geben. Er wurde auf den Schild eines Fußsoldaten gestellt, und als er so in erhabener Position herausragte, wurde er, ohne daß jemand sich schweigend zurückhielt, zum Kaiser ausgerufen und aufgefordert, ein Diadem vorzuzeigen. Als er verneinte, jemals ein solches besessen zu haben, verlangte man von ihm ein Stück vom Hals- oder Kopfschmuck seiner Gattin. Er jedoch bestand darauf, daß es kein gutes Vorzeichen sei, wenn man ihm weiblichen Schmuck anlege, und so suchte man den Brustschmuck eines Pferdes, damit er bekränzt werden und einen gewissen, wenn auch verunklarten Anblick seiner höheren Machtstellung darbieten könne. Aber als er darauf beharrte, daß auch dies einen schändlichen Eindruck mache, riß sich ein Soldat namens Maurus, der später Comes wurde und am Paß von Succi seine Aufgabe schlecht ausführte, damals aber Elitesoldat bei den Petulanten war, die Halskette *(torques)*, die er als Drachenfahnenträger trug, herunter und legte sie entschlossen Iulian aufs Haupt. In äußerster Bedrängnis und in der Überzeugung, der gegenwärtigen

634 Die folgende Übersetzung richtet sich aus an jener von W. Seyfarth, Ammianus Marcellinus. Römische Geschichte II, ND 1970, 93 ff.; sie enthält allerdings einige Änderungen des Verfassers.

Gefahr nicht entgehen zu können, falls er auf seiner Weigerung beharre, versprach dieser jedem Soldaten 5 Goldstücke und ein Pfund Silber.
Infolge dieser Geschehnisse war er von keiner geringeren Sorge als vorher bedrückt; denn er sah schnell voraus, was sich ereignen werde, und trug das Diadem nicht, wagte aber auch nicht, irgendwo in der Öffentlichkeit aufzutreten oder Amtsgeschäfte auszuführen, die nur allzu sehr drängten. .. (Aufgrund einer gezielten Fehlmeldung, daß Iulian ermordet worden sei, stürmen die Soldaten erneut zum Palast.) Als man sie fragte, was für eine Ursache diese unbesonnene und plötzliche Aufregung habe, hüllten sie sich lange in Schweigen, da sie über das Befinden des Kaisers im Unklaren waren. Sie gingen nicht eher fort, als bis sie in den Audienzsaal eingelassen wurden und ihn im Glanz seines kaiserlichen Gewandes gesehen hatten.
Auf die Nachricht von diesen Vorkommnissen hin kehrten auch die Abteilungen, von deren Abmarsch unter Sintula ich berichtet habe, mit diesem unbesorgt nach Paris zurück. Daraufhin erging der Befehl, daß alle am folgenden Tage auf dem Exerziergelände *(in campo)* zusammenkommen sollten. Hier zeigte sich der Kaiser mit größerem Prunk als gewöhnlich und bestieg eine Rednerbühne, umgeben von Feldzeichen, Legionsadlern und Standarten und sicher geschützt durch Scharen der waffentragenden Kohorten ...
XX 5,10: In der Nacht, die dem Tag der Kaiserproklamation vorausging, hatte der Kaiser, wie er seiner nächsten Umgebung berichtete, im Zustand der Ruhe eine Erscheinung, wie man gewöhnlich den Schutzgeist des Staates darstellt" (Dieser *Genius* mahnt Iulian, die Gelegenheit zu ergreifen).

Der Bericht Ammians hat aufgrund seiner eigentümlichen Mischung aus Kritik und Sympathie eine lebhafte Kontroverse der Forschung über die Frage ausgelöst, ob es sich hier überhaupt um eine Usurpation handele[635]. Die klare Skizzierung der einer regulären Kaisererhebung widersprechenden Begleitumstände dieser Proklamation Iulians einerseits und das unverhohlene Verständnis des Historikers für die Zwangslage des Caesars sowie seine Betonung von dessen Bestreben, die unkontrollierten Aktionen der Truppen in formal korrekte Bahnen zu lenken, haben K. Rosen und J. Szidat[636] zu der Auffassung veranlaßt, die Ereignisse von Paris bedeuteten zwar eine Störung der *concordia* zwischen dem Augustus und dem Caesar, aber noch nicht den Bruch zwischen beiden, da Iulian im Anschluß an jene Ereignisse Constantius II. um Bestätigung seiner Augustus-Stellung gebeten habe. Erst als Iulian

635 Vgl. z. B. J. Béranger, MH 41, 1984, 259. K. Rosen, ACl 12, 1969, 121–149. J. Szidat a. O. und 1996.

636 Rosen a. O. Szidat, Die Usurpation Iulians. Ein Sonderfall?, in: Usurpationen 63–70. Szidat vertrat 1977, 133 noch eine andere Meinung.

nach dem ablehnenden Bescheid des Constantius im Frühjahr 361 den offenen Bruch vollzog, sei der Tatbestand der Usurpation erfüllt gewesen.

Nun sind aus dem 4. Jh. in der Tat mehrere Fälle bekannt, in denen eine vom regierenden Augustus nicht autorisierte Proklamation durch nachträgliche Anerkennung legalisiert wurde; so verfuhren etwa Galerius im Falle Constantins (306) und Valens im Hinblick auf seinen Neffen Valentinian II. (375). Daraus den Schluß zu ziehen, der irreguläre Proklamationsakt habe noch keine Usurpation dargestellt, sondern einen Schwebezustand herbeigeführt, scheint mir jedoch verfehlt. Vielmehr stellt die nachträgliche Legalisierung zugleich einen Akt der Amnestie dar, während die Verweigerung der Anerkennung nicht etwa bedeutet, daß der Tatbestand der Usurpation dadurch erst geschaffen worden sei; er wird nur als solcher bestätigt. Der von Iulian im Frühjahr 361 vollzogene Bruch ist nicht der Usurpationsakt, sondern die Reaktion auf seine offizielle Verurteilung als Usurpator.

Durch seine Proklamation zum Augustus hatte Iulian eine Position im wahrsten Sinne des Wortes usurpiert, deren Verleihung allein Constantius II. zugestanden hätte, wie dieser es in einem Brief an Iulian auch deutlich formuliert hat[637]. Der Augustus stellt auch klar, daß diese Proklamation „durch ungeordneten Lärm von Soldaten" erfolgt sei und legt damit den Finger auf das entscheidende Kriterium für die Legalität einer Kaisererhebung: den korrekten Vollzug der Formalien. Wo dieser fehlte, handelte es sich um einen usurpatorischen Akt.

Daran läßt auch Ammian im Grunde keinen Zweifel, und zwar nicht zuletzt dadurch, daß er Iulians verzweifeltes, aber vergebliches Bemühen um Einhaltung der Regeln unterstreicht. Zunächst läßt Iulian die wohl betrunkenen[638] Soldaten, welche nachts sein *palatium*[639] umstellen, bis zum Morgengrauen warten, denn eine nächtliche Aktion wurde grundsätzlich als irregulär betrachtet[640]; legale Herrscherproklamationen finden stets im Morgengrauen statt. Ferner betont Ammian die makellose Übereinstimmung der bei Paris versammelten Truppen, obwohl diese nicht mehr ganz vollständig präsent waren. Sodann weist Iulian die Augustus-Würde vehement zurück, bis er sich selbst in Gefahr sieht. Eine solche *refutatio imperii* ziemt sich für einen ‚an-

637 Zon. XIII 10,21.

638 Vgl. Ammian. XXII 12,6. Zos. III 9,2.

639 Zum ‚Palast' s. oben 42–44. 186–191. In Paris befand er sich wohl auf der Seine-Insel: P.-M. Duval, Paris antique, 1961, 120.

640 Nächtliche Usurpation in Paris durch Magnentius: Epit. de Caes. 41,22. Zos. II 42, 2ff. Vgl. Straub 59. Zu den Gründen für diese Auffassung s. Ammian. XXVIII 1,54 im Anschluß an Tac. hist. 1,26. – Pertinax wird freilich nachts erhoben: SHA, P 4,8–11. Cassius Dio 74 (73) 1,4f. Herodian. II 1,5ff.

ständigen' Kandidaten (s. oben 99)[641]. Auch die zweifache Weigerung, ein unwürdiges Herrschaftszeichen statt des Diadems anzulegen, spricht für Iulian. Letzterer sagt den Soldaten zwar ein Donativ zu, wie es bei einer regulären Kaisererhebung üblich war[642], und läßt damit erkennen, daß er sich in die Augustus-Würde fügt; aber selbst nachdem die Proklamation vollzogen war, tritt er zunächst nicht als Augustus mit Diadem in die Öffentlichkeit, und als er es schließlich doch tut **(5,1–2)**, holt er gewissermaßen die korrekten Formalitäten nach, die zuvor gefehlt hatten: Er läßt das Heer, das inzwischen durch die Rückkehr der vorher von Paris abmarschierten Einheiten wieder vollständig war, bei Tagesanbruch auf freiem Feld *(campus)* zusammenkommen, besteigt in korrektem Herrscherornat eine Tribüne, umgeben von Schutztruppen und von den Feldzeichen, deren Zahl eine hinreichend repräsentative Heeresversammlung anzeigt, und hält unter ruhigen, geordneten Bedingungen eine angemessene *adlocutio*, die von den Soldaten mit jener Form von Akklamation (Zurufe und Schlagen der Lanzen an die Schilde) quittiert wird, wie sie normalerweise mit dem Proklamationszeremoniell verbunden war. Schließlich fügt Iulian auch noch die göttliche Zustimmung hinzu, welche zugleich jene des römischen Staates ist **(5,10)**: Dessen Schutzgeist *(genius publicus)* hat ihn angeblich zur Annahme der Augustus-Würde ermuntert[643].

Ammian konzediert Iulian mithin, sich so weit wie nur möglich korrekt verhalten zu haben. Dennoch läßt er zugleich erkennen, daß auch dieses Bemühen den Tatbestand der Usurpation nicht übertünchen konnte. Wie sein Vorbild Tacitus, den er mit den ersten Worten seiner Schilderung dieser Vorfälle zitiert[644], versteht es Ammian hier, durch differenzierte und nuancierte Darstellung sowie durch eine spezifische Anordnung der Ereignisse sein Urteil dem aufmerksamen Leser zu vermitteln, ohne explizit zu werden. Die Vision zum Beispiel läßt er Iulian eben erst *post eventum* berichten, womit sie dem Verdacht einer nachträglichen Rechtfertigung ausgesetzt wird. Indem Ammian das wüste Geschrei, den nächtlichen Tumult, die Ungeordnetheit und gewalttätige Stimmung der Soldaten zu Beginn der Ereignisse besonders betont, schließt er im Grunde von vorneherein aus, daß sich im

641 L. Wickert, RE XXII 2 (1954) 2258ff.; ANRW II 1, 1974, 70f. J. Béranger, Recherches sur l'aspect idéologique du principat, 1953, 137ff.

642 1 Pfund Silber (zweifellos in Barrenform) hatte den Gegenwert von 4 *solidi*; Iulian versprach mithin insgesamt 9 *solidi*. Dies war die übliche Summe bei solchen Anlässen. Vgl. Szidat 1977, 159f.

643 Die Gestalt des *Genius Populi Romani*, noch unter der Tetrarchie sehr häufig auf Münzen dargestellt, erscheint zum letzten Mal im Jahr 326 auf einer Prägung: RIC VII S. 327 Nr. 276. Sie stellt meist einen jugendlichen Mann mit Füllhorn dar. Zur Vision Iulians vgl. Szidat 1977, 179ff.

644 Vgl. Tac. ann. I 28,1.

folgenden eine legale Proklamation entwickeln könne. Das Warten auf das Tageslicht und der Konsens der Truppen verlieren damit an legalem Gehalt. Auch die Schimpfworte und Schmähungen an die Adresse Iulians **(4,17)** gehören nicht in ein geordnetes Proklamationsritual. Die Truppen sind offensichtlich nicht nach Kontingenten gegliedert auf dem Exerzierfeld vor den Toren der Stadt versammelt, die Hauptrolle bei der Erhebung spielen Auxiliareinheiten, die Petulanten und Kelten[645]. Es gibt keine Tribüne, auf welcher der Kandidat sich für alle sichtbar den Truppen vorstellen bzw. vorgestellt werden könnte. Kein Offiziersrat, keine Feldzeichen umgeben ihn, welche eine vorherige besonnene Beratung und die Repräsentativität der beteiligten Truppenverbände anzeigen würden. Vielmehr wird er nach Barbarenart von germanisch-keltischen Truppenteilen auf einen Schild gehoben. Viele Leser Ammians dürften die in der wörtlichen Anspielung auf Tacitus'[646] Darstellung der Schilderhebung des barbarischen Bataverfürsten Calgacus enthaltene indirekte Wertung Ammians sofort verstanden haben[647].

Die Szene gleitet geradezu ins Lächerliche ab, an die Farce der Proklamation des Usurpators Procopius erinnernd (s. oben 94), als verzweifelt nach einem Ersatz für das fehlende Diadem gesucht wird. Selbst die mit halbmondförmigen Metallscheiben geschmückte *phalera* eines Pferdes wird in Betracht gezogen. Ammian zeigt sich wohlinformiert: Constantius II. hatte seinen Caesares kein Diadem zugestanden (s. oben 106); daher verfügt Iulian nicht über ein solches. Im Unterschied zu Procopius will er sich zwar nicht bereit finden, einen schimpflichen Ersatz zu akzeptieren, wird aber schließlich doch gleichsam gedemütigt, als nicht etwa ein hoher Offizier, sondern eine relativ niedere Charge aus einer germanisch-keltischen Einheit an ihm einen geradezu gewaltsamen Investitursakt vollzieht; er legt ihm seinen – möglicherweise vergoldeten und vorne mit einem Juwel verzierten – gedrehten Halsreif[648] auf den Kopf: ein Insigne, welches der Soldat als Fahnenträger benutzen durfte[649]. Dies war kein Pferde- oder Frauen-, sondern ein Soldatenschmuck, aber auch nicht gerade ein edles Herrschaftssymbol (s. oben 95. 100). Zudem wird der Soldat, der den Investitionsakt vollzieht, von Ammian auch noch als Versager gebrandmarkt[650]. Bemerkenswert ist,

645 Vgl. D. Hoffmann, Das spätrömische Bewegungsheer und die Notitia Dignitatum 1969, 134. 379ff.

646 Hist. 4,15.

647 Vgl. Ensslin 1942, 268ff.

648 Siehe zum Aussehen eines *torques* gegen Ende des 4. Jhs. **M 22** und **23**.

649 Vgl. zur Drachenfahne R. Grosse, Römische Militärgeschichte von Gallienus bis zum Beginn der byzantinischen Themenverfassung, 1920, 231f.

650 Vgl. auch Ammian. XXXI 10,21.

daß Ammian sich nicht die für Iulian schmeichelhaftere und von diesem selbst verbreitete Version einer Selbstkrönung zueigen macht[651].

Angesichts der geschilderten Unregelmäßigkeiten kann das ‚Nachholen' gewisser Regularien **(5,1–2)** vom Leser Ammians nur als Hinweis auf die Illegalität des Proklamationsaktes, der als solcher nicht wiederholt werden konnte, gedeutet werden[652]. Auch auf den scheinbar hartnäckigen Widerstand Iulians wirft Ammian einen gewissen Schatten[653]: Die Inszenierung eines neuen Soldatenauflaufs ging von Amtsträgern des *palatium* aus. Die gezielte Falschmeldung einer Ermordung Iulians bringt die Soldaten zum Palast, wo kaiserliche Hofatmosphäre herrscht, denn es ist – mit offensichtlicher Zustimmung Iulians – alles für eine Audienz des neuen Augustus vorbereitet. Ammians Bericht ist doppelbödig: Er schildert es zunächst als Faktum, daß Iulian sich aus Verwirrung und Schrecken in das Innerste des Palastes zurückgezogen habe. Nun erfahren wir jedoch, daß er sich in der Zwischenzeit mit den Insignien eines Augustus *(augusto habitu)* geschmückt hatte, d. h. zweifellos auch mit einem richtigen, mittlerweile angefertigten Diadem auf die Gewährung einer Audienz vorbereitet worden war. Auch die Heeresversammlung am folgenden Tag bestreitet Iulian offensichtlich mit den Insignien eines Augustus, hält seine die Augustus-Würde akzeptierende Rede und schiebt die prophetische Vision nach.

So läßt Ammian auch die vorherige, scheinbar standhafte Weigerung als eine ‚Eintagsfliege' erscheinen und verleugnet nicht den Ehrgeiz Iulians. Der neue Herrscher hat sich formal korrekt zu verhalten bemüht, aber seine Motive sind nicht über jeden Zweifel erhaben. Indem er die Augustuswürde definitiv akzeptiert, läßt er Constantius II. keinerlei Entscheidungsfreiheit. Ammian läßt uns nicht im Unklaren: Iulian war nach seinen Kriterien ein Usurpator.

M 19: Die Rolle des Heeres bei der Kaiserwahl: Akklamationsorgan oder Volksversammlung? Symmachus, oratio 1,8–9

Im Jahr 368/69, wohl anläßlich des am 25. 02. 369 begangenen fünfjährigen Regierungsjubiläums *(quinquennalia)* des Kaisers Valentinian I., hält der berühmte Redner und spätere Stadtpräfekt von Rom des Jahres 384, Q. Aurelius Symmachus, einen Panegyricus auf den Kaiser, vielleicht in der

651 Iul. ad. Ath. 284d. Vgl. Szidat 1977, 156ff. zu Quellen und Forschung und mit einer problematischen Interpretation zu diesem Punkt.

652 So richtig auch Szidat 1977, 133f. gegen Straub, 60.

653 XX 4,20–22.

Kaiserresidenz Trier. Darin preist er die Umstände und den Verlauf der Proklamation des Herrschers am 25. 02. 364[654]:

> „Der vergöttlichte Iovian war von der Erde gewichen und hatte sich durch ein unvorhergesehenes Ende entzogen. Dies führte sofort zu einer allgemeinen Trauer und zum Stillstand aller Aktivitäten; nicht einmal das sonst übliche Getuschele der Interessengruppen *(factiones)* war zu vernehmen. Umtriebe blieben aus, weil ein würdiger Kandidat hervorstach. Wundert sich etwa jemand, daß nicht sofort das Votum *(suffragia)* auf Dich fiel? Aber es gibt keinen Grund zur Eile, wo keine Verzögerungstaktik geargwöhnt wird, und oft mindert gerade derjenige das Verdienst der guten Tat, der glaubt, ein ruhiges Vorgehen behindere sie. Auf diese Weise ist Deine Kandidatur dem Urteil der Menge bewahrt worden, damit niemand sich die Bemerkung verbeißen müsse, Du habest eine vorweggenommene Entscheidung durch eine kleine Gruppe herbeizuführen versucht. Das Ergebnis schmälert in keiner Weise Deine Ehre: Du bist von jenen als *imperator* gewählt worden *(electus)*, welche reiflich überlegt haben; wir sagen Dank für diese längere Beratung. Über Dich ist in einer Weise ausführlich verhandelt worden, daß vor aller Augen deutlich ist, es habe sich kein Würdigerer gefunden.
> Und bald stand der festgesetzte Versammlungstag *(concilii dies)* bevor. Anwesend war ein Heer, das aus allen Kerntruppen der römischen Wehrkraft ausgewählt war. Wahrhaft eine Wahlversammlung *(comitia)*, wie sie die Führungsstellung in einem solchen Reich verdient hat! Freie Männer entschieden darüber, wem sie untergeordnet sein sollten. Behaltet für euch, vergangene Zeiten, die oft bestochenen Hundertschaften *(centuriae)*, die gefälligen Censusklassen *(classes)* der Vollbürger *(Quirites)* und die meist käuflichen Stimmbezirke *(tribus)*: Leute, die keine öffentliche Funktion innehaben, verstehen es nicht, öffentliche Aufgaben zu vergeben. Der aus dem Heerlager rekrutierte Senat *(castrensis senatus)* hat einen Mann gutgeheißen, der sich dies durch Kriegstaten verdient hat. Angesehene Männer werden durch anerkennende Bezeugung *(testimonium)*, unbekannte durch Abstimmung *(suffragium)* befördert ...
> Bewaffnete sollen darüber befinden, wem sie am ehesten die Fähigkeit zur Leitung des Heeres zutrauen. Es gehört zum Handwerk eines guten Soldaten, daß er weiß, wie man einen Heerführer auswählt. Mit Fug und Recht wetteifern sie nun auch in bedingungslosem Gehorsam, gerne richten sie sich nach seinem Willen. Denn nicht nur um seiner Herrschaft, sondern auch um der Bestätigung ihrer eigen Urteilskraft willen erfüllen sie ihre Dienstpflicht".

654 Vgl. oben 93 f. Ferner: Quintus Aurelius Symmachus, Reden, hrsg., übers. und erl. von A. Pabst 1989, 48 ff. 126 ff.

Als der im Juni 363 zum Nachfolger des Kaisers Iulianus Apostata gewählte Iovianus nach nur achtmonatiger Regierungszeit am 17. Februar 364 auf dem Rückmarsch vom Perserkrieg in der zentralanatolischen Provinz Galatia verstarb, war das große römische Heeresaufgebot noch beisammen. So konnte die Wahl des neuen Herrschers unter Beteiligung der maßgeblichen Generäle und von Verbänden aus allen wichtigen Armeen des Reichsheeres vonstatten gehen. Auf letzteres spielt Symmachus deutlich an.

Zur Auswahl des Kandidaten durch die Generäle, deren Dauer Symmachus mit gewundenen Formulierungen in einem für Valentinian günstigen Sinne zu deuten sucht, erfahren wir allerdings wesentlich instruktivere Details von dem persönlich anwesenden Historiker Ammianus Marcellinus[655]. Anders als bei der Wahl Iovians, die aufgrund der prekären militärischen Lage mitten im Feindesland in aller Eile durchgeführt worden war (s. oben 94), konnte man sich nun in Ruhe auf einen Kandidaten einigen; und anders als Symmachus zu suggerieren sucht, drängte eine Wahl Valentinians sich nicht unbedingt auf. Vielmehr wurden verschiedene Namen genannt, und es wurde hin und her beraten, bevor man sich einstimmig auf Valentinian einigte, der sich freilich in Ankyra aufhielt und erst 10 Tage später eintraf. Nach Ammian war dies eine gefährliche Verzögerung der Proklamation; führende Offiziere fürchteten einen Coup und trafen rigorose Vorsichtsmaßnahmen. Es ist mithin offensichtlich, daß der Lobredner Symmachus die Situation beschönigt, wenn er die Wahl Valentinians als völlig unproblematisch bezeichnet und leugnet, daß es verschiedene Meinungen und Parteiungen *(factiones)* gegeben habe.

Zu Recht betont er freilich, daß nicht eine kleine Clique den Kaiser auswählte. Nicht nur **eine** *factio*, sondern mehrere konnten ihre Auffassung artikulieren. Die repräsentative Zusammensetzung der Heeresleitung und der Verlauf der Diskussion garantierten, daß verschiedene Interessen und Meinungen zur Sprache kamen und die Auswahl des Kandidaten durch einen Kompromiß erfolgte. Symmachus verwendet für den Akt der Kandidatenkür bezeichnenderweise die Begriffe *suffragia* und *electio.* Ersterer bezeichnet die Stimmabgabe in der Volksversammlung, letzterer eine regelrechte Wahl. Im Offiziersrat wurde mithin tatsächlich abgestimmt, Valentinian wirklich zum Kandidaten gewählt.

Damit konnte er der Heeresversammlung vorgestellt und vorgeschlagen werden. Symmachus läßt keinen Zweifel daran, daß die Proklamation des neuen Herrschers der Zustimmung des Heeres, des „sorgfältigen Urteils der Menge“ bedurfte. Erst dies konstituierte den entscheidenden Rechtsakt. Aber berechtigt dies dazu, von einer wirklichen Wahl zu sprechen, hierin eine

655 XXVI 1,3ff. Vgl. zu Ammianus Marcellinus oben 208f. und zur Proklamation Valentinians I. vor allem Straub 14ff.

tatsächliche Anknüpfung an die Volksversammlung der Republik zu sehen und das spätantike Kaisertum als eine ‚republikanische' Monarchie zu kennzeichnen, wie dies jüngst geschehen ist[656]? Auf den ersten Blick könnte die von Symmachus verwendete Terminologie eine solche Schlußfolgerung nahelegen. Er bezeichnet die Heeresversammlung als *concilium* und *comitia*, verwendet damit die beiden technischen Begriffe für die verschiedenen Typen der republikanischen Volksversammlung[657]. A. Pabst sieht darin eine regelrechte Wahl *(electio)*, die Abgabe von Stimmen *(suffragia)* durch die Heeresversammlung. Letzterer schreibt sie „die Rechtsform ... der *comitia*" zu[658].

Dies ist jedoch unzutreffend. Anders als der Offiziersrat gibt die Heeresversammlung bei Symmachus eben keine *suffragia* ab, sondern ein *testimonium*. Sie bestimmt den Kaiser nicht durch eine regelrechte Abstimmung, bei der Stimmen ausgezählt würden, sondern durch kollektive Zustimmung. Denn ihr werden keine unbekannten Kandidaten vorgestellt, zwischen denen man sich entscheiden müßte, sondern ein einziger, renommierter, erprobter Mann. Symmachus unterscheidet eben die ‚wahren' *comitia* der Heeresversammlung, in denen sachkundige, im öffentlichen Leben tätige Männer entscheiden, scharf von den Wahlversammlungen der Republik, die gerade deshalb korrupt waren, weil es in ihnen das Abstimmungsverfahren nach Wahlkörperschaften gab, sei es nun in der Centurienversammlung *(comitia centuriata)*, welche nach Censusklassen und Hundertschaften abstimmte, sei es im *concilium plebis* und in den *comitia tributa*, in denen die Wähler nach geographischen Bezirken geordnet ihre Stimme abgaben[659]. Man hätte in der Heeresversammlung durchaus nach Truppenkörpern abstimmen können, aber man tat dies nicht. Zweifellos konnten die auf der Tribüne stehenden Offiziere sowie der Kandidat selbst feststellen, ob bestimmte Truppenteile lebhaft oder weniger begeistert dem vorgeschlagenen Kandidaten akklamierten, aber unterschiedliche Intensität des Beifalls ließ nur Rückschlüsse auf die jeweilige Qualität des *testimonium* zu; sie änderte nichts an der Gültigkeit des Rechtsaktes.

Wenn daher Symmachus scheinbar widersprüchlich die Heeresversammlung einmal mit den Termini der republikanischen Volksversammlungen bedenkt, schließlich sie aber als *castrensis senatus* bezeichnet, so zeigt dies hinreichend, daß er keineswegs eine staatsrechtlich exakte Beschreibung zu geben beabsichtigt, aus der man gewissermaßen eine Rechtsnachfolge der Heeresversammlung im Verhältnis zur republikanischen Volksversammlung

656 Pabst 9ff. Vgl. dies., Quintus Aurelius Symmachus (s. Anm. 654), bes. 131ff. 171ff.

657 Vgl. J. Bleicken, Die Verfassung der römischen Republik, 1995⁷, 120ff.

658 Pabst 23; dies., Symmachus 175.

659 Vgl. Bleicken a. O.

konstruieren dürfte; Symmachus versucht vielmehr, durch Vergleiche mit anderen Institutionen den weder durch eine geschriebene Verfassung noch überhaupt durch irgendein geschriebenes Gesetz, sondern durch eine auf die faktischen Machtverhältnisse sich gründende Konvention sanktionierten Rechtsanspruch des Heeres auf die ‚Kaiserwahl' zu kategorisieren. Er kommt mit der Formulierung *castrensis senatus* zu dem Schluß, daß die von den republikanischen *comitia* deutlich zu unterscheidenden ‚wahren' *comitia* der Heeresversammlung eigentlich eher der (früheren) Funktion des **Senats** bei der Kaiserwahl entsprechen. Auch dieser war ein ‚Expertengremium', rekrutiert aus im öffentlichen Leben tätigen Männern. Und der Senat wählte nicht wirklich den Kaiser, sondern er bestätigte billigend *(adscivit)* den vorgeschlagenen Kandidaten, indem er ihm formal bestimmte Kompetenzen und Titel verlieh[660]. Als Resultat des Vergleichs mit der inkompetenten republikanischen Volksversammlung mit ihrem korrupten Abstimmungsverfahren setzt Symmachus folglich das *testimonium* der Heeresversammlung eher jenem der renommierteren Institution des Senats gleich.

M 20: Kaiser von des christlichen Gottes Gnade: Bronzemünze des Arcadius mit Bekränzung des Herrschers durch die Hand Gottes (Abb. 34)

Abb. 34

Eine Bronzemünze des Flavius Arcadius (Kaiser 383–408), die wohl kurz nach seinem Herrschaftsantritt oder gar anläßlich desselben geprägt worden ist[661], zeigt den 6 Jahre jungen Sohn des Theodosius auf der Vs. mit nach rechts gewandtem, diademgekröntem Kopf, Kriegskostüm und Lanze. Von oben her bekränzt ihn eine rechte Hand. Die Umschrift lautet: D*(ominus)* N*(oster)* ARCADIUS P*(ius)* F*(elix)* AUG*(ustus)*, ‚unser Herr Arcadius, der pflichtbewußte, glückbringende Augustus'.

660 J. Bleicken, Verfassungs- und Sozialgeschichte des Römischen Kaiserreiches 1, 1978, 39f.

661 So R. A. G. Carson, Coins of the Roman Empire 1990, 195. 345 zu Nr. 849 mit Taf. 56 Nr. 849.

Zu *dominus noster, pius* und *felix* s. oben 38. 144. Die Rs. zeigt einen Kaiser im Kriegskostüm, den Kopf nach links gewandt, mit der linken Hand auf einen Schild gestützt, mit der rechten das Labarum, die Standarte mit dem Kreuzeszeichen, haltend. Zur Rechten des Kaisers kniet ein gefangener Barbar mit sogenannter phrygischer Mütze, welche den östlichen, insbesondere persischen Feind kennzeichnet (vgl. **M 23**). Die Münzstättenbezeichnung im Abschnitt lautet ANTS, d. h. Antiochia, (Offizin = Werkstatt) S. Die Werkstattangabe mit einem griechischen Buchstaben bezeichnet die vierte von fünf bezeugten Offizinen der Münzstätte Antiochia[662] und dient der Münzkontrolle, ist mithin gegen Metallunterschlagung und Münzfälschung innerhalb der Münzstätte gerichtet[663]. Die Umschrift lautet GLORIA ROMANORUM, ‚Ruhm der Römer', was sich auf die Sieghaftigkeit des Imperium Romanum und des dargestellten Herrschers bezieht.

Das christliche Labarum, welches Constantin eingeführt hatte (s. oben 207), läßt nun – im Unterschied zu Bekränzungen durch eine anonyme Hand auf Prägungen Constantins (s. oben 68) – auch formal nicht mehr offen, welcher Gott den Sieg schenkt und den Kaiser auf der Vs. der Münze bekränzt. Sicherlich kann man noch nicht davon reden, daß hier die Absicht vorliege, der Herrschaft des Arcadius „eine kirchliche Weihe zu verleihen"[664]. Die Vs.-Darstellung läßt sich in Verbindung mit der Rs. auch als bloße Verleihung des Sieges durch den Christengott deuten, welch letzterer in dieser Hinsicht nur an die Stelle der heidnischen Götter getreten ist; von irgendeiner Rolle der **Kirche** kann hier keine Rede sein! Zweifellos verbanden die Zeitgenossen mit solchen Szenen auch den Gedanken an die Einsetzung des Herrschers durch Gott, aber es wird auf dieser Prägung eben nicht das Diadem, sondern der Siegeskranz verliehen.

M 21: Anciennität und Autorität – die Fiktion: Inschrift eines Ehrenbogens in Rom

Auf einem nicht mehr erhaltenen Ehrenbogen nahe der Petrus-Brücke in Rom befand sich folgende Inschrift, welche wir nur durch eine Kopie kennen, die in einem mittelalterlichen Codex des Klosters Einsiedeln erhalten ist[665]:

662 Vgl. Carson a. O. 272.

663 Vgl. zu diesem Problem H. Brandt, Zeitkritik in der Spätantike. Untersuchungen zu den Reformvorschlägen des Anonymus de rebus bellicis, 1988, 50 ff.

664 So Alföldi 174.

665 CIL VI 1184 = ILS 781.

„Die *imperatores Caesares*, unsere Herren Gratianus, Valentinianus und Theodosius, die pflichtbewußten, glückbringenden, immerwährenden *Augusti* befahlen, daß zwecks Abschluß der gesamten Anlage der mit ihrem ewigen Namen benannten ‚sehr großen Säulenhallen' ein Bogen mit von ihnen selbst gestiftetem Geld errichtet und geschmückt werde".

Da Gratian im Jahr 383 getötet wurde und Theodosius 379 zum Augustus ernannt worden war, ist die Inschrift in diesen Zeitraum zu datieren. Sie nennt die Kaiser mit zum Teil traditionellen *(imperator, Caesar, Augustus)*, zum Teil erst in der Spätantike üblichen *(domini nostri)* Titeln (s. oben 38) und in der Reihenfolge ihres Dienstalters. Infolgedessen wird der an Lebensjahren Älteste, nämlich Theodosius, an letzter Stelle genannt.

Die Inschrift ist eine der zahlreichen kaiserzeitlichen Bauinschriften, in denen von kaiserlicher finanzieller Hilfe die Rede ist, wie sie zur ‚Großzügigkeit' *(liberalitas)* des Herrschers gehörte[666]. In diesem Fall stiften die Herrscher einen Ehrenbogen, der den architektonischen Abschluß einer Straße gebildet haben dürfte, welche von zwei langen Säulenhallen gesäumt wurde; letztere waren nach den Herrschern benannt, trugen also wohl eine Widmungsinschrift, was nicht bedeutet, daß auch sie durch kaiserliche Finanzierung errichtet worden waren. Die hier behandelte Bauinschrift muß sich hingegen an dem gestifteten Bogen befunden haben. Der gesamte Komplex befand sich offensichtlich in Tibernähe. Vermutlich führte die Straße auf eine Tiberbrücke zu; möglicherweise wurde der Bogen genau an der Stelle errichtet, wo die Straße in die Brücke einmündete.

M 22: Anciennität und Autorität – die Realität: Missorium des Theodosius I. in Madrid (Abb. 35)

Das sogenannte Missorium des Theodosius I. ist eine Silberplatte aus einem Schatzfund in der Nähe von Mérida in Spanien. Dieser enthielt Bestandteile eines Prunkservice[667], welches offensichtlich geplündert und – wie die absichtliche Teilung der Platte mit einem groben Gegenstand zeigt – als Hacksilber verwendet werden sollte, wie es für Spätantike und Frühes Mittelalter häufig belegt ist. Besonders die Germanen verhandelten Silbergeräte lediglich nach ihrem Materialwert.

666 Vgl. H. Kloft, Liberalitas Principis, 1970.

667 Vgl. zum Missorium Delbrueck 1929, 235–242 Nr. 62. J. Arce, AEA 49, 1976, 119–139. K. J. Shelton, Missorium of Theodosius, in: K. Weitzmann (Hrsg.), Age of Spirituality. Late Antique and Early Christian Art. Third to Seventh Century, 1979, 74 f. MacCormack 214–220.

Abb. 35

Ein Missorium (abgeleitet vom griechischen *minsurion)* ist das Hauptstück eines solchen Services. Die flache, runde Platte hat einen Durchmesser von 74 cm und ist 4–8 mm dick. Der Standfuß ist verloren; noch vorhanden ist der niedrige Standring mit der auf Griechisch eingravierten Gewichtsangabe von 50 römischen Pfund, i. e. ca. 16 kg. Die griechische Inschrift deutet auf eine Herstellung im Osten des Imperiums hin. Da die Platte für die in Thessalonike gefeierten Decennalien des Theodosius hergestellt wurde (s. unten 222), könnte sie dort oder z. B. auch in Constantinopel gefertigt worden sein.

Um die Bildseite herum läuft wie bei Münzen eine Legende in ursprünglich vergoldeten Buchstaben. Sie lautet: D*(ominus)* N*(oster)* THEODOSIUS PERPET*(uus)* AUG*(ustus)* OB DIEM FELICISSIMUM X *(= decennalium)*, ,unser Herr Theodosius, immerwährender Augustus, aus Anlaß des höchst glückbringenden Tages seines zehnjährigen Regierungsjubiläums' (zu ergänzen ist: ‚hat dies geschenkt').

Bei der Frage, ob es sich um Theodosius I. oder II. handelt[668], kommt die bildliche Darstellung zu Hilfe, welche drei Herrscher zeigt; nur Theodosius I. hatte zwei Mitregenten. Seine Decennalien feierte er am 19. 01. 388. Wie der Name des Kaisers im Nominativ zeigt, ist er derjenige, der die Platte in Auftrag gegeben und verschenkt hat. Solche Donative pflegte der Kaiser an besonderen Festtagen hohen Amtsträgern, Offizieren und sonstigen Würdenträgern zu gewähren. Im Falle des Missoriums war der Empfänger mit großer Wahrscheinlichkeit ein im kaiserlichen Dienst stehender Amtsträger, denn die bildliche Darstellung zeigt die Überreichung einer Ernennungsurkunde an einen solchen seitens des Kaisers (s. unten 224f.).

Die in sehr flachem Relief gearbeitete Figurendarstellung zielt entsprechend den bereits angesprochenen Tendenzen spätantiker Kunst auf Formalisierung, Symmetrie, Ornamentalisierung und Hierarchisierung. Zu beachten sind in diesem Zusammenhang: die Gleichartigkeit der durchweg ovalen Köpfe; die rein zeichnerisch gearbeiteten, bartlosen, glatt und weich wirkenden, jeglicher Individualität entbehrenden, im Sinne der Panegyriker ‚schönen' Gesichter (s. oben 198–200); der weitgehende Verzicht auf Sichtbarmachung des Körpers, den die mit ornamentalen Besätzen *(orbiculi, segmenta, paragaudae)* verzierten Gewänder fast wie Vorhänge verdecken; die Betonung dekorativer statt plastischer Elemente. Infolgedessen ist auch eine Identifizierung der dargestellten Personen nur über ikonographische und kompositorische Kriterien möglich.

Die Platte ist in ein größeres und ein kleineres Bildsegment aufgeteilt. Im kleineren, unteren ruht auf einem Gewand eine üppige, großenteils entblößte Frau, welche ihren Blick nach oben zur Herrschergruppe, insbesondere zum mittleren Kaiser, hinwendet. Der aus Früchten bestehende Kranz auf ihrem Kopf, das Füllhorn in ihrem rechten Arm und die um sie herum sprießenden Ähren und Grasbüschel identifizieren sie als die Erdgöttin *(Tellus, Terra)*. Drei erotenhafte Knäblein springen auf und um Tellus herum und strecken Blumen und Früchte mit der Hand, in einem Tuch bzw. in einem Korb zum mittleren Herrscher empor. Mit ihrer ‚Erntetätigkeit' ähneln sie den vier Knäblein, welche in der römischen Kunst sehr häufig die Vierjahreszeiten repräsentieren, den ikonographischen Topos für Fruchtbarkeit und Glück[669].

668 Den Versuch von J. Muschner, JdI 111, 1996, 415ff., das Missorium aus stilistischen Gründen Theodosius II. zuzuschreiben, hat Raeck 1998, 520–522 zu Recht mit historischen Argumenten zurückgewiesen.

669 Delbrueck 1929, 242 bezeichnet sie als Genien. Häufig wird die Erdgöttin von den ganz entsprechend dargestellten vier Putti begleitet, welche die Jahreszeiten symbolisieren. Vgl. z. B. Gnecchi II Taf. 54, 7; 86,8–10. Nach Meinung von MacCormack 218f. handelt es sich auch auf dem Missorium um die Personi-

Die Szene kennzeichnet die *felicitas temporum*, das glückliche Zeitalter, welches die Regierungszeit der Kaiser heraufgeführt hat und das zehnjährige Regierungsjubiläum, der *dies felicissimus* (s. oben 35), verstärkt.

In symmetrischer Komposition sind nicht nur die Gestalten des unteren Segments auf den in der Mitte thronenden Kaiser ausgerichtet, sondern auch jene des oberen Bildfeldes. Dieses wird dominiert von einer aus der Tempelarchitektur abgeleiteten, vierpilastrigen Giebelfassade, in welcher eine baldachinartige Arkade den mittleren Herrscher überwölbt. Offensichtlich ist hier eine Thron- und Audienzszene mit der zugehörigen Palastarchitektur wiedergegeben. In den Zwickeln des mit kleinen, halbmondförmigen Schilden *(peltae)* verzierten Giebels fliegen zwei Eroten auf den mittleren Kaiser zu, um ihm auf Tüchern Früchte darzubieten.

In den Interkolumnien thronen die Herrscher, welche durch perspektivische Plazierung ihrer Thronsessel und Fußbänke sowie unterschiedliche Körpergröße hierarchisch eindeutig abgestuft sind. Der mittlere Herrscher ragt mit seinem Kopf über den Architrav hinaus in die Arkade hinein. Der an seiner rechten Seite, d. h. auf dem Ehrenplatz, plazierte Herrscher nimmt den zweiten Rang ein. Am 19. 01. 388 hatte Theodosius nurmehr seinen älteren Sohn Arcadius, Augustus seit 383, und den schon 375 zum Augustus erhobenen Valentinian II. als Mitregenten. Letzterer war eigentlich der dienstälteste Herrscher – Theodosius war erst 379 zum Augustus proklamiert worden – und wird in offiziellen Dokumenten dementsprechend stets vor Theodosius genannt (**M 21**). Der zwischen 17 und 22 Jahre alte Valentinian war jedoch an Lebensjahren weit jünger als der 41jährige Theodosius und ihm auch an Autorität deutlich unterlegen; Theodosius agierte faktisch als Vormund Valentinians. Schon aus diesen Gründen, vor allem aber weil auf dem Missorium der Festtag des Theodosius gefeiert wird, laut Inschrift er diese Platte verschenkt hat und somit zweifellos die Großzügigkeit *(liberalitas)* dieses Herrschers in der bildlichen Darstellung zum Ausdruck kommen muß, kann der mittlere Herrscher nur Theodosius I. sein. An seiner rechten Seite sitzt folglich Valentinian II. als der nach ihm Ranghöchste, zu seiner linken, als kleinste Figur dargestellt, sein Sohn Arcadius. Die Szene wird eingerahmt von je zwei Leibwächtern mit Speeren und Schilden. Ihr in den Nacken herabhängendes, langes Haar deutet auf Germanen hin. Ihre Kleidung besteht aus einer kurzen Tunika, Hosen und einem gedrehten Halsreif *(torques)* als Zeichen ihrer Zugehörigkeit zu einer Elitetruppe (s. **M 18**).

Alle drei Herrscher blicken wie Statuen unverwandt gerade aus, auch der mittlere, obwohl er einer vor ihm stehenden Gestalt ein Dokument überreicht. Alle drei sitzen auf gepolsterten und mit Fußbänken versehenen

fikationen der Jahrzeiten; nur sei die bekleidete Verkörperung des Winters weggelassen, weil die kalte Jahreszeit nicht zum Goldenen Zeitalter passe.

Thronsesseln, die aber anscheinend nicht über eine Rückenlehne verfügen. Auch ihre Tracht ist identisch, wenn auch mit kleinen Nuancen: Sie tragen ein Perlendiadem, dessen Stirnjuwel bei Theodosius allerdings etwas größer erscheint als bei seinen Mitregenten. Ferner sind sie in das kaiserliche Dienstkostüm (s. oben 116) gekleidet. Die Chlamys wird von einer mit Juwelen und Perlen verzierten Fibel zusammengehalten, welche bei dem mittleren Herrscher einen großen zentralen Edelstein aufweist. Der Kopf des mittleren Herrschers ist ferner von einem – jetzt nurmehr schwach erkennbaren – Nimbus umgeben[670]. Nur die beiden flankierenden Herrscher halten in der linken Hand einen Globus, während der linke Arm des Theodosius von der Chlamys verhüllt ist. Valentinian II. wird für seine unter Anciennitätsgesichtspunkten problematische Zurücksetzung gegenüber Theodosius dadurch entschädigt, daß er ein langes Zepter in der rechten Hand hält, während Arcadius die rechte Hand zum hier anscheinend erstmals im repräsentativen Herrscherbild verwendeten Redegestus[671] vor die Brust hebt und Theodosius ein mit einem Querband geschlossenes, vermutlich aus Elfenbein gefertigtes Diptychon überreicht.

Es muß sich um eine Ernennungsurkunde *(codicilli)* handeln, mit welcher der Kaiser den vor ihm stehenden, aber dennoch viel kleiner als der sitzende Kaiser dargestellten Mann in ein bestimmtes Amt befördert. Der Betreffende trägt das Dienstkostüm ziviler Amtsträger (Chlamys, langärmelige Tunika und *cingulum*, i. e. den Gürtel) als Kennzeichen der *militia*, der Zugehörigkeit zu der nach militärischem Vorbild organisierten Bürokratie der kaiserlichen Zentralverwaltung. Die Zwiebelkopffibel, die seine Chlamys auf der rechten Schulter zusammenhält, und der viereckige Besatz auf seinem Mantel weisen auf einen hohen Würdenträger hin[672]. Der Amtsträger nimmt die Urkunde mit verhüllten Händen *(manibus velatis)* entgegen, indem er letztere mit seinem Gewand umwickelt. Auf diese Weise vermeidet er eine Beflekkung der heiligen Majestät des Kaisers und der durch dessen Berührung geheiligten Urkunde. Es ist bezeichnend, daß die Proskynese, die *adoratio* (s.oben 38–41), die vor Überreichung der *codicilli* erfolgt sein muß[673], nicht dargestellt wird, sondern die Geste der kaiserlichen Munifizenz; nur Barbaren wurden in unterwürfiger Geste gezeigt (vgl. **M 23**). Man darf annehmen, daß mit dem ernannten Amtsträger eine ganz bestimmte Person gemeint ist, welcher der Herrscher auch dieses Missorium bzw. das gesamte Tafelgeschirr zur

670 Vgl. oben 73f. Auch in constantinischen Gruppen trägt nur Constantin selbst den Nimbus (s. oben 200f.).

671 Vgl. unten 244 zu **M 25.**

672 Vgl. dazu A. Demandt, Die Spätantike, 1989, 231ff.

673 MacCormack 216 schreibt dem Empfänger der *codicilli* fälschlich zu, er sei „about to kneel". Bei Ernesti 141 vollbringt er sogar ein physisches Kunststück: „Kniend naht sich jener seinem Herrn". In Wirklichkeit steht der Amtsträger.

Erinnerung an jenen feierlichen Augenblick geschenkt haben dürfte. Dies bedeutet, daß der Amtsträger eine sehr hohe Position bekleidet haben muß.

Auf dem Missorium sind die Herrscher – anders als im Tetrarchenrelief des Galeriusbogens (**M 5**) – nicht mehr von heidnischen Göttergestalten umgeben; aber die Darstellung entbehrt auch jeglicher christlichen Note, obwohl es der *imperator Christianissimus* Theodosius ist, der hier über der Erde thronend als Glücksbringer für die Menschheit im allgemeinen und den vor ihm stehenden Amtsträger im besonderen gepriesen wird.

M 23: Kaiserliche Repräsentation im Hippodrom (Circus): der Theodosius-Obelisk in Constantinopel (Abb. 36–43)

Auf dem heute noch ‚Pferdeplatz' *(At Meydan)* genannten Gelände des ehemaligen Hippodroms von Constantinopel steht der sogenannte Obelisk des Theodosius (Abb. 36)[674]. Der Obelisk selbst ist kein spätrömisches, sondern ein altägyptisches Monument, ein Monolith aus rosafarbenem Granit, den Thutmosis III. (1483–1450 v. Chr.) im Jahr 1471 im Ammon-Heiligtum im oberägyptischen Heliopolis (Karnak) zur Erinnerung an seine Siege in Asien errichtet hatte, wie die Hieroglypheninschrift erzählt.

Theodosius hat mit der Errichtung dieses Obelisken in Constantinopel vielleicht einen schon für Constantin I. überlieferten Plan verwirklicht[675]. Die Sitte, Obelisken aus Ägypten zu importieren und sie als Triumphmonumente aufzustellen, hatte Augustus begründet[676]. Er ließ auch als erster einen Obelisken auf der Spina, dem die Rennbahn teilenden, langgestreckten Podium des Circus', aufstellen[677]. Constantius II. erwies dem alten Rom eine ähnliche Ehre[678]. Vielleicht als Antwort darauf ist die Maßnahme des Theodosius zu verstehen, der Constantinopel auch sonst erheblich verschönerte und als östliche Rivalin zu Rom gestaltete[679]. In der Mitte der Spina des Hippodroms in Constantinopel, unmittelbar gegenüber der kaiserlichen Loge, die zugleich

674 Die maßgebliche Publikation ist Bruns. Vgl. ferner J. Kollwitz, Oströmische Plastik der theodosianischen Zeit, 1941, 115ff. H. Wrede, IstMitt 16, 1966, 178–198. H. Kähler, ActArchArtHist 6, 1975, 45–55. R. Brilliant, in: Weitzmann (s. Anm. 667) 107f. J. Ch. Balty, Byzantion 52, 1982, 60–71. Engemann 1000–1004. Rebenich. L. Safran, GRBS 34, 1993, 409–435. Ernesti 143–154. Killerich.

675 Ammian. XVII 4,13, der allerdings Rom als Bestimmungsort angibt.

676 Vgl. z. B. G. Alföldy, Der Obelisk auf dem Petersplatz in Rom, 1990. Kolb 1995, 342. 424.

677 Kolb 1995, 601.

678 Wrede, IstMitt 16, 1966, 183.

679 Bauer 263. G. Dagron, Naissance d'une capitale, 1974, 310f. 328ff. Wrede, IstMitt 16, 1966, 183. 188f.

Abb. 36

Teil des benachbarten Kaiserpalastes war (s. oben 81), ließ er zwischen 388 und 392 den Obelisken errichten, und zwar auf zwei Sockeln, deren Inschriften und Reliefs Gegenstand der folgenden Ausführungen sind. Sie sind erst nach Aufstellung des fast 20 m hohen Monolithen auf den Sockeln angebracht worden, denn der Vorgang der Aufrichtung und die damit verbundenen Vorführungen im Circus, insbesondere ein Wagenrennen, sind auf dem unteren der beiden Sockel dargestellt und durch je eine lateinische und eine griechische Inschrift erläutert. Latein war die Amtssprache des Reiches und zugleich die Sprache der Macht, Griechisch die Sprache der Bevölkerung des Ostens. Die lateinische Inschrift befindet sich daher nicht zufällig im SO gegenüber der kaiserlichen Loge, die griechische im NW gegenüber den Sitzplätzen eines besonders wichtigen Teils der Bevölkerung, nämlich der Mitglieder der Circusparteien.

Beide Inschriften sind in Epigramm-Form gehalten, die lateinische in Hexametern, die griechische im sogenannten elegischen Versmaß, welches abwechselnd Hexameter und Pentameter aufweist.

a) CIL III 737 = ILS 821: „Mir, dem einst Widerspenstigen, wurde befohlen, den heitere Klarheit und Ruhe ausstrahlenden Herren zu gehorchen und nach Auslöschung der Tyrannen den Siegespreis zu tragen – alles nämlich fügt sich Theodosius und seiner immerwährenden Nachkommenschaft; so bin ich, in dreimal zehn Tagen bezwungen, in der Amtszeit des Proclus zu den oberen Lüften emporgehoben worden".

b) CIG IV 8621 = CLE 286 = ILS 821 = Anthologia Graeca IX 682:
„Den vierseitigen Pfeiler, eine (zuvor) stets auf der Erde ruhende Last, wagte als einziger der Kaiser Theodosius mit Hilfe des Proclus aufzurichten; und ein solch gewaltiger Pfeiler wurde binnen 32 Sonnenaufgängen zum Stehen gebracht".

Der Name des Proclus ist in beiden Inschriften ausradiert und später wieder eingetragen worden. Wir wissen, daß Proclus seit 388 Stadtpräfekt von Constantinopel war und im Jahr 392 (wohl im Sommer) gestürzt wurde[680]. Er wurde vermutlich Anfang 393 hingerichtet und im Jahr 396 postum rehabilitiert[681]. Der Sturz des Proclus im Sommer 392 bietet somit einen *terminus ante quem* für die Anbringung der Inschrift. Daß die griechische Inschrift die benötigte Zeit für die Errichtung des Obelisken mit 32 Tagen präziser angibt als die lateinische (30 Tage), ist mit poetischen Rücksichten bei der Abfassung letzterer zu erklären[682].

Die Inschriften nehmen nur auf den Obelisken Bezug, nicht auf die beiden Sockel. Der Obelisk ist ein Triumphmonument für Theodosius, und zwar im doppelten Sinne: für seine Siege über die Tyrannen[683], d. h. den Usurpator Maximus und dessen Sohn Victor, im Jahr 388 sowie über die physikalischen Probleme, welche die Aufstellung des Obelisken bot. Letztere hatten offen-

680 Vgl. St. Rebenich, ZPE 76, 1989, 153–165.
681 Cod. Theod. IX 38,9 vom 31. 8. 396.
682 Vgl. Safran, GRBS 34, 1993, 420 f.
683 Vgl. zu diesem Begriff oben 92 f.

sichtlich frühere Versuche seiner Errichtung vereitelt, wie die ersten Worte der lateinischen Inschrift *(difficilis quondam)* andeuten. Aber Theodosius, der Sieger und Triumphator über alle Widersacher, hat auch den Obelisken ‚bezwungen'. Dabei hat Proclus eine wesentliche Rolle gespielt; er muß die organisatorischen und technischen Voraussetzungen für den Erfolg des Unternehmens geschaffen haben.

Die Anbringung der Inschrift muß, wie gesagt, vor seinem Sturz im Sommer 392 erfolgt sein, aber nicht notwendig auch die Fertigstellung der Reliefs; letztere mag sich noch einige Zeit über diesen Termin hinaus erstreckt haben. Dies würde erklären, daß unter den Würdenträgern der Reliefs offensichtlich Proclus und sein – gleichzeitig die Prätorianerpräfektur bekleidender – Vater Tatianus nicht dargestellt waren; andernfalls wäre ihr Porträt getilgt worden[684]. Es ist andererseits unzweifelhaft, daß die im unmittelbaren Umfeld der Herrscher plazierten Personen, insbesondere jene, die auf den NO- und SO-Seiten hinter den Mitgliedern des Kaiserhauses in den Logen dargestellt sind, bestimmte Amtsträger der Jahre 388–392 repräsentieren (s. unten 232f.).

Ein Chronograph des 6. Jhs. n. Chr., Marcellinus Comes[685], datiert die Errichtung des Obelisken ins Jahr 390. Diese Angabe wird allgemein akzeptiert und hat die Identifizierung der in den Reliefs des Obelisken dargestellten Herrscher stark beeinflußt. Theodosius I. war nämlich während des Jahres 390 nicht in Constantinopel, könnte folglich anläßlich der Errichtung des Obelisken nicht im Hippodrom zugegen gewesen sein. Es stellt sich jedoch die Frage, ob Marcellinus Comes wirklich über eine präzise Quelle verfügte oder nur – wie wir – die Inschrift auf dem Obelisken mit der Angabe der Stadtpräfektur des Proclus kannte. Möglicherweise hat er einfach den mittleren Zeitpunkt von dessen Amtszeit gewählt, um der Aufstellung des Obelisken ein präzises Consulatsjahr geben zu können, denn er baute seine Chronik auf dem Gerüst der Consuljahre auf. Zudem setzt er die Rückkehr des Theodosius im Sommer 391 ins gleiche Jahr wie die Ermordung Valentinians II. und die Usurpation des Eugenius, die jedoch beide ins Jahr 392 fallen, mithin von Marcellinus auf jeden Fall falsch datiert werden. Auf den Angaben eines derart unzuverlässigen Chronisten sollte man folglich keine komplexen Interpretationen aufbauen.

Der Obelisk steht, wie gesagt, auf zwei Sockeln. Die Darstellungen auf dem unteren Sockel gehören aufs engste mit jenen auf dem oberen zusammen; letzterer zeigt in erster Linie das Publikum, welches auf der NO- und SW-Seite den auf dem unteren Sockel geschilderten Vorgängen beiwohnt.

684 So zu Recht gegen Balty, Byzantion 52, 1982, 64ff. schon Rebenich, ZPE 76, 1989, 164f. Killerich 124ff. ist der Meinung, es sei nur ein ‚anonymer' Hofstaat dargestellt, ohne Bezugnahme auf individuelle Personen.

685 Chron. Min. II, ed. Mommsen, MGH AA XI, p. 62.

Abb. 37

Abb. 38

Es handelt sich um die Aufrichtung des Obelisken und ein Wagenrennen (Abb. 37. 38). Auf der NW-Seite ist im unteren Abschnitt des oberen Sockels eine Audienz-Szene eingeschoben (Abb. 39): Von beiden Seiten bewegen sich

Abb. 39

je fünf durch ihre Tracht als östliche und westliche bzw. nördliche Barbaren[686] gekennzeichnete Gestalten auf die Mitte des Sockels zu, die östlichen tatsächlich von Osten, die westlichen von Westen her. Sie bringen Geschenke, anscheinend (goldene) Kränze, und vollziehen gewissermaßen die erste Stufe im Gestus der *adoratio* (vgl. oben 224), nämlich den Kniefall, dem dann das Hinstrecken auf den Boden und – falls Barbaren dieses Privileg zugestanden wurde – das Küssen des kaiserlichen Purpurs hätte folgen müssen (s. oben 38–41). Die Szene bezieht sich nicht auf konkrete Siege. Vielmehr wird auf diese Weise der Kaiser als **ständiger** Sieger und Triumphator über die Feinde Roms *(victor ac triumphator omnium gentium)* dargestellt[687].

Dies gilt vor allem jenem Kaiser, der in der Mittelachse der Komposition sitzt. Letztere ist nicht vollkommen symmetrisch. Bei genauem Hinsehen stellt man fest, daß die Gruppe der unter einem Baldachin in der Kaiserloge, dem sogenannten Kathisma[688], sitzenden vier Personen leicht nach links (vom Betrachter aus) verschoben ist, so daß auf dieser Seite neben der Loge nur fünf anstatt – wie es auf der gegenüberliegenden Seite der Fall ist – sieben Personen Platz finden. Diese leichte Asymmetrie, die spätantiken Kunstprinzipien zu widersprechen scheint, findet ihre Erklärung jedoch in einer anderen grundlegenden Regel spätantiker Repräsentationskunst, nämlich der strikten Beachtung der Hierarchie. Da die Gruppe in der Loge hier aus vier Personen besteht, konnte die an Rang bedeutendste und daher auch am größten dargestellte nur dann in der Bildmitte plaziert werden, wenn man die Kaiserloge leicht verschob. Das gleiche gilt für die SW-Seite (Abb. 40).

In beiden Fällen sind vier Personen dargestellt, welche das Dienstkostüm (s. oben 116) tragen. Während die Köpfe auf der SW-Seite stark zerstört sind – außer dem Kopf des ersten von links –, kann man auf der NW-Seite klar erkennen, daß drei ein Diadem tragen[689], der erste von links (Abb. 41) hingegen nicht. Außer letzterem halten alle eine Schriftrolle *(rotulus)* in der linken Hand. Auf der NW-Seite heben die zwei linken Herrscher die Hand zum Redegestus, auf der SW-Seite auch der Kaiser ganz rechts.

Hinsichtlich der Identifikation der Personen in den beiden Vierergruppen ist sich die Forschung heute im wesentlichen einig (s. aber unten 236–240): Der am stärksten hervorgehobene, am größten dargestellte zweite Herrscher von

686 Möglicherweise sind bei letzteren sowohl Germanen als auch Hunnen, Alanen u. a. einbezogen: s. Rebenich 455ff.

687 Vgl. Gabelmann 206f.

688 Zur Kaiserloge im Hippodrom von Constantinopel vgl. z. B. Alan Cameron, Porphyrius the Charioteer, 1973, 49ff.

689 Neuere Photos vom recht stark zerstörten Kopf der 2. Person von links lassen über beiden Ohren deutliche Reste des Diadems erkennen: Rebenich 464f. mit Taf. 53,1–2. Vgl. bereits Delbrueck 1933, 187 Abb. 64f. Bruns 37. Dagegen E. Weigand, ByzZ 37, 1937, 452ff.

Abb. 40

Abb. 41

rechts wird mit Theodosius I. identifiziert, der erste von rechts mit Valentinian II.; links neben Theodosius, d. h. in Wirklichkeit auf dem Ehrenplatz zu seiner Rechten, sitzt sein älterer Sohn Arcadius und ganz links der jüngere Sohn Honorius. Es sei darauf verwiesen, daß auf dem Missorium von Madrid (**M 22**) Valentinian II. auf dem Ehrenplatz zur Rechten des Theodosius sitzt, dessen älterer Sohn Arcadius auf der linken Seite. In den beiden Reliefs des Obelisken war durch die Hinzufügung einer weiteren Person zwar eine andere Situation gegeben; grundsätzlich aber wird die Hervorhebung Valentinians II. mittels Körpergröße durch den ehrenvolleren Platz des Arcadius gewissermaßen ausgeglichen, die strikte Rangordnung der offiziellen Schriftdokumente (s. oben 102–104) mithin nivelliert.

Die der Barbaren-Szene fehlende historische Konkretheit wird auch hier deutlich, da jene vier Personen niemals gleichzeitig in Constantinopel in jener Loge weilten. Dies war jedoch kein Problem: Das Bild des Kaisers konnte diesen vertreten (s. oben 46f.). Auf den Reliefs mit den Darstellungen der Vierergruppe haben wir es folglich mit einer virtuellen Repräsentationsszene, mit einem ideologischen Konstrukt, zu tun.

Links und rechts der Kaiserloge sind auf beiden Seiten in der vorderen Reihe je zwei hohe Amtsträger im Dienstkostüm abgebildet, auf der rechten Seite gleich neben der Loge ein Mitglied der senatorischen Elite in der spätantiken Togatracht, sicherlich ein Angehöriger der höchsten Rangklasse der *viri illustres*, vermutlich der Stadtpräfekt von Constantinopel[690]. Im Hintergrund stehen germanische Leibwächter mit in den Nacken herabhängenden Haaren und Halsring (vgl. **M 22**).

Das bedeutsamste Prinzip spätantiker Kunst, die ideologische Eindeutigkeit, wird bei diesen Reliefs am weitgehenden Verzicht auf perspektivische, realitätsnahe Darstellung besonders deutlich: Die barbarischen Gesandten wären natürlich in Wirklichkeit von vorne auf die Herrscher zugegangen und hätten gewiß nicht auf einer Balustrade balanciert. Ähnlich klar ist diese Ignorierung der Realität auf der benachbarten SW-Seite, wo der Kaiser mit seinem Hofstaat Circusvorführungen verfolgt, die sich nicht in seinem Gesichtsfeld, sondern auf dem unteren Sockel abspielen. Stets thronen die Herrscher über allen anderen; dieses Kompositionsprinzip kaiserlicher Repräsentationskunst hat bereits der damalige Bischof von Constantinopel, Iohannes Chrysostomus, betont[691].

690 Zu *viri illustres* vgl. RE IX (1916) 1070ff. (Berger). Einen untauglichen Versuch zur namentlichen Identifizierung der dargestellten Personen findet man bei Balty, Byzantion 52, 1982, 63ff., dessen Gleichsetzung eines mit der Chlamys Bekleideten mit dem Stadtpräfekten Proclus Unkenntnis der Tracht des Stadtpräfekten verrät, der die Toga trug (A. Chastagnol, La préfecture urbaine à Rome sous le Bas-Empire, 1960, 196–198).

691 In inscript. altar., PG 51, 71.

Bemerkenswert sind die beiden auf der SW-Seite besonders groß dargestellten Würdenträger auf der untersten Treppenstufe vor der kaiserlichen Loge (Abb. 40). Da die Treppe den Zugang zur Loge ermöglichte, dürften sie für das Zeremoniell verantwortlich gewesen sein. Der vom Betrachter aus links stehende, jüngere von beiden trägt das übliche Dienstkostüm mit Chlamys, der ältere hingegen eine langärmelige Tunika, vielleicht eine *dalmatica*[692]. Er hält ferner eine geöffnete *mappa* in der linken Hand, vielleicht jene, die der Kaiser zur Eröffnung der Spiele geworfen hat und die, da das purpurne Tuch *sacer* war, wieder aufgehoben werden mußte. Bei dem Mann kann es sich um den *praepositus sacri cubiculi* (Oberkämmerer) handeln, der stets ein Eunuch war und in der *Notitia Dignitatum*[693] direkt unter den Heermeistern, aber vor den Hofministern rangiert, seit 422 gar ersteren gleichgeordnet war[694]. Er regelte – gemeinsam mit dem *magister officiorum* – den Zugang zum Kaiser, nicht zuletzt das Adorationszeremoniell im Hippodrom[695], durfte jedoch als persönlicher Diener des Herrschers möglicherweise zu jener Zeit noch nicht das Kleid der Amtsträger, sondern nur die als Obergewand benutzte, in spätantiken Quellen mit den Spielen in Verbindung gebrachte *dalmatica* tragen[696].

Rechts und links der Kaiserloge sind erneut Mitglieder der Leibwache mit *torques* und diesmal auch mit Schilden sowie je zwei Amtsträger im Dienstkostüm und auf der vom Betrachter aus rechten Seite ein Togaträger zwischen den beiden Amtsträgern dargestellt. Ich möchte vermuten, daß es sich auch in diesem Fall um den Stadtpräfekten handelt, der diesmal aber, gewissermaßen in ausgleichender Gerechtigkeit, in der Hierarchie einem der kaiserlichen Amtsträger – und dies kann dann wohl nur ein Prätorianerpräfekt sein – nachgeordnet wird. Auf der unteren Ebene rechts und links der Treppe

692 Vgl. F. Kolb, BHAC 1972/74 (1976) 154 ff.

693 Or. X. Vgl. RE Suppl. VIII (1956), 556–567, bes. 562 f. (W. Enßlin). RAC XV, 1991, 1127–1133 (Noethlichs). H. Scholten, Der Eunuch in Kaisernähe. Zur politischen und sozialen Bedeutung des praepositus sacri cubiculi im 4. und 5. Jh. n. Chr., 1995, 39–52. D. Schlinkert, Ordo Senatorius und Nobilitas. Die Konstitution des Senatsadels in der Spätantike, 1996, 237 ff., bes. 248–251.

694 Cod. Theod. VI 8,1.

695 Vgl. Const. Porph. de caerim. I 68,4, p. 307 Bonn.

696 Kolb a. O. Eunuchen am Hof trugen eine spezielle (weiße) Kleidung: Cod. Theod. VI 8,1 aus dem Jahr 422. – Es ist bezeichnend, daß der *praepositus* ohne Ernennungsurkunde in seine Funktion eingesetzt wurde, mithin kein Mitglied der *militia* (s. oben 224) war; vgl. Scholten a. O. 40.51, welche ihm auf S. 43 wohl fälschlich die Togatracht innerhalb der Stadtgrenzen zuschreibt. Unter Kaiser Anastasius (491–518) stand ihm das Dienstkostüm der *militia* zu, aber dies dürfte eine relativ späte Entwicklung sein. Erst im Jahr 422 hat der *praepositus sacri cubiculi* das Recht der *adoratio* erhalten – und zwar nach Ende seiner ‚Amtszeit' (Cod. Theod. VI 8,1) – und zählte fortan zu den *illustres*.

Abb. 42

sind weitere Amtsträger und einige Personen in der üblichen spätantiken Tracht römischer Bürger dargestellt[697]. Einige von ihnen halten eine *mappa* mit der rechten Hand empor.

Auf den beiden im NO und SO aneinanderstoßenden Seiten (Abb. 42. 43) ist eine andere Besetzung der Kaiserloge dargestellt: ein an Körpergröße deutlich herausragender Augustus in der Mitte zwischen zwei ihn flankierenden Knaben sowie zwei bzw. vier weitere Figuren im Hintergrund, von denen jeweils einer bzw. zwei Leibwächter sind, die anderen sicherlich hohe Amtsträger. Während der Augustus und der auf dem Ehrenplatz an seiner rechten Seite stehende Knabe ein Dienstkostüm tragen, ist der zur Linken des Kaisers Stehende mit der Toga bekleidet. Die Mittelfigur thront auf der NO-Seite (Abb. 42), während sie auf der SO-Seite (Abb. 43) steht und einen Kranz in der rechten Hand hält. Nur sie ist mit einem Diadem geschmückt und so als Kaiser gekennzeichnet.

Auf der NO-Seite ist auf dem unteren Sockel die Aufrichtung des Obelisken dargestellt, auf der SO-Seite am untersten Rand des oberen Sockels eine Musik- und Tanzvorführung. Unmittelbar oberhalb von dieser soll die dichte Aneinanderreihung von Köpfen der offensichtlich mit der *paenula* bekleideten Zuschauer (Abb. 37) die Anwesenheit der Volksmassen im Circus verdeutlichen.

697 Vgl. dazu F. Kolb, MDAI (R) 80, 1973, 69–167, bes. 93–97.

Abb. 43

Hingegen ist das Publikum auf dem unteren Fries der NO-Seite distinguierter, weil hier vor allem *chlamydati* dargestellt sind (Abb. 42). Auf dem oberen Fries neben der kaiserlichen Loge sind vor den im Hintergrund stehenden bewaffneten Leibgarden diesmal nicht Amtsträger in der Chlamys abgebildet, sondern jeweils drei *togati*, von denen einige eine *mappa* halten.

Nicht nur das unterschiedliche Publikum, auch die andersartige Architektur und Umgebung der Kaiserloge zeigen, daß auf der NO- und SO-Seite jeweils verschiedene Lokalitäten innerhalb des Circus' gemeint sein müssen. Während die baldachinartige Loge – oberhalb eines gewölbten Eingangstores *(vomitorium)* und einer Treppe – auf der NO-Seite den Gegebenheiten auf den NW- und SW-Seiten entspricht, muß die durch eine rechteckige Architektur mit geradem Architrav auf Kämpferkapitellen und durch eine hohe Brüstung gekennzeichnete Anlage auf der SO-Seite sich wegen der fehlenden Treppe fast auf dem Niveau der Arena befunden haben. G. Bruns[698] deutet sie wohl richtig als das sogenannte *Stama*, in welchem in byzantinischer Zeit die Kaiser dem Sieger bei den Spielen den Siegeskranz zu verleihen pflegten[699].

698 62f.

699 Vgl. Const. Porph. de caerim. I 73,2, p. 366 Bonn. Gegen Rebenich 460ff., welcher meint, der Kaiser *empfange* hier einen Kranz. Auch wenn der Kaiser den Kranz nicht persönlich, sondern durch eine Mittelsperson überreicht haben sollte, ging dieser Akt doch von ihm aus und wurde dementsprechend im Repräsentationsrelief dem Kaiser zugeschrieben. Die erwähnte Stelle im Zeremonienbuch des Constantinus Porphyrogenetus impliziert, daß der Kaiser die Preise selbst verlieh. Zudem ist Rebenichs Deutung ikonographisch ausgeschlossen. Wie eine

Die im Hintergrund des oberen Relieffrieses sichtbare Bogenarchitektur könnte zu den *mangana* (Zeughäuser) gehören[700].

Es sei noch darauf verwiesen, daß auf der NO-Seite (Abb. 42) das rechte Kapitell des kaiserlichen Kathisma von einer Standarte verdeckt wird, deren Schaft weggebrochen ist. Auf der Standarte ist ein Christogramm erkennbar, das einzige christliche Element im Schmuck des Theodosius-Obelisken. Es konkurriert gewissermaßen mit der Sonnensymbolik, welche dem Obelisken eigen war[701]. Nicht berechtigt ist jedoch die Annahme, daß Theodosius durch ein heidnisches Symbol die heidnische Aristokratie für sich gewinnen wollte[702]. Obelisken waren als Triumphmonumente eingebürgert, und Theodosius folgte nur kaiserlichen Vorbildern, wie wir sahen.

Die Identifizierung der in den Logen thronenden bzw. stehenden Herrscher ist überaus schwierig und umstritten. Delbrueck hat, ausgehend von der Darstellung von drei Augusti in den Vierergruppen der SW- und NW-Seite, im Ausschlußverfahren eine Datierung der Reliefs in die Zeit der valentinianischen Dynastie bzw. präzise in das Jahr 369 vorgeschlagen. Dies setzt voraus, daß zwar die Aufstellung des Obelisken unter Theodosius I. erfolgte, aber nicht die Anfertigung der Sockelreliefs; das ist eine durchaus vertretbare Meinung, da in der lateinischen Sockelinschrift auf vergebliche Versuche früherer Kaiser, den Obelisken aufzurichten, verwiesen zu sein scheint. Nach Meinung von Delbrueck sind in den Vierergruppen die drei Augusti Valentinian I., Valens und Gratian sowie als weiteres Familienmitglied[703] Valentinian II. zu identifizieren, bei den Dreiergruppen letzterer, Valens als Augustus und Valentinianus Galates, der 360 geborene und zwischen 370 und 374 verstorbene Sohn des Valens. Delbrueck schwächt jedoch seine Position, indem er die Togatracht des in der Dreiergruppe auf den SO- und NO-Seiten abgebildeten Knaben zur Rechten des Augustus mit der Bekleidung eines Consulats in Verbindung bringt. Da Valentinian II. wohl erst 371 geboren wurde, Valentinianus Galates aber bereits 369 sein Consulat bekleidete[704],

Kranzüberreichung an den Herrscher dargestellt wird, zeigen das oben behandelte Barbarenrelief sowie die Arcadius-Säule in Constantinopel (s. Rebenich 461 f.). Rebenich trägt auch der Tatsache nicht Rechnung, daß der Kaiser sich hier in einer anderen Lokalität befindet, nicht mehr im Kathisma.

700 Vgl. Bruns 63.

701 In Ägypten waren Obelisken grundsätzlich dem Sonnengott geweiht; dies war den Römern sehr wohl bekannt, wie die Inschrift auf dem heute auf der Piazza Montecitorio in Rom stehenden Obelisken der Sonnenuhr des Augustus zeigt: Kolb 1995, 342.

702 So E. Demougeot, L'empire romain et les barbares d'occident (Scripta Varia) 1988, 253–272.

703 Die Position eines *Caesar* wurde nach Iulian nicht mehr vergeben (s. oben 106). Falsch daher Killerich 34.46.

704 Themist. or. 9.

bereitet dies chronologische Probleme. Es ist jedoch m. E. nicht nötig, die Togatracht des ‚Prinzen' an die Bekleidung des Consulats zu knüpfen, denn Knaben aus vornehmen Familien, erst recht jene des Kaiserhauses, trugen traditionell die *toga praetexta*[705]. Schwierigkeiten könnte eher das Dienstkostüm des linken Knaben bereiten, da dieses nur einem Kaiser oder Amtsträger zustand.

Ähnliches gilt für den ebenfalls in Frage kommenden Zeitraum von 379 bis 383, als Gratian, Valentinian II. und Theodosius I. Augusti waren, Arcadius und ein Sohn des Gratian als ‚Prinzen' zur Verfügung standen. In beiden Fällen ergibt sich zudem die Schwierigkeit, daß man für Valentinian I. und Valens wie auch für Gratian und Theodosius I. keine Rangdifferenzierung durch Größenunterschiede usw. erwarten würde, sondern perfekte *similitudo*, wie die Münzen zeigen (s. unten 242f.). Auf den Reliefs sind die beiden vom Betrachter aus rechts plazierten Diademträger jedoch durch unterschiedliche Körpergröße deutlich abgestuft. Außerdem wäre nicht einzusehen, warum Valens als Augustus des Ostens eine Dreiergruppe mit den ‚Prinzen' des Ostens und des Westens bilden sollte.

G. Bruns[706] schlug vor, drei Augusti und zwei ‚Prinzen' der Jahre 389 bis 392 auf den Reliefs zu identifizieren: Theodosius I. (Augustus seit 379), Valentinian II. (Augustus seit 375) und Arcadius (Augustus seit 383) als Augusti, Theodosius' zweiten Sohn Honorius sowie Eucherius, den Enkel des Theodosius von seiner Adoptivtochter Serena und dem Heermeister Stilicho, als ‚Prinzen'; die beiden letzteren seien, so Bruns, in den beiden Dreiergruppen rechts und links des – von Bruns nicht namentlich identifizierten Augustus – dargestellt, wobei Honorius wegen seines 386 bekleideten Consulats mit dem *togatus* gleichzusetzen sei. Den Augustus der Dreiergruppe hält H. Wrede[707] für Arcadius, der sich als einziger Augustus im Jahr 390, dem von Marcellinus Comes gebotenen Datum der Errichtung des Obelisken, in Constantinopel aufgehalten habe. St. Rebenich[708] bezweifelt hingegen, daß die Dreiergruppen nur anwesende Personen zeigten, zumal es auch zweifelhaft sei, ob die 389 mit Theodosius in Rom sich aufhaltenden Honorius und Eucherius bereits im Jahr 390 nach Constantinopel zurückgekehrt seien[709]. Zudem wäre in einem solchen Fall Arcadius viermal dargestellt, „der eigentliche Triumphator und überragende Augustus", Theodosius, hingegen nur zweimal. Die Darstellungen beziehen sich nach Rebenich auf die „theo-

705 RE VI A (1937) 1653 s. v. Toga (Fr. W. Goethert).

706 a. O. 470ff.

707 IstMitt 16, 1966, 196; so auch Balty, Byzantion 52, 1982, 68.

708 Rebenich 470.

709 Nach Socr. h. e. V 18 kehrte Honorius erst gemeinsam mit Theodosius nach Constantinopel zurück.

dosianischen Siegesfeiern anläßlich seiner (i. e. Theodosius') Rückkehr nach Constantinopel". Rebenich will in den Dreiergruppen Theodosius I. selbst sowie die ‚Prinzen' Eucherius und Gratianus, den 388 oder 389 in Constantinopel geborenen und jedenfalls vor 395 verstorbenen Sohn des Theodosius von Galla, der Tochter Valentinians I., erkennen[710]. Beide Prinzen wären im Jahr 389 erst 1–2 Jahre alt gewesen, bei einer Fertigstellung der Reliefs erst im Jahr 392 immerhin 3–4 Jahre.

Rebenich erklärt jedoch nicht, warum Eucherius und Gratianus in unterschiedlicher Tracht, nämlich der eine als *chlamydatus*, der andere als *togatus*, hätten dargestellt werden sollen. Es gibt dafür auch keinen ersichtlichen Grund; daher scheidet Rebenichs Deutung m. E. aus ikonographischen Gründen aus. Ebenso wenig bieten jene, welche den *togatus* mit Honorius, den Träger des Dienstkostüms mit Eucherius identifizieren wollen, eine Erklärung für letztere Tracht. Wir sahen bereits, daß die Toga ohnehin von Knaben getragen wurde, mithin kein Anlaß besteht, sie mit dem Consulat des Honorius in Verbindung zu bringen und letzteren für den *togatus* zu halten. Auch Eucherius oder Gratianus könnten als *togati* dargestellt sein.

Der Verzicht spätantiker Kunst auf Darstellung individueller Züge und die an deren Stelle getretene ideologische Deutlichkeit bedingen, daß die Kennzeichnung durch Insignien, durch Proportionen und Perspektive unmißverständlich sind. Das Missorium (**M 22**) zeigt dies mit wünschenswerter Klarheit.

Die Reliefs des Obelisken weisen nun eine Fülle von Differenzierungen auf, welche sicherlich alle einen für die Zeitgenossen evidenten Sinn hatten, der sich uns nur mit Mühe oder gar nicht erschließt. So sind die Gestalten in den Vierergruppen zwar durchweg im Dienstkostüm dargestellt, aber doch mit Nuancen. Auf der NW-Seite tragen alle vier eine Scheibenfibel (Abb. 39. 41), aber der kleinste (erster von links) hat im Gegensatz zu den drei anderen keine Schriftrolle in der linken Hand. Außerdem ist sein Mantel deutlich kürzer und weniger voluminös als jener der drei Augusti. Er trägt mithin keine echte kaiserliche Chlamys. Es bleibt die Frage, warum er überhaupt ein Dienstkostüm trägt und nicht die Toga.

Die Vierergruppe der SW-Seite weicht von jener auf der NW-Seite in folgenden Details ab (Abb. 40): Der Mantel der beiden rechten Figuren wird hier von einer Kreuzfibel zusammengehalten, jener der beiden anderen wie auf der NW-Seite von einer Scheibenfibel; dies dient wohl der zusätzlichen Hervorhebung der beiden rechten Personen. Andererseits sind hier der erste von rechts und der zweite von links mit gleichem Handgestus dargestellt und zudem gleich groß, der erste von rechts freilich breiter. Wir haben mithin eine

710 Zu Gratianus vgl. Ambros. de ob. Theod. 40; epist. extra coll. 11,17 (CSEL 82,3).

sorgfältig ausbalancierte Mischung aus *similitudo* und Hierarchisierung vor uns, welche die ranghöhere Stellung der ersten Figur von rechts auf beiden Reliefs nicht in Frage stellt.

Auch die Dreiergruppen unterscheiden sich deutlich voneinander. Zwar ist jeweils ein Augustus mit Diadem in der Mitte wesentlich größer als die beiden – ihrerseits gleich großen – flankierenden, stehenden Figuren abgebildet; auch ist die Tracht im wesentlichen gleich, aber auf der NO-Seite sind die Mäntel mit Kreuzfibeln (Abb. 42), auf der SO-Seite mit Scheibenfibeln befestigt (Abb. 43). Im NO sitzt der Augustus, im SO steht er, weil er die Überreichung des Siegerkranzes vornehmen will. Im NO ist der *togatus* mit einer *mappa* ausgestattet, im SO nicht. Diese Variationen sind in der Forschung bisher weder ausdrücklich erwähnt noch erklärt worden, und unser gegenwärtiger Wissensstand erlaubt wohl nicht in allen Fällen eine Entscheidung darüber, ob es sich um bloßes Streben nach Variation oder um bedeutungsvolle Varianten handelt.

Ein wichtiger Unterschied zwischen den Vierer- und Dreiergruppen besteht darin, daß erstere (Abb. 39. 40) ihre Loge allein beanspruchen, letztere (Abb. 42. 43) sie mit im Hintergrund stehenden Personen teilen (s. oben 228). Unterschiedlich ist aber auch das Ambiente der Logen-Besatzungen: Während die Logen der Vierergruppen von Amtsträgern im Dienstkostüm sowie jeweils einem einzelnen *togatus* flankiert sind, stehen links und rechts der Logen der Dreiergruppen senatorische *togati*, sicherlich aus der höchsten Ranggruppe der *viri illustres*. Nur die Reliefs mit den Vierergruppen stellen mithin wirklich den kaiserlichen Hofstaat dar; jene mit Dreiergruppen bewegen sich in einem zivileren Ambiente – auch wenn Militärs in der Loge stehen. Wie die *mappa* in der Hand des kleinen *togatus* auf der NO-Seite und der Kranz in der Hand des Augustus auf der SO-Seite zeigen (Abb. 42. 43), sind die Dreiergruppen stärker auf das Ereignis der Spiele ausgerichtet; daher werden die senatorischen Würdenträger in den Vordergrund gerückt, von denen ebenfalls zwei die *mappa* tragen. Die ‚Zeremonienmeister' stehen hier anders als auf der SW-Seite (Abb. 40) nicht dominierend auf der Treppe zum Kathisma, sondern daneben im zweiten Fries von oben. Dies zeigt, daß die SW-Seite das Adorationszeremoniell zur Eröffnung der Spiele andeuten soll (s. oben 233) und daher nur Mitglieder der kaiserlichen Familie in der Loge erscheinen. Ebenso sinnvoll ist letzteres auf der NW-Seite (Abb. 39), wo die Barbaren den (Welt-)Herrschern huldigen. In beiden Fällen handelt es sich um typische Anlässe des Hofzeremoniells mit Huldigungen, welche nur die Herrscherfamilie empfangen darf. Auf NO- und SO-Seite hingegen sind Aufstellung des Obelisken und Musikvorführung konkrete Anlässe. Hier erscheint der Spielgeber mit Familienmitgliedern, Leibgardisten und hohen Amtsträgern; damit ist eine ‚realistische' Besetzung der kaiserlichen Loge wiedergegeben.

Auch bei den Reliefs mit den Dreiergruppen war jedoch ideologische Deutlichkeit erforderlich. Es versteht sich, daß die im Vordergrund stehenden Personen Mitglieder der theodosianischen Dynastie sein müssen. Rebenich[711] hat gewiß Recht mit seiner Meinung, auf den Reliefs werde der „universale Herrschaftsanspruch des Theodosius und seiner Söhne“ dargestellt. Entsprechend sollte man die abgebildeten Personen denn auch deuten. Im NO und SO wären demnach die beiden Knaben mit zwei Söhnen des Theodosius zu identifizieren. Da sie beide keine Augusti sind, muß es sich um Honorius und Gratianus handeln. Wenn die Reliefs auf NW- und SW-Seite die drei Augusti Theodosius I., Valentinian II. und Arcadius sowie den im Dienstkostüm dargestellten ‚Prinzen' Honorius wiedergeben, so muß letzterer – schon um der ideologischen Deutlichkeit willen – auch auf NO- und SO-Seite der links im Dienstkostüm abgebildete Prinz sein, während Gratianus die *toga praetexta* der Knaben trägt. Der Augustus könnte in diesem Fall Arcadius sein, der dann – wie Honorius – viermal dargestellt wäre. Mir scheint, daß dies durchaus im Sinne der dynastischen Konzeption des Theodosius sein konnte[712] und die herausragende Rolle des letzteren auf diesem Monument dadurch nicht beeinträchtigt worden wäre. Denkbar ist jedoch auch, daß Theodosius selbst dargestellt ist, zumal wenn, wie oben angedeutet, die Aufstellung des Obelisken erst 391/92 erfolgt sein sollte, als Theodosius sich in Constantinopel aufhielt.

Einer Erklärung bedarf noch das Dienstkostüm des Honorius. Wir sahen, daß sein Mantel keine kaiserliche Chlamys ist. Auch trägt er kein Diadem. M. E. bleibt nur die Annahme, daß Honorius ein Hofamt bekleidete, wie dies zwischen 395 und 400 anscheinend für Eucherius bezeugt ist[713], und deshalb Anrecht auf das Tragen des Dienstkostüms hatte. Das sogenannte Stilichon-Diptychon von Monza zeigt den jüngsten Sohn eines hohen Amtsträgers in einer Chlamys, und die Bekleidung von Scheinämtern durch Kinder findet anscheinend gerade ab dem Ende des 4. Jhs. ihren Niederschlag in der Ikonographie; dabei pflegt der Sohn eine dem Amt des Vaters angepaßte Position und Tracht zu erhalten[714]. So ist die Chlamys des Honorius wohl auch als eine Art Vorwegnahme der ihm bald darauf übertragenen Kaiserwürde zu verstehen, und die zum Redegestus erhobene rechte Hand ist gewissermaßen eine ‚Kompetenzformel', welche rhetorische Bildung und somit eine zumindest partielle Regierungsfähigkeit suggerieren sollte[715].

711 Rebenich 471. Vgl. Killerich 114f.

712 Gegen Rebenich 470f. Vgl. Killerich 115f.

713 Er war *tribunus et notarius* am Hof des Honorius: PLRE 2, 404f.

714 Vgl. R. Warland, Status und Formular in der Repräsentation der spätantiken Führungsschicht, MDAI (R) 101, 1994, 175–202, bes. 177–186.

715 Vgl. Raeck 1998.

Die Sockelreliefs des Theodosius-Obelisken stellen die früheste erhaltene Darstellung den Spielen präsidierender Kaiser dar. Dies vermittelt einen Eindruck von der Bedeutung, welche das Hippodrom als Ort kaiserlicher Repräsentation genoß und insbesondere in Constantinopel im 5./6. Jh. erlangen sollte (s. oben 101. 124f.). Sodann legen die Reliefs – wie auch das Missorium (**M 22**) – Zeugnis ab von der dynastischen Politik des Theodosius, welche den eigentlich dienstältesten Herrscher, Valentinianus II., ins zweite Glied zurückdrängte. Auch die Inschriften des Sockels nehmen nur auf Theodosius und seine „immerwährende Nachkommenschaft" Bezug. Freilich ist die Hintanstellung Valentinians nicht ganz so rücksichtslos, wie man es in der jüngeren Forschung bisweilen sehen will[716]. Immerhin ist Valentinian II. als zweitgrößter und auf der NW-Seite auch mit dem gleichen Gestus wie Theodosius dargestellt und insgesamt deutlich gegenüber Arcadius hervorgehoben. Damit hat Theodosius Valentinian gewissermaßen dafür entschädigt, daß letzterer in der Vierergruppe den Platz zur Rechten des Theodosius an dessen Söhne abtreten mußte. Theodosius hat mithin ikonographisch eine gewisse Balance zwischen dem Respekt für die Stellung Valentinians und seinen eigenen dynastischen Interessen gewahrt.

Die Reliefs des Obelisken waren aber nicht nur für die Dynastie, sondern auch für die Zuschauer im Hippodrom gedacht, von denen ein großer Teil sowohl die Inschriften als auch die Reliefdarstellungen, welche man sich durch Bemalung verstärkt vorstellen muß, sehen konnte. Die Reliefs verdeutlichten den Zuschauern die Realität, der sie selbst angehörten, den sozialen Status, der ihnen in der Hierarchie des Imperium Romanum gebührte, und die politische Ordnung, der sie Gehorsam schuldeten. Die Ausrichtung der künstlerisch am besten gearbeiteten Repräsentationsszene (Abb. 43) zum Kathisma und den dieses auch in der Realität umgebenden Würdenträgern hin war ebenso wohlüberlegt wie die Orientierung der zweitwichtigsten Szene (Abb. 39) mit der griechischen Inschrift hin zu den im öffentlichen Leben Constantinopels in jener Zeit bedeutsamen Repräsentanten der Circus-Parteien[717].

Eine solche Spiegelung der Zuschauer und ihrer politisch-sozialen Hierarchie auf einem öffentlichen Monument war neu[718] und zeugt von der schöpferischen Kraft spätantiker Kunst.

716 Rebenich 447. 466–469. 476. Ernesti 147.

717 Vgl. Safran, GRBS 34, 1993, 414ff. Die Sichtbarkeit der Reliefs für die Zuschauer leugnet Killerich 92.

718 Es gab in der Spätantike Darstellungen von Zuschauern bei Spielen, aber nur in privatem Kontext; das früheste Beispiel findet sich in der Villa von Piazza Armerina (Sizilien) vom Anfang des 4. Jhs. n. Chr. Vgl. J. Humphrey, Roman Circuses. Arenas for Chariot Racing, 1986, 246–248.

Auf dem Theodosius-Obelisken sind alle wesentlichen formalen Merkmale spätantiker kaiserlicher Repräsentationskunst vereinigt. Nach H. Kähler sind dies folgende Besonderheiten: Verzicht auf das perspektivisch organisierte Schaubild; Auflösung der Bildeinheit; Aufhebung der illusionistischen Raumdarstellung; Entwertung der organischen Proportion. Stattdessen finden wir „die rangmäßige Größenordnung in der Darstellung, die Möglichkeit, von Bild zu Bild Beziehungen wirksam werden zu lassen, die frontale Repräsentation, dazu die Verlegung des Gehalts vom Sinnfälligen in das Bedeutungsmäßige, das heißt, an Stelle einer illusionistisch-naturalistischen Einfühlung in das Geschehen durch Abstraktion und Symbol eine neue Bildwirklichkeit aufzubauen“[719].

Als inhaltliches Resultat dieses formalen Aufbaus der Reliefs sind die Kaiser, insbesondere Theodosius, die durch Größe und hierarchisch-symmetrische Komposition hervorgehobenen, beherrschenden Gestalten der Reliefs. Die streng hierarchische Komposition, die Frontalität und Unbeweglichkeit der Szenerie verleihen der Herrscherfamilie einen geradezu hieratischen Charakter. Neben und vor allem unter ihr entfalten sich im architektonischen Rahmen der wichtigsten Versammlungsstätte der Hauptstadt der Kosmos des Hofstaates und der Gesellschaft Constantinopels sowie das Zeremoniell der bedeutendsten sozialen Veranstaltung und der Außenpolitik des Reiches.

M 24: Ideale *concordia* und *similitudo*: Medaillon des Kaisers Valens (Abb. 44)

Abb. 44

Ein Gold-Medaillon des Kaisers Valens (364–378)[720] zeigt auf der Vs. den nach rechts gewandten Kopf des Prägeherrn mit Perlendiadem und Kriegskostüm (s. oben 107. 116). Die Umschrift lautet: D*(ominus)* N*(oster)* VALENS P*(ius)* F*(elix)* AUG*(ustus)*, ‚Unser Herr Valens, pflichtbewußter, glückbringender Augustus‘. Zur Titulatur s. oben 144.

719 ActArchArtHist 6, 1975, 55.
720 RIC IX S. 116 Nr. 1. Gnecchi I Taf. 18 Nr. 1. Stutzinger 644 Nr. 226.

Die Rs. stellt zwei Herrscher dar, die auf einer reich verzierten, mit einer gefransten Decke überzogenen Bank mit hoher Rückenlehne thronen und deren Füße auf ebenfalls verzierten Fußbänkchen ruhen. Sie heben die rechte Hand zum Gruß und halten in der linken je einen Globus. Sie sind mit dem kaiserlichen Dienstkostüm bekleidet, ihre Köpfe sind von Nimben (s. oben 73 f.) umgeben. Im Abschnitt geben die Buchstaben RN die Münzstätte R*(oma)* und die Offizin N wieder (vgl. **M 21**). Daneben sind zwei Geldsäcke und zwei Palmzweige dargestellt. Die Legende lautet: GLORIA ROMANORUM, ‚Ruhm der Römer'.

Letzteren garantieren die beiden kaiserlichen Brüder, welche in vollkommener Gleichheit dargestellt sind. Obwohl Valentinian I. der dienstältere und an Autorität überlegene Herrscher war, wird auf dieser Abbildung nicht der geringste Unterschied deutlich. Die *concordia* wird noch dadurch unterstrichen, daß die Kaiser nicht auf einzelnen, getrennten Thronsesseln, sondern gemeinsam auf einer Thronbank sitzen. Die Rs.-Legende bezieht sich wohl auf einen kriegerischen Erfolg, den die militärische Tracht der Büste des Valens auf der Vs. andeutet. Die Geldsäcke und Palmzweige sind Siegespreise für Spiele, welche die Kaiser vermutlich anläßlich einer Triumphfeier im Zusammenhang mit jenen Siegen veranstaltet haben. Insbesondere werden solche Preise auf Szenen dargestellt, welche Wagenrennen und siegreiche Wagenlenker im Circus zeigen[721].

M 25: Die Söhne Constantins: *discordia* statt *concordia*? Drei Prägungen des Constans (Abb. 45–47)

Abb. 45

a) Ein Goldmultiplum *(aureus)* der Münzstätte Siscia (Rs.-Legende SIS)[722] zeigt auf der Vs. (Abb. 45) einen nach rechts gewandten Kopf im klassischen constantinischen Porträttypus mit der frühen Form des Kettendiadems

721 Vgl. Humphrey a. O. 227 Abb. 114.

722 Zur Prägung vgl. RIC VIII S. 350 Nr. 18; Kent/Overbeck/Stylow Taf. 141 Abb. 666. Den Typus gibt es auch als *solidus* (RIC VIII S. 350 Nr. 18 A mit Taf. 15, 18 A) sowie als Silbermedaillon (ebenda S. 352 Nr. 41. Gnecchi I Taf. 30,2).

(s. oben 79). An der Büste ist das kaiserliche Kriegskostüm sichtbar (Paludamentum, Panzer; s. oben 116). Die Legende identifiziert den abgebildeten Kaiser als FL*(avius)* IUL*(ius)* CONSTANS P*(ius)* F*(elix)* AUG*(ustus)*. Zu *pius, felix* s. oben 144.

Die Rs. zeigt drei durch ihre Kleidung als römische Kaiser ausgewiesene, thronende Gestalten. Sie tragen das kaiserliche Dienstkostüm und sitzen auf dem jeweils gleichen Throntypus mit Fußbank, mit dem auch Constantin I. dargestellt wurde (s. oben 79f.). Die beiden außen sitzenden Kaiser halten in der rechten, vor den Körper gezogenen Hand entweder eine *mappa* (s. oben 79) oder einen *rotulus*[723]; der mittlere hebt die rechte Hand zum Macht- und Redegestus[724]. Alle drei tragen ein Diadem, der mittlere zusätzlich einen Nimbus (s. oben 73f.), der zu jener Zeit anscheinend nur bei festlichen Anlässen, wie Kaiserjubiläen usw., dem Herrscher beigegeben wurde[725]. Die Legende FELICITAS PERPETUA verkündet das ‚immerwährende Glück', das ewig andauernde Goldene Zeitalter, welches mit der constantinischen Dynastie angebrochen ist (s. oben 199f.).

Anhaltspunkte für die Datierung dieser Prägung sind der Augustus-Titel für Constans auf der Vs. und die Darstellung dreier Herrscher auf der Rs. Die Münze muß zwischen dem Tag der Ernennung der drei Constantin-Söhne zu Augusti am 9. September 337 und dem Tod des Constans im Frühjahr 340 ausgegeben worden sein. Eine weitere Einengung dieser Zeitspanne ermöglicht die auf der Vs. der Fußbank des mittleren Herrschers erkennbare Inschrift VOT*(is)* V*(= quinquennalibus)*, ‚Gelübde für die Quinquennalien'. Dies kann sich nur auf den am 25. 12. 333 zum Caesar erhobenen jüngsten der Brüder, Constans, welcher auch Prägeherr dieser Münze ist, beziehen. Der fünfte Jahrestag seines Regierungsantritts *(dies imperii)* fiel auf den 25. 12. 337[726]; die Prägung gehört mithin ins Jahr 337/38.

Die Rs.-Darstellung zeigt die drei Brüder in einer klaren hierarchischen Ordnung: Die beiden außen Sitzenden sind völlig identisch und wenden den Kopf zu dem in der Mitte Thronenden, womit sie ihm ihren Respekt bezeugen und ihn als den Bedeutenderen anerkennen. Letzteres geht aber auch

723 So Baldus 257. Ein frühes Vorbild für die frontale Darstellung einer kaiserlichen Dreiergruppe bietet ein *aureus* Caracallas vom Jahr 208, auf dessen Rs. Severus vielleicht stehend zwischen seinen auf *sellae curules* thronenden Söhnen abgebildet ist: BMC V S. 271 Nr. 571 A, wo freilich behauptet wird, die Kaiser säßen auf einer Plattform.

724 Vgl. Raeck 1998 gegen Brilliant 207. Als Schwurgestus deutet Baldus 261 diese Handhaltung. Aber ihr Erscheinen auch auf Consulardiptychen verweist auf eine Verbindung mit Amtskompetenz. – Zum ursprünglichen Redegestus s. C. Sittl, Die Gebärden der Griechen und Römer, 1890, 302ff.

725 Baldus 260 mit Anm. 13.

726 Zur Art der Zählung s. oben 154.

schon daraus hervor, daß er deutlich erhöht thront, perspektivisch in den Vordergrund gerückt und größer dargestellt ist. Dies sind die wichtigsten räumlichen Stilmittel der spätantiken hierarchisierenden Kunst.

Entsprechend den seit der Tetrarchie festgelegten Kriterien müßte der mittlere Herrscher der aufgrund des *dies imperii* dienstälteste sein. Dies ist auch bis vor kurzem gängige Forschungsmeinung gewesen[727]. Da Constantin II. schon 317, Constantius II. 324, Constans aber erst 333 zu Caesares ernannt wurden, war die Rangordnung eigentlich klar. Daher steht Constantin II. auch stets an erster Stelle der offiziellen Rangfolge der drei Herrscher in Inschriften, Gesetzestexten usw.; ihm folgt Constantius II., und Rangletzter ist Constans. Nur letzterer hat zwischen 337 und 340 auf drei Sonderprägungen sich und seine Brüder auch in Gruppenbildern darstellen lassen, bei denen entsprechend den Regeln der höfischen Etikette der ranghöchste Herrscher körperlich größer dargestellt in der Mitte des Bildes zu erwarten ist. Daran scheint Constans sich auf zwei der drei Prägungen gehalten zu haben[728], und man hat das gleiche auch für das hier behandelte Goldmultiplum angenommen.

Nach Meinung von Baldus befindet sich jedoch auf der Prägung von Siscia der jüngste Bruder, Constans, in der Position des zentralen Herrschers, da sein Regierungsjubiläum gefeiert wurde und die Jubiläumszahl sich auf dem Fußschemel des mittleren Herrschers befindet anstatt, wie üblich, im Abschnitt unterhalb der Trennlinie oder in der Umschrift. Nun kommt es im 4./5. Jh. auch sonst vor, daß „der Rangjüngste in einer kaiserlichen Dreiergruppe zu seinem Ehrentag“[729] in der Mitte abgebildet wurde, so z. B. Gratian zu seinen Quinquennalien zwischen Valentinian I. und Valens[730]. In solchen Fällen ist der so Geehrte jedoch kleiner dargestellt als die beiden Ranghöheren. Constans hingegen ist größer dimensioniert und trägt einen Nimbus. Er dominiert ähnlich wie Theodosius I. auf dem Missorium von Madrid (**M 22**), ohne sich jedoch wie dieser auf eine faktische Überlegenheit berufen zu können. Gegen die Rangordnung verstößt auch die völlige Gleichheit der beiden flankierenden Herrscher; hier hätte Constantin II. gegenüber Constantius II. hervorgehoben werden müssen.

Offensichtlich hat Constans hier also eigenmächtig die übliche Hierarchie durchbrochen. Diese Münzdarstellung ist daher auch nur mit dem Porträt

727 Siehe die Literatur in Anm. 722 und H. Chantraine, Mehrfache Büsten und Ganzfiguren auf römischen Münzen, in: H.-C. Noeske – H. Schubert (Hrsgg.), Die Münze. Bild-Botschaft-Bedeutung. Festschrift für M. R. Alföldi, 1991, 133 mit Anm. 198; ferner Chantraine 1992.

728 RIC VIII S. 403, 18.20f.

729 Baldus 262.

730 RIC IX S. 277 Nr. 20 (a) mit Taf. 13, 5. Vgl. hingegen die übliche Hierarchie dieser drei Herrscher auf RIC IX S. 178 Nr. 28.

und Namen des Constans selbst auf der Vs. geprägt worden; die Münzstätte Siscia lag in seinem Herrschaftsbereich.

Die Prägung des Constans weist wohl auf die aktuelle politische Situation hin. Constantin I. dürfte für die Nachfolgeordnung wohl keine Tetrarchie auf blutsdynastischer Basis vorgesehen haben: Constantin II. und Constantius II. als Augusti sowie Constans und seinen Stiefneffen Dalmatius als Caesares (letzteren hatte er 335 zum Caesar erhoben)[731]. Falls es aber einen solchen Plan gab, so kam er jedenfalls nicht zur Ausführung. Erst am 9. 9. 337, fast vier Monate nach Constantins Tod und nach heftigen Wirren, in denen Constantins Anordnungen jedenfalls teilweise über den Haufen geworfen wurden, sind seine drei Söhne zu Augusti ausgerufen worden. Erst während des Sommers 338 trafen sie sich in Viminacium an der Donau zu einer Drei-Kaiser-Konferenz, auf der auch Fragen der Hierarchie, wie etwa der Ehrenvorrang Constantins II., sowie eine Art Vormundschaft des letztgenannten über den erst 15jährigen Constans geregelt wurden. Das Gold-Multiplum, welches Constans so deutlich über seine Brüder erhebt, könnte zur Quinquennalienfeier Ende Dezember 337 ausgegeben worden sein, als die politischen Verhältnisse sich noch weitgehend im Schwebezustand befanden und jeder der Brüder vielleicht meinte, seine Position noch recht frei definieren zu können.

Die Ikonographie der beiden anderen Gruppenprägungen scheint jedoch darauf hinzuweisen, daß Constans sich an die Beschlüsse der Konferenz von Viminacium gehalten hat: Constantin II. erhält hier nach Meinung von Baldus den ihm gebührenden Vorrang. Es handelt sich bei diesen Prägungen (Abb. 46 und 47) um ein Goldmedaillon (**b**) und ein Goldmultiplum (**c**) aus Thessalonike[732]. Ersteres (**b**)[733] zeigt – bei ganz ähnlichem Vs.-Typus wie (**a**)

Abb. 46

731 Vgl. Chantraine 13ff. Es ist z. B. zu beachten, daß auf dem Medaillon von Constantinopel, welches als besonders aussagekräftiges Belegstück für diese These herangezogen wird, von den beiden kleineren Caesares nur Constans den Globus hält: RIC VII S. 583 Nr. 89. M. R. Alföldi 1963, Nr. 446 mit Taf. 29 Abb. 245. In einer Darstellung der Ersten Tetrarchie wären solche Unterschiede undenkbar gewesen.

732 Im Abschnitt liest man jeweils die Legende TES.

733 RIC VIII S. 403 Nr. 20f. Taf. 18 Nr. 21.

– auf der Rs. die drei Herrscher nebeneinander stehend im Kriegskostüm, gestützt auf lange Zepter und Schilde, und die Legende SALUS ET SPES REI PUBLICAE. Der Typus knüpft eindeutig an die in **M 14** erörterte Prägung Constantins I. aus den Jahren 326–333 an; dort aber liegt eine klarere hierarchische Abstufung der drei Herrscher vor – nicht nur durch die deutliche Hervorhebung des Vaters gegenüber den beiden ihn flankierenden Söhnen, sondern auch zwischen den letztgenannten. Auf der Prägung des Constans ist der mittlere Bruder verständlicherweise wesentlich schwächer hervorgehoben, in erster Linie durch die Hinwendung der beiden anderen zu ihm. Letztere aber sind – wie auf der Prägung von Siscia – identisch dargestellt.

Beachtenswert ist nun, daß Constans diesen Typus auf jeden Fall auch mit Porträt und Namen von Constantius II. auf der Vs. und vermutlich auch mit jenem des Constantinus II. hat prägen lassen[734]. Damit scheint mir jedoch die Annahme von Baldus fraglich, daß auf dem Typus (**b**) der Herrscher in der Mitte stets Constantin II. sein müsse. Warum sollte z. B. nicht Constantius II. gemeint sein, zumindest auf den in seinem Namen erfolgten Prägungen dieses Typs? Denkbar wäre, daß abwechselnd jeder der drei Brüder als der in der Mitte stehende Kaiser gedacht war, je nachdem wessen Porträt auf der Vs. der Münze erschien. Für eine dieser beiden Möglichkeiten spricht m. E., daß auf der nach Baldus[735] spätesten der drei Gruppenprägungen (**c**) deutlich Constantin II. als der zentrale Herrscher bestimmt ist (Abb. 47)[736].

Abb. 47

Diese Prägung (**c**) ist eindeutig parallel zu (**a**) konzipiert. Nicht nur ist die Vs. ähnlich; die Rs. weist die gleiche Legende auf – einschließlich VOT V – und zeigt ebenfalls drei frontal thronende Kaiser, allerdings mit wesentlich dezenterer Hervorhebung des in der Mitte plazierten. Die Brüder sitzen hier gemeinsam auf einer Thronbank, sind gleich groß dargestellt und alle drei mit

734 RIC VIII S. 403 Nr. 20. Vgl. Baldus 256. Angesichts der Seltenheit der kostbaren Medaillons und Goldmultipla, die bisweilen nur in einem Exemplar erhalten sind, kommt es immer wieder vor, daß bisher unbekannte Prägetypen auftauchen. Jedenfalls kann man aus dem Umstand, daß eine bestimmte Prägung bisher noch nicht gefunden worden ist, keineswegs auf ihre Nichtexistenz schließen.

735 Baldus 256.

736 RIC VIII S. 403 Nr. 18 = Gnecchi I Taf. 9,11.

dem Attribut der Weltkugel ausgestattet: Der mittlere Herrscher hält sie in der rechten, die beiden anderen in der dem mittleren Bruder jeweils nächsten Hand, so daß die drei Globen recht nahe beieinander sind. Dies hat wohl den Zweck, die Einheit der Herrschaft in der Dreiheit der Kaiser zu betonen. Wichtig ist der Unterschied in der Kleidung: Während der mittlere Herrscher das kaiserliche Dienstkostüm trägt, werden die beiden flankierenden durch die Triumphaltoga als Consuln ausgewiesen. Da zwischen 337 und 340 nur Constantius II. und Constans im Jahr 339 gemeinsam das Consulat bekleideten, müssen sie die beiden außen sitzenden Herrscher sein und die Prägung in die Jahreswende 338/39 fallen, als das Quinquennalienjahr des Constans ablief (am 25. Dezember 338) und der Consulatsantritt der beiden Brüder (1. Januar 339) anstand. Es handelt sich also um eine Festprägung für beide Anlässe. Daß der mittlere Herrscher in diesem Fall nicht Constans sein kann, verdeutlicht auch die Plazierung der VOT V nicht auf der Fußbank, sondern im neutralen Abschnitt.

Auch in diesem Fall vermutet Baldus uns fehlende Prägungen des gleichen Typs mit Constantin II. und Constantius II. auf der Vs. Dies ist gut denkbar, für das Gesamtbild aber nicht ausschlaggebend. Letzteres aber sollte man m. E. gegenüber der These von Baldus etwas modifizieren bzw. ergänzen. Mir scheint, daß die drei Prägungen sorgfältig koordiniert sind, so daß man vielleicht sogar Prägungen des Siscia-Typs auch für die Münzstätte Thessalonike postulieren sollte und umgekehrt. Sie zielen im Prinzip auf eine recht eigenwillige Interpretation der auf der Konferenz von Viminacium im Sommer 338 erzielten *concordia* ab: Der jüngste Bruder, Constans, deutete diese Abmachungen offensichtlich im Sinne einer grundsätzlichen Gleichberechtigung der drei Augusti. Er beruft sich dafür zwar nicht, wie Baldus meint[737], auf den gleichzeitigen *dies imperii* der drei Brüder als Augusti (9. September 337), denn die Prägungen stellen doch mit VOT V den Regierungsantritt des Constans als Caesar in den Vordergrund. Aber Constans interpretiert die Gleichheit der Titulatur und die Aufteilung des Reiches in drei Herrschaftsgebiete als eine einträchtige Regelung im Sinne gleicher Rangstellung.

Er veranlaßte als einziger der drei Brüder solche Gruppenprägungen, weil er als der mit Abstand jüngste einer ideologischen Aufwertung seiner Stellung am meisten bedurfte – erst recht, falls Constantin I. ihn wirklich nur als Caesar vorgesehen hatte. So ließ er auf seinen Prägungen die Brüder abwechselnd die Mittelposition einnehmen, rückte freilich Constantin II. auf **(c)** und vor allem sich selbst auf der nach Baldus chronologisch mittleren Prägung von Siscia **(a)** am stärksten in den Vordergrund. Dies war eine neuartige Interpretation der komplexen Balance zwischen *concordia* und *similitudo* einer-

737 Baldus 262.

seits, der Hierarchie aufgrund der Anciennität andererseits. Constans versuchte, zumindest in der bildlichen Repräsentation der Herrscher, mit der Anciennitätsregelung nach dem *dies imperii* zu brechen und dies in ein neuartiges *concordia*-Programm zu verpacken. Ganz ähnlich handelt später Theodosius I. (s. oben 223. 231 f. 241).

M 26: Die Weltkugel in der Hand des Kaisers: tatsächliches oder symbolisches Herrschaftszeichen? Ammianus Marcellinus XXI 14,1 und XXV 10,2

Als im Jahr 361 der Entscheidungskampf zwischen dem legitimen Augustus Constantius II. und dem Usurpator Iulianus bevorstand, wurden Constantius schlechte Vorzeichen zuteil, die seinen baldigen Sturz ankündigten:

a) **Ammianus Marcellinus** berichtet von einem Traum des Kaisers (**XXI 14,1**):

> „Denn er wurde durch nächtliche Traumbilder erschreckt und einmal, als er noch nicht ganz eingeschlafen war, hatte er die Vision, daß der Schatten seines Vaters ihm einen schönen Knaben brachte, der ihm, nachdem er ihn zu sich genommen und auf seinen Schoß gesetzt hatte, die Weltkugel, die er selbst in der rechten Hand hielt, aus dieser herausriß und recht weit wegschleuderte. Dies aber kündete einen Zeitenwandel an, obwohl die Zeichendeuter ihm wohlgefällige Auskunft gaben".

Vorzeichen *(omina)* einer künftigen Herrschaft, des bevorstehenden Todes eines Kaisers usw. fanden in verschiedenen Formen, nicht zuletzt in der des Traumes, insbesondere in der antiken Biographie, aber auch in der Historiographie häufige Erwähnung, weil man allgemein an ihre Faktizität und Gültigkeit glaubte[738]. Natürlich wurden die meisten Vorzeichen *ex eventu* erfunden, wahrscheinlich auch das hier von Ammian berichtete; freilich war es nicht der Historiker selbst, der sich das Vorzeichen ausdachte, denn es existiert eine griechische Parallelüberlieferung[739]. Es ist auch nicht so sehr um seiner selbst willen interessant als vielmehr wegen der Schlußfolgerungen, die man aus ihm hinsichtlich der Funktion des Globus' als Herrschaftszeichen gezogen hat. Nach A. Alföldi und J. Deér haben in letzter Zeit auch

738 Zu Träumen siehe J. Latacz, WJA 10, 1984, 23–39. Das Traumdeutungsbuch des Artemidoros von Daldis (2. Jh. n. Chr.) war gewiß ein besonders vielgelesenes Buch.

739 Ioh. Ant. fr. 176 (FHG 4, 605).

K. Wessel und M. Restle in den maßgeblichen Reallexika zu Spätantike und byzantinischer Zeit sowie jüngst J. Szidat in seinem Ammian-Kommentar in dieser Stelle einen Beweis für die Verwendung der Weltkugel als tatsächlich getragenes Insigne der römischen Kaiser gesehen[740].

Während für alle anderen vom Kaiser in der Realität verwendeten Insignien dieser Sachverhalt in der spätantiken Literatur eindeutig bezeugt wird[741], kann für eine faktische Verwendung der Weltkugel allenfalls die hier zitierte Ammian-Stelle angeführt werden. Aber bietet sie wirklich den behaupteten Beleg?

Constantius soll nächtliche Bilder *(imagines)* gesehen haben. Dieses Wort ist mehrdeutig: Es kann ebenso ‚Bilder' im geistigen wie Bildnisse im konkreten Sinne bezeichnen. Auf jeden Fall handelt es sich nicht um Wirklichkeit und auch nicht notwendig um Widerspiegelung realer Phänomene. Dies zeigt schon die Gestalt des ‚schönen Knaben' *(pulcher infans)*, der die Hauptrolle in des Kaisers Vision spielt. Die Forschung hat ihn entweder als den *genius*, den persönlichen Schutzgeist, Constantius' II. oder als die Verkörperung Iulians gedeutet[742]. Der Genius des Kaisers spielt aber erst in dem bei Ammian folgenden Paragraphen in einem deutlich anderen Zusammenhang eine Rolle; er kann mit dem Knaben nicht gemeint sein. Iulian wäre für das Jahr 361, als er schon 31 Jahre alt war, als Knabe eine unpassende Traumerscheinung. Zudem würde man erwarten, daß er den Globus als Symbol der Kaiserherrschaft, wenn dieser denn hier als solches zu betrachten sein sollte, nicht weggeworfen, sondern an sich gerissen hätte, denn er wollte Constantius stürzen und selbst Kaiser werden. J. Szidat[743] will das Kind „als reines Traumsymbol ... betrachten, das auf verschiedene Weise gedeutet werden kann", da doch die Traumdeuter es für Constantius günstig interpretiert hätten.

Mir scheint, daß die Annahme, die Weltkugel sei ein echtes kaiserliches Insigne, den Blick für eine adäquatere Deutung der Stelle versperrt hat. Geht man davon aus, daß der Globus nur symbolisch die Herrschaft des Kaisers über die Welt und damit auch deren Abhängigkeit von der glückbringenden Kraft des Herrschers kennzeichnet, so lassen sich sowohl die Gestalt des ‚schönen Knaben' als auch seine Funktion in dieser Szene plausibel deuten.

740 Zu Alföldi und J. Deér s. oben Anm. 100. K. Wessel, Reallexikon der byzantinischen Kunst 3, 1978, 404. RAC XIV 1988, 958f. (M. Restle). Szidat 1996, 167f.

741 Vgl. z. B. zu Purpurgewand, Diadem und Zepter Symm. or. I 7.

742 J. A. Wagner, Ammiani Marcellini quae supersunt, 1808, Bd. 2, 420. J. den Boeft/D. den Hengst/H. C. Teitler, Philological and Historical Commentary on Ammianus Marcellinus XXI, 1991, 216f. Gegen diese Deutungen zu Recht Szidat 1996, 167f.

743 1996, 168. Ohne Festlegung jetzt auch G. Weber, Kaiser, Träume und Visionen in Prinzipat und Spätantike, 2000, 471–474.

Wenn Constantin I. in Schattengestalt seinem Sohn diesen Knaben überbringt, so muß letzterem eine Glückssymbolik eigen sein. Artemidors Traumbuch bezeugt denn auch, daß ein schönes Kind, insbesondere ein Knabe, als Glücksbringer betrachtet wurde[744]. Es kann sich in unserer Stelle aber nicht um einen beliebigen schönen Knaben handeln, denn warum sollte er Constantius die Weltkugel aus der Hand schlagen? Ein Glücksbringer tut derartiges nicht! Der Knabe muß vielmehr die Eigenschaft besitzen, Umwälzungen herbeiführen zu können, denn seine Tat kündet, wie Ammian berichtet, einen Wandel der Zeiten *(permutatio temporum)* an – mithin nicht nur einen Wechsel in der Herrschaft, eine *permutatio regni*, sondern einen solchen in den Geschicken jenes Objektes, welches der Knabe Constantius aus der Hand geschlagen hat, nämlich der Welt.

Römische Kaiser verkündeten (s. **M 5**) regelmäßig, glückliche Zeiten, ein Goldenes Zeitalter *(felicia tempora)*, herbeizuführen. Die Verursachung einer *permutatio temporum* durch den Knaben bedeutet, daß Constantius jenes Ziel nicht erreicht hat; er mußte gehen, die Verwirklichung eines Goldenen Zeitalters sollte einem anderen Herrscher übertragen werden, nämlich Iulian. Nur **ein** Knabe war in der Lage, einen derartigen Wandel der Zeiten zu bewirken. Es ist der *puer* der vierten Ekloge Vergils, dessen Geburt ein neues Weltzeitalter einläutet; er ist der Sohn Iupiters, ein junger Apollon, zugleich aber Aion, die häufig als Knabe dargestellte Personifikation der Zeit, der Weltalter, des Goldenen Zeitalters[745]. Ihn hat Constantin I. seinem Sohn übergeben, damit dieser das vom Vater inaugurierte Goldene Zeitalter fortführe; Constantius hat diese Aufgabe übernommen, indem er den Knaben auf seinen Schoß setzte, aber letztlich versagt.

Diese Deutung der Regierung des Constantius II. in Gestalt eines derartigen Vorzeichens kann wohl nur von Iulian bzw. seiner Umgebung in Umlauf gebracht worden sein. Auf jeden Fall aber ist die Vision des Constantius tatsächlich eine *imago*, in der die Allegorie der Zeit personifiziert ist wie in bildlichen Darstellungen. Constantius sieht sich im Traum nicht so, wie er tatsächlich zu thronen pflegte, sondern als Teil einer Statuengruppe: sich selbst mit dem Aion-Knaben auf seinen Knien, und, wie auf bildlichen Darstellungen von Kaisern üblich, mit einer Weltkugel in der Hand.

Es gab offensichtlich eine Gattung von schlechten Vorzeichen, in welcher das Herabfallen des Globus' aus der Hand des Herrschers im Mittelpunkt stand:

744 Artem. Oneir. 1,15; 4,10.

745 Verg. ecl. IV 4–10. 49–57. Vgl. Ed. Norden, Die Geburt des Kindes, 1969[4]. A. Alföldi, Der neue Weltherrscher der vierten Ekloge Vergils, Hermes 68, 1930, 369–384. – Schon bei Heraklit. frg. B 52 Snell wird Aion als Knabe bezeichnet.

b) **Ammian** berichtet in Buch **XXV 8ff.** von der Auslieferung der römischen Stadt Nisibis in Mesopotamien an die Perser durch den Nachfolger des im Krieg gefallenen Iulian, den Kaiser Iovian. Damit war jenes Gebiet verloren, welches unter der Ersten Tetrarchie der Caesar Maximianus Galerius erobert hatte. Als große Gefahr für den Osten des Reiches deutet der Historiker jene Ereignisse **(8,14)** und klagt, daß die „Schicksalsgöttin des römischen Erdkreises“ *(Fortuna orbis Romani)* durch den Wechsel der Herrschaft von Iulian zu Iovian erstmals in der römischen Geschichte die Preisgabe römischen Gebiets an einen Feind herbeigeführt habe **(9,7–11)**. Folge war der traurige Exodus der Bewohner von Nisibis aus ihrer Stadt **(9,12)**. Gleich anschließend berichtet der Historiker eine Reihe von Vorzeichen, die sich in der Kaiserresidenz Antiochia ereigneten, darunter als erstes **(10,2)**:

> „Denn die Statue des Caesars Maximianus (i. e. Galerius), welche in der Vorhalle des Kaiserpalastes aufgestellt ist, verlor plötzlich die bronzene, einen Globus darstellende Kugel, welche sie (in der Hand) hielt".

Auch hier ist es nicht ein tatsächlich mit der Weltkugel in der Hand thronender Kaiser, etwa Iovian selbst, dem der Globus herunterfällt – dies wäre ein sehr passendes Vorzeichen gewesen –, sondern eine Kaiserstatue, aber nicht zufällig diejenige des Persersiegers Galerius, dessen Errungenschaften Iovian preisgegeben hatte. Es ist bei diesem Beispiel ganz deutlich, daß das Herabfallen der Weltkugel nicht den Herrscherwechsel (von Iulian zu Iovian) als solchen betrifft, sondern dessen Folgen, nämlich die dadurch bewirkte *permutatio rerum*, den Wandel der Zeiten – diesmal zum Schlechteren.

Nicht als tatsächliches Insigne des Kaisers, sondern als Symbol seiner Weltherrschaft und seiner *felicitas* bzw. des Fehlens derselben wird der Globus und sein Sturz in den beiden hier behandelten Ammian-Stellen zum Vorzeichen eines Wandels. In beiden Fällen ist er nur einem Bildnis des Kaisers beigegeben, nicht als reales Insigne in der Hand des lebenden Herrschers gedacht.

M 27: Die Himmelfahrt des christlichen Kaisers Constantin: postume Goldprägung (Abb. 48)

Abb. 48

Eine Goldmünze *(solidus)*, geprägt nach dem 9. September 337, zeigt ein Motiv, welches gleichfalls auf versilberten Kupfermünzen sowie auf Bronzemünzen auftaucht[746]:
Auf der Vs. wird ein mit der Toga verhüllter, nach rechts gewandter Kopf dargestellt, der durch die Münzlegende als jener Constantins I. identifiziert ist: DIVUS CONSTANTINUS AUG*(ustus)* PATER AUGG*(ustorum)*, ‚der vergöttlichte Constantin, Augustus, Vater der Augusti'.

Divus war die übliche Bezeichnung für den verstorbenen und durch Konsekration des Senats förmlich unter die Götter erhobenen Kaiser (s. freilich oben 70. 131f.). Die Münze kann folglich erst nach dem Tod Constantins am 22. Mai 337 geprägt worden sein[747]. Da offensichtlich seine Söhne bereits zu Augusti erhoben worden sind, was am 9. September 337 geschah, ist jedoch letzteres Datum der *terminus post quem* für die Prägung. Sollte die Schreibung von AVGG mit nur zwei statt drei G nicht ein auf Platzmangel zurückgehender Fehler, sondern korrekte Wiedergabe der Realität sein, so regieren zum Zeitpunkt dieser Prägung nurmehr zwei Kaiser; ihre Emittierung wäre mithin nach dem Tod des Constans im Frühjahr 340 erfolgt.

Ein mit dem oberen Bausch der Toga verhüllter Kopf kann entweder einen Opfernden oder einen Verstorbenen darstellen. Im gegebenen Fall wird diese Frage nicht nur durch das Adjektiv *divus* beantwortet, sondern auch durch die Darstellung auf der Rs. Diese weist zwar außer der Münzstättenangabe CONS*(tantinopolis)* keine Legende auf, aber das Münzbild verkündet das Thema mit wünschenswerter Deutlichkeit. Es zeigt ein Viergespann mit dem im Triumphzug verwendeten Streitwagen, welches gen Himmel emporstrebt. Die Zügel hält mit einer Hand der in die Toga gekleidete, wie auf der Vs.

746 RIC VIII S. 447 Nr. 1 mit Taf. 21 Nr. 1 (P). Zur Literatur s. Anm. 457. – Das Motiv erscheint nochmals nach dem Jahr 342 auf Prägungen: z. B. RIC VIII S. 449 Nr. 37; S. 452f.

747 Chron. Min. 1,235, MGH AA IX 1, ed. Mommsen. Vgl. T. D. Barnes, The New Empire of Diocletian and Constantine, 1982, 8.

das Haupt verhüllt tragende Constantin. Der verstorbene Kaiser streckt die andere Hand nach oben, von wo sich ihm aus einer Wolke eine linke Hand entgegenreckt.

Dargestellt ist die triumphale Himmelfahrt Constantins[748], welchem Gott die Hand reicht, um ihn zu sich emporzuziehen. Die Hand Gottes erscheint auch auf Münzen und Medaillons, die zu Lebzeiten des Kaisers geprägt worden sind; dort bekränzt sie z. B. den im Kriegskostüm zwischen seinen Söhnen stehenden Herrscher als Sieger im Kampf[749]. Auf der hier abgebildeten Münze siegt er über den Tod und triumphiert im ewigen Leben an der Seite Gottes und von dessen ebenfalls in den Himmel aufgefahrenem Sohn.

Das Motiv der kaiserlichen Himmelfahrt ist in seinem Ursprung nicht christlich, sondern heidnisch. Dabei spielt das Zwei- oder Viergespann mit Pferden oder Elefanten eine wichtige Rolle[750]. Die bekannteste Darstellung für eine kaiserliche Himmelfahrt ist wohl jene des Kaisers Antoninus Pius (138–161) mit seiner Ehefrau Faustina der Älteren auf dem Sockel der Triumphsäule, die für diesen Kaiser einst auf dem Marsfeld in Rom errichtet worden war[751]. Freilich handelt es sich dort nicht um eine Wagenfahrt, sondern das Kaiserpaar wird von dem mit riesigen Adlerschwingen ausgestatteten Gott der Weltalter (Aion), begleitet von zwei Adlern, emporgehoben. Der Bezug auf Iupiter ist deutlich. Hingegen scheint die Konsekrationsmünze Constantins auf den ersten Blick neutral zu sein hinsichtlich der Identität des ihn aufnehmenden Gottes. Jedoch kennt die heidnische Vorstellungswelt zwar zum einen das Bild der auf Wolkenbänken ruhenden Gottheiten und zum anderen literarisch die Aufnahme des verstorbenen Herrschers, dem Iupiter die rechte Hand reicht, in den Himmel[752], aber nicht die Darstellung einer anonymen Hand, welche nur in einer monotheistischen Religion eindeutig ist. Da zudem die bei heidnischen Kaiser-Konsekrationen übliche Münzlegende *consecratio* fehlt (s. oben 132) und der Christengott im Gegensatz zu den heidnischen Göttern nicht bildlich dargestellt und auch nicht durch ein zugeordnetes Tier vertreten werden konnte, dürfte für die Zeitgenossen kein Zweifel daran bestanden haben, welcher Gott hier gemeint war.

748 Als Lenker eines Viergespanns der Caesares am Himmel erscheint der lebende Constantin in einem allegorischen Bild bei Eusebius in dem oben 63. 67 zitierten Vergleich mit dem Sonnengott.

749 Vgl. RAC XIII, 1986, 421 ff. (Kötzsche).

750 Vgl. RAC III (1957) 287 f. (L. Koep und A. Hermann). H. v. Hesberg, ANRW II 16,2, 1978, 980 f. mit Abb. 44.

751 Der Sockel befindet sich heute in den Vatikanischen Museen: W. Helbig, Führer durch die öffentlichen Sammlungen klassischer Altertümer in Rom, 1963[4], 378 ff. B. Andreae, Römische Kunst, 1973[3], Abb. 487. Vgl. zur Darstellung der Apotheose Caracallas (?) R. Turcan, ANRW II 16,2, 1978, Taf. VI Abb. 30 gegenüber S. 1081.

752 Pan. Lat. VI (7) 7 von 313 in Bezug auf Constantius I. RAC XIII 1986, 423–425.

III. Anhang

1. Verzeichnis der abgekürzt zitierten Literatur

Alföldi = Andreas Alföldi, Die monarchische Repräsentation im römischen Kaiserreich, 1970

M. R. Alföldi 1963 = M. R. Alföldi, Die constantinische Goldprägung, 1963

M. R. Alföldi 1999 = M. R. Alföldi, Bild und Bildersprache der römischen Kaiser, 1999

Avery = W. T. Avery, The adoratio purpurae and the importance of the imperial purple in the fourth century of the Christian era, MAAR 17, 1940, 66–80

Baldus = H.-R. Baldus, Ein Sonderfall höfischer Repräsentation der spätconstantinischen Zeit, in: Festschrift H. Chantraine, 1994, 255–262

Bastien, Buste = P. Bastien, Le buste monétaire des empereurs romains, 3 Bde., 1992–94

Bauer = F. A. Bauer, Stadt, Platz und Denkmal in der Spätantike, 1996

Bellen = H. Bellen, Christianissimus Imperator, in: Festschrift H. Chantraine, 1994, 3–19

Bergmann = M. Bergmann, Studien zum römischen Porträt des 3. Jhs. n. Chr., 1977

Biermann = M. Biermann, Die Leichenreden des Ambrosius von Mailand, 1995

Bleckmann = B. Bleckmann, Konstantin der Große, 1996

Bonamente/Fusco = G. Bonamente/F. Fusco (Hrsgg.), Costantino il Grande, 2 Bde., 1992

Brandt = H. Brandt, Geschichte der römischen Kaiserzeit. Von Diokletian und Konstantin bis zum Ende der konstantinischen Dynastie (284–363), 1998

Brilliant = R. Brilliant, Gesture and Rank in Roman Art, 1963

Bruns = G. Bruns, Der Obelisk und seine Basis auf dem Hippodrom in Constantinopel (Istanbuler Forschungen 7) 1935

Chantraine = H. Chantraine, Die Nachfolgeordnung Constantins des Großen. Abh. Akad. Mainz. Geistes- u. sozialwiss. Kl. 1992 Nr. 7, 1992

Deckers 1973 = J. G. Deckers, Die Wandmalerei des tetrarchischen Lagerheiligtums im Ammon-Tempel von Luxor, RQu 68, 1973, 1–34

Deckers 1979 = J. G. Deckers, Die Wandmalerei im Kaiserkultraum von Luxor, JdI 94, 1979, 600–652

Deér = J. Deér, Der Globus des spätrömischen und des byzantinischen Kaisers. Symbol oder Insigne?, ByzZ 54, 1961, 53–85. 291–318

Delbrueck 1929 = R. Delbrueck, Die Consulardiptychen und verwandte Denkmäler, 1929

Delbrueck 1932 = R. Delbrueck, Antike Porphyrwerke, 1932

Delbrueck 1933 = R. Delbrueck, Spätantike Kaiserporträts, 1933

Delbrueck, Kaiserornat = R. Delbrueck, Der spätantike Kaiserornat, in: Die Antike 8, 1932, 1–21

Dvornik = F. Dvornik, Early Christian and Byzantine Political Philosophy II, 1966

Engemann = J. Engemann, RAC XIV, 1988, 966–1047, s. v. Herrscherbild

Ensslin 1942 = W. Ensslin, Zur Torqueskrönung und Schilderhebung bei der Kaiserwahl, Klio 35, 1942, 268–298

Ensslin 1943 = W. Ensslin, Gottkaiser und Kaiser von Gottes Gnaden, 1943

Ensslin 1954 = W. Ensslin, Der Kaiser in der Spätantike, HZ 177, 1954, 449–468

Ernesti = J. Ernesti, Princeps christianus und Kaiser aller Römer. Theodosius der Große im Lichte zeitgenössischer Quellen, 1998

Farina = R. Farina, L'impero e l'imperatore cristiano in Eusebio di Caesareia, 1966

Festschrift H. Chantraine 1994 = R. Günther/St. Rebenich (Hrsgg.), E fontibus haurire. Festschrift H. Chantraine, 1994

Gabelmann = H. Gabelmann, Antike Audienz- und Tribunalszenen, 1984

Girardet = K. Girardet, Die konstantinische Wende und ihre Bedeutung für das Reich, in: E. Mühlenberg (Hrsg.), Die konstantinische Wende, 1998

Gnecchi = F. Gnecchi, I medaglioni Romani, 3 Bde. 1912

Gross-Albenhausen 1996 = K. Gross-Albenhausen, Zur christlichen Selbstdarstellung Konstantins, Klio 78, 1996, 171–185

Gross-Albenhausen 1999 = K. Gross-Albenhausen, Imperator christianissimus. Der christliche Kaiser bei Ambrosius und Johannes Chrysostomus, 1999

Grünewald = T. Grünewald, Constantinus Maximus Augustus. Herrschaftspropaganda in der zeitgenössischen Überlieferung, 1990

Herrmann-Otto = Elisabeth Herrmann-Otto, Der Kaiser und die Gesellschaft des spätrömischen Reiches im Spiegel des Zeremoniells, in: P. Kneissl/V. Losemann (Hrsgg.), Imperium Romanum. Studien zu Geschichte und Rezeption. Festschrift für K. Christ zum 75. Geburtstag, 1998, 346–369

Heucke = C. Heucke, Circus und Hippodrom als politischer Raum, 1994

Hunger = H. Hunger (Hrsg.), Das byzantinische Herrscherbild, 1975

Kent/Overbeck/Stylow = J. Kent/B. Overbeck/A. U. Stylow, Die römische Münze, 1973

Killerich = B. Killerich, The Obelisk Base in Constantinopel. Court Art and Imperial Ideology, 1998

Kolb 1987 = F. Kolb, Diocletian und die Erste Tetrarchie. Improvisation oder Experiment in der Organisation monarchischer Herrschaft?, 1987

Kolb 1995 = F. Kolb, Rom. Die Geschichte der Stadt in der Antike, 1995

Kruse = H. Kruse, Studien zur offiziellen Geltung des Kaiserbildes im römischen Reiche, 1934

Laubscher = H.-P. Laubscher, Der Reliefschmuck des Galeriusbogens in Thessaloniki, 1976

Leeb = R. Leeb, Konstantin und Christus, 1992

Lehnen = J. Lehnen, Adventus Principis. Untersuchungen zu Sinngehalt und Zeremoniell der Kaiserankunft in den Städten des Imperium Romanum, 1997

Leppin = H. Leppin, Von Constantin dem Großen bis Theodosius II. Das christliche Kaisertum bei den Kirchenhistorikern Socrates, Sozomenus und Theodoret, 1996

Löhken = H. Löhken, Ordines Dignitatum, 1982

L'Orange = H.-P. L'Orange, Das spätantike Herrscherbild, 1984

McCormick = M. McCormick, Eternal Victory. Triumphal rulership in late antiquity, Byzantium, and the early medieval West, 1986

MacCormack = S. MacCormack, Art and Ceremony in Late Antiquity, 1981

Martin 1984 = J. Martin, Zum Selbstverständnis, zur Repräsentation und Macht des Kaisers in der Spätantike, in: Saeculum 35, 1984, 115–131

Martin 1987 = J. Martin, Vom Principat zur Hierokratie, in: A. u. J. Assmann (Hrsgg.), Kanon und Zensur, 1987, 190–208

Mause = M. Mause, Die Darstellung des Kaisers in der lateinischen Panegyrik, 1994

Meischner 1986 = J. Meischner, Die Porträtkunst der ersten und zweiten Tetrarchie bis zur Alleinherrschaft Konstantins (293–324 n. Chr.), AA 1986, 223–250

Meischner 1990 = J. Meischner, Das Porträt der Theodosianischen Epoche I (380–405 n. Chr.), JdI 105, 1990, 303–324

Meischner 1991 = J. Meischner, Das Porträt der Theodosianischen Epoche II (400–460 n.Chr.), JdI 106, 1991, 385–405

Meischner 1992 = J. Meischner, Das Porträt der Valentinianischen Epoche, JdI 107, 1992, 217–234

Meischner 1995 = J. Meischner, Bemerkungen zu einigen Kaiserporträts des 3. Jahrhunderts n. Chr. Philippus Arabs, Aurelian, Diokletian, AA 1995, 375–387

Müller-Rettig = B. Müller-Rettig, Der Panegyricus des Jahres 310 auf Konstantin den Großen, 1990

Nixon/Rodgers = C. E. V. Nixon/B. S. Rodgers, In Praise of Later Roman Emperors, 1994

Pabst = A. Pabst, Comitia Imperii, 1997

Peterson = E. Peterson, Der Monotheismus als politisches Problem, in: ders., Theologische Traktate, 1951, 45–148

Raeck 1992 = W. Raeck, Die ‚ideologische Deutlichkeit' spätkaiserzeitlicher Staatsreliefs, in: ders., Modernisierte Mythen, 1992, 15–23

Raeck 1998 = W. Raeck, Doctissimus Imperator – ein Aspekt des Herrscherideals in der spätantiken Kunst, in: AA 1998, 509–522

Rebenich = S. Rebenich, Zum Theodosiusobelisken in Konstantinopel, IstMitt 41, 1991, 447–476

Smith = R. R. R. Smith, The Public Image of Licinius I: Portrait Sculpture and Imperial Ideology in the Early Fourth Century, JRS 87, 1997, 170–202

Stern = H. Stern, Remarks on the adoratio under Diocletian, Journal of the Warburg and Courtauld Institute 17, 1954, 184–189

Straub = J. Straub, Vom Herrscherideal in der Spätantike, 1939

Stutzinger = D. Stutzinger (Hrsg.), Spätantike und frühes Christentum (Ausstellung im Liebieg-Haus, Frankfurt/M. 16. 12. 1983–11. 03. 1984) 1983

Szidat 1977 = J. Szidat, Historischer Kommentar zu Ammianus Marcellinus Buch XX–XXI, Teil I: Die Erhebung Iulians, 1977

Szidat 1996 = J. Szidat, Historischer Kommentar zu Ammianus Marcellinus Buch XX–XXI, Teil III: Die Konfrontation (Historia, Einzelschr. H. 89) 1996

Treitinger = O. Treitinger, Die oströmische Kaiser- und Reichsidee nach ihrer Gestaltung im höfischen Zeremoniell, 1956[2]

Usurpationen = Usurpationen in der Spätantike, hrsg. von F. Paschoud/J. Szidat (Historia Einzelschr. 111), 1997

2. Abbildungsverzeichnis

Abb. 1: Antoninianus Diocletians. London British Museum

Abb. 2: Goldmünze Maximians. Glasgow, Hunterian Museum

Abb. 3. 4: Tetrarchengruppe von San Marco in Venedig. DAI Rom Neg. Nr. 68.5154 und 68.5152 (Bildautor: Singer)

Abb. 5. 6: Tetrarchengruppe im Vatikan. DAI Rom Neg. Nr. 5694 und 5695 (Bildautor: Faraglia)

Abb. 7: Antoninianus Diocletians. Wien, Kunsthistorisches Museum

Abb. 8: Antoninianus Maximians. Wien, Kunsthistorisches Museum

Abb. 9: Aureus des Constantius I. Paris, Cliché Bibliothèque nationale de France, Paris

Abb. 10: Aureus Maximians. London, British Museum

Abb. 11: Tetrarchenrelief des Galeriusbogens in Thessalonike. Foto H. Wiegartz, Archäologisches Seminar und Museum der Universität Münster

Abb. 12–14: Tetrarchische Standarten-Pilaster aus Romuliana-Gamzigrad; aus D. Srejovič, AnTard 2, 1994 (Brepols Publishers), 144, fig. 1. 2; 147, fig. 8.9

Abb. 15: Goldmedaillon Maximians; aus F. Gnecchi, I Medaglioni Romani I, 1912 (Arnaldo Forni Editore), Taf. 5 Abb. 7

Abb. 16: Plan des Legionslagers im Ammon-Tempel zu Luxor; aus J. G. Deckers, JdI 94, 1979, 605 Abb. 1

Abb. 17: Blick auf das *sacellum* des Kaiserkultheiligtums in Luxor; aus Deckers a. O. 611 Abb. 5

Abb. 18–22: Malereien des Thronsaals im Kaiserkultheiligtum von Luxor; aus Deckers a. O. Abb. 17. 18. 25. 29. 34

Abb. 23: Plan der Residenz von Romuliana-Gamzigrad; aus D. Srejovič-C. Vasič, AnTard 2, 1994 (Brepols Publishers), 126 fig. 3

Abb. 24: Goldmultiplum des Constantius I.; aus P. Bastien – C. Metzger, Le trésor de Beaurains (dit d'Arras) 1972, 94 Nr. 218

Abb. 25: Porträtkopf des Galerius aus Romuliana-Gamzigrad; aus D. Srejovič a. O. (Brepols Publishers), 148, fig. 10–13

Abb. 26: Goldmünze Constantins I.; aus R. A. G. Carson, Coins of the Roman Empire, 1990 (Routlegde London, New York), Taf. 43 Nr. 647

Abb. 27: Goldmultiplum Constantins I.; aus P. Bastien, Le buste monétaire des empereurs romains, III, 1994, Taf. 168

Abb. 28: Goldmünze Constantins I.; aus Bastien, ebenda Taf. 164.1

Abb. 29: Kupfermünze Constantins I.; aus Bastien, ebenda Taf. 164.7

Abb. 30: Goldmultiplum Constantins I.; aus Bastien, ebenda Taf. 165.10

Abb. 31: Goldmultiplum Constantins I.; aus Bastien, ebenda Taf. 167

Abb. 32: Porträtkopf des Licinius; aus R. R. R. Smith, JRS 87, 1997, pl. 1

Abb. 33: Kolossalstatue Constantins I. im Konservatorenpalast zu Rom; aus R. Delbrueck, Spätantike Kaiserporträts, 1933, Taf. 37–38. 40b

Abb. 34: Bronzemünze des Arcadius; aus Carson a. O. Taf. 56 Nr. 849

Abb. 35: Missorium des Theodosius I. in Madrid; aus R. Delbrueck, Die Consulardiptychen und verwandte Denkmäler, 1929, Taf. 62

Abb. 36–43: Obelisk des Theodosius I. im Hippodrom von Constantinopel; aus G. Bruns, Der Obelisk und seine Basis auf dem Hippodrom in Constantinopel (Istanbuler Forschungen 7) 1935, Abb. 1. 35. 36. 37. 44. 62. 78; Abb. 41 aus St. Rebenich, IstMitt 41, 1991, Taf. 53. 1–2 (© Ernst Wasmuth Verlag, Tübingen)

Abb. 44: Goldmedaillon des Valens; aus Gnecchi a. O. (Arnaldo Forni Editore), I Taf. 18 Abb. 1

Abb. 45: Goldmultiplum des Constans; aus J. P. C. Kent – B. Overbeck-H. U. Stylow, Die römische Münze, 1974, Abb. 666

Abb. 46: Goldmedaillon des Constans; aus RIC VIII Taf. 18 Nr. 21

Abb. 47: Goldmultiplum des Constans; aus Gnecchi a. O. (Arnaldo Forni Editore), I Taf. 9,11

Abb. 48: Goldmünze mit Himmelfahrt Constantins I.; aus RIC VIII Taf. 21 Nr. 1

3. Register